GERENCIAMENTO DE PROJETOS APLICADO

Carlos Borges
Fabiano Rollim

GERENCIAMENTO DE PROJETOS APLICADO

CONCEITOS E GUIA PRÁTICO

Copyright© 2015 por Brasport Livros e Multimídia Ltda.

Todos os direitos reservados. Nenhuma parte deste livro poderá ser reproduzida, sob qualquer meio, especialmente em fotocópia (xerox), sem a permissão, por escrito, da Editora.

Editor: Sergio Martins de Oliveira
Diretora: Rosa Maria Oliveira de Queiroz
Gerente de Produção Editorial: Marina dos Anjos Martins de Oliveira
Editoração Eletrônica: Abreu's System
Capa: Trama Criações

Técnica e muita atenção foram empregadas na produção deste livro. Porém, erros de digitação e/ou impressão podem ocorrer. Qualquer dúvida, inclusive de conceito, solicitamos enviar mensagem para **editorial@brasport.com.br**, para que nossa equipe, juntamente com o autor, possa esclarecer. A Brasport e o(s) autor(es) não assumem qualquer responsabilidade por eventuais danos ou perdas a pessoas ou bens, originados do uso deste livro.

B732g	Borges, Carlos
	Gerenciamento de projetos aplicado: conceitos e guia prático / Carlos Borges; Fabiano Rollim - Rio de Janeiro: Brasport, 2015.
	ISBN: 978-85-7452-731-4
	1. Gerenciamento de projetos I. Rollim, Fabiano II. Título.
	CDD: 658.404

Ficha Catalográfica elaborada por bibliotecário – CRB7 6355

BRASPORT Livros e Multimídia Ltda.
Rua Pardal Mallet, 23 – Tijuca
20270-280 Rio de Janeiro-RJ
Tels. Fax: (21)2568.1415/2568.1507
e-mails: marketing@brasport.com.br
vendas@brasport.com.br
editorial@brasport.com.br

www.brasport.com.br

Filial SP
Av. Paulista, 807 – conj. 915
01311-100 São Paulo-SP
e-mail: filialsp@brasport.com.br

Prefácio

Objetividade e praticidade são os pontos que se destacam nesta obra. Ela mostra e explicita o "caminho das pedras" para planejar e implementar projetos com qualidade e dentro dos limites orçamentários e prazos exigidos, deixando os clientes e usuários plenamente satisfeitos. "O que fazer" e "como fazer" são as pedras fundamentais desta obra altamente didática, que se distingue tanto pelo rigor ao detalhe quanto pela clareza de apresentação.

Por que este livro agora? Afinal, há dezenas de livros no mercado brasileiro sobre gerenciamento de projetos. Os focos são variados, desde os teóricos e conceituais até os que demonstram mínimos detalhes de planejamento e implementação. Alguns apresentam visões amplas de projetos, incluindo gestão de empreendimentos e até governança em projetos, além de gestão de escritórios de projetos e técnicas para gerir portfólios e programas. Em geral, as abordagens sobre gerenciamento de projetos podem ser classificadas em dois grupos, a saber:

- **Guias e melhores práticas.** Este grupo inclui documentos que abrangem conjuntos de conhecimento e boas práticas, mas que não chegam a constituir procedimentos ou metodologia. O PMI (*Project Management Institute*) apresenta na sua obra, *PMBOK® Guide* (Um Guia do Conjunto de Conhecimentos em Gerenciamento de Projetos), a soma dos conhecimentos intrínsecos à profissão de gerenciamento de projetos. Outra entidade internacional de expressão, a IPMA (*International Project Management Association*), oferece a *ICB-IPMA Competence Baseline*, voltada a competências em gestão de projetos. Há, outrossim, outros conjuntos de conhecimentos publicados por entidades internacionais de gestão de projetos, notadamente na Austrália, na África do Sul e no Japão.

- **Metodologias.** Na literatura, encontram-se outras estruturas que constituem metodologias de gerenciamento de projetos. Destacam-se: PRINCE2 (*PRojects IN Controlled Environments, version 2*), um método estruturado da OGC, uma agência do governo britânico; **Métodos ágeis**, que incluem abordagens com foco na aceleração no desenvolvimento de software, como por exemplo o **Scrum**;

Rational Unified Process (RUP) e *System Development Life Cycle* (SDLC), chamadas de metodologias *waterfall* (cascata), também têm foco em software; Six Sigma, com origens em projetos de qualidade, e IPA (*Independent Project Analysis*), com foco em megaprojetos, são outras abordagens de natureza metodológica.

E o livro Gerenciamento de Projetos Aplicado (GPA)? Onde se enquadra entre esses dois grupos: o das boas práticas e o das metodologias? No caso, a obra procura conciliar essas abordagens e, ao mesmo tempo, enfatizar sua complementariedade. Inicialmente, o GPA elabora a linha clássica das boas práticas arroladas pelo *PMBOK® Guide*. Na segunda parte, são delineados os passos para aplicar os conceitos. Assim, o livro GPA consegue casar **boas práticas** com **metodologia**, constituindo, desse modo, uma sólida visão prática de gerenciamento de projetos com base no *PMBOK® Guide*.

Os autores, Borges e Rollim, acumulam larga vivência no campo de projetos. Atuam como professores universitários, instrutores em cursos técnicos e gerenciais, consultores em projetos industriais e de gestão, além de acumular a direção técnica das atividades de projetos e processos da Consultoria DinsmoreCompass. Ainda mais, eles agregam uma paixão extraordinária sobre a matéria, o que transparece nas suas aulas e palestras. Eu, como antigo conhecedor desta notável competência dos autores, fico particularmente feliz em fazer o prefácio desta obra singular. Apesar das suas participações em outras matérias didáticas, é neste livro que os autores conseguem documentar sua plena competência como professores, técnicos, consultores e comunicadores.

O livro GPA serve como texto em cursos técnicos, bem como material de referência e consulta, já que inclui formulários e *templates* para aplicação prática. O autodidata também pode se beneficiar da sequência "passo a passo" que caracteriza a obra. Este livro deverá fazer parte da biblioteca profissional de todo profissional que valoriza a arte e a ciência de gerenciar projetos. Em função da objetividade e aplicabilidade do livro, o grau de sucesso na implementação dos projetos do leitor certamente será fortemente aumentado, assegurando qualidade, economia e prazos cumpridos, deixando assim os clientes, usuários e demais *stakeholders* plenamente satisfeitos!

– Paul Dinsmore é Fellow do PMI Global e fundador do PMI no Brasil

Apresentação

Este livro está dividido em duas partes: uma que apresenta, analisa e explica os conceitos do gerenciamento de projetos e outra que contém um guia de orientação para aplicação prática dos conceitos. Essa estrutura de referencial conceitual e guia prático vem sendo utilizada há quase uma década pela DinsmoreCompass em seus treinamentos de gerenciamento de projetos para empresas (*in company*), universidades corporativas e profissionais que se desenvolvem por conta própria.

A parte conceitual está organizada em cinco capítulos que seguem a lógica de elaboração progressiva típica do desenvolvimento de um projeto segundo as melhores práticas do gerenciamento de projetos. O primeiro capítulo apresenta os conceitos fundamentais do gerenciamento de projetos, o segundo analisa os processos de iniciação do projeto, o terceiro percorre as etapas da elaboração de um plano do projeto, no quarto são analisados os processos de monitoramento e controle do projeto e, por fim, no quinto capítulo são vistos os processos de encerramento do projeto.

A segunda parte do livro, o "Guia Prático", se propõe a demonstrar como os conceitos apresentados e analisados na primeira parte podem ser aplicados em situações reais do trabalho com projetos. Para essa demonstração é utilizada uma situação-problema com um caso de pedido de um projeto-exemplo – um projeto de realização de um treinamento de novos profissionais que serão contratados por uma empresa fictícia.

O Guia Prático segue um modelo de passo a passo com as chamadas "Aplicações". As 13 aplicações apresentadas são orientações de "como se faz na prática" que traduzem anos de experiência da equipe de profissionais da DinsmoreCompass.

No Guia Prático são utilizados modelos (*templates*) de documentos de projetos para ilustrar como estes podem ser preenchidos em projetos reais. Os arquivos originais estão disponíveis para serem baixados no site da DinsmoreCompass.

Apesar de não ser um manual de software, além da orientação para a documentação do projeto, o Guia Prático demonstra como utilizar o Microsoft Project® para configurar e atualizar o cronograma e o orçamento do projeto. Particularmente em relação ao registro no cronograma do trabalho que foi executado, que é um procedimento bastante trabalhoso e que deve ser feito com muito cuidado, a parte do Guia Prático traz orientações passo a passo desde a configuração do Microsoft Project® até a sequência mais indicada para que as informações do desempenho do projeto sejam mais fidedignas para análise e tomada de decisão gerencial.

Os conceitos e práticas apresentados neste livro estão alinhados com o *PMBOK® Guide* e com os demais padrões publicados pelo PMI, tais como: o padrão de Estrutura Analítica do Projeto – EAP (*Practice Standard for Work Breakdown Structures*), de cronograma (*Practice Standard for Scheduling*), do gerenciamento do valor agregado (*Earned Value Management* – EVM), de riscos (*Practice Standard for Project Risk Management*) etc.

Mais do que estar alinhado, o livro pretende demonstrar como as melhores práticas do gerenciamento de projetos preconizadas nos padrões do PMI podem ser aplicadas a qualquer tipo e dimensão de projeto e a qualquer país.

Uma dúvida frequente nos ambientes de projetos no Brasil é quanto à aplicabilidade das melhores práticas recomendadas pelos padrões do PMI em nosso ambiente cultural latino-americano, uma vez que, apesar da elaboração desses padrões serem fruto da contribuição de profissionais do mundo inteiro, inclusive muitos brasileiros, há uma predominância clara do modelo mental anglo-saxão nos documentos. Essa característica pode de fato gerar dificuldades à primeira vista, mas tentamos demonstrar no livro que o modelo pode ser conjugado com nosso estilo mais informal e impulsivo e nos tornar mais produtivos.

Como obter melhor proveito deste livro?

Para melhor aprendizado, recomendamos que primeiramente a parte conceitual seja lida de forma direta, como um livro-texto convencional. Depois, em uma segunda leitura, em ritmo de estudo, que sejam realizadas as aplicações da parte prática correspondentes aos conceitos apresentados na parte conceitual.

Para facilitar a realização concomitante das aplicações práticas com o estudo da parte conceitual, há indicações no texto da página onde se encontra a correspondente orientação da aplicação do conceito no Guia Prático. Estas indicações possuem o formato:

VER→ APLICAÇÃO 1 do Guia Prático

Em uma segunda rodada de estudo, recomendamos que você volte à parte conceitual para continuar com a análise dos conceitos. Quando a indicação de "Ver a APLICAÇÃO número X" aparecer no texto, vá até a página correspondente no Guia Prático, realize a aplicação indicada e depois retorne à leitura. Sugerimos também que você reproduza todas as aplicações do projeto-exemplo – treinamento dos novos projetistas da Quality

Project – e depois tente aplicar em um projeto real em andamento, concluído ou a realizar.

A quem se destina este livro?

Não há pré-requisitos para a leitura deste livro; nem mesmo a leitura do *PMBOK® Guide*, que é citado com frequência. Porém, se a leitura do *PMBOK® Guide* for possível, pode enriquecer sobremaneira o estudo dos conceitos e das melhores práticas do gerenciamento de projetos apresentados neste livro.

Desde o profissional principiante em projetos até o mais experiente, profissionais de quaisquer ramos de atividades e quaisquer áreas de uma empresa que atuem como responsável por projetos, como membros de equipes de projetos, membros de escritórios de gerenciamento de projetos, ou mesmo responsáveis pela governança de projetos, podem se beneficiar com a leitura e o estudo deste livro. Enfim, qualquer pessoa que precise adquirir competências de gerenciamento de projetos terá no "Gerenciamento de Projetos Aplicado" uma referência conceitual e prática para seu desenvolvimento.

Para finalizar esta apresentação, gostaríamos de declarar que nós, autores, acreditamos nos conceitos e práticas recomendados neste livro e efetivamente os aplicamos em nossos projetos. Bom proveito!

– Carlos Borges e Fabiano Rollim

Sumário

1. Conceitos Fundamentais do Gerenciamento de Projetos 1
O que é um projeto? 4
Gerenciamento de projetos 7
Processos de gerenciamento de projetos 14
Áreas de conhecimento em gerenciamento de projetos 20

2. Processos de Iniciação 23
Desenvolver o termo de abertura do projeto 23
Análise das partes interessadas (*stakeholders*) 33
Conclusão do processo de iniciação do projeto 35

3. Processos de Planejamento 36
Plano de gerenciamento do projeto 38
Planejamento do gerenciamento das partes interessadas 41

ESCOPO 42
Coleta dos requisitos 43
Definição do escopo 48
Estrutura Analítica do Projeto – EAP (*Work Breakdown Structure* – WBS) 59

CRONOGRAMA 68
Cronograma do projeto 69
Definição das atividades 71
Sequenciamento das atividades 75
Estimativa dos recursos das atividades 81
Estimativas de durações das atividades 82
Restrições de datas e técnicas de redução do cronograma 97
Análise probabilística do projeto (com PERT) 98
Criação do modelo dinâmico do cronograma 101

CUSTOS 103
Custos do projeto 104

QUALIDADE 112
Planejamento da qualidade do projeto 113

RECURSOS HUMANOS 121
Planejamento dos recursos humanos do projeto 122

COMUNICAÇÕES 127
Planejamento das comunicações do projeto 128

RISCOS 132
Gerenciamento dos riscos do projeto 133
Planejar o gerenciamento dos riscos 136
Identificar os riscos 143
Realizar a análise qualitativa dos riscos 152
Realizar a análise quantitativa dos riscos 155
Planejar respostas aos riscos 162

AQUISIÇÕES 167
Gerenciamento das aquisições 168

PLANO DE GERENCIAMENTO DO PROJETO 176
Aprovação do plano de gerenciamento do projeto 177

4. Processos de Execução, Monitoramento e Controle do Projeto 178
Gerenciamento do valor agregado (*Earned Value Management*) 185
Relatório de desempenho do projeto 206
Controle integrado de mudanças 208

5. Processos de Encerramento do Projeto 220
Lições aprendidas 221

GUIA PRÁTICO 225

CASO PRÁTICO 227

APLICAÇÃO 1 230
Desenvolver o termo de abertura do projeto

APLICAÇÃO 2 234
Identificar as partes interessadas
Analisar e classificar as partes interessadas
Documentar seus principais interesses
Definir ações necessárias e informações a serem distribuídas

APLICAÇÃO 3 238
Documentar os requisitos do projeto
Definir o escopo do produto e exclusões do escopo
Criar a Estrutura Analítica do Projeto (EAP)

APLICAÇÃO 4 249
Desenvolver o cronograma do projeto
Definir as atividades
Sequenciar as atividades
Estimar os recursos das atividades (com custos)
Estimar as durações das atividades
Consolidar o cronograma do projeto

APLICAÇÃO 5 296
Configurar os custos do projeto
Configurar a curva "S" do projeto

APLICAÇÃO 6 300
Planejar o gerenciamento da qualidade
Registrar os parâmetros da qualidade
Definir os critérios de aceitação do produto do projeto
Definir os critérios de aceitação das principais entregas do projeto

APLICAÇÃO 7 307
Elaborar a matriz de responsabilidades

APLICAÇÃO 8 310
Planejar o gerenciamento das comunicações

APLICAÇÃO 9 313
Planejar o gerenciamento dos riscos
Identificar, analisar e planejar respostas aos riscos

APLICAÇÃO 10 325
Aprovar o plano do projeto
Definir a linha de base do projeto

APLICAÇÃO 11 327
Preparar o MS-Project para o monitoramento e controle
Registrar o progresso do projeto
Coletar informações de desempenho
Preparar o relatório de desempenho do projeto
Aprovar ações corretivas

APLICAÇÃO 12 350
Registrar mudanças solicitadas
Analisar impactos no projeto
Aprovar mudanças

APLICAÇÃO 13 356
Análise e documentação de lições aprendidas

Referências Bibliográficas 359

Índice Remissivo 361

1 Conceitos Fundamentais do Gerenciamento de Projetos

Será a atual preocupação das empresas com o tema gestão de projetos um mero modismo? Alguns indicadores observados no contexto empresarial atual nos levam a crer que não. Consequência de uma volatilidade cada vez mais acentuada de mercados que aparecem e desaparecem da noite para o dia, a instabilidade econômica, característica no passado de períodos sazonais, hoje é uma realidade com a qual as organizações precisam conviver. Este cenário torna a competição cada vez mais acirrada e agressiva e faz com que os riscos incorporados aos negócios adquiram dimensões desproporcionais. Nesse contexto, os recursos consumidos pelas empresas para realizar suas estratégias tornam-se cada vez mais importantes e precisam ser geridos com o máximo de eficiência e eficácia.

Instrumento indispensável para o crescimento e a sobrevivência nesse mercado, a capacidade de inovação é outro importante fator crítico de sucesso empresarial. Inovar, diferentemente de apenas inventar, pressupõe um processo estruturado de estudos técnicos e financeiros até a transformação em aplicações que trarão resultados efetivos para a organização geradora da inovação. Isto é, inovação no meio empresarial é transformação de ideias em negócios.

O papel dos projetos neste contexto

Se analisarmos como as organizações estruturam seus planos estratégicos, veremos que as ações ou iniciativas estratégicas que realizam seus objetivos estratégicos de crescimento são de fato materializadas por meio da execução de projetos. O lançamento de novos produtos, a expansão para uma nova área de negócios, mudanças estruturais, como o aumento de capacidade de produção ou da produtividade de algum setor da organização, devem ser conduzidos por meio de projetos.

Portanto, pode-se afirmar que o alcance dos objetivos estratégicos de uma organização ocorre na medida do sucesso de seus projetos estratégicos. Ou seja, a eficácia de um planejamento estratégico organizacional está diretamente relacionada à eficácia de seus projetos estratégicos. Porém, os resultados dos projetos que são realizados atualmente não são nada satisfatórios. Segundo o Standish Group, em 2012[1] apenas cerca de 39% dos projetos realizados foram considerados concluídos com sucesso.

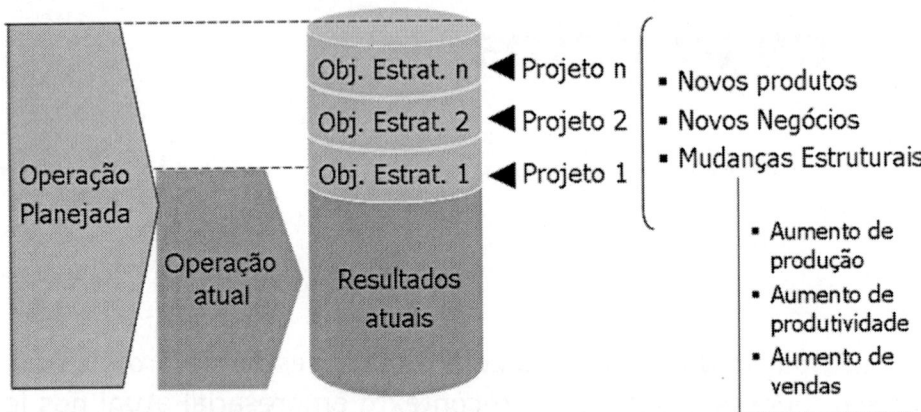

Figura 1.1 – Realização de objetivos estratégicos por meio de projetos

Apesar de o conceito de sucesso em projetos não ser de simples definição, como veremos posteriormente, fica evidente a necessidade de melhoria no desempenho dos projetos conduzidos nas organizações. Algumas perguntas que dificilmente encontrarão respostas nos dão uma ideia do que pode estar em jogo:

- Quantos projetos terminam fora do prazo? Quanto custa o atraso?
- Quantos projetos terminam acima do orçamento? Quanto é gasto a mais?
- Quantos projetos terminam sem completar o escopo proposto?
- Que perdas são geradas por projetos que não completam seus escopos?
- Qual o custo da não conformidade de produtos de projetos?
- Qual o custo do cliente insatisfeito? Da perda de um cliente?

Pode-se concluir, então, que a preocupação com o gerenciamento de projetos de forma metodológica para a obtenção de resultados estratégicos não é um mero modismo ou onda passageira, mas uma necessidade real.

Project Management Institute – PMI

A busca da melhoria no desempenho de projetos teve um marco importante no final da década de 1960, quando foi criado por profissionais de gerenciamento de projetos

---
[1] *The Chaos Manifesto*, 2013.

o *Project Management Institute*, instituição não governamental sem fins lucrativos situada na Pensilvânia, Estados Unidos, que tem como missão fomentar a atividade de gerenciamento de projetos.

O PMI tem abrangência internacional e está organizado em diversas sucursais chamadas de *Chapters*, distribuídas em cerca de 125 países. Seus afiliados têm acesso, por meio do site do PMI, a documentos, artigos e informações sobre gerenciamento de projetos. A filiação pode ser feita mediante o pagamento de uma taxa no site www.pmi.org.

PMBOK® Guide[2] – *Project Management Body Of Knowledge*

O PMI publica o Guia do Conjunto de Conhecimentos em Gerenciamento de Projetos (*PMBOK® Guide*), que é um guia de referência básica de conteúdo para profissionais de gerenciamento de projetos que contribui para a divulgação de uma terminologia e um vocabulário comuns ao ambiente de projetos. É construído a partir de um apanhado de "boas práticas" resultantes de experiências de profissionais do mundo inteiro que as encaminham a comitês responsáveis por consolidá-las em um documento estruturado.

O guia está organizado em dez áreas de conhecimento: gerenciamento do escopo, gerenciamento do tempo, gerenciamento dos custos, gerenciamento da qualidade, gerenciamento dos recursos humanos, gerenciamento das comunicações, gerenciamento das partes interessadas, gerenciamento dos riscos, gerenciamento das aquisições e gerenciamento da integração do projeto, que serão abordadas posteriormente e cujo domínio é considerado essencial para um bom gerenciamento de projetos.

O *PMBOK® Guide* contém um conjunto de recomendações. Não é uma norma impositiva nem restritiva.

Certificação PMP®[3] – *Project Management Professional*

Outra atribuição do PMI é certificar profissionais em gerenciamento de projetos. A certificação PMP® é concedida aos aprovados em um teste de duzentas questões de múltipla escolha que procura avaliar o candidato nas áreas de conhecimento do *PMBOK® Guide* e em situações práticas do dia a dia do gerenciamento de projetos.

Para habilitar-se a fazer a prova é necessário comprovar 4.500 horas de experiência prática em projetos, para quem possui graduação superior, e 7.500 horas para profissionais de nível técnico, além de pagar uma taxa.

---

[2] PMBOK® é marca registrada de *Project Management Institute*.

[3] PMP, PgMP, PMI-RMP, PMI-SP, PMI-ACP, CAPM, PfMP, PMI-PBA e OPM3 são marcas registradas de *Project Management Institute*.

Além da certificação PMP®, o PMI também oferece outras certificações relacionadas ao tema gerenciamento de projetos, a saber:

- **PgMP®** (*Program Management Professional*): demonstra conhecimento e experiência na condução de programas.
- **PMI-RMP®** (*Risk Management Professional*): demonstra conhecimento e experiência em gerenciamento de riscos de projetos.
- **PMI-SP®** (*Schedulling Professional*): demonstra conhecimento e experiência em gerenciamento de cronogramas de projetos.
- **PMI-ACP®** (*Agile Certified Practitioner*): demonstra conhecimento e experiência em gerenciamento de projetos utilizando práticas "ágeis".
- **CAPM®** (*Certified Associate of Project Management*): demonstra conhecimento em gerenciamento de projetos. Para profissionais que ainda não têm tempo de experiência suficiente para serem certificados como PMP®.
- **PfMP®** (*Portfolio Management Professional*): demonstra habilidade no gerenciamento coordenado de um ou mais portfólios para alcançar objetivos organizacionais.
- **PMI-PBA®** (*Professional in Business Analysis*): demonstra habilidade em análise de negócios como parte do trabalho em gerenciamento de projetos e programas.
- **OPM3®** (*Organizational Project Management Maturity Model*) *Professional Certification*: demonstra experiência na aplicação do modelo de maturidade em gerenciamento de projetos organizacional desenvolvido pelo PMI.

O QUE É UM PROJETO?

O senso geral utiliza o termo **projeto** para referir-se a atividades da vida cotidiana tais como: um projeto de vida, uma intenção futura, desenhos, "plantas" com instruções para construção ou montagem de estruturas, enfim, aplicações das mais diversas e livres.

Para este estudo, vamos considerar o conceito de projeto de forma tecnicamente restrita, como descrito no *PMBOK® Guide*: um esforço temporário empreendido para criar um produto, serviço ou resultado único. Envolve todo o processo desde a identificação da demanda até a entrega do produto, serviço ou resultado final.

Conceituar projetos tecnicamente é importante para que possamos reconhecê-los no contexto do dia a dia, distinguindo-os das rotinas operacionais, e aplicar técnicas de gerenciamento específicas para obter melhores resultados.

Uma análise dos elementos que compõem a definição do *PMBOK® Guide* nos permitirá entender melhor suas características.

"Esforço **temporário** empreendido para criar um produto, serviço ou resultado único."

- **Temporário.** Significa que, comparado com operações de rotina, um projeto tem início e fim definidos antes do início de sua execução. Possui prazo limitado. É um trabalho projetado em tempo determinado. Possui uma data de término estimada, programada e projetada.

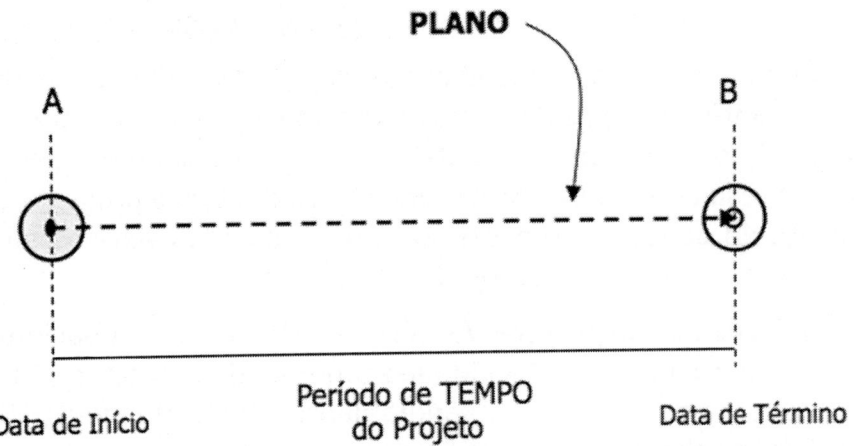

- **Produto, serviço ou resultado único.** Um projeto produz algo diferente do que já existe, algo novo. Pode também modificar alguma coisa existente. Mesmo que haja algumas semelhanças, os resultados dos projetos apresentam diferenças. Prédios com o mesmo número de andares, mesmo desenho de planta, executados pela mesma construtora etc., terão resultados únicos, uma vez que, entre outras coisas, seus processos de construção, suas orientações em relação ao sol, o terreno onde se encontram, suas fundações serão diferentes. Como consequência da definição do *PMBOK® Guide*, podemos destacar outras características que ajudam na compreensão do conceito.

- **É probabilístico (não é determinístico) e tem risco (incerteza).** No senso comum, a palavra "projeto" carrega a ideia de plano para futuro, previsão. Possui sempre uma carga de incerteza em relação ao esperado ou planejado. Essa característica torna o papel do gerenciamento do projeto mais relevante, pois este atua exatamente para reduzir a taxa de desvio entre pretendido e realizado.

- **Conduzido por pessoas.** Significa que projetos são intensivos em relacionamentos interpessoais e que um fator crítico de sucesso de um projeto reside na capacidade de realização de atividades por meio das pessoas. Determinados tipos de operações são intensivos em máquinas ou equipamentos, mas em projetos os ativos principais são, de fato, as pessoas que os realizam.

- **Elaboração progressiva (em etapas — fases).** As características anteriormente apresentadas conduzem a esta outra característica de qualquer projeto: não se conhece completamente o que será o projeto quando ele se inicia. Com o andamento do trabalho, o conhecimento que se tem do projeto tende a aumentar. Para lidar com essa característica, que traz incerteza e indefinição para qualquer projeto, costuma-se utilizar o recurso prático de segmentá-lo em etapas ou fases para melhorar a capacidade de gerenciamento e aumentar suas chances de sucesso. O princípio analítico de que partes menores são mais facilmente gerenciáveis vale muito em projetos. A divisão em fases que marcarão o processo do projeto deve ser feita de acordo com a melhor conveniência para o gerenciamento e irá variar de acordo com a característica específica de cada projeto.

- **Recursos limitados.** Nas operações rotineiras do dia a dia, os recursos são renovados para mantê-las em funcionamento permanente. Em um projeto os recursos financeiros e humanos têm limites definidos por sua duração, pelo escopo e pela qualidade do resultado esperado. O conceito de limitação pressupõe quantificação e é diferente do conceito de escassez, pois recursos escassos são insuficientes para alcançar os resultados planejados.

- **Requer administração específica.** As técnicas de gestão operacional não são suficientes para dar conta das dificuldades próprias dos projetos. As características dos projetos tornam as ações de planejamento e controle mais críticas e complexas, exigindo, portanto, técnicas e ferramentas específicas.

Pode-se consolidar o conceito de projetos comparando-os com as operações rotineiras de uma organização.

Projetos x operações rotineiras

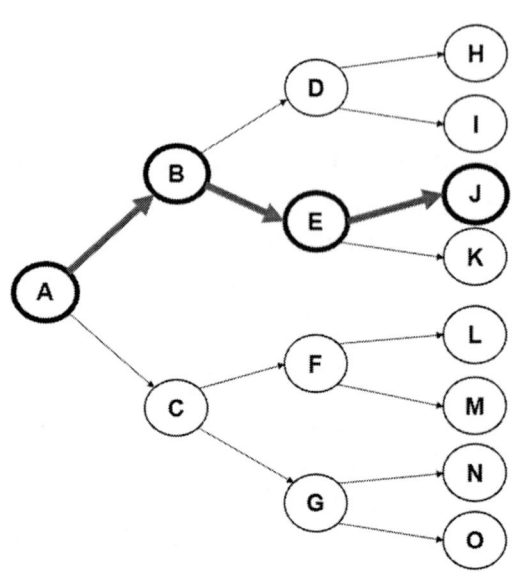

A árvore de decisão representa o processo de escolhas de opções em um projeto.
A ponderação de prós e contras em cada ponto de decisão é um processo de *trade-off* (conceito da economia no qual nenhuma alternativa possui apenas vantagens nem apenas desvantagens).

- **Variáveis exógenas x variáveis endógenas.** Na operação rotineira, os fatores que influenciam mais fortemente seu desempenho são oriundos de dentro do ambiente operacional e, portanto, mais passíveis de controle. O projeto sofre influência intensiva de fatores ou agentes externos.

- **Fluxo de caixa negativo x fluxo de caixa positivo.** A menos que um ambiente operacional esteja passando por uma crise financeira, o montante das receitas geradas supera o de gastos no período de tempo do ciclo de operação. Projetos, porém, são empreendimentos que geram gastos que só poderão ser cobertos quando seus produtos criados gerarem os resultados esperados e, consequentemente, as receitas, mesmo que de forma indireta, como no caso dos projetos de modificações estruturais desenvolvidos dentro das empresas. Por essa razão torna-se obrigatória a busca eficiente da redução do período de realização do projeto.

GERENCIAMENTO DE PROJETOS

Segundo o *PMBOK® Guide*, gerenciamento de projetos é a aplicação de conhecimentos, habilidades, ferramentas e técnicas às atividades do projeto a fim de atender aos seus REQUISITOS.

O grande desafio começa em ser capaz de gerenciar e não apenas fazer ou, como é comum ouvir, "tocar" o projeto. O gerenciamento de que queremos tratar aqui pressupõe um processo estruturado.

O gerenciamento de projetos implica em levantar necessidades e identificar prioridades entre **ESCOPO, TEMPO e CUSTO**. A necessidade de fazer uma priorização entre escopo, tempo e custo significa que há uma dificuldade intrínseca de que projetos atendam plena e simultaneamente a essas três dimensões principais, uma vez que são carregados de incertezas geradoras de desvios.

Cada projeto tem uma relação de prioridades diferente entre essas variáveis. Em um determinado projeto o vetor prioritário, ou **FATOR CRÍTICO DE SUCESSO** – também conhecido como ***DRIVER***, ou fator direcionador do projeto –, será o custo, ou seja, todas as outras variáveis deverão estar subordinadas ao cumprimento dos objetivos e das metas de custo do projeto. Em outro, poderá ser o tempo, significando que as outras variáveis serão dimensionadas para que o projeto cumpra o prazo previsto.

Projetos de um mesmo tipo – a construção de uma casa, por exemplo – podem ter prioridades diferentes. Vamos analisar três casos como exemplo.

- **Primeiro caso:** o cliente precisa se mudar até uma data específica porque terá de entregar o apartamento que ocupa no momento. A prioridade do projeto será o tempo. É provável que próximo da data marcada para a mudança do cliente, se o projeto estiver atrasado, seja necessário aumentar o custo para cumprir o prazo.

Talvez o escopo tenha de ser suprimido em alguns pontos que não sejam essenciais à mudança do cliente, pois o prazo é o vetor menos flexível.

- **Segundo caso:** o cliente do projeto possui um montante determinado de recursos financeiros e precisa construir uma casa que se "encaixe" neste valor. Como nesse caso a prioridade é o custo, é provável que o cronograma tenha de ser estendido em função do limite de orçamento. Da mesma forma, o escopo, se houver necessidade, terá de ser cortado naqueles pontos que não impeçam o funcionamento básico da residência.

- **Terceiro caso:** o cliente do projeto deseja uma casa com especificações das quais não quer abrir mão, tais como: número de quartos, banheiros, salas, salão de jogos, churrasqueira, piscina com características específicas etc. Nesse caso, o cronograma e o orçamento, na dinâmica de incerteza do projeto, provavelmente terão de ser aumentados para cumprir os requisitos de escopo.

Porém, estabelecer prioridades não significa descuido ou abandono das variáveis que não sejam a prioritária, pelo contrário. O bom desempenho do conjunto das variáveis do projeto aumenta a probabilidade de sucesso do vetor prioritário e consequentemente do projeto.

A prioridade de objetivos, porém, não é facilmente identificável. O primeiro impulso dos principais interessados é desejar que todas as variáveis sejam atendidas igualmente, o que é, quase sempre, inviável, dado o grau de incerteza presente em todos os projetos. O responsável pelo projeto deve procurar identificar o vetor prioritário lançando mão de sequências de perguntas nas quais sejam postas hipóteses de situações limites entre pares de vetores para que possa, gradativamente, identificar as prioridades. Por exemplo, se numa situação limite, para que o escopo seja completado, for necessária uma extensão do prazo e isso for aceitável, será um indício de que escopo tem prioridade sobre prazo.

Requisitos e prioridades, portanto, não são simplesmente "passados" pelo demandante ao gerente do projeto. É necessária uma construção conjunta, na qual o gerente do projeto fará sugestões, alertará acerca de impossibilidades técnicas, mostrará consequências de opções escolhidas pelo demandante etc. A descrição desse modelo de relacionamento fica mais bem representada pela expressão em inglês *Comakership* (processo de relacionamento de parceria para elaboração conjunta – MERLI, 1991).

Desse relacionamento desdobra-se também a equação da qualidade do serviço (ALBRECHT, 1991), na qual a qualidade percebida está diretamente relacionada à qualidade esperada pelo cliente e à qualidade daquilo que é entregue ou ofertado. A qualidade esperada reflete a expectativa do cliente, que é formada por diversos fatores relacionados ao perfil racional e emocional do cliente. Tais fatores dependem do *background* cultural e educacional do cliente, das suas experiências anteriores com projetos, do ambiente no qual ele está vivendo no momento da realização do projeto; enfim, de uma série de fatores que compõem um quadro de expectativas sobre as quais o gerente do projeto não tem domínio, mas apenas influência, desde o momento em que começa o relacionamento pessoal para a condução do projeto.

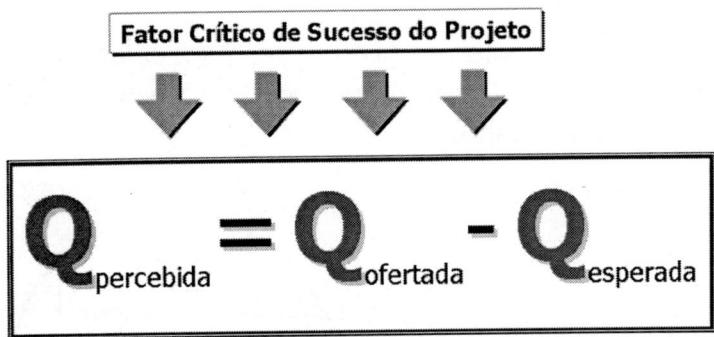

Figura 1.2 – Equação do Serviço

Esta equação confirma o caráter subjetivo que permeia toda relação de consumo, seja de um produto, seja de prestação de um serviço – no caso, a realização de um projeto. Não há como eliminar totalmente esse ingrediente subjetivo. Portanto, mesmo que utilizemos métodos para traduzir requisitos, desejos e expectativas em fatos e dados, sempre haverá uma parcela considerável de subjetividade.

A interdependência entre as variáveis de escopo, tempo e custo significa que quando há a alteração dimensional de uma delas, isso implica na modificação de pelo menos outra. Uma vez definidas as dimensões adequadas de escopo, tempo e custo do projeto, a qualidade do projeto será a medida de cumprimento dessas dimensões dentro dos limites de tolerância dos demandantes do projeto.

Por isso, a qualidade deve ser tratada como variável dependente do cumprimento das variáveis primárias: escopo, tempo e custo.

Figura 1.3 – A tripla restrição histórica de projetos: escopo, tempo e custo

Para consolidar o conceito de qualidade como variável dependente, podemos analisar um exemplo simples, que pode ocorrer em um projeto para atender ao pedido (requisito) de produção de uma mesa.

A equipe do projeto, depois de coletar o requisito, especifica como escopo (solução) uma mesa com as medidas de 120 cm de comprimento e 60 cm de largura. Até este ponto, o assunto refere-se ao escopo.

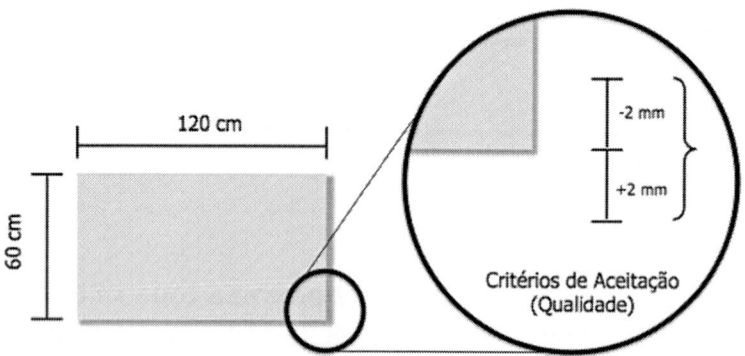

Quando a equipe do projeto for consultar o cliente para determinar a variação permitida ou tolerada para as dimensões especificadas (escopo definido), então o assunto passará a ser qualidade.

O mesmo conceito de tolerância às variações aceitáveis pelo cliente aplica-se às dimensões de tempo (prazo) e custo. Ou seja, é necessário identificar os limites de prazo e de custo tolerados pelo cliente para que o trabalho (projeto) seja entregue com sucesso.

O *DRIVER* do projeto pode ser interpretado como sendo a variável com menor flexibilidade, isto é, com a menor margem de variação permitida.

Assim como a qualidade, outras dimensões tais como a comunicação, os riscos, o perfil das partes interessadas (*stakeholders*) e tantas outras são importantes para o sucesso do projeto e também influenciam ou são influenciadas pelas variáveis primárias de escopo, tempo e custo.

Quando um projeto tem sucesso?

A avaliação do sucesso de um projeto deve ser vista por duas perspectivas distintas: a do processo do projeto e a do produto do projeto.

Na perspectiva do processo do projeto são observados os aspectos de eficiência do processo, ou seja, se os requisitos de conformidade do processo do projeto foram atendidos. Essa dimensão está ligada à organização executora do projeto.

Entenda-se como organização executora a empresa cujos funcionários estão mais diretamente envolvidos na execução do trabalho do projeto.

Figura 1.4 – Perspectivas de sucesso de um projeto

Já na perspectiva do produto do projeto são observados os aspectos da eficácia, isto é, se o resultado do projeto foi entregue dentro dos requisitos de conformidade do cliente. A avaliação é feita pelo cliente do projeto.

Portanto, um projeto pode ser eficiente e não ser eficaz e vice-versa. Eficácia sem eficiência, ou seja, sucesso apenas para o cliente e processo de projeto com níveis de desvio elevados, resultará em médio ou longo prazo em desequilíbrio de consumo de recursos da organização executora do projeto. Por outro lado, eficiência sem eficácia resultará em insatisfação do cliente, porque o produto do projeto não atenderá aos seus requisitos.

Projeto planejado e gerenciado x projeto "tocado"

Ao receber o encargo de realizar um empreendimento, o impulso natural de todos nós, seres humanos, é começar a executar imediatamente as atividades que nos parecem necessárias. Vencer esse impulso e seguir um processo estruturado e metodológico de concepção e elaboração de um plano, para só então executá-lo, requer comprometimento e disciplina. A transformação de um mero "tocador" de projetos em um verdadeiro gerente de projetos profissional tem como premissa básica esse perfil comportamental.

Na execução sem planejamento, a probabilidade de retrabalho e desperdício de recursos é maior, ocasionando em geral a extensão do tempo e o estouro dos custos. A expectativa de profissionais de gerenciamento de projetos que adotam boas práticas é de que o tempo dedicado ao planejamento seja inversamente proporcional ao acréscimo de tempo de execução por excesso de retrabalho, ociosidade etc.

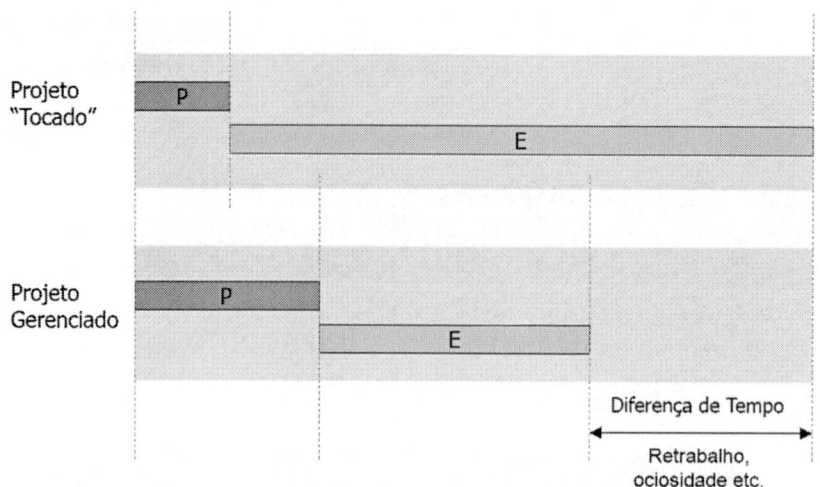

Figura 1.5 – Projeto gerenciado X projeto "tocado" (onde P = Planejamento, E = Execução)

O gerente do projeto

Em primeiro lugar, vale ressaltar que aqui gerente do projeto não é o nome de um título formal de um cargo administrativo, mas a designação do responsável pelo gerenciamento do projeto. É o responsável pelo sucesso ou fracasso do projeto, mesmo quando lhe forem impostas condições absolutamente desfavoráveis.

Atualmente há profissionais cujo cargo é "Gerente de Projetos". Significa que este profissional tem como missão institucional gerenciar projetos. É comum, porém, que profissionais que ocupam os mais diversos cargos sejam designados, em determinado momento de suas vidas profissionais, responsáveis por um projeto. Nesse momento, mesmo sem o cargo formal, o profissional passa a ser o gerente do projeto.

São atribuições comuns do gerente de um projeto:

- Entrega do produto do projeto
- Formação e desenvolvimento da equipe do projeto
- Elaboração dos planos do projeto
- Direção da execução do projeto
- Monitoramento e controle do projeto

- Medição do desempenho do projeto
- Relacionamento com as partes interessadas do projeto
- Determinação de ações corretivas e preventivas
- Gerenciamento do escopo, tempo, custos, qualidade, recursos humanos, riscos, comunicações e aquisições do projeto
- Promoção e manutenção da integração e coesão dos componentes do projeto

O gerente do projeto deve ter autoridade suficiente para realizar suas atribuições. Essa autoridade, no âmbito do projeto, é concedida pelo patrocinador do projeto. Sem autoridade suficiente, o gerente do projeto terá dificuldades de incorporar os recursos necessários ao cumprimento dos objetivos do projeto.

Perfil e competências do gerente do projeto

Historicamente, o gerente do projeto vem sendo escolhido para esta função por suas competências técnicas na área de aplicação à qual o projeto se refere. Nos projetos de engenharia, o gerente do projeto é escolhido "naturalmente" por ser engenheiro; nos de tecnologia da informação, por ser analista de sistemas e assim por diante.

A fim de entendermos melhor o papel do gerente do projeto, é preciso reconhecermos os dois tipos de trabalho necessários à realização de um projeto:

1. Trabalho de geração do produto do projeto
2. Trabalho de gerenciamento do projeto

O primeiro deve ser realizado por **especialistas técnicos** na área de aplicação do projeto. Em um projeto de desenvolvimento de um sistema de informações, este é o trabalho de design do sistema, de programação, de realização de testes etc. Em um projeto de construção de uma casa, é o trabalho de desenhar as plantas, fazer os cálculos estruturais, lançar o concreto etc.

O segundo tipo de trabalho deve ser realizado por **especialistas em gerenciamento de projetos**. Qualquer que seja o projeto, este é o trabalho de definir o escopo, preparar o cronograma, obter a equipe, medir e reportar o desempenho do projeto etc.

As competências requeridas para cada tipo de trabalho são diferentes. Para o primeiro tipo são requeridas competências técnicas das áreas de aplicação necessárias à geração do produto do projeto. Para o segundo tipo de trabalho são requeridas competências de gerenciamento, de administração e de liderança.

Raízes históricas, como as citadas no primeiro parágrafo deste tópico, tornam este tema polêmico. Os que defendem que um gerente de um projeto tem de ser, necessariamente, um técnico especialista argumentam que ele pode ser "enganado" por especialistas de sua equipe, não saberá orientar a equipe tecnicamente e, com isso, perderá o controle do projeto etc. Os que defendem que um gerente de um projeto não precisa ser especialista técnico argumentam que se ele tiver liderança e competência em gerenciar projetos, uma das primeiras providências que tomará será o de formar uma equipe com os melhores especialistas técnicos que estiver ao seu alcance, dos quais certamente respeitará a opinião técnica em vez de querer impor a sua.

Polêmicas à parte, o importante é reconhecermos que para o bom gerenciamento do projeto são necessárias competências de gerenciamento e liderança, que essas competências podem e devem ser desenvolvidas, e que a melhor situação é que haja dedicação exclusiva de um profissional ao gerenciamento do projeto.

PROCESSOS DE GERENCIAMENTO DE PROJETOS

Um processo é um conjunto de atividades inter-relacionadas capazes de gerar resultados.

O trabalho do gerenciamento de projetos pode ser estruturado em processos. Na verdade, os efetivos ganhos de eficiência na realização de projetos ocorrem quando projetos são gerenciados seguindo processos.

Processos podem ser descritos utilizando-se o que é comumente conhecido como "Modelo Geral de Processos", no qual: entradas (*inputs*) representam tudo o que será reunido e utilizado antes de realizar o processo; ferramentas e técnicas (*tools and techniques*), tudo o que será utilizado durante o processamento; e saídas (*outputs*), tudo o que será obtido depois de processado.

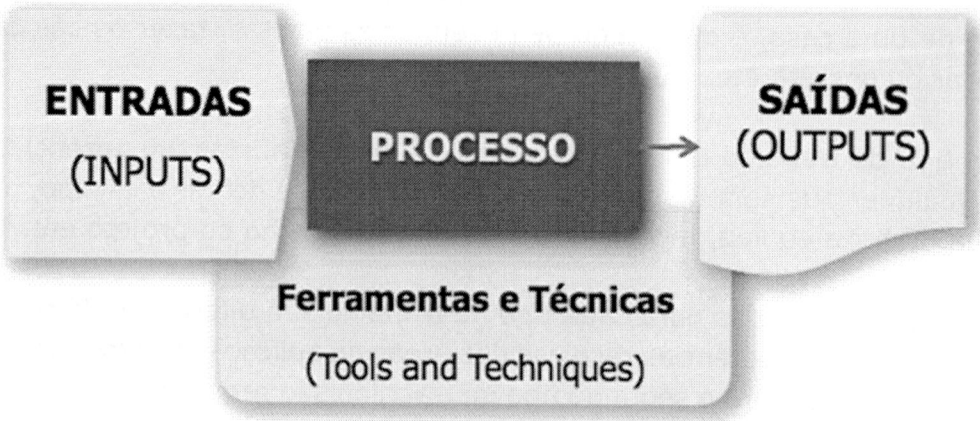

Figura 1.6 – Modelo geral de processos

O *PMBOK® Guide* adota o modelo geral de processos e os estrutura em cinco grupos de processos:

- **Iniciação**
- **Planejamento**
- **Execução**
- **Monitoramento e controle**
- **Encerramento**

Cada grupo contém um conjunto de processos capazes de gerar os resultados esperados do gerenciamento do projeto. O *PMBOK® Guide* relaciona processos utilizados por profissionais e organizações no mundo inteiro para gerenciar seus projetos. Esses processos, por terem demonstrado sua efetividade, são considerados *BEST PRACTICES* (termo que, em português, costuma ser traduzido como BOAS PRÁTICAS). Cada organização, porém, deve identificar, dentre os processos ou boas práticas disponíveis, quais serão especificamente adequados aos seus projetos.

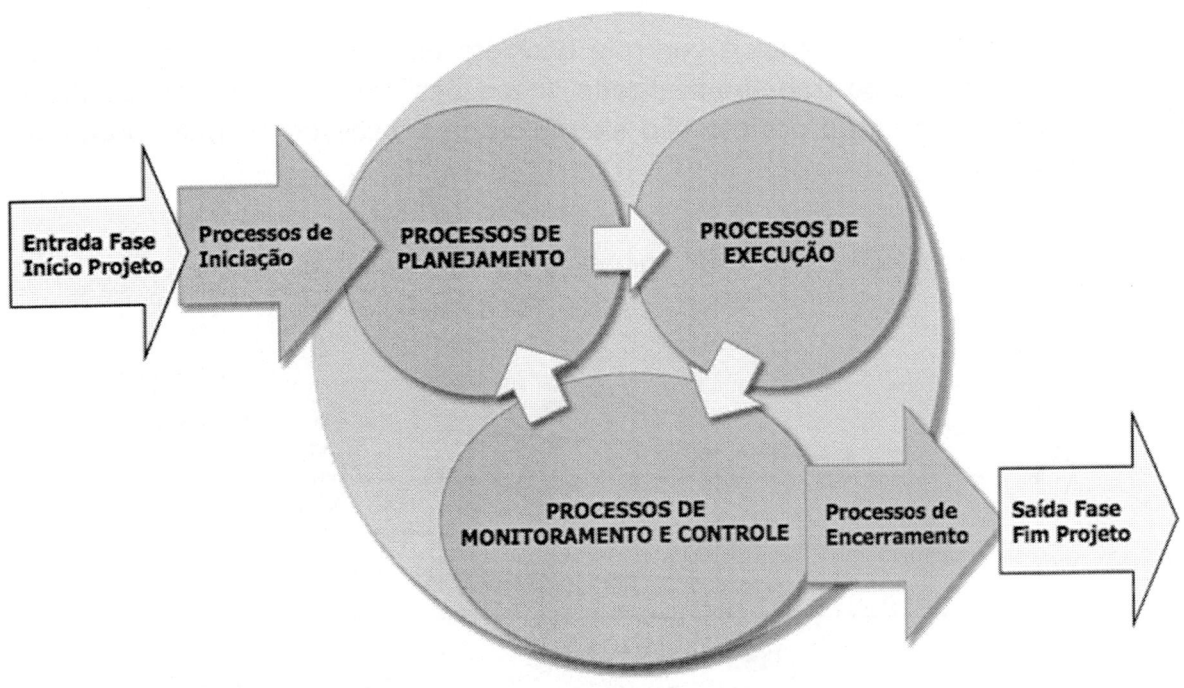

Figura 1.7 – Grupos de processos de gerenciamento de projetos – Fonte: *PMBOK® Guide*

Os grupos de processos não são fases do projeto. Grupos de processos referem-se ao trabalho do gerenciamento do projeto. As fases referem-se ao trabalho de geração do produto do projeto. Processos são genéricos, ou seja, aplicam-se a todo e qualquer projeto e repetem-se ao longo do ciclo de vida do projeto. Fases são específicas de cada projeto e ocorrem uma única vez em cada projeto.

Os processos de iniciação ocorrem, por exemplo, quando o projeto é autorizado e quando cada fase do projeto tem sua autorização de início.

Os processos de planejamento podem ser vistos como o ato de "pensar" no que será realizado no projeto, produzindo planos, estimativas de tempo e custo etc. No âmbito do gerenciamento de projetos que estamos considerando, esses resultados dos processos de planejamento devem ser aprovados pela governança do projeto para constituírem o que se denomina "linha de base" (*baseline*), ou seja, uma referência que indica o que será executado.

Os processos de execução ocorrem em cada fase do projeto quando os planos são consultados e seguidos. No âmbito do *PMBOK® Guide*, os processos de execução se referem especificamente ao ato de seguir o que foi planejado. Não significa simplesmente fazer qualquer coisa, mas seguir o que está previsto no plano. Assim, quando a equipe do projeto faz algo diferente do que estava no plano, não podemos dizer que ela o esteja executando.

Os processos de monitoramento e controle ocorrem ao longo de todo o projeto. Os processos de medições do trabalho realizado, inspeções, verificações e preparação de relatórios sobre o *status* do projeto são exemplos de processos de monitoramento e controle do projeto.

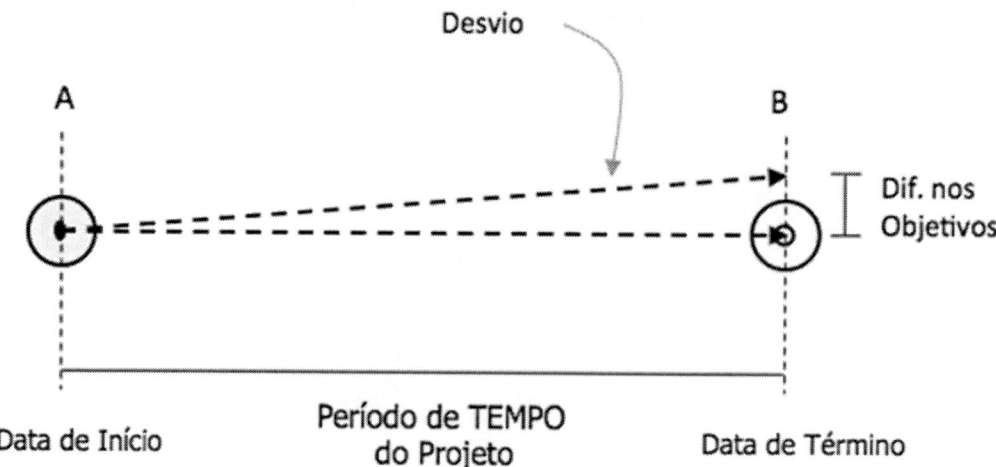

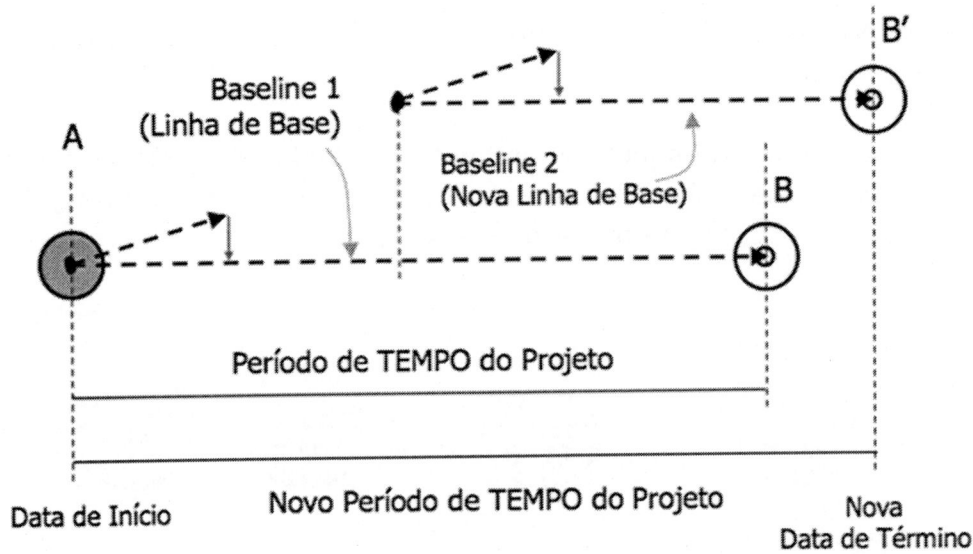

Os processos de encerramento, por sua vez, ocorrerão toda vez que uma fase do projeto for concluída e, finalmente, quando o projeto inteiro for concluído.

Ciclo de vida e processos de gerenciamento de projetos

O ciclo de vida de um projeto é o conjunto de fases que o projeto percorre desde seu início formal até a entrega do seu produto final.

O ciclo de vida de cada projeto é definido por suas fases específicas. Ou seja, um projeto de construção de uma casa terá fases próprias de projetos de construção de casas e seu ciclo de vida será descrito tipicamente por elas – por exemplo: fundações, estrutura, alvenaria, instalações, telhado, acabamento e limpeza. Já um projeto de desenvolvimento de software poderá ter seu ciclo de vida típico composto pelas fases de levantamento de requisitos, análise, programação, instalação e homologação.

O modelo utilizado no *PMBOK® Guide*, onde processos são realizados de maneira cíclica, foi inspirado no modelo de melhoria contínua conhecido como PDCA (*Plan, Do, Check, Act*), também conhecido como ciclo de Deming. No *PMBOK® Guide*, os termos equivalentes aos elementos do PDCA são respectivamente planejar (P), executar (E), monitorar (M) e controlar (C).

O esquema da Figura 1.8 procura mostrar como os processos de gerenciamento do projeto ocorrem concomitantemente aos de geração do produto ao longo do ciclo de vida do projeto. Na figura, depois da autorização "A" a primeira fase é de preparação da primeira versão de plano do projeto "P". Na sequência, as fases produzem respectivamente as entregas E1, E2, E3 e por fim o produto final do projeto. É possível constatar também que os processos de gerenciamento ocorrem em cada fase, assim como no projeto como um todo.

Apesar de não aparecerem na figura, os processos de iniciação e encerramento ocorrerão em cada fase. Por exemplo, um processo de encerramento ocorrerá já ao final da primeira fase (entrega E1) e um processo de iniciação ocorrerá no início da última fase do projeto.

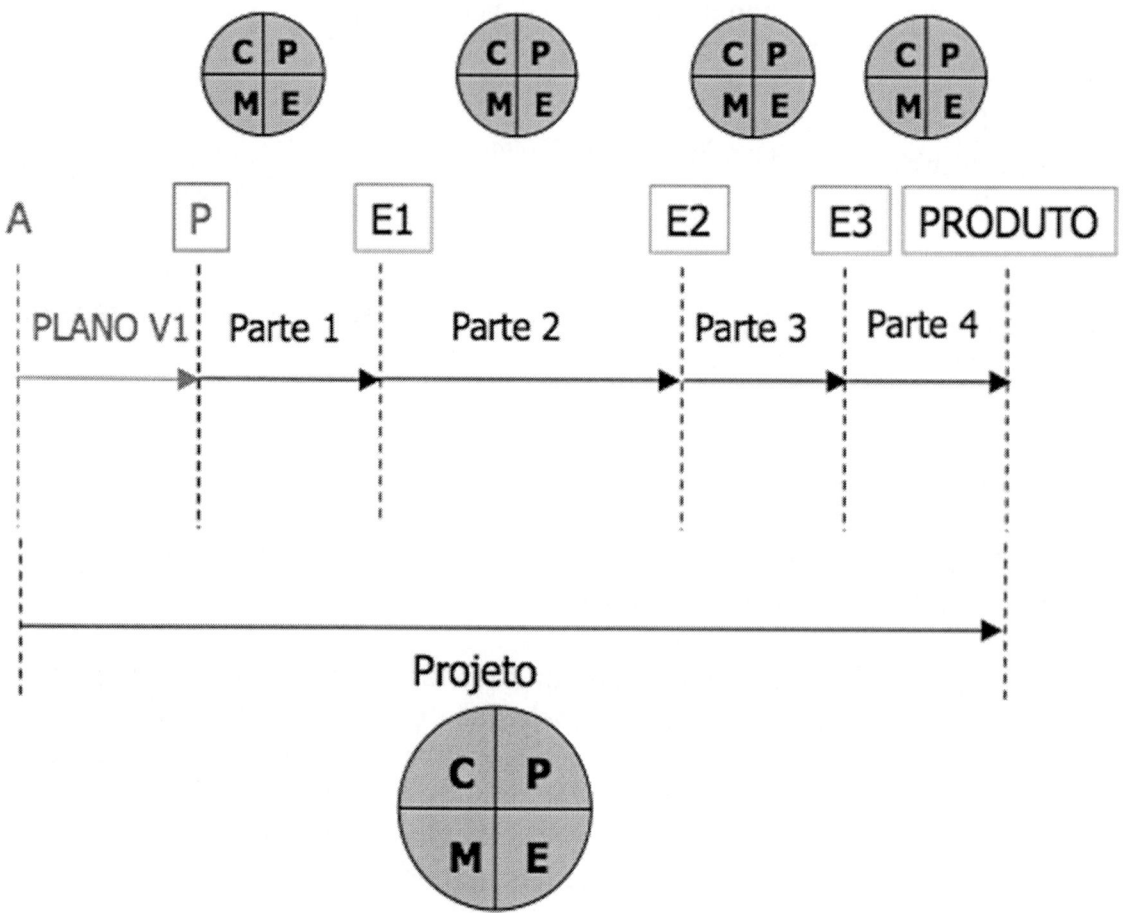

Figura 1.8 – Ciclo de vida de um projeto e os processos de gerenciamento do projeto

Os processos de gerenciamento têm como finalidade planejar, monitorar e controlar como serão realizadas as atividades necessárias à concretização do produto do projeto. Em cada fase específica do projeto poderão ser realizados todos os processos de gerenciamento. Essa distinção é útil para uma melhor definição da natureza do trabalho que efetivamente estará sendo realizado a cada momento: se de gerenciamento ou de elaboração do produto do projeto.

A Figura 1.9 reforça a ocorrência concomitante dos processos de gerenciamento de projetos com os processos de geração do produto do projeto em cada fase.

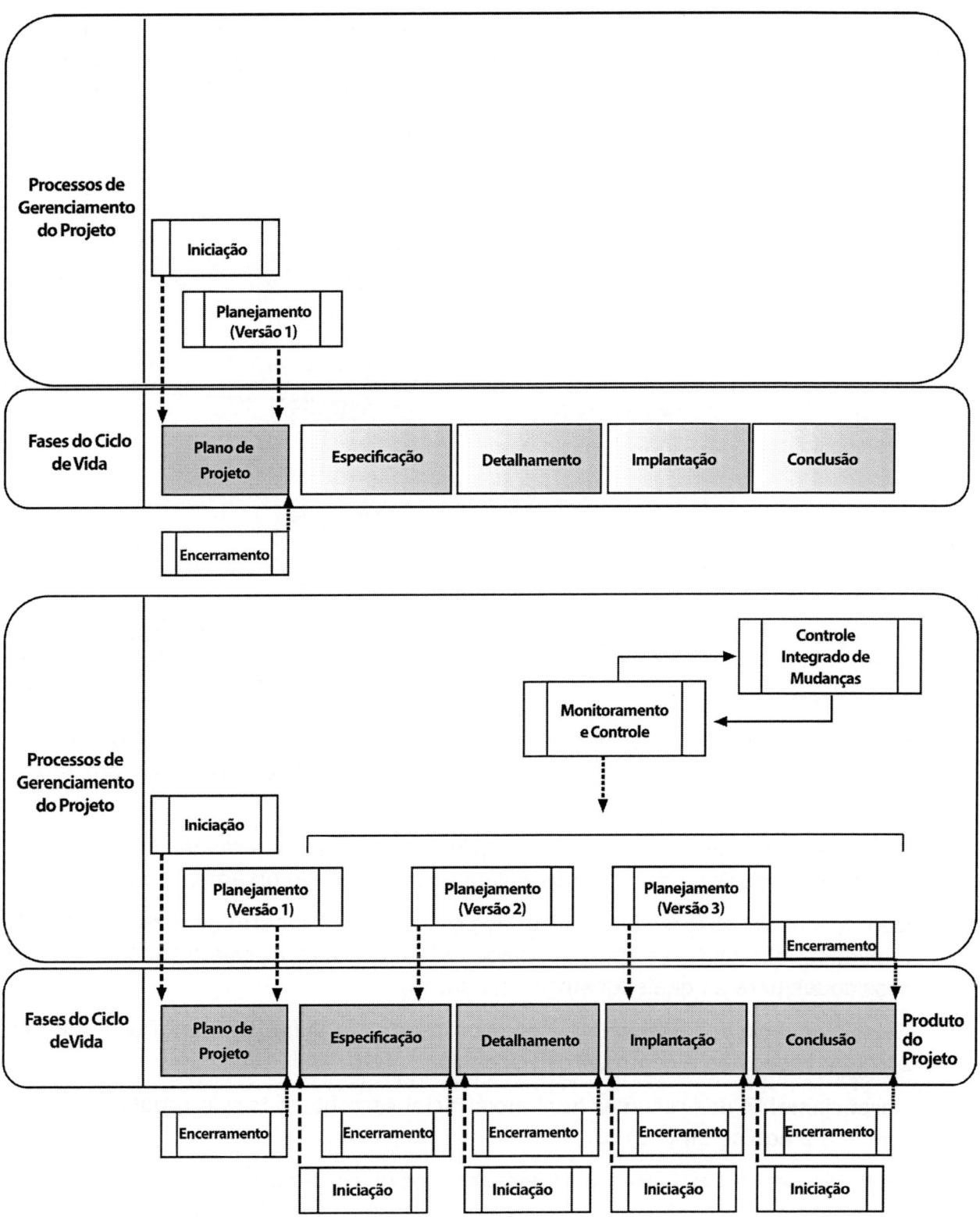

Figura 1.9 – Interação entre processos de gerenciamento de projetos e fases do ciclo de vida do projeto

ÁREAS DE CONHECIMENTO EM GERENCIAMENTO DE PROJETOS

O conhecimento necessário para realizar os processos de iniciação, planejamento, execução, monitoramento, controle e encerramento de projetos pode ser agrupado em áreas, dependendo do tema a que se refere. São reconhecidas dez áreas de conhecimento em gerenciamento de projetos, a saber:

- **Gerenciamento do escopo:** inclui os processos que buscam assegurar que o projeto contemple todo o trabalho e somente o trabalho necessário para ser concluído com sucesso.
- **Gerenciamento do tempo:** inclui os processos de planejamento e controle do cronograma do projeto, de modo que o projeto seja concluído dentro do prazo previsto.
- **Gerenciamento dos custos:** inclui os processos de planejamento e controle de custos, de modo que o projeto seja concluído dentro do orçamento aprovado.
- **Gerenciamento da qualidade:** inclui os processos que determinam as políticas de qualidade, objetivos e responsabilidades, de modo que o projeto satisfaça as necessidades para as quais foi empreendido.
- **Gerenciamento dos riscos:** inclui os processos para planejar, identificar, analisar, planejar respostas e controlar os riscos do projeto.
- **Gerenciamento dos recursos humanos:** inclui os processos que organizam e gerenciam a equipe do projeto.
- **Gerenciamento das partes interessadas:** inclui os processos necessários para identificar as pessoas ou organizações que podem impactar ou ser impactadas pelo projeto, analisar suas expectativas, desenvolver estratégias de gerenciamento e gerenciar seu engajamento ao longo do projeto.

- **Gerenciamento das comunicações:** inclui os processos que buscam assegurar que as informações do projeto sejam planejadas, coletadas, criadas, distribuídas, armazenadas, recuperadas, gerenciadas, controladas, monitoradas e dispostas de maneira oportuna e apropriada.
- **Gerenciamento das aquisições:** inclui os processos necessários para comprar ou adquirir produtos, serviços ou resultados externos à equipe do projeto.
- **Gerenciamento da integração:** refere-se à identificação, definição, combinação, unificação e coordenação dos vários processos e atividades de gerenciamento de projetos.

A Figura 1.10 ilustra o relacionamento mais comum entre os principais processos de gerenciamento do projeto desde a identificação da necessidade de realização do projeto. As setas descrevem as interações entre os processos e a lógica de elaboração progressiva com o carregamento de informações nos componentes do plano que será executado, monitorado, controlado e encerrado.

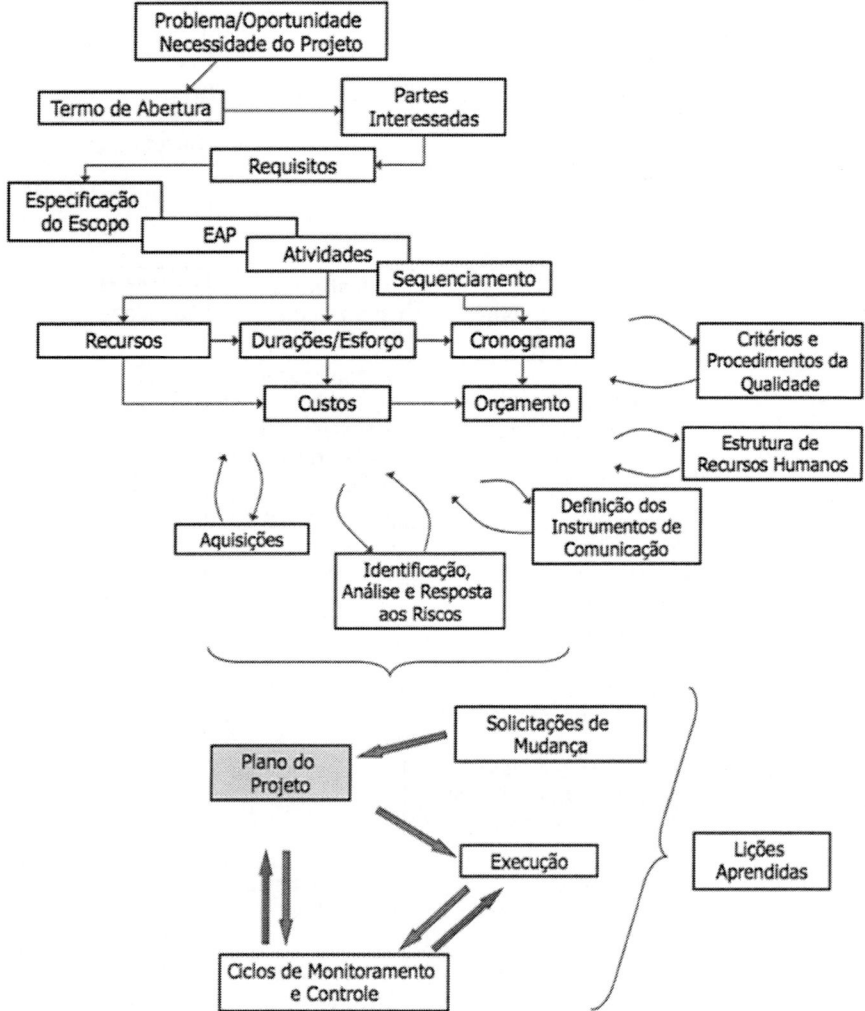

Figura 1.10 – Relacionamento entre processos de gerenciamento de projetos

Áreas de conhecimento	Grupos de processos de gerenciamento de projetos (*PMBOK® Guide*, 2013)				
	Iniciação	Planejamento	Execução	Monitoramento e controle	Encerramento
Integração	→ Desenvolver o Termo de Abertura do Projeto	→ Desenvolver o Plano de Gerenciamento do Projeto	→ Dirigir e Gerenciar o Trabalho do Projeto	→ Monitorar e Controlar o Trabalho do Projeto → Realizar o Controle Integrado de Mudanças	→ Encerrar o Projeto ou a Fase
Escopo		→Planejar o Gerenciamento do Escopo →Coletar os Requisitos → Definir o Escopo → Criar a EAP		→ Validar o Escopo → Controlar o Escopo	
Tempo		→Planejar o Gerenciamento do Cronograma → Definir as Atividades → Sequenciar as Atividades → Estimar os Recursos das Atividades → Estimar as Durações das Atividades → Desenvolver o Cronograma		→ Controlar o Cronograma	
Custos		→Planejar o Gerenciamento dos Custos →Estimar os Custos → Determinar o Orçamento		→ Controlar os Custos	
Qualidade		→ Planejar o Gerenciamento da Qualidade	→ Realizar a Garantia da Qualidade	→ Controlar a Qualidade	
Recursos Humanos		→ Planejar o Gerenciamento dos Recursos Humanos	→ Mobilizar a Equipe do Projeto → Desenvolver a Equipe do Projeto → Gerenciar a Equipe do Projeto		
Comunicações		→ Planejar o Gerenciamento das Comunicações	→ Gerenciar as Comunicações	→ Controlar as Comunicações	
Riscos		→ Planejar o Gerenciamento dos Riscos → Identificar os Riscos → Realizar a Análise Qualitativa dos Riscos → Realizar a Análise Quantitativa dos Riscos → Planejar Respostas aos Riscos		→ Controlar os Riscos	
Aquisições		→ Planejar o Gerenciamento das Aquisições	→ Conduzir as Aquisições	→ Controlar as Aquisições	→ Encerrar as Aquisições
Partes Interessadas	→ Identificar as Partes Interessadas	→ Planejar o Gerenciamento das Partes Interessadas	→ Gerenciar o Envolvimento das Partes Interessadas	→ Controlar o Envolvimento das Partes Interessadas	

2 Processos de Iniciação

Uma vez identificada a necessidade de realização do projeto, é necessário constituí-lo formalmente. O grupo de processos de iniciação define e autoriza o projeto ou uma fase e é composto por dois processos: desenvolver o termo de abertura do projeto e identificar as partes interessadas (*stakeholders*).

DESENVOLVER O TERMO DE ABERTURA DO PROJETO

O termo de abertura do projeto (*Project Charter*) tem como missão principal **autorizar** formalmente a realização do projeto. Trata-se de um documento interno da organização executora e define os principais elementos do projeto, suficientes para indicar a razão ou justificativa para sua realização, os objetivos pretendidos, a contextualização do projeto na organização, enfim, o que é o projeto em linhas gerais.

Como o próprio nome indica, este documento apenas dá partida e autoriza profissionais da organização executora a dedicar horas de trabalho ao projeto que nasce. Esse processo de autorização pressupõe que os profissionais autorizados dedicarão esforços na elaboração de um plano do projeto. Por isso o termo utilizado será **autorização**, pois o termo aprovação será usado para validação do plano e de eventuais mudanças, quando esse plano estiver sendo executado.

Uma dificuldade inerente ao processo de autorização é quanto à quantidade e à qualidade das informações disponíveis para subsidiar a decisão de iniciar o projeto. Se o objetivo é que os profissionais não comecem a trabalhar sem uma autorização formal, então o documento deverá conter apenas as informações disponíveis no momento.

A princípio, para cumprir sua missão principal de autorizar o início do trabalho, um termo de abertura pode conter apenas informações essenciais, tais como um nome para o projeto e uma breve descrição. Esse pode ser o exemplo de um termo de abertura com o mínimo de informações disponíveis no momento de sua constituição formal.

É importante considerar que a coleta de informações para o preenchimento de um termo de abertura pode levar à dedicação de esforços a um projeto ainda não autorizado. Trata-se de uma situação de *trade-off*. Se, por um lado, trabalhar para coletar mais informações fornece mais subsídios à decisão de autorizar o projeto, por outro lado, gera o risco de esse trabalho, que pode ser grande, ser desperdiçado se o projeto não for autorizado.

A preocupação com a falta de informações no momento da autorização do projeto pode ser amenizada se lembrarmos que o termo de abertura marca apenas o início do projeto, considerando o pressuposto de que haverá um trabalho de desenvolvimento de um plano detalhado composto por diversos artefatos, tais como a especificação do escopo, o cronograma, o orçamento do projeto etc.

O termo de abertura é um documento interno da organização executora do projeto. Em projetos corporativos ou restritos a uma área da empresa, os papéis de patrocinador e cliente do projeto podem ser exercidos pela mesma pessoa ou grupo colegiado, geralmente comitês. Nesses casos o cliente terá acesso ao termo de abertura. Porém, se o cliente formal do projeto for de uma organização diferente da executora, nesse caso denominada organização solicitante, ele não deverá ter acesso direto ao termo de abertura e seu relacionamento com a equipe do projeto se dará por meio de outros documentos, tais como: contrato, proposta comercial etc.

Uma vez que o termo de abertura seja assinado e o projeto iniciado, o documento cumpre seu objetivo e não há razão para atualizá-lo ao longo do projeto. Algumas informações nele contidas deverão ser transferidas para outros documentos do plano do projeto onde serão atualizadas, refinadas ou detalhadas.

O exemplo a seguir apresenta informações típicas de um termo de abertura.

Nome ou título do projeto

Longe de ser uma mera formalidade, a denominação do projeto é um elemento de comunicação que pode cumprir um papel importante na divulgação do projeto para a organização executora e para as partes interessadas. O título pode ser apenas uma descrição resumida do resultado principal do projeto – por exemplo: Desenvolvimento e Instalação de Sistema de Gestão Integrada – ou utilizar um slogan que sirva de instrumento de marketing para o projeto. Associados ao nome podem ser desenvolvidos identidade visual, logomarcas e outros elementos de comunicação para o projeto.

Termo de abertura do projeto	
Nome do projeto	**Cliente do projeto**
Gerente do projeto	**Sponsor (Patrocinador)**
Descrição do projeto	
Justificativa para realização do projeto	
Objetivos do projeto	
Produto do projeto	
Premissas	
Restrições	
Cronograma sumário de marcos (milestones)	**Mês e ano de conclusão**
Estimativa de custo	**Estimativa de prazo**
Autorização	**Data da abertura**

Cliente do projeto

Indivíduo ou grupo colegiado (comitê, diretoria etc.) que fornecerá os principais requisitos (necessidades) e dará o aceite formal no resultado (produto) do projeto. O cliente pode não ser o usuário final do produto. Também não é, necessariamente, quem paga pelo projeto. O foco da identificação desta importante parte interessada é o de garantir que o projeto não fique impedido de ser encerrado por indefinição de quem tenha autoridade e competência formal para dar o "de acordo" formal na principal entrega do projeto. É recomendável que, sempre que possível, se identifique o indivíduo em vez da designação genérica de um setor, diretoria ou até mesmo a empresa como um todo, para evitar que, caso haja uma mudança na estrutura de pessoal, isso gere impasses na entrega do produto do projeto e impeça o encerramento formal do projeto.

Gerente do projeto

O termo de abertura deve designar e atribuir autoridade formal ao responsável pelo gerenciamento do projeto. Na prática, o potencial gerente do projeto já conduz o desenvolvimento do termo de abertura.

Patrocinador (*Sponsor*)

O patrocinador é o indivíduo que provê os recursos financeiros para a realização do projeto. Todavia, seu papel é mais abrangente. Ele deve dar suporte e cobertura política ao projeto e tem o poder de decisão quanto às prioridades do projeto. É o principal agente **autorizador do projeto** e de mudanças. Um patrocinador forte – com poder na organização – e atuante pode ser decisivo para o sucesso do projeto. Assim como o cliente do projeto, este papel pode ser exercido por um grupo colegiado tal como um comitê ou uma diretoria.

Justificativa do projeto (problema/oportunidade)

Um projeto consome recursos a cada dia mais escassos. Portanto, o porquê de sua realização deve ficar bem claro no documento que registra sua constituição. Um projeto cuja justificativa é forte tende a ter mais apoio da organização executora e consequentemente menos dificuldades em obter os recursos necessários à sua realização.

Se a organização executora utiliza um processo de seleção e priorização de projetos para tomar a decisão de executar ou não projetos, as razões que justificam o empreendimento já devem ter sido apresentadas.

A justificativa do projeto não serve apenas como instrumento de decisão para sua realização, mas também como fator de motivação para a equipe do projeto, como argumento em negociações com partes interessadas e para o patrocinador defendê-lo política e financeiramente.

A justificativa para a realização do projeto deve estar relacionada à solução de um problema ou ao aproveitamento de uma oportunidade. Justificativas baseadas na solução de problemas tendem a ser mais facilmente aceitas do que aquelas que propõem o aproveitamento de oportunidades, porque o problema já existe e já causa efeitos, enquanto a oportunidade, por natureza, é potencial.

Objetivos do projeto

Os objetivos do projeto estão relacionados aos benefícios que a organização espera alcançar com a realização do projeto. Os benefícios gerados pelo projeto, em geral, são aproveitados pela organização após a entrega do produto e a conclusão do projeto e podem ocorrer a curto, médio ou longo prazo. Por exemplo, em um projeto de construção de uma nova sede para expansão de uma empresa, o benefício de obter mais espaço começa a ser obtido imediatamente após a entrega do produto – neste caso, o prédio pronto. Outros benefícios, como o aumento de produtividade da equipe e a melhoria do clima de trabalho, só serão observados em médio prazo. Algumas empresas constituem outro projeto para a verificação e medição dos benefícios gerados por um projeto precedente. A avaliação dos benefícios está no âmbito da gestão de programas e do portfólio de projetos da organização.

Descrever bem um objetivo de projeto não é uma tarefa simples. Frequentemente encontram-se descrições genéricas, difíceis de mensurar, cujo alcance não está plenamente sob o domínio do projeto ou que refletem apenas meros desejos da organização executora.

Uma regra prática para descrever um objetivo é iniciar a descrição com um verbo no infinitivo (aumentar, diminuir, melhorar etc.) seguido do objeto que sofrerá a ação representada pelo verbo (receita, despesa, qualidade, segurança etc.). A partir daí, pode-se aplicar a regra SMART para verificar a consistência da descrição. SMART é um acrônimo em inglês para:

S – *Specific* – Verifica se o objetivo é específico, se não é genérico ou geral.
M – *Measurable* – Mensurável. Se pode ser medido, verificado, avaliado.
A – *Accountable* – Está no âmbito do projeto. Se não depende de outros fatores.
R – *Realistic* – Realista, factível, alcançável.
T – *Time Bound* – Limitado pelo tempo.

Ilustremos a aplicação dessa regra prática na elaboração de um objetivo de projeto. Consideremos um projeto para capacitar a equipe de vendas do Rio Grande do Sul em uma empresa fabricante de sapatos com presença em vários estados brasileiros. De início, é importante não confundir a descrição do projeto com o objetivo do projeto. "Capacitar a equipe de vendas" não é o objetivo do projeto no sentido em que este termo está sendo utilizado aqui, mas apenas a descrição do que será feito ao longo do ciclo de vida do projeto. O objetivo é algo que se espera alcançar após a conclusão do projeto. Com isso em mente, poderíamos iniciar com a seguinte descrição:

"Aumentar a receita."

A descrição anterior segue a regra de utilização de um verbo no infinitivo seguido de um objeto. A seguir, precisamos testar essa descrição e perguntar se ela está suficientemente específica (S – *Specific*) ou se ainda está muito genérica. Pretendemos aumentar todos os tipos de receita na empresa inteira? Não. O projeto envolverá apenas a equipe de vendas do Rio Grande do Sul. Assim, o objetivo pode se tornar mais específico:

"Aumentar a receita com vendas no Rio Grande do Sul."

Se a capacitação da equipe tivesse relação com alguma linha de produtos específica da empresa, a especificação do objetivo poderia ser aprofundada ainda mais: "Aumentar a receita com vendas da linha de produtos 'X' no Rio Grande do Sul".

O próximo passo é perguntar se, da forma como está descrito, o objetivo é mensurável (M – *Measurable*). É possível medir o aumento de receita com vendas? A resposta é sim, pois podemos imaginar que a empresa possua processos de acompanhamento de onde possa auferir esses resultados. Se a descrição do objetivo fosse algo do tipo "Melhorar a percepção de qualidade de nossos clientes", poderíamos questionar se, do jeito que está escrito, seria possível medi-lo. Se houvesse uma pesquisa com clientes que gerasse índices de percepção de qualidade, aquela poderia ser utilizada para medir tal objetivo. A importância neste ponto é não definir um objetivo que não possa ser medido posteriormente.

Neste ponto, devemos definir a meta do objetivo, isto é, sua quantificação. Queremos aumentar a receita com vendas no Rio Grande do Sul em quanto? Por exemplo:

"Aumentar a receita com vendas no Rio Grande do Sul em 20%."

O objetivo descrito pode ser alcançado dentro do âmbito do projeto? Em outras palavras, o aumento da receita com vendas no Rio Grande do Sul depende apenas de nosso projeto ou também de outros projetos em andamento na organização? Ainda, o alcance desse objetivo depende muito ou pouco de influências externas à nossa própria organização (inflação, taxa de juros, ação da concorrência)? Agora a preocupação reside em quanto nosso projeto pode dar conta (A – *Accountable*) deste objetivo por si mesmo. E qual a importância de se preocupar com isso? É que nosso projeto pode ir muito bem e conseguir uma excelente capacitação da equipe de vendas, mas mesmo assim as receitas com vendas podem não aumentar porque, por exemplo, o projeto responsável por automatizar o processo de vendas pode não ser concluído a contento, o que dificultará o trabalho da equipe de vendas. Nesse caso, o objetivo de nosso projeto será penalizado por um fator externo. Quando tais fatores externos, dos quais o objetivo de nosso projeto depende, são identificados, estes devem ser documentados como premissas (ver definição do termo "premissa" adiante):

"Aumentar a receita com vendas no Rio Grande do Sul em 20%.
Premissa do objetivo: o processo de vendas estará automatizado até o fim do ano."

Será que o objetivo está realista (R – *Realistic*)? É possível aumentar a receita com vendas no Rio Grande do Sul em 20% como resultado de nosso trabalho de capacitação da equipe de vendas? Nesse caso, informações históricas podem nos ajudar a responder essa questão. Façamos um levantamento de todos os esforços realizados na empresa para aumentar a receita com vendas e cruzemos essa informação com a evolução da receita com vendas ao longo de, digamos, cinco anos. Se após o levantamento dessas informações descobrirmos que, nos últimos cinco anos, a empresa realizou 15 projetos que pretendiam aumentar a receita com vendas e conseguiu um aumento de 10%, isso pode ser um sinal de que nossa meta seja irrealista e precise ser ajustada:

"Aumentar a receita com vendas no Rio Grande do Sul em 3%."

Para concluirmos a descrição do objetivo, é necessário limitar sua consecução a determinado tempo (T – *Time Bound*). Quando o objetivo deve ser medido?

"Aumentar a receita com vendas no Rio Grande do Sul em 3% após seis meses da conclusão do projeto.
Premissa do objetivo: o processo de vendas estará automatizado até o fim do ano."

Descrição do projeto

Apresentação sumária do projeto. Deve ser sucinta para permitir uma visão geral do que é o projeto. Além de contribuir para o entendimento do projeto ainda em seu início, uma boa descrição pode ser bastante útil durante a realização do projeto em situações nas quais o gerente do projeto precise explicar o projeto em poucas palavras, como no caso da abertura de uma reunião com fornecedores, por exemplo.

Produto do projeto

O resultado principal que será gerado pelo projeto deve ficar bem claro, a fim de evitar expectativas além da capacidade de realização do projeto. O produto do projeto é a principal entrega material produzida pelo projeto.

Exemplos de produtos de projetos:

- No caso de um projeto de construção de uma casa, a residência pronta para morar seria o produto do projeto.
- Em um projeto de consultoria, o produto gerado pelo projeto estaria materializado no relatório com as recomendações da consultoria.
- Em um projeto de modificação de um layout de um ambiente de trabalho, o produto seria um estado modificado.

Em qualquer caso, o produto do projeto deve ser identificado e "tangibilizado" de tal forma que, ao final do projeto, seja possível verificar se foi entregue e avaliar sua adequação ao que foi proposto no início do projeto.

A indefinição do produto do projeto pode levar as partes interessadas no projeto a criar expectativas diferentes em relação àquilo que o projeto efetivamente estaria configurado para entregar e causar conflitos, frustrações e prejuízos.

Mesmo em momentos iniciais de um projeto, é possível e recomendável a "visualização" do produto final do projeto em termos de gênero e da forma como será entregue. O produto do projeto traduz os requisitos do cliente e define os limites do trabalho da equipe do projeto. Define, mesmo que neste momento em linhas gerais, os limites de escopo e alinha entendimento do que se trata o projeto.

O produto do projeto deve ser descrito como será entregue ao final do projeto. Por isso, é uma boa técnica utilizar o particípio de verbos ou termos que indiquem o estado, tais como: sistema desenvolvido, sistema implementado, sistema em pleno funcionamento etc.

As características e os atributos do produto do projeto serão posteriormente detalhados na especificação do escopo.

Premissas

A palavra inglesa *assumption*, traduzida para o português como "premissa", utiliza o mesmo radical latino "assum" do verbo "assumir". Em gerenciamento de projetos, premissas são suposições enunciadas pela equipe do projeto que, para fins de planejamento, serão assumidas como verdadeiras pelas partes interessadas do projeto sem que se tenha certeza sobre a sua veracidade. São identificadas quando a equipe do projeto depara com um cenário incerto que precisa estar definido para que o planejamento do projeto siga em frente. Diante do cenário incerto, a equipe precisa enunciar uma premissa.

Exemplos de enunciados de premissas:

- Partimos do princípio de que a equipe do projeto terá acesso à documentação do sistema X.
- Partimos do princípio de que será possível alocar à equipe do projeto três profissionais da Diretoria de Engenharia da empresa.
- Partimos do princípio de que os documentos do projeto serão avaliados pelo cliente em no máximo dois dias úteis.

Cada premissa, por sua natureza incerta, carrega associada a ela pelo menos um risco: o de que se comprove falsa. Isso influenciará a capacidade do projeto de alcançar seus resultados e implicará na necessidade de revisão dos parâmetros estabelecidos no plano do projeto. Premissas são enunciadas pela equipe do projeto, assumem condições incertas como verdadeiras, servem de base para previsões e deverão ser reconhecidas pela governança do projeto (autorizadores e aprovadores).

Restrições

São imposições previamente estabelecidas por agente **externo** à equipe do projeto. Restrições limitam as opções da equipe do projeto. Podem ser normas organizacionais que precisam ser seguidas, regimentos, legislações ou quaisquer obrigações relacionadas ao objeto do projeto. O regimento interno de um edifício pode impedir a realização de um trabalho que gere ruído durante o período noturno.

Como restrições são imposições externas, não é a equipe do projeto que as define ou cria. O papel da equipe é identificar e documentar as restrições às quais o projeto estiver submetido.

Cronograma sumário de marcos

Neste momento inicial, onde a incerteza do projeto é grande e o maior desafio é procurar compreendê-lo, tentar desenhar em uma linha do tempo as principais etapas do projeto pode ser de grande ajuda.

Um marco é um ponto ou evento significativo de um projeto. A ideia de usar pontos de referência para marcar o trabalho realizado vem da engenharia romana. Os romanos usavam uma pedra para marcar quando a parte pronta de uma estrada completava mil passos do soldado romano (*mille passum* em latim); daí *milliarium* passou a designar a pedra marcadora de milha. Em inglês a palavra é *milestone* e em português "marco".

Assim, um cronograma sumário de marcos apresenta os principais pontos de conclusão do projeto em uma linha do tempo.

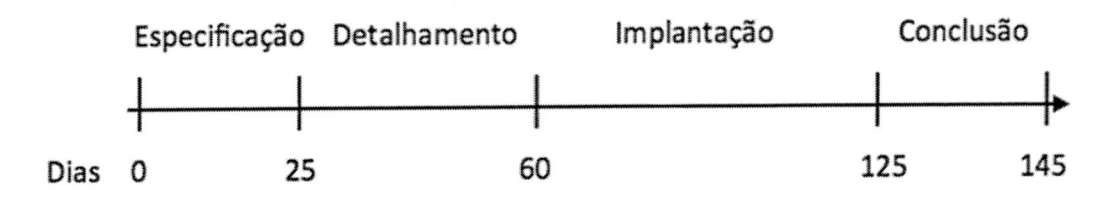

	Especificação	Detalhamento	Implantação		Conclusão
Dias	0	25	60	125	145

Estimativa de custos

Antes de tudo é importante diferenciar uma estimativa de um simples palpite ou, como dito na linguagem popular, um "chute". Uma estimativa deve ser suportada por alguma referência histórica, algum cálculo, algum método, alguma opinião especializada, algum parâmetro; enfim, alguma base que permita um mínimo de rastreabilidade de sua origem. No âmbito do gerenciamento de projetos estruturado é essencial que sejam feitas estimativas e não "chutes".

A finalidade de elaborar uma estimativa de custos ainda no processo de iniciação é tentar dimensionar em ordem de grandeza os custos gerais do projeto. Pode ser uma forma de confirmar uma faixa de valor que tenha sido enunciada em um estudo de viabilidade financeira, quando da decisão de realizar ou não o projeto, ou de dar a primeira ideia de quanto o projeto poderá custar.

É sempre importante lembrar que, seguindo um princípio geral da administração, quanto mais cedo, mais próximo da origem, se tomar a decisão de interromper um processo que não esteja conforme, mais econômica será esta decisão para a organização.

A ideia de validação da viabilidade é um pressuposto que permeia todo o processo de iniciação do projeto. Durante o processo de iniciação do projeto deve-se procurar confirmar ou não a decisão de realização do projeto.

Segundo o *PMBOK® Guide*, a expectativa de precisão dessa estimativa é de -25% a +75% do orçamento final que será apurado no processo de planejamento do projeto. Essa ordem de grandeza pode variar de acordo com cada organização.

A consulta a dados históricos de projetos anteriores semelhantes é um recurso de apoio no processo de estimativa de custos do projeto. Porém, se a base histórica não possuir referências semelhantes, pode-se solicitar apoio a um fornecedor que as tenha ou que possa elaborar uma estimativa. Além do apoio nesse momento, este fornecedor figurará como potencial executor de partes do projeto, no caso de dificuldades da organização executora.

Estimativa de prazo

O cronograma sumário de marcos, uma vez elaborado, poderá servir de base para a estimativa inicial de prazo do projeto.

Infelizmente, a maioria dos projetos conduzidos hoje em dia já recebe uma restrição de prazo. Uma restrição desse tipo pode levar à suposição de que a estimativa deverá ser feita simplesmente para atender à data imposta. Esse procedimento não pode ser considerado como estimativa porque não contém base.

A melhor prática recomenda que a estimativa seja feita utilizando-se as bases e referências necessárias e, posteriormente, que seja avaliada quanto ao atendimento à restrição.

Autorização

Salvo regimentos organizacionais específicos, a principal parte interessada que autoriza o projeto é o patrocinador. No caso de outros membros da organização executora participarem da autorização, suas assinaturas serão necessárias no termo de abertura do projeto.

O processo de assinatura do termo de abertura pode consumir um tempo considerável em idas e vindas para análises e avaliações, mas é altamente recomendável que não se comece a realizar o projeto, ou seja, a tomar decisões ou consumir recursos, sem que o processo de autorização formal esteja concluído.

VER→ APLICAÇÃO 1 do Guia Prático

ANÁLISE DAS PARTES INTERESSADAS (*STAKEHOLDERS*)

Segundo o dicionário Random House: detentores (*holders*) da aposta (*stake*). Partes interessadas é a tradução mais encontrada para essa palavra no contexto de gerenciamento de projetos. Significa todo indivíduo ou entidade, qualquer pessoa física ou jurídica, que de alguma forma tenha relacionamento com o projeto ou que seja atingida ou impactada por ele. Uma parte interessada pode influenciar ou ser influenciada pelo projeto, no decorrer da sua execução ou após seu encerramento.

A equipe de gerenciamento do projeto tem de analisar as partes interessadas, tanto internas quanto externas à organização executora, de maneira a determinar seus requisitos e suas expectativas.

As etapas envolvidas em uma análise de partes interessadas são:

- **Identificação de partes interessadas:** desenvolver uma lista com nomes dos principais interessados do projeto, sua função, órgão ou empresa. Em alguns casos, podem ser identificados e listados grupos de interessados que tenham um mesmo perfil ou participação no projeto.
- **Classificação de partes interessadas:** cada interessado da lista é identificado por um código (por exemplo, por letras maiúsculas) e é feita uma avaliação em relação a seu poder de influenciar o projeto e seu interesse. Além disso, pode-se avaliar se o interesse é positivo ou negativo.

O gráfico a seguir apresenta um exemplo de classificação de partes interessadas que leva em conta o poder e o interesse de cada interessado ou grupo de interessados. Os textos que aparecem em cada quadrante do gráfico indicam abordagens gerenciais que devem adotadas para as partes interessadas que se encontram nos quadrantes respectivos.

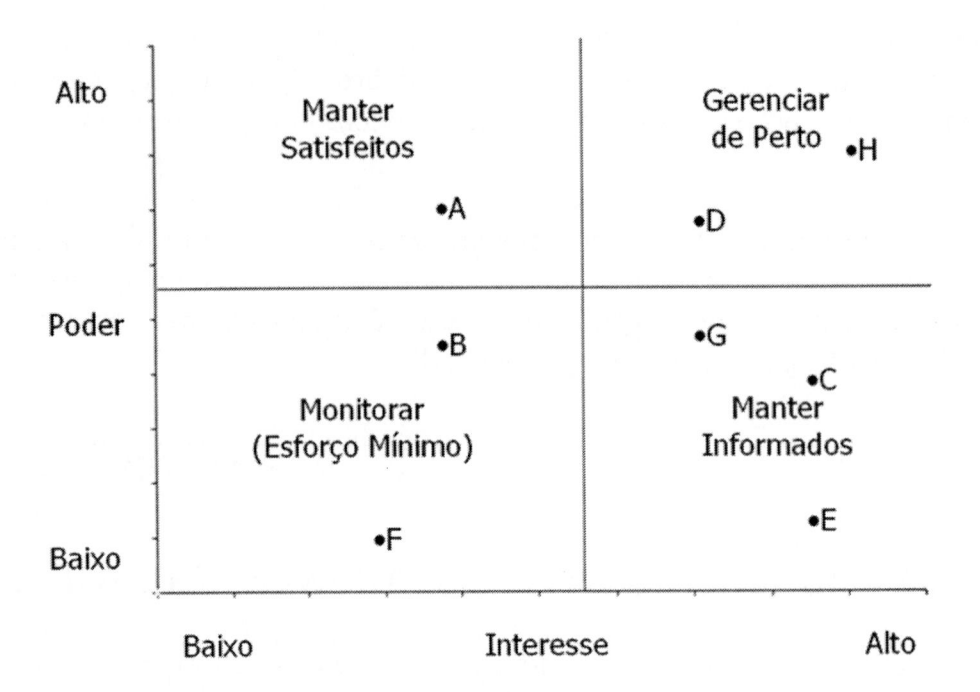

Figura 2.1 – Análise das partes interessadas do projeto

A informação resultante da análise pode ser consolidada em um registro de partes interessadas (quadro seguinte). Esse registro é primeiramente elaborado no início do projeto e deve ser mantido atualizado durante todo o ciclo de vida do projeto.

Certas informações relacionadas a uma ou mais das partes interessadas podem ser muito sensíveis para ser publicadas. O registro de partes interessadas é um documento de projeto que merece divulgação restrita.

Em razão de as partes interessadas influenciarem positiva ou negativamente o projeto e, consequentemente, seus objetivos, elas são uma fonte primária de riscos para o projeto.

REGISTRO DE PARTES INTERESSADAS (Stakeholders)						
Id	Parte Interessada	Papel/ Entidade	Avaliação		Posicion.	Interesses/ Requerimentos
			Interesse	Poder		
A	Peter Klamn	Sponsor do Projeto	MA	MA	A	- Receber informações do Gerente do Projeto sobre o desempenho do Projeto - Ser solicitado em aprovações de decisões do projeto
B	Ricardo Vasconcelos	Cliente do Projeto	MA	A	A	- Projeto concluído com sucesso - Aprovar as entregas do projeto - Receber informações sobre o desempenho do projeto
C	João Fernandes	Gerente do Projeto	MA	A	A	- Receber informações da equipe do projeto sobre o desempenho do projeto - Ser solicitado pela equipe do projeto em aprovações de decisões do projeto
D	Antônio Caldeiras	Ger. Funcional Setor X	B	B	N	- Fornecer recursos humanos do seu departamento para o projeto - Receber a programação de alocação de seu pessoal o mais cedo possível
E	Manoel Ribeiro	Diretor Funcional	A	B	N	- Bom aproveitamento dos recursos aplicados no projeto - Aproveitar no seu setor os benefícios gerados pelo projeto
F	Funcionários da Empresa	Organização Executora	B	B	N	- Aproveitar no seu setor os benefícios gerados pelo projeto
G	Fernando Dias – Dir. IBAMA	Órgão Regulador	MB	A	N	- Fornecedor de licença ambiental
H	Fornecedor do Serviços A	Fornecedor	A	B	A	- Fornecedor do principal serviço contratado pelo projeto

Interesse/ Poder	
MB	Muito Baixo
B	Baixo
A	Alto
MA	Muito Alto

Posicionamento	
A	Apoiador
N	Neutro
R	Resistente

Figura 2.2 – Registro de partes interessadas

CONCLUSÃO DO PROCESSO DE INICIAÇÃO DO PROJETO

Como vimos, no processo de iniciação são coletadas informações preliminares e levantadas questões gerais relacionadas à capacidade de realização do projeto, suficientes para fornecer o máximo de subsídios para o patrocinador do projeto tomar a decisão de autorizar a continuidade do trabalho.

VER→ APLICAÇÃO 2 do Guia Prático

3 Processos de Planejamento

A conclusão dos processos de iniciação indica que o projeto pode seguir em frente e pode-se, então, investir tempo e recursos na elaboração do plano de gerenciamento do projeto, que é o principal resultado dos processos de planejamento do projeto.

Antes de tratarmos do trabalho que compõe a elaboração de uma primeira versão do plano de projeto, é importante refletirmos sobre algumas questões de ordem prática que estão longe de serem triviais: por que planejar? Por que dedicar esforço e tempo planejando se já poderíamos ir direto à execução do projeto? Qual o benefício de planejar se as coisas não saem exatamente como planejado? Por que elaborar um plano se a probabilidade de haver mudanças é muito alta? Isso não seria perda de tempo?

O posicionamento a favor do planejamento vem da expectativa de que o retrabalho será menor se houver planejamento. Por retrabalho entenda-se toda ação necessária para corrigir um item que foi produzido em não conformidade com o especificado. Sabemos que mesmo com planejamento existe retrabalho em projetos.

A "dose" de planejamento não pode ser prescrita de forma genérica, mas de acordo com cada caso específico. Excesso de tempo e esforço dedicados ao planejamento pode representar mais perdas do que ganhos. O desafio é encontrar o ponto de equilíbrio.

O processo de planejamento do projeto segue uma lógica necessária à elaboração do plano de gerenciamento do projeto. É necessário definir o escopo, que representa aquilo que será feito pelo projeto, para em seguida dimensionar o tempo necessário para a realização do escopo, o que por sua vez permitirá a quantificação dos custos para a realização do escopo no tempo dimensionado. Ainda haverá definições da qualidade, dos recursos humanos, da comunicação, dos riscos, enfim, dos demais parâmetros do projeto.

Apesar de poder ser descrito como uma sequência de passos bem definidos, o processo de planejamento é interativo, pois seus parâmetros são correlacionados, e ao mesmo tempo iterativo, isto é, a definição de um elemento pode implicar na necessidade de ajuste em outro elemento anteriormente definido. Por exemplo, durante a definição dos parâmetros da qualidade do projeto pode-se verificar que um item de escopo precisa ser modificado, gerando assim a necessidade de redefinição do tempo e dos custos.

Metodologia de gerenciamento de projetos

Uma metodologia de gerenciamento de projetos é um conjunto de processos estruturados e de documentos recomendados para o gerenciamento de projetos, com a finalidade de diminuir o grau de improviso das ações de projeto e permitir o alcance de melhores resultados com menos esforço. De forma simplificada, pode-se considerar que uma metodologia de gerenciamento de projetos é a padronização daquilo que é possível padronizar no trabalho de projetos. Ela deve conciliar as melhores práticas de gerenciamento de projetos com as particularidades da organização, dos seus tipos de projetos e de sua cultura.

O *PMBOK® Guide*, ao contrário do que muitos consideram, não contém uma metodologia de gerenciamento de projetos porque é um guia bastante genérico. Uma metodologia de gerenciamento de projetos deve atender às especificidades da empresa, da área da empresa onde os projetos ocorrem e ainda dos tipos de projetos existentes na organização e padronizar o que for repetitivo, a fim de gerar ganhos em agilidade e produtividade. Quanto mais genérica for uma metodologia de gerenciamento de projetos, mais ela se aproximará do *PMBOK® Guide*. Em uma mesma empresa, os projetos de engenharia e de tecnologia da informação possuem particularidades que certamente não permitirão que soluções genéricas gerem tantos ganhos quanto se fossem desenvolvidos padrões e documentos específicos que evitassem que os profissionais tivessem de criar novos documentos a cada novo projeto.

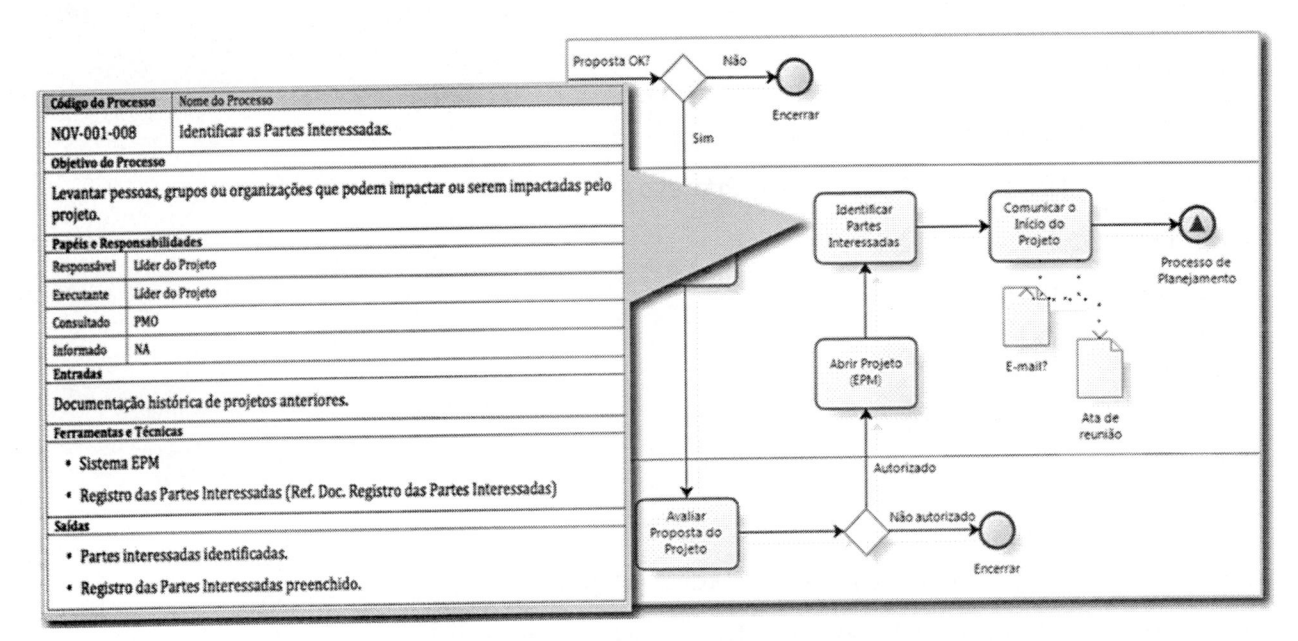

Figura 3.1 – Exemplo do desenho e descrição do processo em uma metodologia de projetos

Evidentemente, durante o processo de incorporação da técnica de gerenciamento de projetos há um esforço que pode, a princípio, ser considerado desproporcional, ou seja, estaria exigindo mais esforço para documentar o projeto do que para realizá-lo, mas a tendência é de que os projetos subsequentes exijam menos esforço e gerem melhores resultados, representando um efetivo ganho de produtividade. Todavia, o risco de excesso de documentação deve ser considerado, pois o limite entre o que pode ser instrumento gerencial e o que pode ser burocracia excessiva é tênue. Há um princípio da administração, enunciado por Henry Fayol (1910), que preconiza que o controle não deve exceder o objeto controlado, isto é, não devemos gastar mais energia para gerenciar do que para fazer.

Para entendermos a aplicação prática de uma metodologia de gerenciamento de projetos e a documentação associada, podemos fazer uma analogia com a natação. Um indivíduo que incorporou uma técnica de nado depois de orientado por um treinador passa a despender menos esforço e a obter melhores resultados em relação a quem nada por instinto, sem técnica específica. No caso da natação, quem domina a técnica chega mais rápido à outra margem com menos esforço.

PLANO DE GERENCIAMENTO DO PROJETO

O plano que será a base de referência para a execução do projeto deverá conter todas as orientações necessárias para completar as entregas do projeto. É composto de um conjunto de documentos dedicados ao gerenciamento do projeto. A lista a seguir apresenta alguns itens que podem estar contidos em um plano de gerenciamento do projeto e que serão detalhados ao longo deste livro:

- ESCOPO
    - Especificação do escopo
    - EAP (Estrutura Analítica do Projeto)
- TEMPO
    - Modelo de cronograma
    - Diagrama de rede
    - Gráfico de Gantt
- CUSTO
    - Orçamento do projeto
    - Curva "S" dos custos acumulados projeto
- Sistema da qualidade (parâmetros e procedimentos)
- Plano de gerenciamento das partes interessadas

- Organograma do projeto
- Matriz de responsabilidades
- Matriz de comunicações
- Registro de riscos
- Registro de contratos do projeto
- Registro de lições aprendidas
- Sistema de gerenciamento de configuração
    - Controle integrado de mudanças
    - Sistema de documentação

Sistema de gerenciamento de configuração

Um sistema de gerenciamento de configuração define como serão realizadas a identificação e a documentação das características funcionais e físicas do produto e dos subprodutos do projeto, controle das mudanças feitas nessas características, registro e relato de cada mudança e o andamento da sua implantação, e suporte à auditoria dos produtos para verificar conformidade com os requisitos. Deve definir como será feito o controle de versões dos documentos do projeto.

Controle integrado de mudanças

Define os procedimentos para efetuar mudanças nas linhas de base (*baselines*) do projeto ou no escopo do produto do projeto. Determina a documentação necessária, os sistemas de acompanhamento e os níveis de aprovação necessários para autorizar mudanças.

Planos auxiliares

O gerenciamento do projeto e a manutenção dos elementos do projeto coesos entre si compõem a área de conhecimento integração. A boa prática recomenda que seja elaborado um plano determinando a melhor estratégia a ser adotada para gerenciar cada uma das demais áreas de conhecimento necessárias ao gerenciamento do projeto.

- Plano de Gerenciamento do Escopo
- Plano de Gerenciamento dos Requisitos
- Plano de Gerenciamento do Cronograma

- Plano de Gerenciamento dos Custos
- Plano de Gerenciamento da Qualidade
- Plano de Melhoria dos Processos
- Plano de Gerenciamento dos Recursos Humanos
- Plano de Gerenciamento das Partes Interessadas
- Plano de Gerenciamento das Comunicações
- Plano de Gerenciamento dos Riscos
- Plano de Gerenciamento das Aquisições
- Plano de Gerenciamento da Configuração
- Plano de Gerenciamento de Mudanças

É necessário também tratar de aspectos da organização e da forma como será conduzido o trabalho do gerenciamento do projeto. Quais processos serão utilizados no gerenciamento? Que artefatos – documentos, gráficos tabelas etc. – serão elaborados e como será o processo de elaboração? Como serão realizados os processos de monitoramento e controle do projeto?

Um plano auxiliar ou subsidiário tem o objetivo de estabelecer como determinada área do projeto será tratada. A elaboração de um plano de gerenciamento do escopo, por exemplo, precede o trabalho da definição do escopo em si. O plano de gerenciamento do escopo determinará que técnicas e ferramentas serão utilizadas para a definição do escopo, como o escopo será documentado, como será controlado etc.

A elaboração de planos auxiliares está alinhada com o princípio basilar de pensar antes de fazer. Todavia, dependendo da complexidade do projeto, pode não haver necessidade de que os planos auxiliares façam parte da documentação oficial do projeto.

Outra definição importante quanto ao processo de planejamento diz respeito às ferramentas e técnicas que serão utilizadas nos processos. Por exemplo, determinar que o processo de definição do escopo do projeto utilizará reuniões de *brainstorming* e entrevistas com as principais partes interessadas do projeto.

Linhas de base (*baselines*) de desempenho do projeto

O plano de gerenciamento do projeto definido e aprovado conterá a linha de base de referência a partir da qual o progresso do projeto será avaliado. As variáveis definidas de escopo, tempo e custo serão as linhas de base de referência do projeto como um todo. Significa que quaisquer alterações nessas referências deverão ser tratadas como mudanças a serem controladas, pois gerarão impactos no projeto.

O conceito de linha de base surge quando a primeira versão do plano do projeto é aprovada. A aprovação do plano do projeto cria a regra de que a partir de então nenhuma das partes envolvidas poderá alterar o plano unilateralmente. A linha de base não é apenas uma linha em um gráfico e sim a celebração de um acordo entre o demandante, a governança, o autorizador, o cliente e o executor do projeto. A aprovação do plano do projeto deve ser vista mais como um direito do gerente do projeto do que como uma obrigação.

PLANEJAMENTO DO GERENCIAMENTO DAS PARTES INTERESSADAS

Uma preocupação inicial de planejamento é em relação às ações que serão utilizadas para se conseguir o efetivo engajamento das partes interessadas no projeto.

A partir da análise das partes interessadas, deve ser desenvolvido um plano de gerenciamento onde o engajamento atual e desejado das partes interessadas pode ser documentado, juntamente com outras informações relevantes, conforme exemplificado na Figura 3.2.

Plano de Gerenciamento das Partes Interessadas

Id	Identificação da Parte Interessada	Principais Interesses e/ou Questões	Impacto da mudança causada pelo projeto	Ações Necessárias (se aplicáveis)	Informação a ser distribuída
A					
B					
C					
D					
E					
F					
G					
H					
I					
J					

Figura 3.2 – Plano de gerenciamento das partes interessadas

Como a informação constante neste plano tem caráter sensível, sua divulgação deve ser restrita à equipe de gerenciamento do projeto.

O plano de gerenciamento das partes interessadas deve ser sistematicamente revisto ao longo do ciclo de vida do projeto, pois novas partes interessadas podem ser identificadas, seus interesses podem mudar ao longo do projeto ou ações planejadas podem não apresentar eficácia. Enfim, trata-se de um instrumento gerencial dinâmico.

ESCOPO

- Problema/Oportunidade Necessidade do Projeto
- Termo de Abertura
- Partes Interessadas
- Requisitos
- Especificação do Escopo
- EAP
- Atividades
- Sequenciamento
- Recursos
- Durações/Esforço
- Cronograma
- Custos
- Orçamento

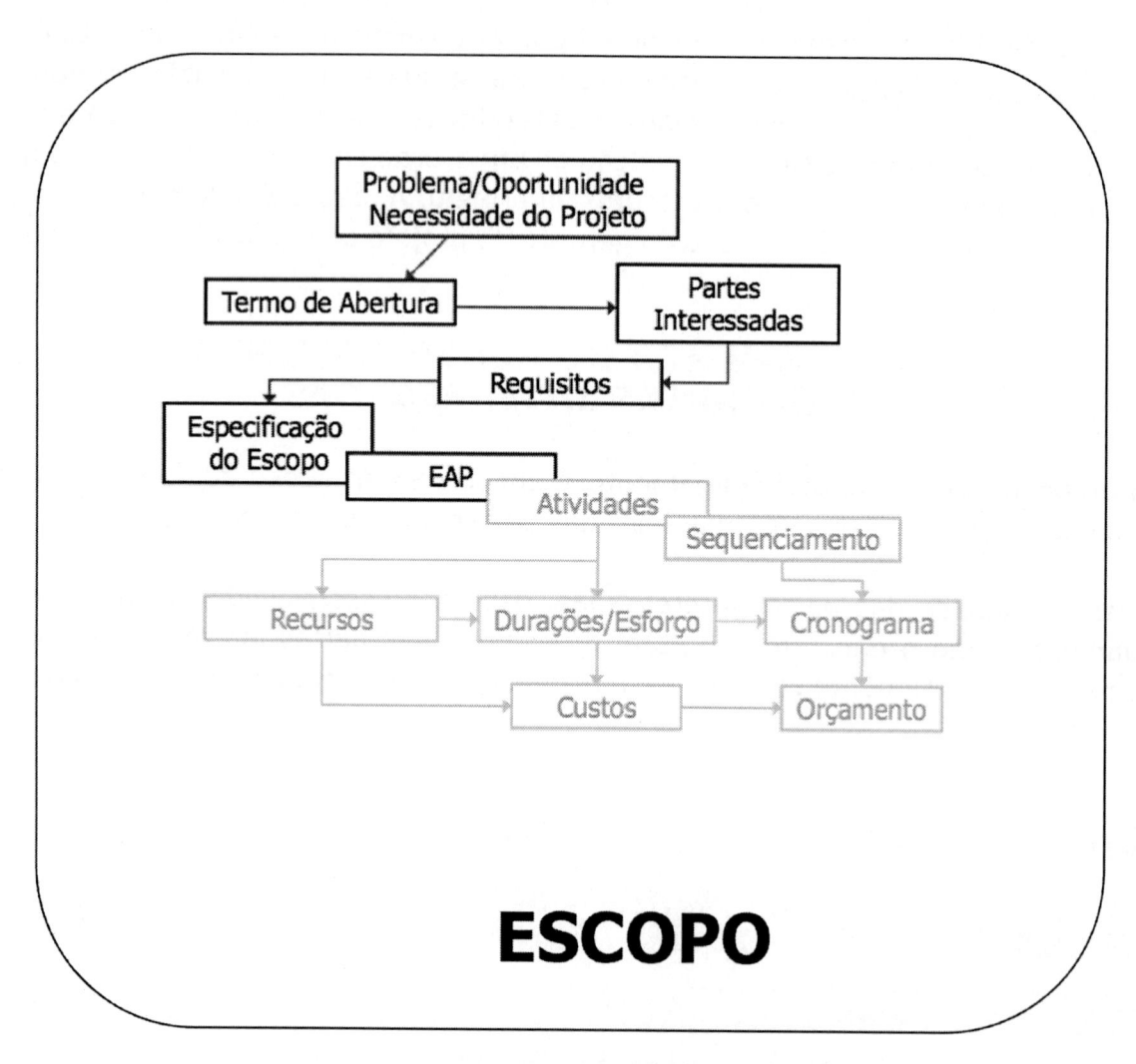

— A PISCINA VAI SER ALI?

— MAS O SENHOR DISSE QUE NÃO QUERIA PISCINA!

COLETA DOS REQUISITOS

Um requisito é uma condição ou capacidade que deve ser atendida ou possuída por um sistema, produto, serviço, resultado ou componente para satisfazer um contrato, uma norma, uma especificação ou outros documentos impostos formalmente. Os requisitos incluem necessidades, desejos e expectativas quantificados e documentados do patrocinador, do cliente e de outras partes interessadas.

Os requisitos, ou necessidades do cliente ou de outras partes interessadas, devem ser coletados e documentados pela equipe do projeto para servirem de insumo para o processo de definir o escopo.

Para o processo de coletar os requisitos, a equipe do projeto pode utilizar diversas ferramentas e técnicas, tais como: entrevistas, *workshops*, dinâmicas de grupo, pesquisas etc. ou coletar requisitos a partir de documentos como: estudos, pedidos ou solicitações documentadas de clientes etc.

É importante ressaltar que a equipe do projeto não define requisitos, pois estes são necessidades às quais o projeto deve atender, mas pode orientar e assessorar o cliente ou outras partes interessadas na elaboração dos seus requisitos, dando um apoio técnico, principalmente quanto à análise de opções técnico-tecnológicas cujo conhecimento o cliente pode não possuir. A equipe do projeto pode assumir que o cliente é tecnicamente leigo, ainda que não o seja, a fim de prestar a este a melhor assessoria possível na elaboração dos requisitos.

Os requisitos do projeto podem ser categorizados primariamente em requisitos do produto e requisitos do projeto.

- **Requisito de produto.** Necessidade que será atendida por uma característica do produto do projeto. Por exemplo: a capacidade de geração de energia de uma usina ou o tipo de geração da usina (hidroelétrica ou termoelétrica).

- **Requisito de projeto.** Necessidade que precisa ser atendida relacionada à forma como o trabalho será realizado, ao processo do projeto, ao gerenciamento do projeto ou a parâmetros de desempenho do trabalho. Por exemplo: as contratações deverão seguir as políticas da organização executora; o projeto dever estar concluído até determinada data; a equipe do projeto deverá respeitar as normas de segurança da organização executora.

O sucesso do projeto é diretamente influenciado pela atenção da equipe do projeto na captura e no gerenciamento dos requisitos do produto e do projeto. Esses requisitos precisam ser obtidos, analisados e registrados com detalhes suficientes para ser medidos. Coletar requisitos envolve definir e gerenciar as expectativas do cliente. Os requisitos serão o fundamento para o planejamento do escopo do projeto.

Uma documentação cuidadosa dos requisitos pode facilitar o processo de definição do escopo. Os requisitos de produto e de projeto podem ser organizados e documentados em subcategorias.

Subcategorias de requisitos podem ser mais bem entendidas utilizando-se um pedido de projeto, como no exemplo a seguir:

Projeto da III Feira de Tecnologia da Informação (TI)

Evento anual que acontece na cidade do Rio de Janeiro, sendo o principal do país na área de TI. São cinco dias de feira (de segunda a sexta-feira) na primeira semana de outubro.

O público-alvo são profissionais de TI, empresários, gerentes funcionais de grandes empresas, usuários de microcomputadores e de tecnologia em geral. A edição anterior teve um contingente de mil participantes dos ciclos de palestras e oitenta mil visitantes aos stands de exposição.

O evento vem crescendo a uma taxa de 20% ao ano. No ano anterior houve 120 stands de expositores. A coordenação técnica do evento deseja que nesta edição haja um palestrante internacional.

Os **REQUISITOS DE PRODUTO** podem ser categorizados em:

- **Requisitos funcionais e operacionais**

    (1) Local de realização do evento: Rio de Janeiro – RJ
    (2) Público-alvo: profissionais de TI, empresários, gerentes funcionais de grandes empresas, usuários de microcomputadores e de tecnologia em geral
    (3) Duração do evento: cinco dias úteis (de segunda a sexta-feira)
    (4) Conteúdo: palestras sobre TI e *stands* de exibição de empresas da área
    (5) Período de realização: primeira semana de outubro
    (6) Ter um palestrante internacional

- **Requisitos de desempenho**

    - Níveis de serviço

    (1) Fornecer *coffee-breaks* de alto nível para os participantes das palestras
    (2) Prover transporte para conferencistas
    (3) Ter suporte médico no local para atendimento a emergências eventuais

    - Confiabilidade e disponibilidade

    (1) Os equipamentos a serem utilizados nas palestras devem estar disponíveis durante 100% do tempo de realização da feira

- Modularidade

(1) O conceito de construção dos stands deve permitir o acréscimo ou redução em sua quantidade sem interferir no funcionamento de partes já existentes

- Requisitos relacionados a escala

(1) Ter capacidade para um aumento de 10% no número de stands para atender a expositores que decidam participar do evento na última hora

- **Requisitos de interface**

(1) Centro de convenções deve ter estacionamento existente com capacidade adequada para atender ao público participante
(2) Centro de convenções deve ter complexo de restaurantes próximos com capacidade adequada para atender ao público participante

- **Requisitos de normas e regulamentos (ponto de vista do produto)**

(1) Seguir o Código Municipal vigente para eventos de grande porte

- **Requisitos físicos**

(1) Espaço para montagem de 160 *stands* de expositores
(2) Salão central para palestras com capacidade para até 2.500 pessoas
(3) Salas de suporte para conferencistas
(4) Possuir oito salas adicionais para minipalestras paralelas (duzentas pessoas em cada sala)

- **Requisitos relacionados a fatores humanos**
    - Interface produto/ser humano

    (1) Prover acesso facilitado a portadores de necessidades especiais
    (2) Ter 15 balcões de atendimento ao público

    - Segurança e saúde de empregados e do público

    (1) Possuir saídas de emergência nas salas de palestras e no salão de expositores

    - Capacidades e habilidades especiais

    (1) O pessoal que atuará na recepção deverá ter experiência prévia com eventos

- **Requisitos de manutenção do produto**

(1) Deverá ser prevista a presença de pelo menos duas pessoas para realizar as operações de manutenção nos equipamentos

- **Requisitos de segurança**
  - Segurança física

  (1) Possuir controle de acesso para participantes, expositores e palestrantes
  (2) Ter equipe profissional de segurança presente em todos os dias do evento
  (3) Obter reforço policial nas áreas em torno do centro de convenções nos dias de evento

  - Segurança de sistemas de informações

  (1) O conteúdo das palestras não deve ser divulgado ao público antes do evento

- **Requisitos de suporte durante a operação**
  - Pessoal

  (1) Composição da equipe do evento:
  → Suporte operacional – 50 pessoas
  → Suporte técnico – Instalações e arrumação – 30 pessoas

  - Fornecimento de materiais de suporte

  (1) Prover serviço de alimentação para *coffee-breaks*
  (2) Prover material de escritório para suporte aos balcões de atendimento
  (3) Ter local para armazenamento de material de escritório

  - Equipamentos de suporte

  (1) Ter computadores e impressoras disponíveis para o trabalho de recepcionistas e suporte operacional em geral
  (2) Prover equipamentos de informática para palestrantes e expositores

  - Dados técnicos

  (1) Prover manual de conduta para a equipe que trabalhará no evento

Os **REQUISITOS DE PROJETO** podem ser categorizados em:

- **De negócio.** Relacionados aos benefícios gerados para a organização executora do projeto.

  (1) Obter um VPL (Valor Presente Líquido) mínimo de R$ 200.000
  (2) Alcançar uma participação de 100.000 pessoas no mínimo

- **De cronograma e custos.** Relacionados a necessidades de cumprimento de restrições de prazo ou orçamento do projeto.

  (1) Concluir o projeto até outubro
  (2) Limitação de orçamento: R$ 80.000

- **Gerenciamento do projeto.** Relacionados à maneira como o projeto deve ser gerenciado.

    (1) Reportar semanalmente a situação do projeto para o patrocinador
    (2) Usar os mesmos modelos de relatórios utilizados em edições anteriores
    (3) Aproveitar as lições aprendidas do evento anterior
    (4) Consolidar e registrar as lições aprendidas deste projeto ao final

- **Normas e regulamentos (ponto de vista do projeto).** Relacionados a regras que o projeto tenha que seguir em razão do ambiente ou da organização executora.

    (1) Seguir procedimentos de realização de eventos do manual de eventos da empresa

- **Testes e avaliações.**

    (1) Todos os equipamentos precisam estar instalados e testados até três dias úteis antes do início do evento
    (2) O Corpo de Bombeiros do Estado do Rio de Janeiro precisa auditorar e aprovar o local do evento até duas semanas antes do início da feira

- **Treinamento.** Necessidade de treinamento especificamente relacionada ao projeto, isto é, que esteja além dos programas de treinamento regulares da empresa.

    (1) Realizar treinamento em segurança e primeiros socorros para o pessoal que atuará no evento, com simulação de emergência de acordo com instruções do Corpo de Bombeiros

- **Transição.** Aplicável quando o produto do projeto for uma unidade operacional ou de negócios. Determinam como será realizada a "passagem de bastão", ou transmissão de responsabilidade da equipe de projeto para a equipe que irá operar o produto gerado pelo projeto ao longo de sua vida útil. Por exemplo, pode haver um requisito de que a equipe do projeto faça uma "operação assistida" durante três meses depois do início do funcionamento da unidade de negócios criada.

Os requisitos coletados devem ser registrados em um documento específico. Eles serão usados como referência para a definição do escopo, que é a solução para atender aos requisitos, e que será definida pela equipe do projeto. Um exemplo de documento de requisitos será apresentado e analisado após a apresentação do conceito de escopo.

DEFINIÇÃO DO ESCOPO

Uma vez coletados os requisitos, a equipe do projeto tem o desafio de definir como os requisitos serão atendidos, isto é, como será o produto final a ser entregue pelo projeto e qual o trabalho necessário para entregar esse produto com suas respectivas características.

Como vimos, projetos não são atividades determinísticas, ou seja, não têm seu resultado garantido, pois são atividades que sempre carregarão uma parcela de risco ou incerteza, sendo, portanto, atividades probabilísticas.

Assim sendo, as escolhas possíveis acerca do projeto precisam ser feitas. Esse processo faz parte da definição do escopo, tanto do produto quanto do projeto. O desafio é conseguir antever as consequências de cada escolha e identificar as melhores relações de custo e benefício.

O escopo do projeto é o ponto de partida de todas as outras variáveis do projeto. O tempo, os custos, a qualidade, os recursos humanos necessários etc. só poderão ser dimensionados se o escopo estiver definido. Todo o esforço dedicado a uma boa definição de escopo será bem empregado, pois os demais parâmetros do projeto dependem diretamente deste.

Elementos necessários para definição do escopo

Para melhor realizar o processo de definição do escopo é recomendável que se utilizem as informações que estiverem disponíveis até o momento:

- Histórico de projetos anteriores
- Declaração do trabalho (pedido ou solicitação do cliente)
- Termo de abertura do projeto
- Documentação ou registro dos requisitos

Escopo do produto e escopo do projeto

Para uma melhor organização do trabalho as informações de escopo devem ser divididas em escopo do produto e escopo do projeto.

Escopo do produto

Esta primeira dimensão do escopo trata das especificações do resultado que será gerado pelo projeto na sua conclusão. Descreve como será a principal entrega do projeto, o produto do projeto.

O escopo do produto do projeto descreve as características, funções ou atributos do produto do projeto. O escopo do produto descreve as **especificações** do produto do projeto.

Especificar o produto do projeto significa diferenciá-lo dos demais do mesmo gênero, torná-lo específico. Em um projeto de construção de uma residência, por exemplo, a residência é o gênero. A especificação do produto deverá definir quantos quartos e banheiros a residência terá, se terá sala de jantar separada da sala de estar, qual serão as cores etc., isto é, todos os atributos que tornam a residência em questão única, específica.

É importante distinguir o produto do projeto e o escopo do produto como elementos diferentes. O produto do projeto representa uma visão geral do resultado concreto que terá sido entregue ao final do projeto. Como vimos na documentação do termo de abertura, a descrição do produto do projeto indica seu gênero e a forma ou estado como será entregue. Por exemplo: evento realizado. Já o escopo do produto descreverá as características específicas do evento: o local, o número de participantes, o número de *stands*, os tipos de palestrantes etc.

Escopo do projeto

Escopo do projeto é todo e apenas o **trabalho** necessário para gerar o produto do projeto com todas as suas características especificadas no escopo do produto. Dizer que o escopo do projeto é **todo** o trabalho necessário indica uma preocupação em não esquecer nada que tenha de ser feito para concluir o projeto com sucesso. Por outro lado, dizer que o escopo do projeto é **apenas** o trabalho necessário manifesta a preocupação de não incluir no trabalho do projeto nada de supérfluo, que não contribua com a conclusão bem-sucedida do projeto.

Neste ponto, a seguinte regra geral pode ser enunciada a respeito da definição do escopo de qualquer projeto:

> Todo trabalho a ser feito em um projeto tem de necessariamente contribuir para a geração de uma **entrega**.

O termo "entrega" – *deliverable*, em inglês – é utilizado para representar um resultado tangível a ser produzido pelo projeto. De acordo com o *PMBOK® Guide*, uma entrega é qualquer produto ou resultado singular e verificável, cuja produção é necessária para se concluir um processo, uma fase ou o próprio projeto. De forma simplificada, uma entrega representa uma conclusão de uma parte ou etapa do projeto. Uma vez que uma parte do trabalho tenha sido concluída, pode-se considerar que uma entrega foi realizada.

Se o escopo do projeto é a totalidade do trabalho a ser realizado, e todo trabalho precisa gerar uma entrega, logo, uma especificação do escopo do projeto precisa conter uma relação de todas as entregas que devem ser produzidas ao longo do projeto. Se conseguirmos mapear 100% das entregas que precisam ser feitas em um projeto, podemos ter a certeza de que 100% do trabalho a ser feito estará ali representado.

	Itens do PRODUTO	ENTREGAS DO PROJETO						
		Plano de Marketing	Local	Definição Programação	Aquisição de Mailing	Contratação do Staff	Palestras	Stands
1	Tema do Evento: Tecnologia da Informação	■		■	■	■	■	■
2	Local: Cidade do Rio de Janeiro	■	■	■				■
3	Público alvo: Profissionais e Empresários de TI	■	■	■	■		■	
4	Data: primeira semana de outubro	■	■	■				
5	Duração do Evento: 5 dias úteis (seg a sex)		■	■		■	■	■
6	Programação: Exposição		■	■		■		■
7	Programação: Palestras	■	■	■			■	
8	Palestrantes Nacionais	■		■			■	
9	Palestrante Internacional	■		■		■	■	

Figura 3.3 – Escopo do produto e escopo do projeto

A Figura 3.3 apresenta uma relação parcial de itens componentes do escopo do produto e do escopo do projeto para o exemplo da Feira de Tecnologia da Informação apresentado anteriormente. Para cada especificação de escopo do produto haverá pelo menos uma entrega de escopo de projeto associada.

Como vimos, no modelo geral de processos toda ação produz uma saída. O conceito de entrega é utilizado em gerenciamento de projetos para identificar um conjunto de saídas, decorrentes da realização de atividades, que produzem um resultado significativo.

Uma entrega é resultado direto da execução de um conjunto de atividades, mas, por convenção, o *PMBOK® Guide* faz uma distinção entre o processo de planejamento que define as entregas e aquele que define as atividades necessárias para produzi-las. O processo de definição das entregas é considerado parte da área de conhecimento de gerenciamento do escopo, enquanto o processo que define as atividades é parte da área de conhecimento de gerenciamento do tempo.

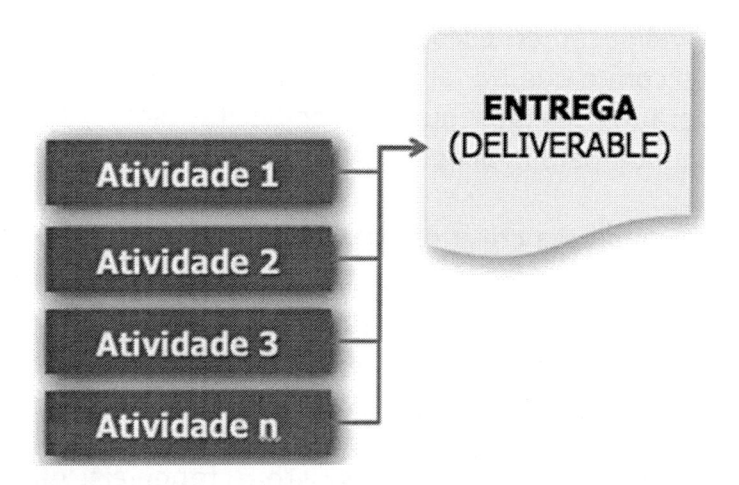

Figura 3.4 – Atividades produzem uma entrega

Essa distinção, se aplicada ao desenvolvimento do trabalho de planejamento, pode ajudar a diminuir a necessidade de retrabalhos. A ideia é esperar que o escopo do projeto esteja definido para só então detalhar as atividades necessárias para produzir as entregas que compõem aquele escopo. Limitando a definição do escopo até o nível de entregas, se durante as discussões ligadas às definições do escopo uma entrega for suprimida, o trabalho de detalhamento das atividades geradoras dessa entrega não precisará ser realizado.

Critérios de aceitação

Associado ao conceito de entrega há o conceito de aceitação da entrega. O próprio termo "entrega" pressupõe a ideia de "transmissão": algo é entregue a alguém que, ao receber, tenderá intuitivamente a conferir, verificar se está de acordo ou, na linguagem do gerenciamento da qualidade, verificar se está em conformidade. Mas verificar se está em conformidade com o quê? Com os requisitos a que a entrega deve atender. Portanto, pode-se considerar que as entregas serão objeto de um controle externo ao executor. Serão passíveis de verificação. Assim sendo, os momentos em que ocorrem entregas do projeto servem como pontos de referência para a avaliação do progresso do próprio projeto.

A marcação da distância temporal entre a origem do projeto e o momento em que uma entrega ocorre é fundamental para a medição do trabalho realizado no projeto. Se a entrega prevista para ser realizada em determinado momento – ponto no tempo que pode ser utilizado como um marco – tiver sido efetivada, o projeto estará dentro do cronograma; se não, estará atrasado.

Critérios de aceitação são os limites de tolerância para a aceitação formal das entregas do projeto. Serão utilizados no processo de inspeção realizado pelo cliente, denominado no *PMBOK® Guide* de validação do escopo. Este processo compara aquilo que foi estabelecido nos requisitos com o que de fato está sendo entregue. Uma entrega só poderá realmente ser considerada realizada quando for aceita, isto é, reconhecida como em conformidade ou adequada pelo avaliador.

É necessário, portanto, que haja critérios objetivos estabelecidos previamente para regular esse processo de aceite. Sem critérios, o avaliador – que em última instância será o cliente – poderá rejeitar o trabalho sem que o "entregador" – a equipe do projeto – tenha elementos para argumentar em contrário. Esta pode ser uma situação de conflito de difícil solução.

A definição de critérios de aceitação objetivos, isto é, tangíveis, não é tarefa fácil, pois alguns requisitos podem conter uma carga de subjetividade considerável. Por exemplo, requisitos do tipo: sala bem iluminada, ambiente *clean*, software amigável ou *user friendly*, roda esportiva, casa bonita são todos passíveis de ambiguidade em sua interpretação e deveriam ser definidos de maneira quantificável. Antes de mais nada, é preciso lembrar que os requisitos podem vir da forma como o cliente – leigo por definição, mesmo quando for técnico – os conseguiu elaborar. Caberá à equipe do projeto "traduzir" os requisitos para definir o escopo – que é a solução para atender aos requisitos – e os critérios para a avaliação do cumprimento dos requisitos – que são os critérios de aceitação.

Um desafio, portanto, é identificar meios de quantificar ou "tangibilizar" os requisitos. No caso, por exemplo, do requisito de um software amigável, a equipe técnica do projeto pode estabelecer acordos quanto ao número de telas por operação, número de elementos nas telas, quantidade de cliques por operação etc. Para outros requisitos, tais como uma sala bem iluminada, a equipe pode usar um modelo de simulação computacional ou mesmo fazer experiências em uma sala que permita variar a iluminação até chegar à definição do que o cliente considera "bem" iluminada.

Outro aspecto que vale a pena ressaltar quanto ao assunto critérios de aceitação é que, apesar de estar no *PMBOK® Guide* no capítulo sobre gerenciamento do escopo, trata-se de um tema do gerenciamento da qualidade. Quando um cliente solicita um anteparo para apoiar seu computador e fazer anotações (requisitos) e a equipe do projeto especifica como solução (escopo) uma mesa de 60cm x 120cm, até esse ponto o assunto pertence à área de conhecimento de gerenciamento do escopo. Porém, quando a equipe solicita ao cliente que informe sua tolerância para o quanto as dimensões da mesa poderão variar e ainda assim serem aceitas, esse tema já é da área de gerenciamento da qualidade.

Os critérios de aceitação poderiam ser resumidos como sendo as variações permitidas, toleradas ou aceitas pelo cliente em relação às especificações do escopo.

Ferramentas e técnicas utilizadas no processo de definição do escopo

A natureza do produto do projeto irá determinar o conjunto de ferramentas e técnicas mais adequado para realizar a definição do escopo.

Brainstorming

Se o projeto é inédito e requer uma contribuição criativa, o *brainstorming* será uma técnica recomendada, pois consiste numa seção conduzida por um coordenador que estimula os participantes a terem ideias relacionadas ao objeto do projeto sem restrições de pertinência numa primeira rodada, ou seja, sem censura que reprima a criatividade. Em seguida é feita uma avaliação da pertinência e são selecionadas as ideias mais úteis ao projeto.

Opinião de especialistas (presencial ou com a Técnica Delphi)

É importante, sempre que possível, ouvir a opinião de especialistas sobre o tema do projeto. O método Delphi é uma técnica semelhante ao *brainstorming*, porém com algumas diferenças.

Ambas devem ser conduzidas por um coordenador ou facilitador, porém no Delphi os participantes permanecem anônimos, não devendo estar no mesmo ambiente físico. O coordenador do processo coloca a questão a ser opinada, recolhe e consolida as contribuições isoladas de cada participante, registra os pontos de convergência de opinião e faz circular entre os especialistas os pontos de divergência até que o grupo chegue a um consenso.

Esta técnica tornou-se especialmente útil com a facilidade da comunicação pela internet. Hoje podemos colher a opinião de um especialista que esteja do outro lado do mundo.

Modelos (*templates*), formulários, normas, *checklists*

Como apoio ao processo de definição do escopo, é conveniente lançar mão de quaisquer modelos, formulários ou listas de verificação que possam ajudar a lembrar de elementos a serem incluídos no escopo.

Listas de verificação (*checklists*) que contenham informações típicas relacionadas ao tipo do projeto funcionam como uma espécie de roteiro que ajuda a não esquecer itens importantes e a ganhar tempo no processo. Por exemplo, em um projeto de construção de uma residência, itens como estilo arquitetônico, número de quartos, existência ou não de piscina etc. podem ser utilizados.

Necessidades das partes interessadas

Não apenas os interessados principais no projeto – como o cliente e o patrocinador – têm requisitos que devem ser considerados na composição do escopo do projeto, mas também outras partes interessadas podem sofrer impactos e possuir necessidades e expectativas que devam ser consideradas e atendidas na medida em que não comprometam o cumprimento dos objetivos do projeto. Em um projeto de modificação de layout em um ambiente de trabalho, um determinado setor da empresa pode ter como requisito que o trabalho seja interrompido o menor período de tempo possível. Se este requisito puder ser atendido sem prejudicar a relação de tempo e custo do projeto, é recomendável que o seja, pois, a princípio, trará economia para a organização.

Metodologias de desenvolvimento de produtos

Todo projeto ao seu término entrega um produto. Portanto, as diversas técnicas existentes sistematizadas para o desenvolvimento de produtos são, na realidade, técnicas de definição de escopo. Exemplos: engenharia robusta, engenharia de valor, engenharia simultânea, prototipagem, QFD (*Quality Function Deployment*) etc.

Muitas dessas técnicas foram desenvolvidas nos anos 1980 e hoje já estão maduras em razão da aplicação intensiva com resultados expressivos em diversas áreas e com literatura disponível para estudos mais aprofundados.

Exclusões específicas – itens NÃO incluídos no escopo

Esta técnica procura definir itens que não serão entregues pelo projeto. Este conjunto de informações faz-se necessário porque, por melhor que seja a especificação do escopo do projeto, sempre haverá possibilidade de dúvidas quanto à configuração tanto do produto do projeto quanto do trabalho para realizá-lo. Serve também para identificar expectativas dos demandantes quanto a entregas, funcionalidades, atributos ou características que não foram explicitadas em um primeiro momento.

Há projetos que, por sua natureza, podem gerar elementos de especificação considerados óbvios pelo cliente e por isso não são solicitados explicitamente. O risco, nesses casos, é o cliente supor que o item fará parte do projeto e depois ter sua expectativa frustrada. Por exemplo, no projeto de criação de uma nova unidade de negócios o cliente pode supor que a contratação dos funcionários da nova unidade fará parte do projeto. Caberá, então, à equipe do projeto identificar esses itens e indicar claramente que não farão parte do projeto ou confirmar com o demandante que farão parte do projeto e incluí-los no escopo.

Definição progressiva do escopo

A capacidade de definição do escopo é limitada pela natureza incerta dos projetos. O grau de incerteza de um projeto depende de uma série de fatores: do grau de ineditismo do produto do projeto – projetos de pesquisa e desenvolvimento costumam apresentar essa característica –, da existência ou não de histórico de projetos semelhantes, do próprio processo de elaboração do produto – como no caso de projetos de construção civil cujo detalhamento da fase da obra depende fortemente de definições da fase de projeto de arquitetura –, entre outros.

Este grau de incerteza pode ser ilustrado esquematicamente em função da distância entre o ponto de partida e o alvo (escopo) a ser atingido.

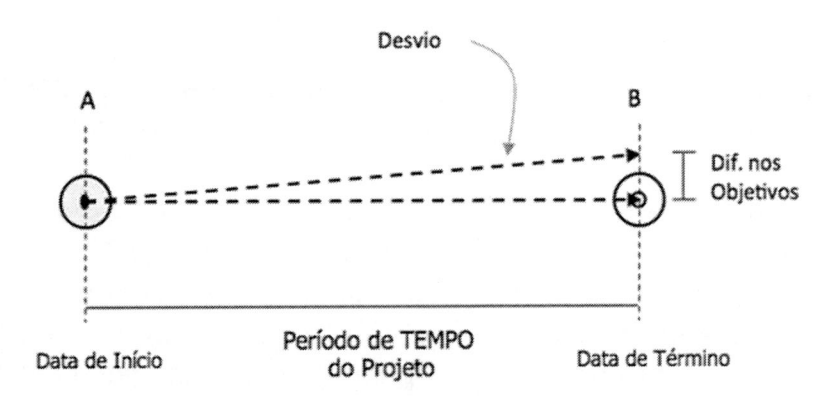

Geometricamente percebe-se que quanto maior for a distância entre os pontos A e B, maior será a possibilidade de desvio em relação ao alvo. Ou seja, uma pequena variação no início pode, dada a distância do alvo, tornar-se grande.

Portanto, a recomendação é procurar identificar, sempre que possível, pontos de partição do escopo total que possam ser realizados parcialmente. Ou seja, verificar se é possível dividir o projeto em partes e fechar o acordo de definição do escopo em etapas.

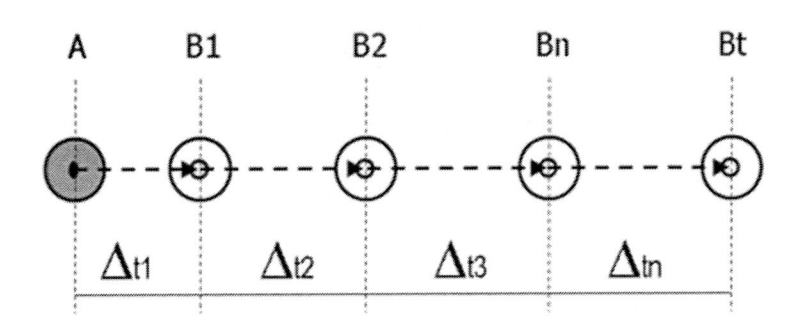

O alvo imediato do projeto passa a ser então B1 e não Bt (projeto total). O compromisso imediato do projeto é entregar B1, reduzindo o potencial de desvio.

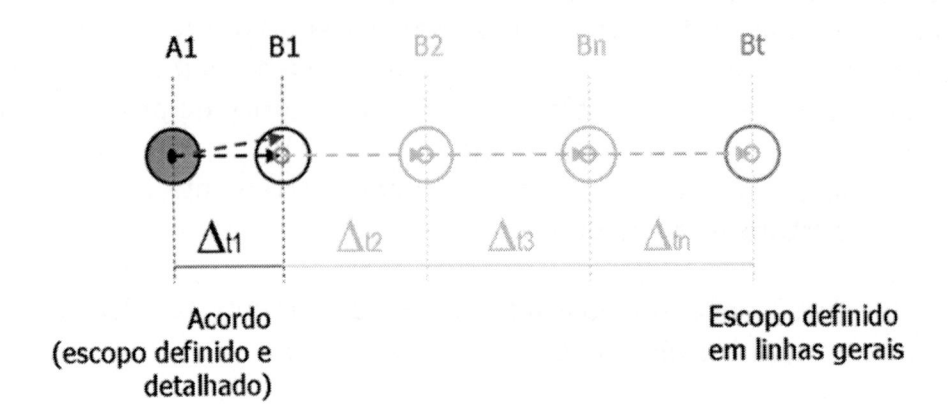

Acordo
(escopo definido e detalhado)

Escopo definido em linhas gerais

A entrega B1 será posteriormente uma entrada para a etapa do projeto que entregará B2 e assim sucessivamente até completar a entrega total pretendida Bt.

A natureza integrativa do planejamento exige que áreas como escopo, tempo e custo sejam coordenadas cuidadosamente em um processo iterativo. À medida que mais informações ou características do projeto são reunidas e compreendidas, planejamento adicional pode ser necessário. O detalhamento progressivo do plano de gerenciamento do projeto é geralmente chamado de "planejamento em ondas sucessivas", indicando que o planejamento e a elaboração da documentação associada são processos contínuos.

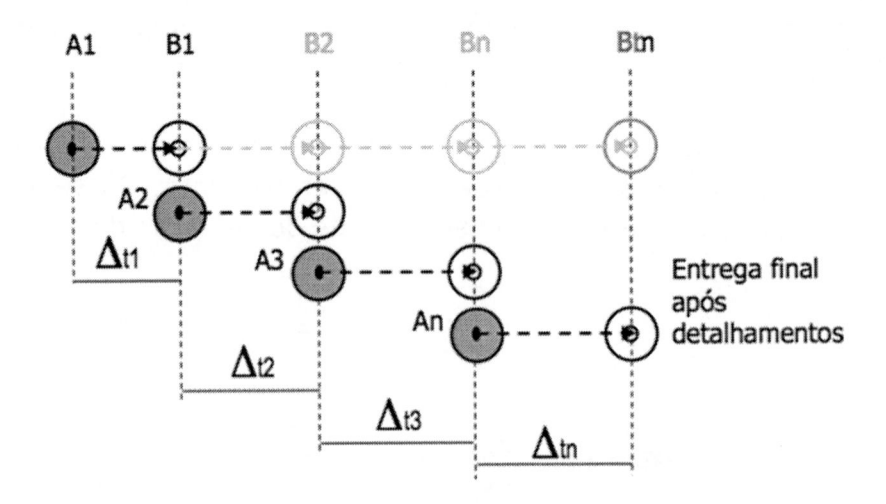

Entrega final após detalhamentos

Definir o escopo dessa forma permite que a demanda real do projeto, ou seja, a razão de sua realização, seja elaborada e formulada progressivamente.

Em um exemplo prático da construção de uma residência, pode-se considerar que o cliente de uma empreiteira forneça os requisitos iniciais, tais como: o número de integrantes da família, seus hábitos, suas necessidades e desejos em relação à nova casa. O cliente informa ao pessoal da empreiteira que ainda não possui o terreno para a construção da nova casa.

Procurando seguir as melhores práticas do gerenciamento de projetos que recomendam pensar antes de fazer, e de posse dos requisitos iniciais do cliente, a empreiteira elabora um plano inicial de trabalho como o da figura a seguir:

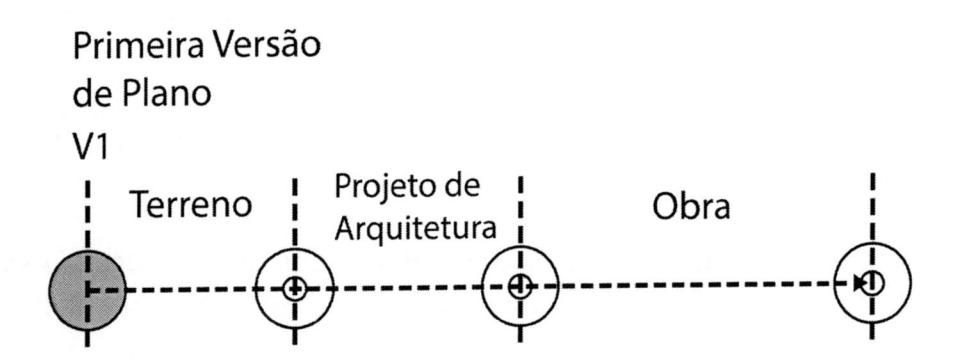

Primeira Versão de Plano
V1

Terreno — Projeto de Arquitetura — Obra

Nessa primeira versão de plano, a fase "Terreno" – que envolve a pesquisa, seleção e aquisição do terreno – é a que permite maior detalhamento. Pode ser que neste momento possa se definir muito pouco para as demais fases.

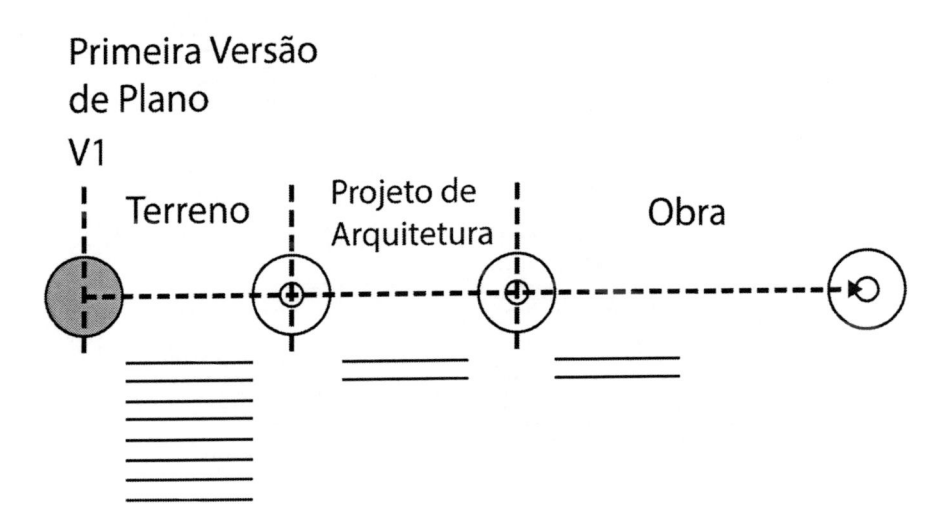

Primeira Versão de Plano
V1

Terreno — Projeto de Arquitetura — Obra

Com as informações resultantes da execução da fase "Terreno", prevista no plano, é possível produzir uma nova versão do plano (V2) onde a fase "Projeto de Arquitetura" estará mais detalhada.

Primeira Versão de Plano

```
V1          V2
Terreno   Projeto de      Obra
          Arquitetura
```

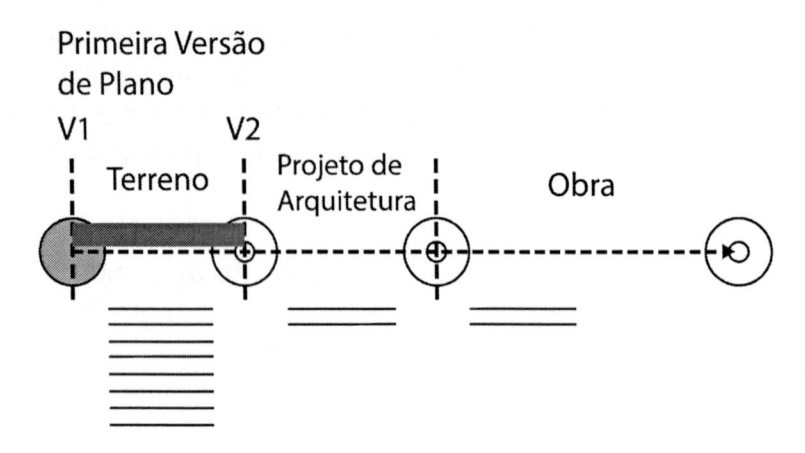

A execução da fase "Projeto de Arquitetura" permite gerar a versão 3 do plano, que detalhará a fase "Obra". Tal detalhamento seria uma mera especulação se fosse feita antes das informações e definições obtidas nas fases "Terreno" e "Projeto de Arquitetura".

Durante a fase "Obra" é provável que algumas definições ainda precisem ser feitas, o que poderia levar a novas versões de plano (V4, V5, Vn) até a entrega do produto final, conforme ilustrado a seguir.

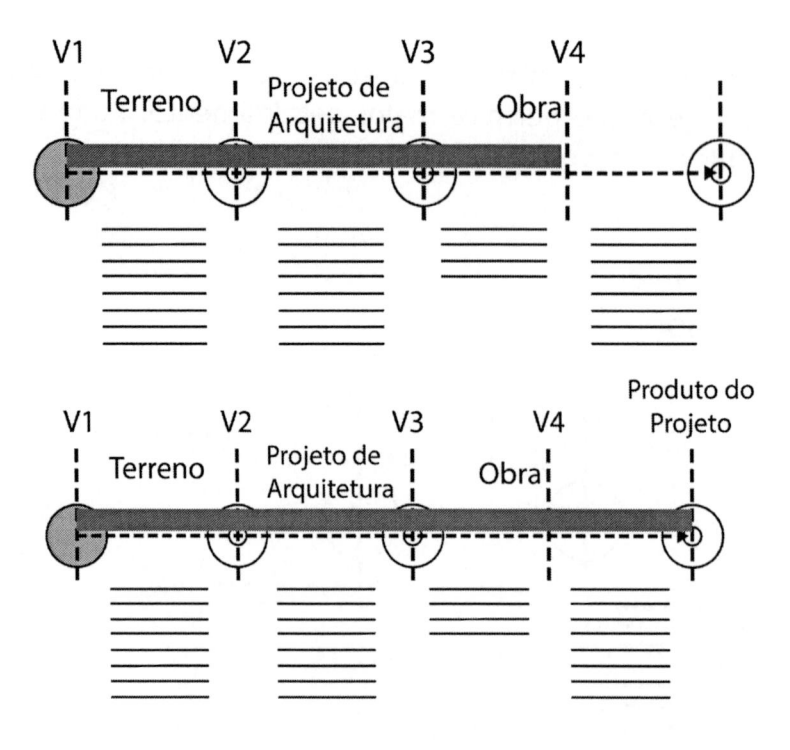

```
V1        V2          V3        V4
Terreno   Projeto de  Obra
          Arquitetura
```

```
V1        V2          V3        V4      Produto do
Terreno   Projeto de  Obra              Projeto
          Arquitetura
```

Como já dito, esse modelo de trabalho é geralmente chamado de "planejamento em ondas sucessivas" e tende a diminuir o retrabalho da equipe do projeto e proporcionar um melhor atendimento às reais necessidades do cliente do projeto. Uma onda de planejamento pode ser entendida como o horizonte de detalhamento que a equipe do projeto consegue realizar em determinado ponto do projeto.

ESTRUTURA ANALÍTICA DO PROJETO – EAP
(*Work Breakdown Structure* – WBS)

Ao estudar o conceito de escopo do projeto, vimos que a obtenção de uma relação de todas as entregas do projeto é fundamental para um bom planejamento do escopo. A melhor ferramenta disponível para obter essa relação de 100% das entregas do projeto é a Estrutura Analítica do Projeto (EAP).

A EAP é o instrumento principal para o gerenciamento do escopo do projeto. Nela é possível visualizar todo o trabalho e somente o trabalho que precisa ser feito no projeto. A EAP ajuda a planejar atividades, a estimar custos e recursos necessários, a identificar riscos, além de facilitar a comunicação entre todos os envolvidos no projeto. Além disso, pode ser utilizada durante toda a vida do projeto para acompanhar o progresso do trabalho e garantir que qualquer mudança seja controlada e devidamente registrada.

A EAP é uma estrutura hierárquica onde o projeto é decomposto em suas entregas. Chama-se estrutura **analítica** justamente por isso. Analisar significa decompor em partes menores para melhor compreender o todo e as partes que o compõem. A decomposição dá-se de cima para baixo – daí o termo em inglês: *breakdown* – a partir do primeiro nível ou nível zero, que representa o projeto inteiro.

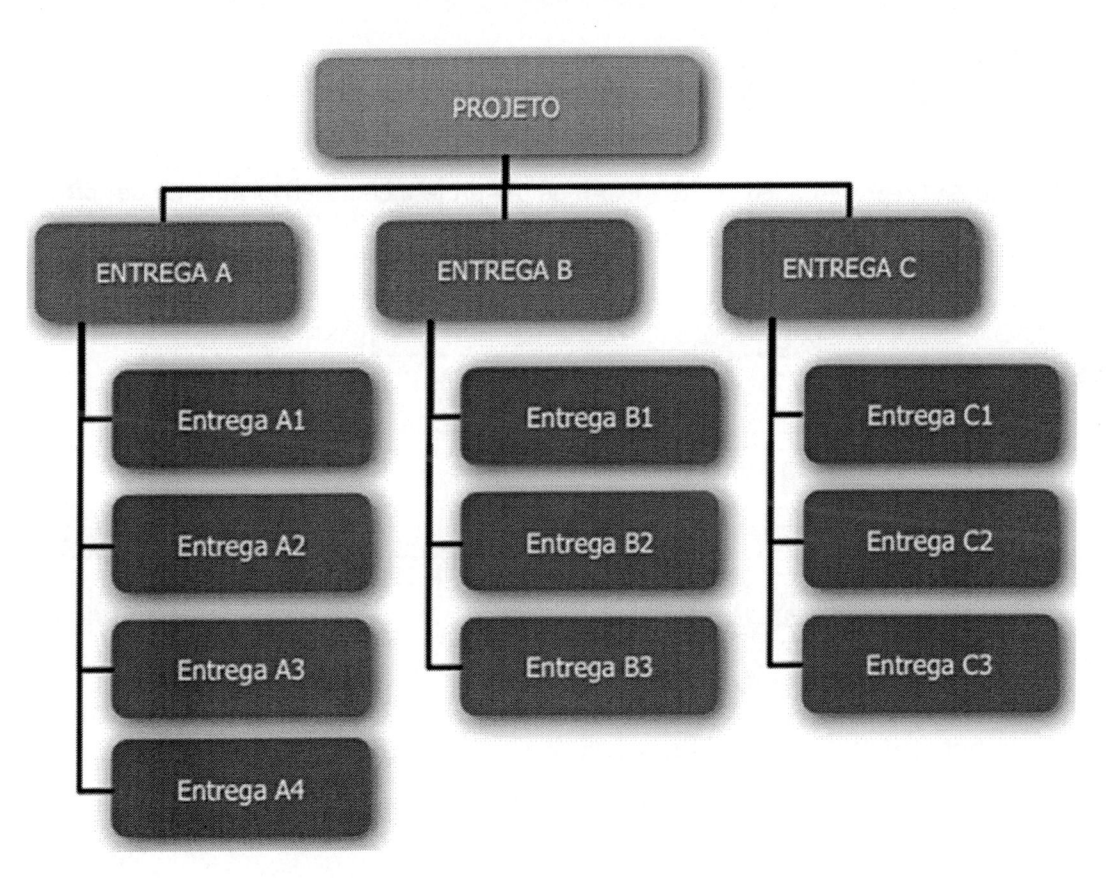

Figura 3.5 – Na Estrutura Analítica do Projeto (EAP) são representadas as ENTREGAS do projeto

A Figura 3.6 apresenta um exemplo de EAP para um projeto de desenvolvimento de software.

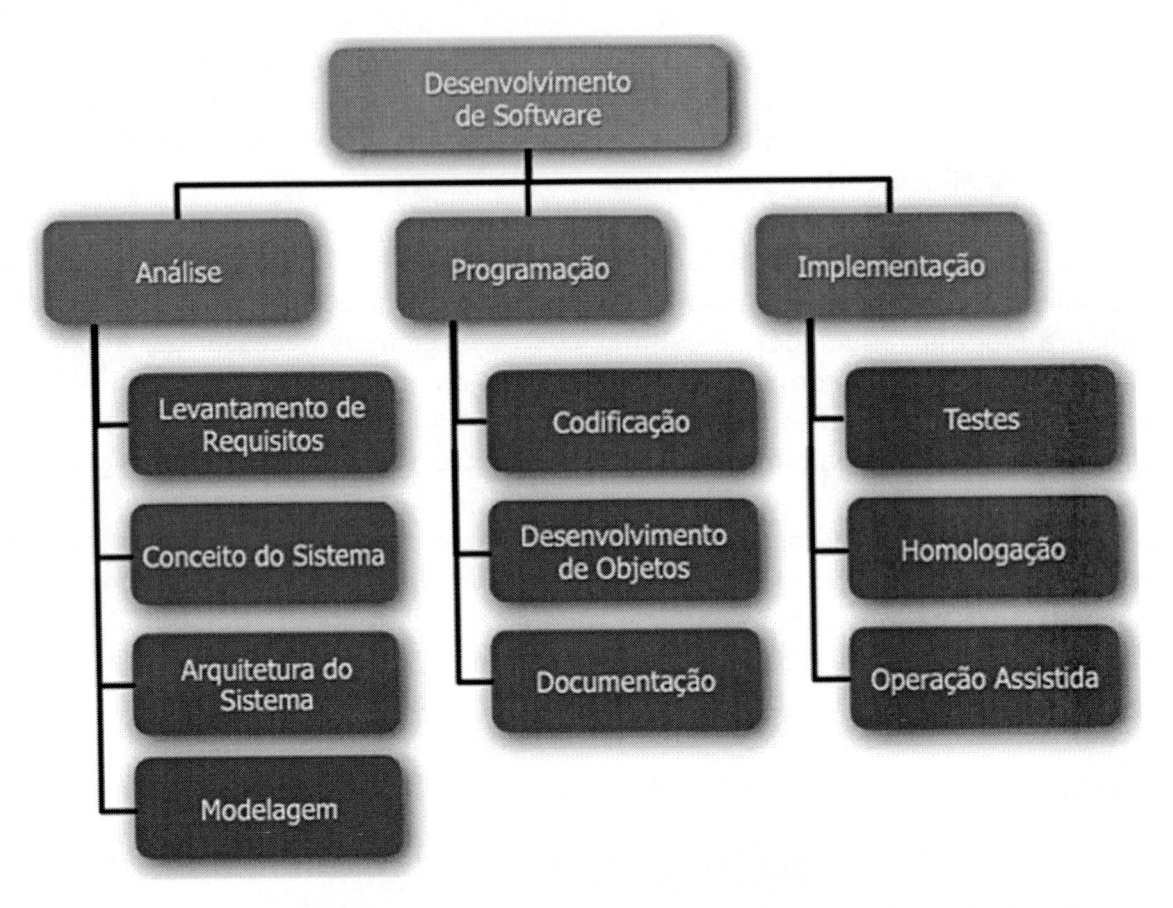

Figura 3.6 – Uma EAP representando as ENTREGAS de um projeto de desenvolvimento de software

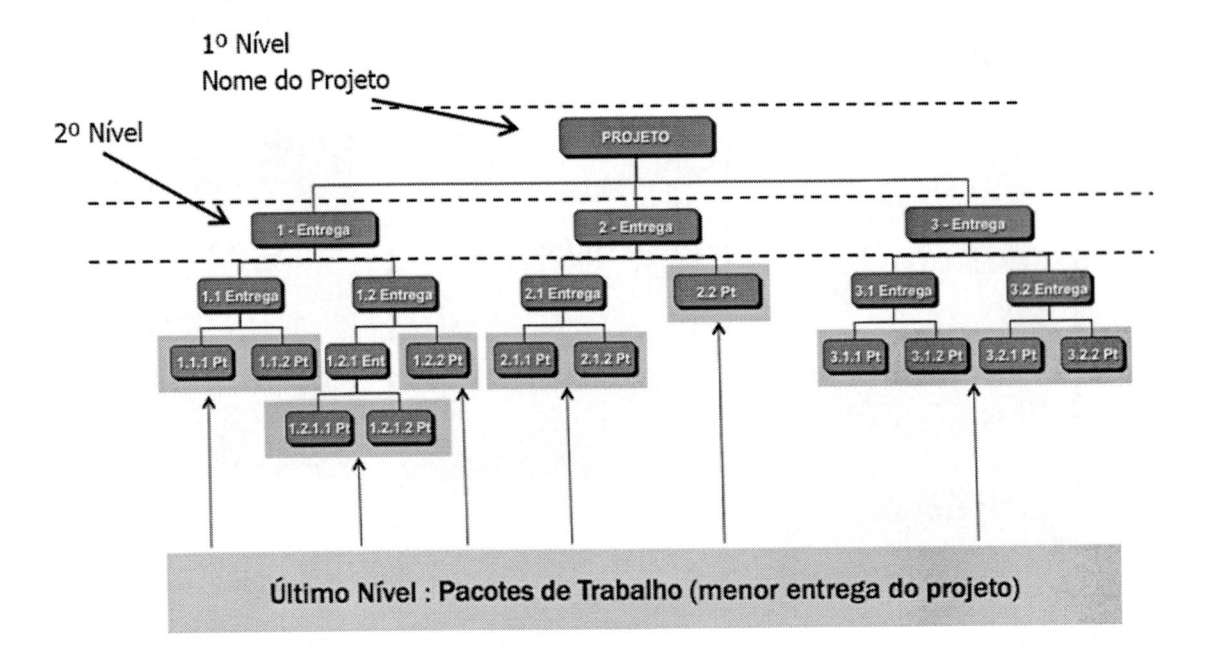

O projeto é sucessivamente decomposto em níveis de entregas cada vez menores até o menor nível desejado para detalhamento do escopo do projeto. Este nível é denominado "pacote de trabalho".

A decisão de até onde decompor é determinada por alguns fatores relacionados à forma pela qual o projeto será gerenciado. Essa decisão apresenta uma situação de *trade-off*, ou seja, faz-se necessária uma avaliação de custo/benefício entre decompor ou não decompor o escopo a partir de determinado nível.

A favor da maior decomposição pesa o fato de permitir uma melhor identificação e visualização das menores partes e com isso aumentar a previsibilidade do projeto. Porém, esse maior detalhamento implica em maior esforço de planejamento e posterior controle.

O último nível de decomposição da EAP está relacionado com o nível de domínio e controle que se deseja exercer sobre os elementos de escopo do projeto. Por exemplo, em um projeto onde seja necessária a aquisição de passagens aéreas, pode-se decompor o trabalho até que se visualize a entrega "Aquisição de Passagens" ou detalhar mais um nível com entregas tais como prospecção, seleção e contratação de passagens. A necessidade de controle do trabalho deverá determinar um maior ou menor nível de detalhamento.

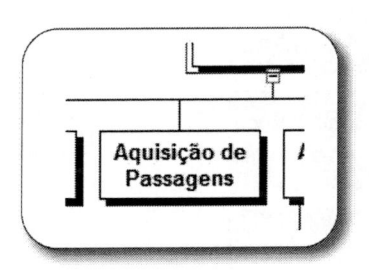

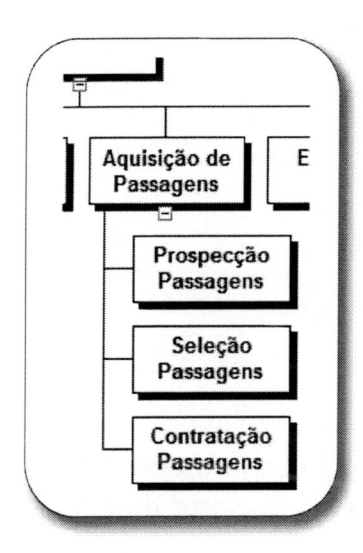

No exemplo a seguir, a entrega "Instalações" foi decomposta em subprodutos cada vez menores até o nível desejado para o detalhamento daquela parte do escopo.

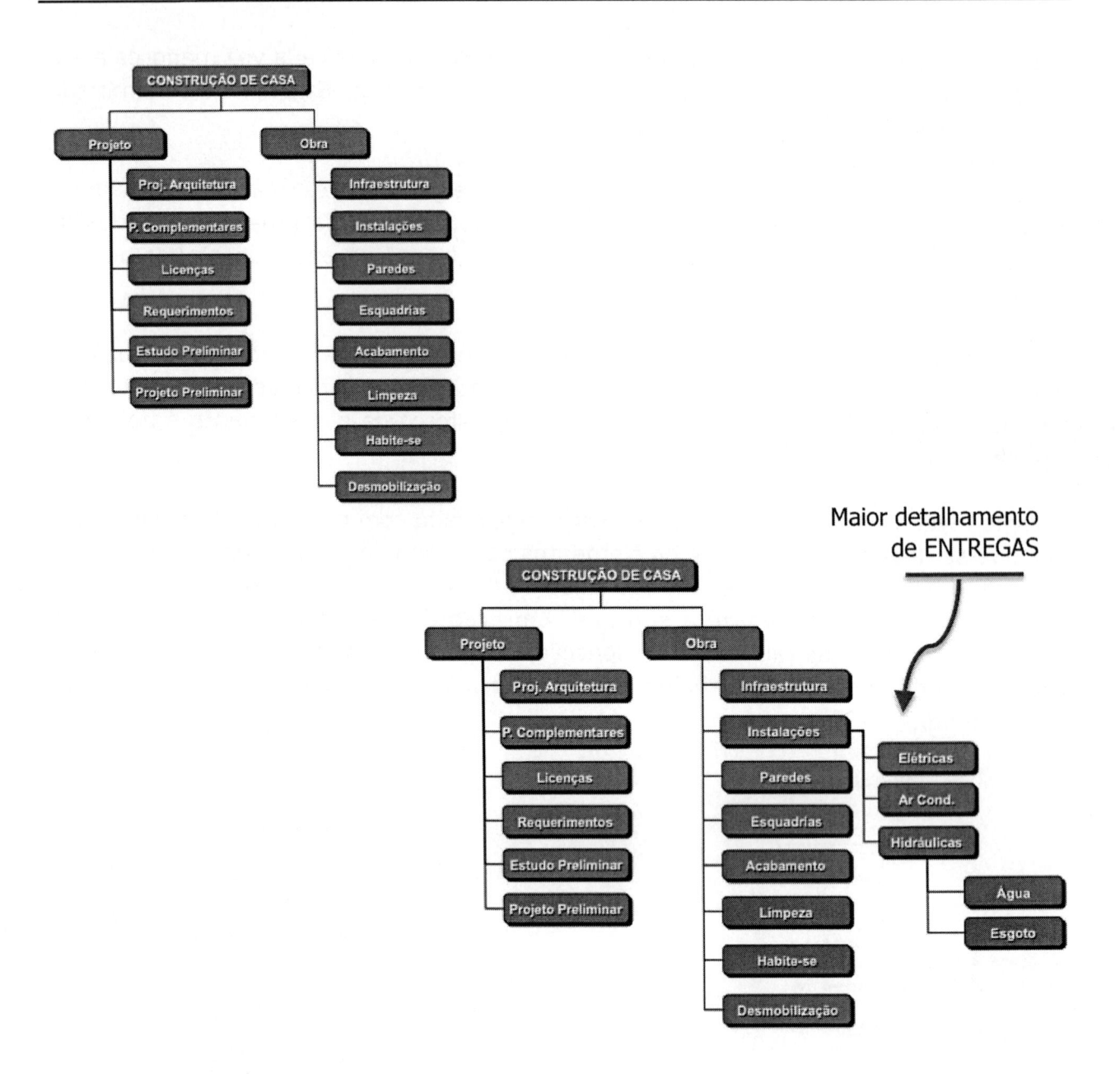

A EAP anterior pode ser organizada da maneira mais adequada para o entendimento do projeto por parte da equipe ou da governança do projeto, conforme imagem a seguir:

Outro fator que pode determinar o nível onde a decomposição deve parar é se a entrega será realizada por um terceiro, ainda que este seja da própria organização executora – no caso, por exemplo, de um setor de marketing, que irá preparar um plano de marketing para o projeto. Nesses casos, o gerente do projeto figurará como demandante de um subprojeto e pode não haver necessidade de detalhar a entrega terceirizada.

Por ser uma ferramenta de escopo, na EAP não aparecem atividades do projeto, mas apenas as entregas a serem produzidas. Nela também não se representam relações de dependência de execução entre entregas nem aspectos relacionados ao tempo de execução. As atividades serão decompostas posteriormente a partir das entregas da EAP, conforme ilustrado na Figura 3.7.

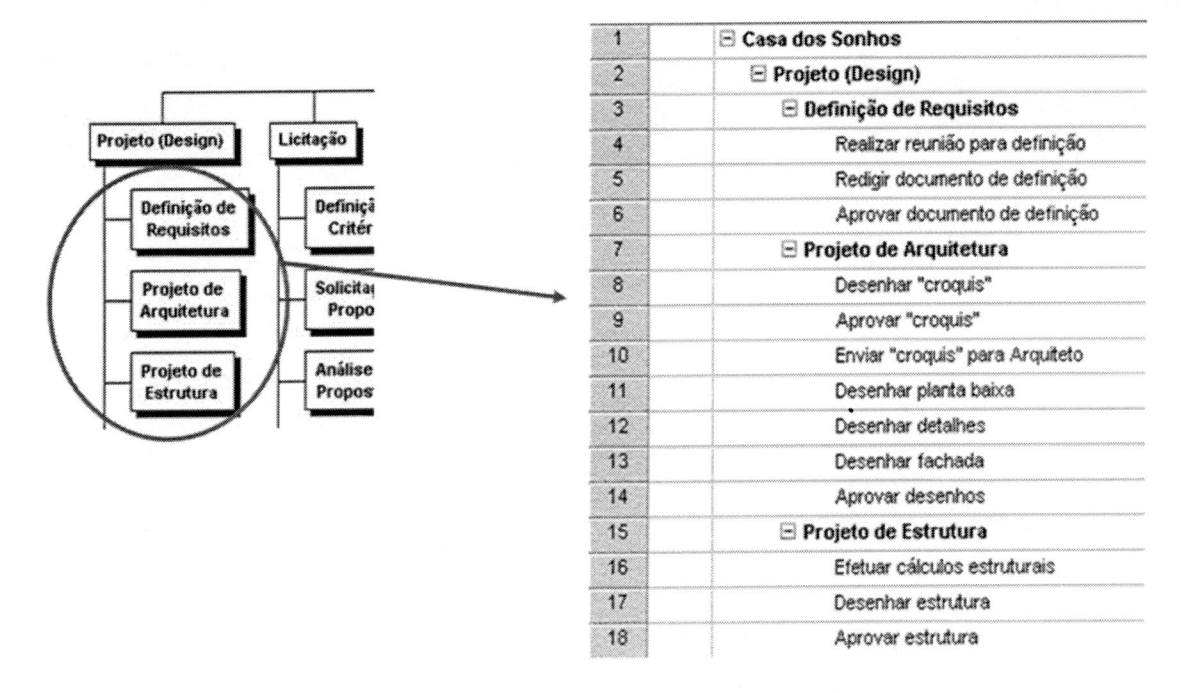

Figura 3.7 – Decomposição dos pacotes de trabalho em atividades que formarão o cronograma do projeto

Para nomear as entregas da EAP, é recomendável usar apenas substantivos que definam as "coisas" a serem produzidas. Por exemplo: material didático, local do evento, passagens aéreas, projeto de arquitetura, contratação, aquisição, coleta, desenvolvimento, elaboração etc. Já para as atividades do cronograma, é melhor usar verbos no infinitivo indicando ação, tais como: realizar, desenhar, contratar, adquirir, desenvolver, elaborar etc.

Formas possíveis de uma EAP

A Estrutura Analítica do Projeto sempre será uma decomposição hierárquica do escopo do projeto, mas nem toda decomposição hierárquica será uma EAP. A técnica de estruturação hierárquica pode ser utilizada com várias finalidades. Mesmo no gerenciamento de projetos são utilizadas outras estruturas, tais como o organograma de pessoal do projeto, a estrutura analítica dos riscos (que será vista mais adiante), a estrutura analítica dos recursos do projeto etc.

Por sua vez, a EAP pode ser representada da maneira mais conveniente para os envolvidos no projeto. No exemplo da Figura 3.8, é utilizada uma distribuição radial na qual as entregas são decompostas ou hierarquizadas do centro para os extremos.

Figura 3.8 – Uma EAP em formato radial – a decomposição ocorre do centro para os extremos

Outra forma possível é a chamada lista hierarquizada, na qual os níveis hierárquicos mais baixos da EAP são indicados pelo alinhamento da linha mais à direita. Uma desvantagem dessa forma de representação é que ela não oferece a mesma visão global conseguida na forma de visualização em árvore hierárquica. Quando é apresentada, pode causar dúvida se a EAP termina na primeira figura ou página exibida ou se haverá uma continuação para completar a estrutura.

Desenvolvimento de Software
  Análise
    Levantamento de Requisitos
    Conceito do Sistema
    Arquitetura do Sistema
    Modelagem
  Programação
    Codificação
    Desenvolvimento de Objetos
    Documentação
  Implementação
    Testes
    Homologação
    Operação Assistida

Figura 3.9 – Uma EAP em formato de lista hierarquizada

Benefícios da EAP

Além de permitir a identificação de 100% do trabalho do projeto, a EAP facilita a elaboração de outros elementos do projeto.

Uma vez que todas as entregas do projeto foram listadas, é possível atribuir responsabilidades por sua execução. Isso pode ser feito com a criação de uma matriz de responsabilidades (ver tópico sobre recursos humanos) ou graficamente com a criação de uma EAO – Estrutura Analítica Organizacional (*OBS – Organizational Breakdown Structure*). Enquanto a EAP apresenta o projeto subdividido em entregas, a EAO apresenta as áreas organizacionais da empresa com as entregas listadas sob cada área.

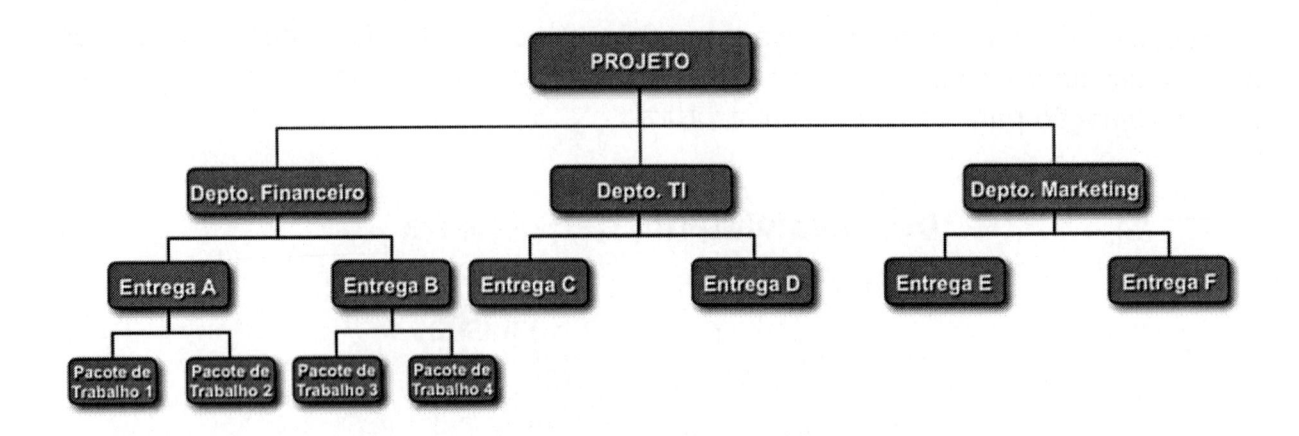

Figura 3.10 – EAO – Estrutura Analítica Organizacional

A EAP pode servir como referência para identificação e tratamento de riscos a partir de cada entrega.

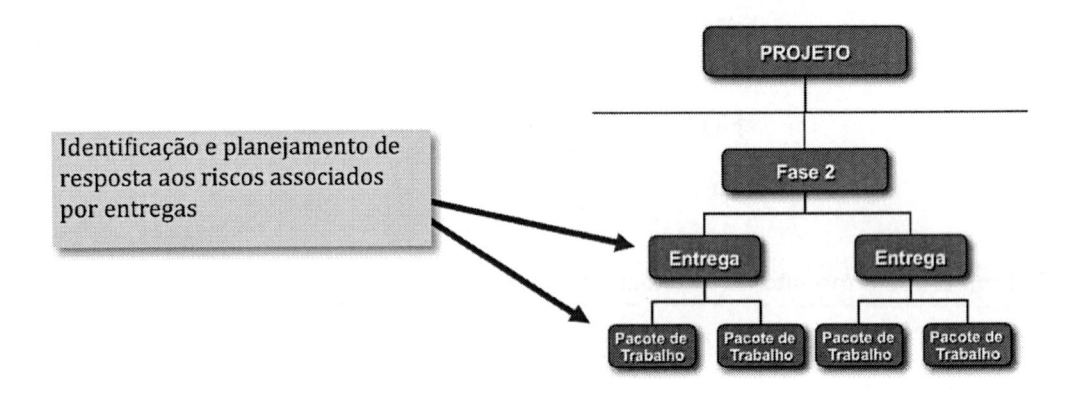

Identificação e planejamento de resposta aos riscos associados por entregas

Estimativas de custo tornam-se mais detalhadas se seguirem a sequência inversa da EAP, ou seja, se forem feitas de baixo para cima.

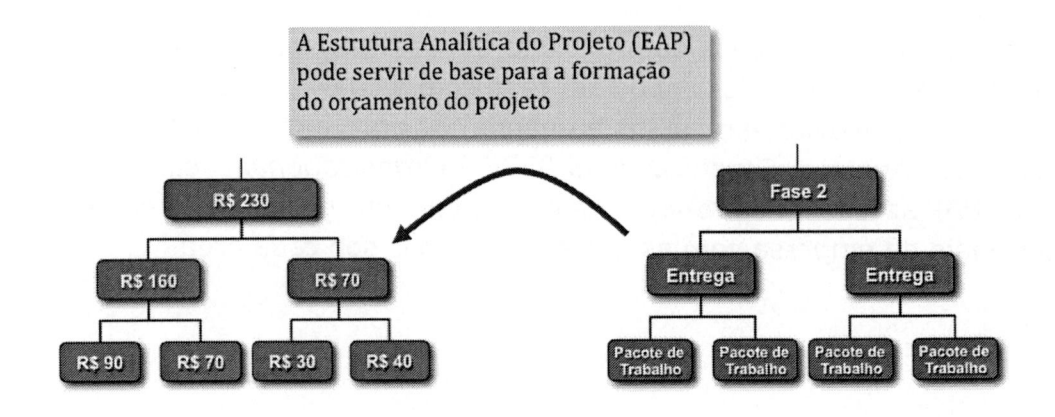

A Estrutura Analítica do Projeto (EAP) pode servir de base para a formação do orçamento do projeto

A decomposição dos pacotes de trabalho permitirá a identificação das atividades do projeto. Com as atividades identificadas será possível construir o cronograma do projeto.

A EAP está diretamente relacionada à natureza do produto do projeto. Significa que projetos de mesma natureza, como, por exemplo, projetos de desenvolvimento de software que utilizem a mesma metodologia, terão EAPs muito parecidas, podendo, inclusive, ser aproveitadas como modelo.

Dicionário da EAP

As entregas indicadas na EAP devem ser descritas. Para permitir uma descrição mais detalhada das entregas do projeto, é recomendável que seja elaborado um tipo de glossário chamado de "Dicionário da EAP", onde informações adicionais sobre as entregas possam ser documentadas.

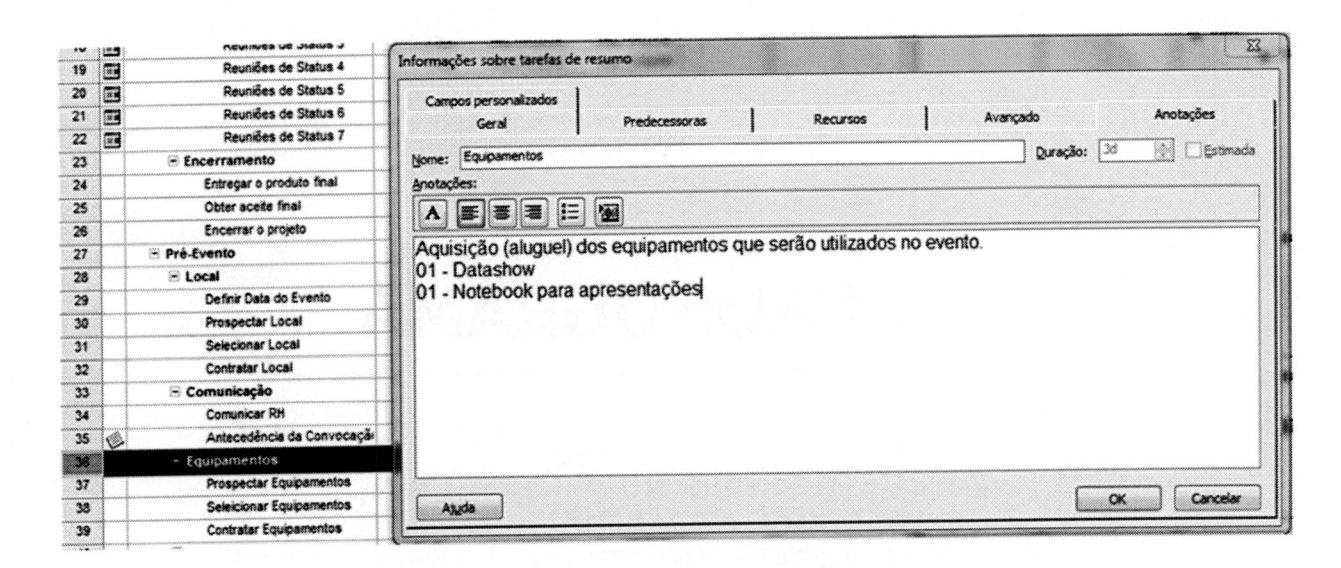

Figura 3.11 – Um dicionário da EAP utilizando o campo de anotações do Microsoft Project

VER→ APLICAÇÃO 3 do Guia Prático

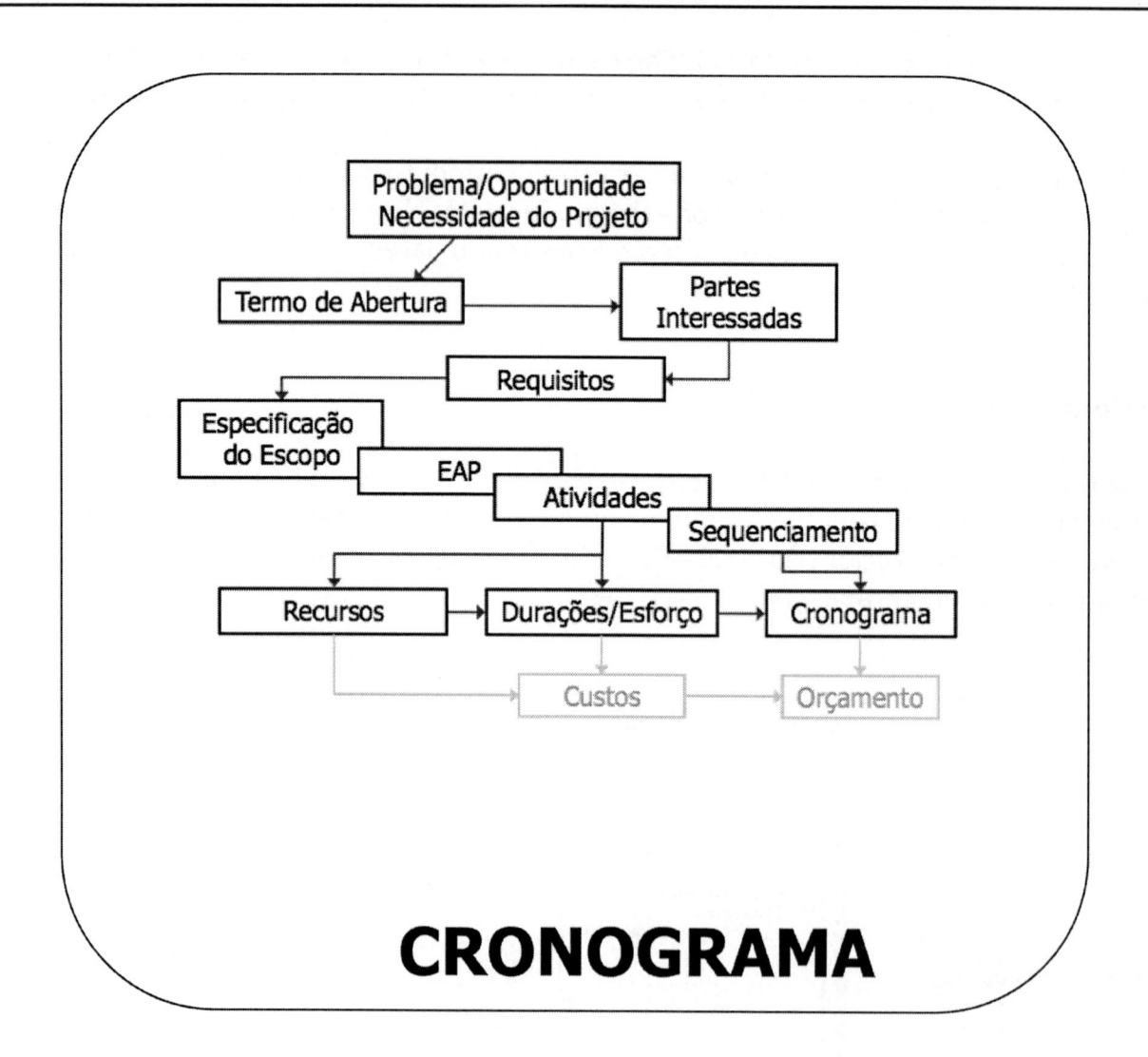

CRONOGRAMA

> EU PRECISO QUE VOCÊ FAÇA O TRABALHO NA METADE DO TEMPO PRA ISSO VOU COLOCAR 4 ESTAGIÁRIOS PRA TE AJUDAR.

CRONOGRAMA DO PROJETO

O desenvolvimento do cronograma do projeto envolve a definição das atividades e seu sequenciamento, a determinação dos recursos humanos e materiais necessários à realização das atividades, a estimativa da duração das atividades e o posicionamento em um calendário real em que sejam consideradas as limitações de períodos de trabalho.

Para a configuração do cronograma o *PMBOK® Guide* estabelece os processos:

- Planejar o Gerenciamento do Cronograma
- Definir as Atividades
- Sequenciar as Atividades
- Estimar os Recursos das Atividades
- Estimar as Durações das Atividades
- Desenvolver o Cronograma

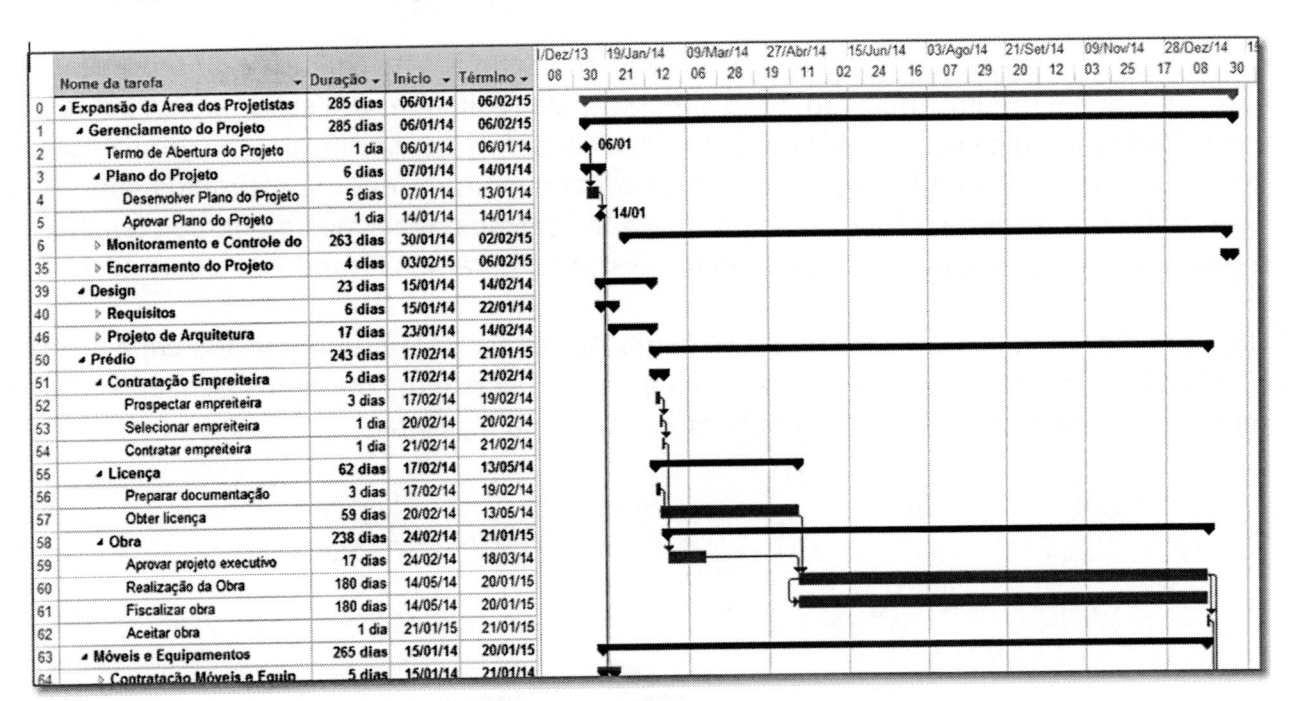

Figura 3.12 – O Gráfico de Gantt, um dos elementos do cronograma do projeto

Planejar o gerenciamento do cronograma

Mais uma vez seguindo o princípio de pensar antes de fazer, é necessário definir como o cronograma será elaborado, respondendo a perguntas do tipo: a empresa possui uma metodologia de gerenciamento de projetos que define como elaborar o cronograma?

Quem participará dos processos? Será necessário consultar especialistas? Quais? Que padrões, planilhas, modelos, ferramentas ou software serão usados? Qual será o nível de precisão e que unidades de medida (horas, dias, meses) serão usadas? Enfim, planejar o gerenciamento do cronograma envolve pensar sobre as definições prévias ao trabalho propriamente dito de elaboração do cronograma.

Esse processo produz um plano de gerenciamento do cronograma que, além das definições prévias ao trabalho no cronograma, deve definir como o cronograma será atualizado durante a execução, o monitoramento e o controle do projeto.

Modelo do cronograma

Uma definição muito importante, que deve fazer parte do plano de gerenciamento do cronograma, é quanto à forma de modelagem do cronograma. Antes de tudo, é importante definirmos qual significado queremos aplicar ao termo "modelo", uma vez que esta palavra possui inúmeros significados nos dicionários, dependendo do contexto.

O conceito de "modelo do cronograma" está relacionado a uma tentativa de representação, um simulacro, uma imitação, uma simulação da realidade; um sistema que possui a capacidade dinâmica de, a partir de dados inseridos, fornecer respostas ou informações úteis à tomada de decisão; uma espécie de organismo que reage a estímulos. Modelo, aqui, não quer dizer padrão a ser seguido. Se utilizarmos os termos em inglês *template* e *model* talvez essa diferença fique mais clara. Aqui estamos falando de um *model*.

Hoje em dia, modelos utilizam recursos computacionais para aumentar sua capacidade e velocidade em fornecer respostas. Para ilustrar o conceito, podemos pensar em um modelo computacional para desenvolvimento de uma bicicleta.

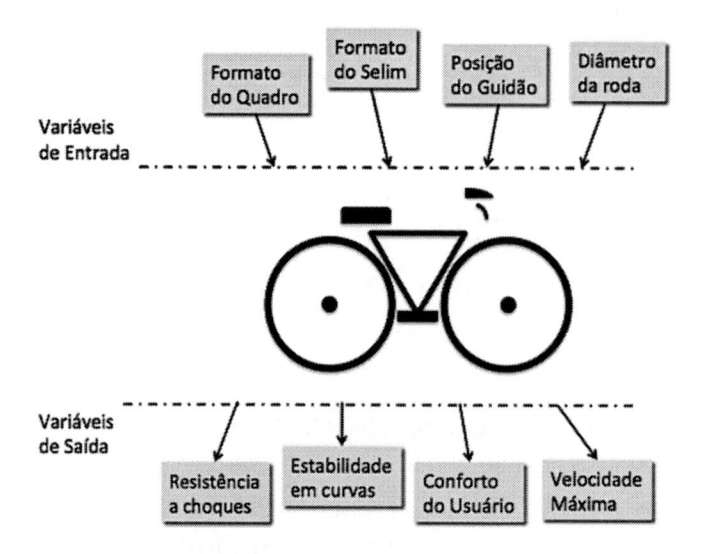

Figura 3.13 – Modelo para criação de uma bicicleta – referência para a criação do modelo do cronograma

A recomendação, portanto, é de que a equipe do projeto crie um **modelo** do cronograma e não apenas um cronograma.

Outra recomendação é que, dada a característica probabilística de projetos, um modelo de cronograma de um projeto deve ser o mais dinâmico possível. Dos documentos e artefatos utilizados para o gerenciamento do projeto, o cronograma certamente é o de uso mais intenso durante a execução, o monitoramento e o controle do projeto. Será no cronograma que os registros daquilo que efetivamente aconteceu com as atividades programadas serão feitos.

Mais uma vez em função da característica probabilística de projetos, é de se esperar que algo aconteça diferentemente do planejado. Logo, quando houver diferenças entre o programado e a realidade, é desejável que o modelo do cronograma indique as consequências dos desvios no restante do cronograma para que a gerência do projeto possa tomar providências.

DEFINIÇÃO DAS ATIVIDADES

A decomposição das entregas do último nível da EAP (pacotes de trabalho) identificará as atividades necessárias para a produção das entregas previstas pelo projeto. Estas serão as menores unidades de execução do projeto. As atividades permitirão demonstrar as mais detalhadas relações de dependência necessárias à elaboração do diagrama de rede do projeto.

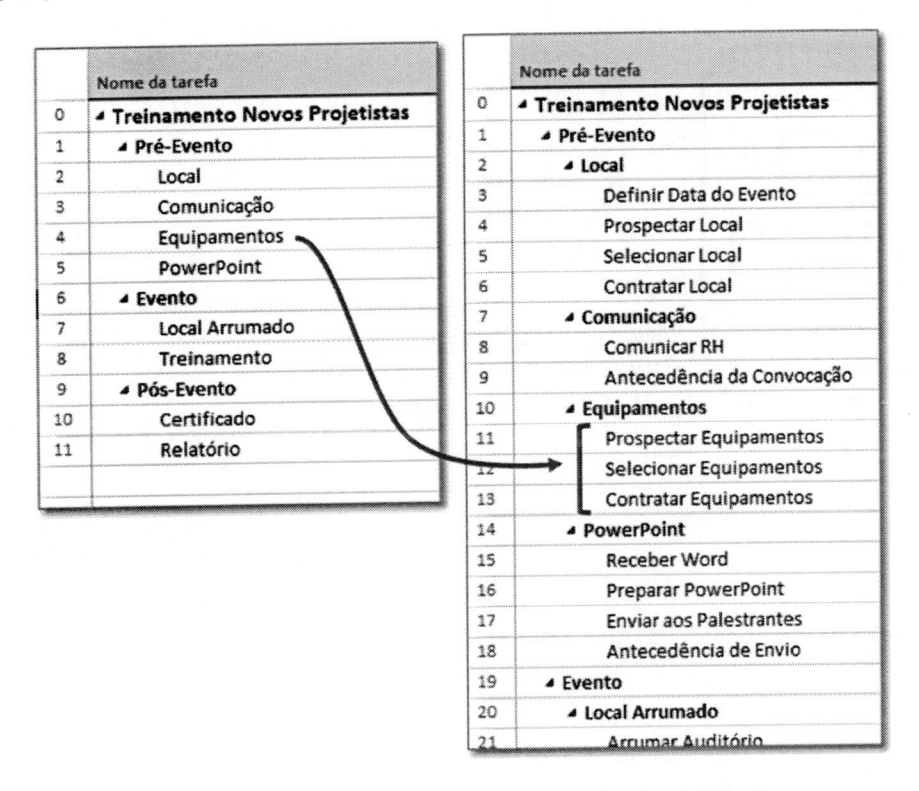

	Nome da tarefa
0	▲ Treinamento Novos Projetistas
1	▲ Pré-Evento
2	Local
3	Comunicação
4	Equipamentos
5	PowerPoint
6	▲ Evento
7	Local Arrumado
8	Treinamento
9	▲ Pós-Evento
10	Certificado
11	Relatório

	Nome da tarefa
0	▲ Treinamento Novos Projetistas
1	▲ Pré-Evento
2	▲ Local
3	Definir Data do Evento
4	Prospectar Local
5	Selecionar Local
6	Contratar Local
7	▲ Comunicação
8	Comunicar RH
9	Antecedência da Convocação
10	▲ Equipamentos
11	Prospectar Equipamentos
12	Selecionar Equipamentos
13	Contratar Equipamentos
14	▲ PowerPoint
15	Receber Word
16	Preparar PowerPoint
17	Enviar aos Palestrantes
18	Antecedência de Envio
19	▲ Evento
20	▲ Local Arrumado
21	Arrumar Auditório

Figura 3.14 – A decomposição dos pacotes de trabalho gera a lista de atividades

Vale a pena reforçar a recomendação de utilizar verbos no infinitivo para denominar as atividades. Esse cuidado reforça a diferença de conceito entre as atividades e as entregas e permite que se identifique cada um desses elementos mais facilmente no cronograma, onde os dois elementos serão exibidos ao mesmo tempo.

Para definir as atividades é utilizada a técnica de decomposição, a mesma usada na criação da EAP. A diferença é que, em vez de decompor entregas em entregas menores, o processo de definir as atividades decompõe os pacotes de trabalho em atividades.

Nesse processo, as questões relacionadas ao melhor nível de detalhamento da decomposição, discutidas na criação da EAP, continuam presentes. Decompor em mais ou menos atividades? O que é melhor? A mesma situação de *trade-off* se apresenta: mais atividades significam mais detalhes, o que implica em maior esforço de detalhamento, permitindo porém maior controle. Por outro lado, um maior detalhamento, além do maior esforço necessário para detalhar, também exigirá maior esforço para monitorar, medir e controlar.

Também é necessário considerar uma questão lógica: se a definição das atividades é a decomposição das entregas do último nível da EAP, logo, será necessário identificarmos pelo menos duas atividades capazes de produzir cada entrega ou pacote de trabalho. Não é possível, logicamente, decompor algo em uma única parte. Vejamos o exemplo a seguir.

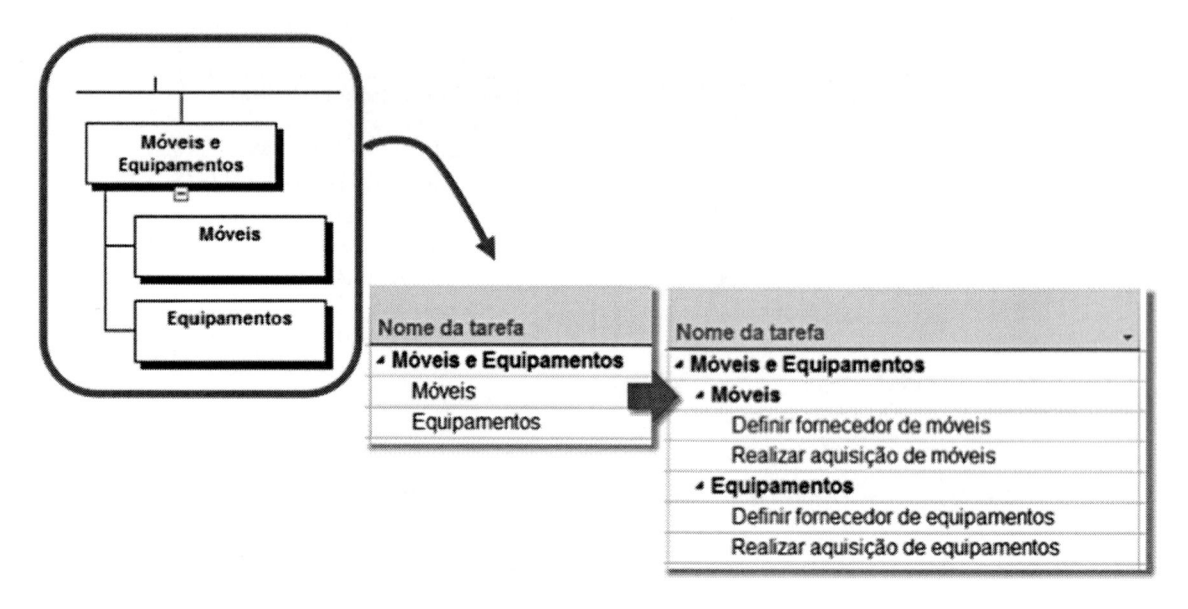

Figura 3.15 – Definição de no mínimo duas atividades para cada pacote de trabalho

Ao realizar o processo de definir as atividades a equipe do projeto pode perceber a necessidade de rever o nível de detalhamento da EAP e "transformar" pacotes de trabalho em atividades, subindo, assim, um nível na EAP. No exemplo dado, os pacotes de trabalho "Móveis" e "Equipamentos" poderiam ser tratados como atividades. Com isso, deveriam também ter suas nomenclaturas alteradas, passando a se chamar: "Adquirir Móveis" e "Adquirir Equipamentos" (note a utilização de verbos no infinitivo para designá-los como atividades).

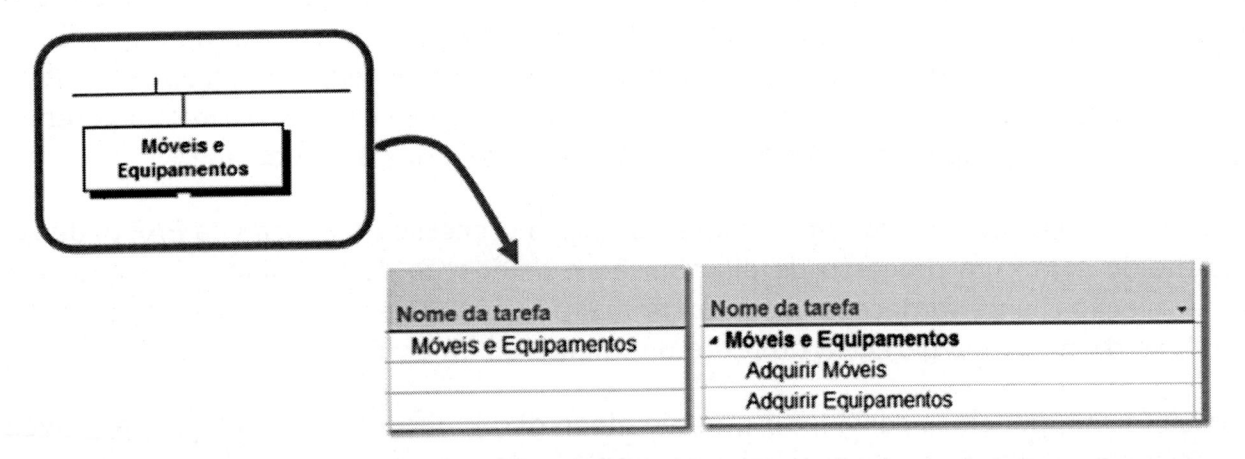

Figura 3.16 – Redefinição do nível de entregas – eram pacotes de trabalho e passaram a ser atividades

A equipe pode também resolver detalhar os pacotes de trabalho em mais atividades, conforme exemplo a seguir:

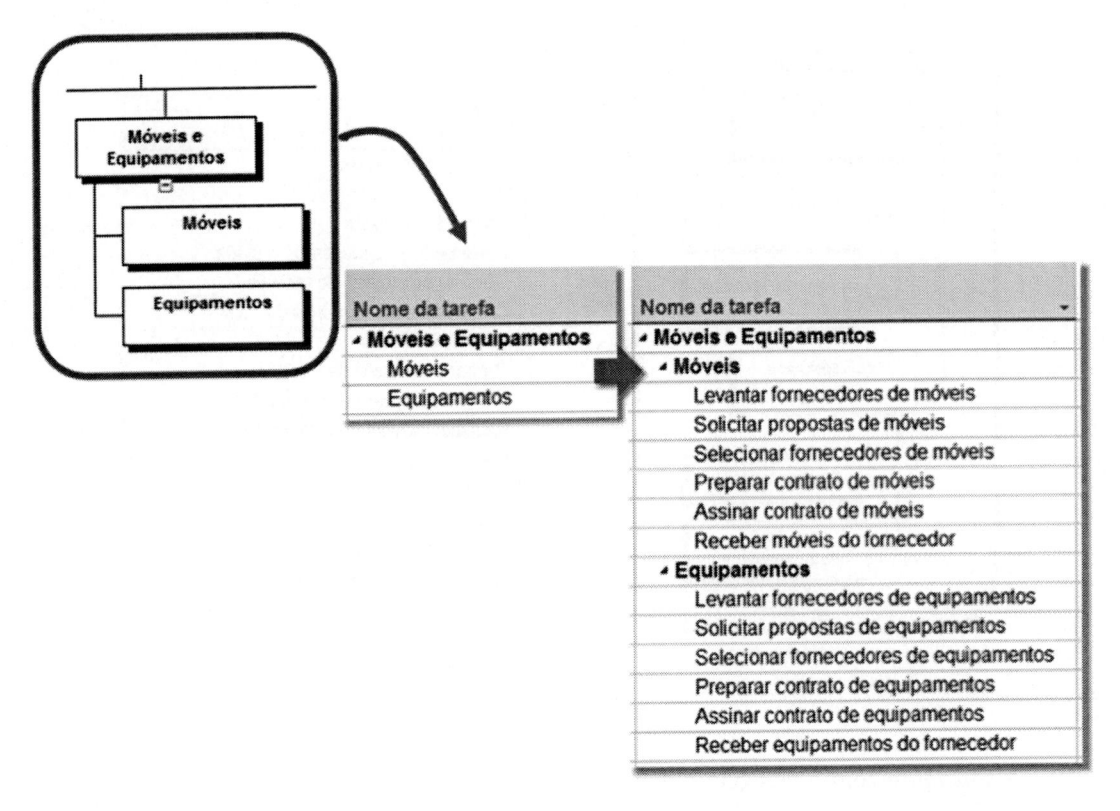

Figura 3.17 – Detalhamento do pacote de trabalho em mais atividades

Essa modelagem aumenta o número de atividades geradoras dos pacotes de trabalho, permitindo maior precisão das estimativas de prazo e de custo, porém não altera o nível de detalhamento da EAP, isto é, não altera o nível de controle no âmbito da gerência do projeto.

O conceito de entrega traz associada a ideia de uma conclusão de parte do projeto que será avaliada e validada por um terceiro que não o próprio executor. É uma referência para medição e controle do projeto. Algumas entregas intermediárias serão avaliadas e validadas apenas no âmbito da equipe do projeto e não pelo cliente, por isso a gerência do projeto tem o papel de avaliador das entregas delegadas à sua equipe.

A decomposição do projeto em entregas durante o processo de criação da EAP pode ser entendido como um processo de distribuição e delegação do trabalho que estabelece uma relação cliente-fornecedor que, em primeira instância, antes de entregar ao cliente final, se dará entre a gerência do projeto e membros da equipe.

Dessa forma, podemos considerar que, de modo geral, decompor a EAP em mais níveis implica em mais esforço de avaliação da gerência do projeto.

Se a gerência do projeto precisar aumentar o controle sobre o trabalho, a modelagem a seguir pode ser adotada.

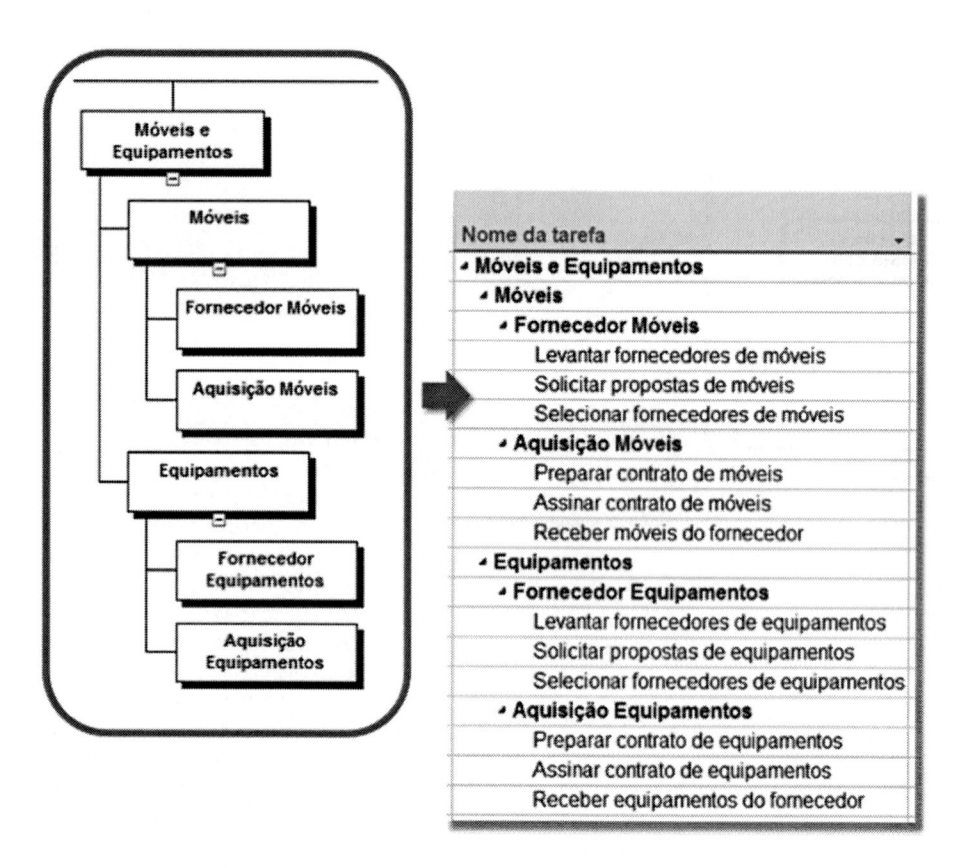

Figura 3.18 – Modelagem com o acréscimo de um nível de entregas

Com o acréscimo de um nível de entregas, passa a haver mais um nível de validação e, consequentemente, de controle, mas não podemos esquecer que isso exigirá também mais esforço da gerência do projeto.

A técnica de planejamento em ondas sucessivas, já analisada aqui, pode ser necessária nesse processo. Dessa forma, pode haver pacotes de trabalho que não poderão ser decompostos em uma primeira onda de planejamento. Nesse caso, os pacotes de trabalho permanecerão "fechados" e serão tratados como último nível de detalhamento nesse momento.

SEQUENCIAMENTO DAS ATIVIDADES

Sequenciar as atividades do projeto significa determinar as relações de dependência lógica entre as atividades. A dependência lógica é uma relação de causa e efeito entre atividades na qual a atividade PREDECESSORA é a causadora de efeitos na SUCESSORA. Ou seja, a atividade SUCESSORA é influenciada pela atividade PREDECESSORA.

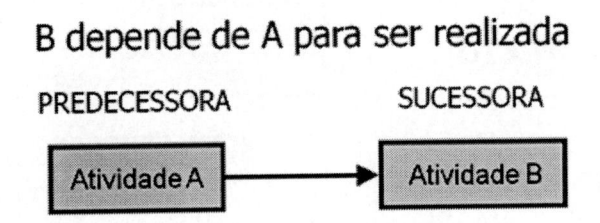

B depende de A para ser realizada

PREDECESSORA → SUCESSORA

Atividade A → Atividade B

Tipos de dependências

As dependências entre as atividades do projeto podem ser classificadas em relação à sua obrigatoriedade e em relação à sua procedência.

Em relação à obrigatoriedade:

- **Dependência obrigatória:** exigida contratualmente ou inerente à natureza do trabalho, às vezes chamada de *hard logic*. Por exemplo: o início da pintura de uma parede depende do término do emboço.

- **Dependência facultativa:** definida pela equipe do projeto, às vezes chamada de lógica preferida, lógica preferencial ou *soft logic*. Por exemplo: a equipe pode decidir, por conveniência, estabelecer uma dependência entre o término da pintura de uma sala e o início da colocação do piso.

Em relação à sua procedência:

- **Dependência interna:** envolve relacionamento entre atividades internas ao projeto, sob o controle da equipe do projeto.
- **Dependência externa:** envolve relacionamento entre atividades do projeto e atividades não pertencentes a ele. Uma aprovação governamental, por exemplo, irá limitar as atividades do projeto que dependam dela.

Tipos de relacionamentos lógicos

Existem quatro tipos de relacionamentos lógicos possíveis entre duas atividades.

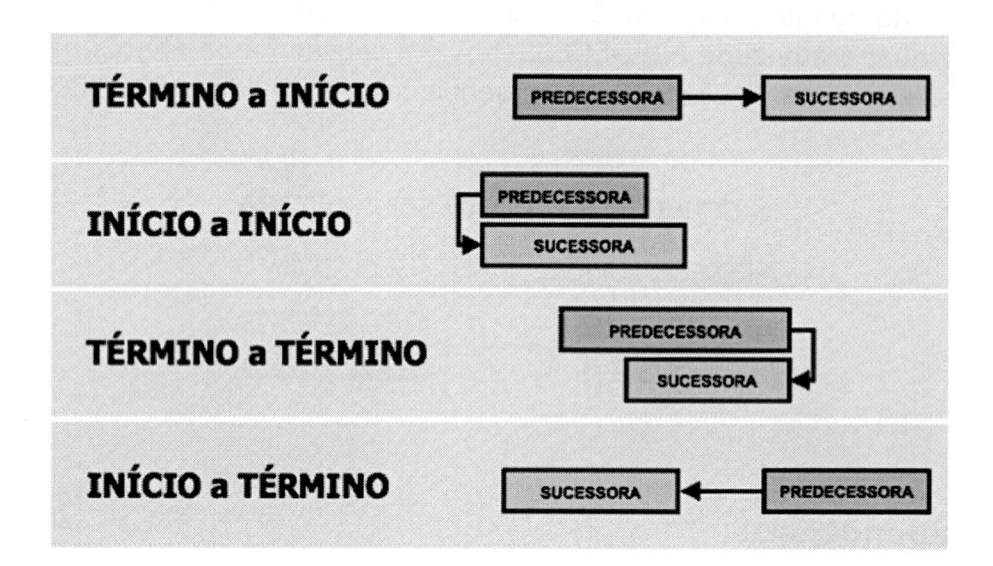

A fim de exemplificar esses tipos de relacionamentos lógicos podemos considerar a modelagem de um evento que está representada a seguir:

	Nome da tarefa	Predecessoras	Sucessoras
1	Reservar local do Evento		3
2	Arrumar local	3IT	
3	Realizar Evento	1	4II;2IT;5TT+1 dia
4	Supervisionar Evento	3II	
5	Preparar relatório do Evento	3TT+1 dia	

Análise das dependências:

- **TÉRMINO a INÍCIO**

Interpretação: o início do evento depende da reserva do local ser concluída.

A atividade 1 "Reservar local do Evento" é PREDECESSORA da atividade 3 "Realizar Evento", que é a SUCESSORA.

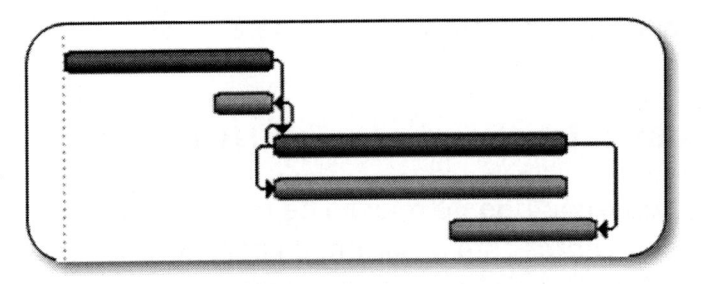

- **INÍCIO a TÉRMINO**

Interpretação: a arrumação do local deve terminar antes do início do evento. O início do evento determina o término da arrumação. Nessa modelagem, se for necessário mais tempo, a arrumação deverá começar mais cedo.

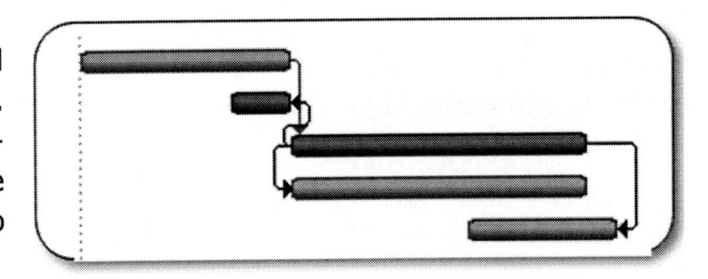

A atividade 3 "Realizar Evento" é PREDECESSORA da atividade 2 "Arrumar Local", que é a SUCESSORA.

- **INÍCIO a INÍCIO**

Interpretação: a supervisão do evento depende do início do evento. Esta relação é típica em atividades de fiscalização de trabalhos.

A atividade 3 "Realizar Evento" é PREDECESSORA da atividade 2 "Supervisionar Evento", que é a SUCESSORA.

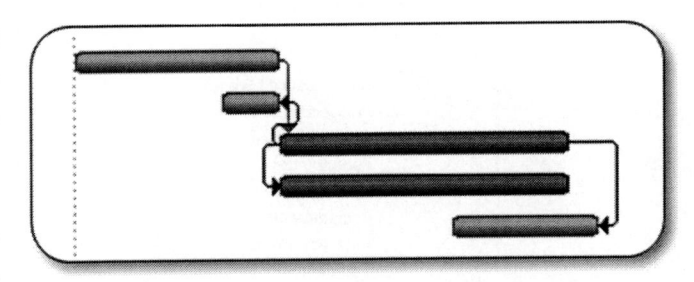

- **TÉRMINO a TÉRMINO**

Interpretação: a preparação do relatório pode começar a qualquer momento, mas seu término depende do término do evento.

A atividade 3 "Realizar Evento" é PREDECESSORA da atividade 5 "Preparar Relatório do Evento", que é SUCESSORA.

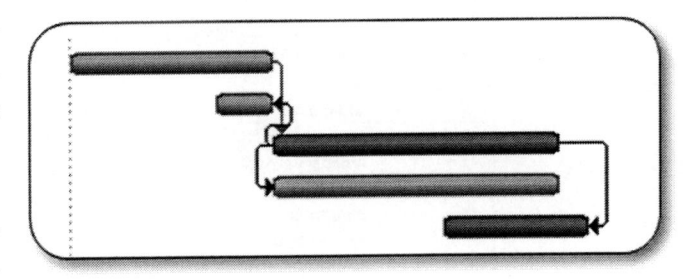

Observa-se nos exemplos apresentados que a dependência lógica não é necessariamente uma dependência cronológica, isto é, em alguns casos a atividade SUCESSORA poderá ser realizada antes da atividade PREDECESSORA.

Antecipações e esperas (*leads* e *lags*)

No último tipo de relação de dependência exemplificado, a atividade "Preparar Relatório do Evento" está programada para terminar um dia após o término da atividade "Realizar o Evento", da qual ela depende na relação término a término. Esse intervalo de tempo entre os términos dessas atividades é chamado "espera", "latência" ou *lag*.

Em outros casos, pode-se desejar antecipar o início ou o término da atividade sucessora no relacionamento lógico. Chama-se esse recurso de "antecipação" ou *lead*.

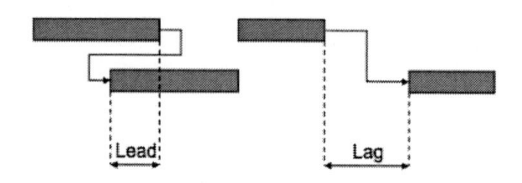

#	Nome da tarefa	Predecessoras	Sucessoras
0	**Treinamento Novos Projetistas**		
1	Início do Projeto		4
2	**Pré-Evento**		
3	**Local**		
4	Definir Data do Evento	1	5;12
5	Prospectar Local	4	6
6	Selecionar Local	5	7
7	Contratar Local	6	9;25
8	**Comunicação**		
9	Comunicar RH	7	10
10	Antecedência da Convocação	9	25
11	**Equipamentos**		
12	Prospectar Equipamentos	4	13
13	Selecionar Equipamentos	12	14
14	Contratar Equipamentos	13	25
15	**PowerPoint**		
16	Receber Word		17
17	Preparar PowerPoint	16	18
18	Enviar aos Palestrantes	17	19;25
19	Antecedência de Envio	18;25IT	
20	**Evento**		
21	**Local Arrumado**		
22	Arrumar Auditório	25IT	
23	Arrumar Recepção	25IT	
24	**Treinamento**		
25	Abrir Seminário	14;18;7;10	19IT;22IT;23IT
26	Realizar Palestras	25	27
27	Fechar Seminário	26	30;33

Predecessoras e Sucessoras

Diagrama de rede

Todo projeto tem, por definição, início e fim definidos previamente, ou seja, um ponto de partida e outro de chegada. O sequenciamento das atividades de um projeto deve partir de um único ponto de início e convergir para um único ponto de fim. A figura resultante do sequenciamento de atividades chama-se diagrama de rede.

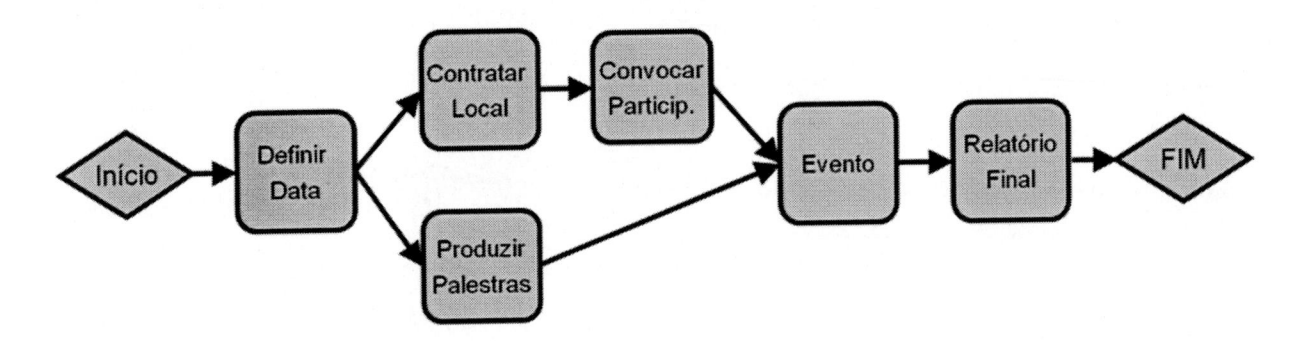

No diagrama de rede ou diagrama de precedência (PDM – *Precedence Diagramming Method*) são identificadas quais atividades serão executadas em série e quais serão desenvolvidas em paralelo.

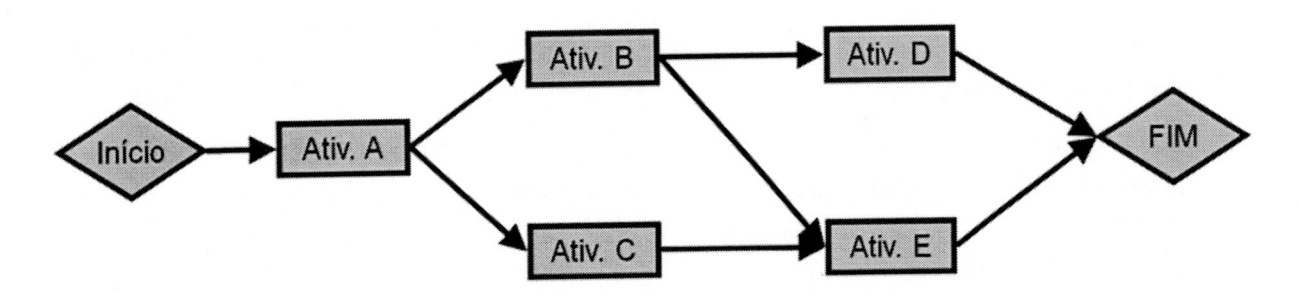

As sequências de atividades dependentes entre si são denominadas "caminhos". Um projeto pode ter muitos caminhos, mas todos partirão do ponto de início e terminarão no ponto de fim do projeto. A rede anterior possui os seguintes caminhos: Início-A-B-D-Fim; Início-A-B-E-Fim e Início-A-C-E-Fim.

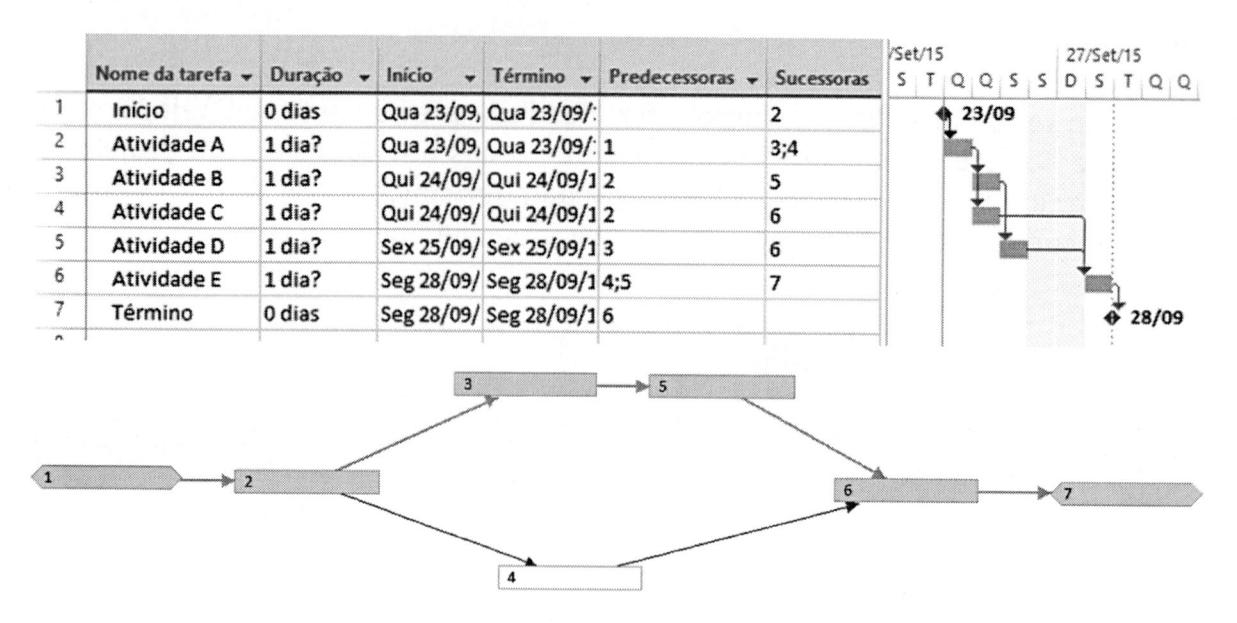

#	Nome da tarefa	Duração	Início	Término	Predecessoras	Sucessoras
1	Início	0 dias	Qua 23/09	Qua 23/09		2
2	Atividade A	1 dia?	Qua 23/09	Qua 23/09	1	3;4
3	Atividade B	1 dia?	Qui 24/09	Qui 24/09	2	5
4	Atividade C	1 dia?	Qui 24/09	Qui 24/09	2	6
5	Atividade D	1 dia?	Sex 25/09	Sex 25/09	3	6
6	Atividade E	1 dia?	Seg 28/09	Seg 28/09	4;5	7
7	Término	0 dias	Seg 28/09	Seg 28/09	6	

Figura 3.19 – Exemplo de dependências entre as atividades e o consequente diagrama de rede

No processo de sequenciamento das atividades, as seguintes orientações devem ser seguidas:

- O sequenciamento deve ser feito no nível das atividades e não em níveis superiores (entregas).

- Deve haver um único marco de início e um único marco de término para as atividades do projeto. O sequenciamento das atividades deve partir desse marco inicial e convergir para o marco terminal, a fim de garantir a correta identificação do caminho crítico.

- Cada atividade deve possuir pelo menos uma atividade predecessora e uma atividade sucessora. Atividades que, de acordo com a lógica da rede, não possuírem predecessoras, devem utilizar o marco de início como predecessora. Atividades que, de acordo com a lógica da rede, não possuírem sucessoras, devem utilizar o marco de término como sucessora.

ESTIMATIVA DOS RECURSOS DAS ATIVIDADES

A fim de poder calcular as durações das atividades é necessário determinar quais recursos humanos, materiais e de equipamentos serão utilizados, ou seja, os recursos executores das atividades.

Vários aspectos precisam ser levados em conta na estimativa de recursos, entre eles:

- Identificar a disponibilidade de cada recurso, a fim de que não haja superalocações.
- Definir se o recurso é próprio da organização ou se será contratado de terceiros.
- Levar em conta a capacidade de desempenho dos recursos.
- No caso de recursos humanos, é importante identificar suas produtividades, que dependem de suas competências específicas relacionadas à natureza da atividade, de suas experiências anteriores, de suas formações e perfis profissionais.
- Quanto aos equipamentos, é importante, na medida do possível, diferenciar a capacidade nominal, prevista em manuais, da capacidade real ou efetiva, pois um desempenho superestimado pode gerar falsas expectativas, que serão frustradas no momento da execução.

Os recursos devem ser atribuídos a cada atividade do projeto.

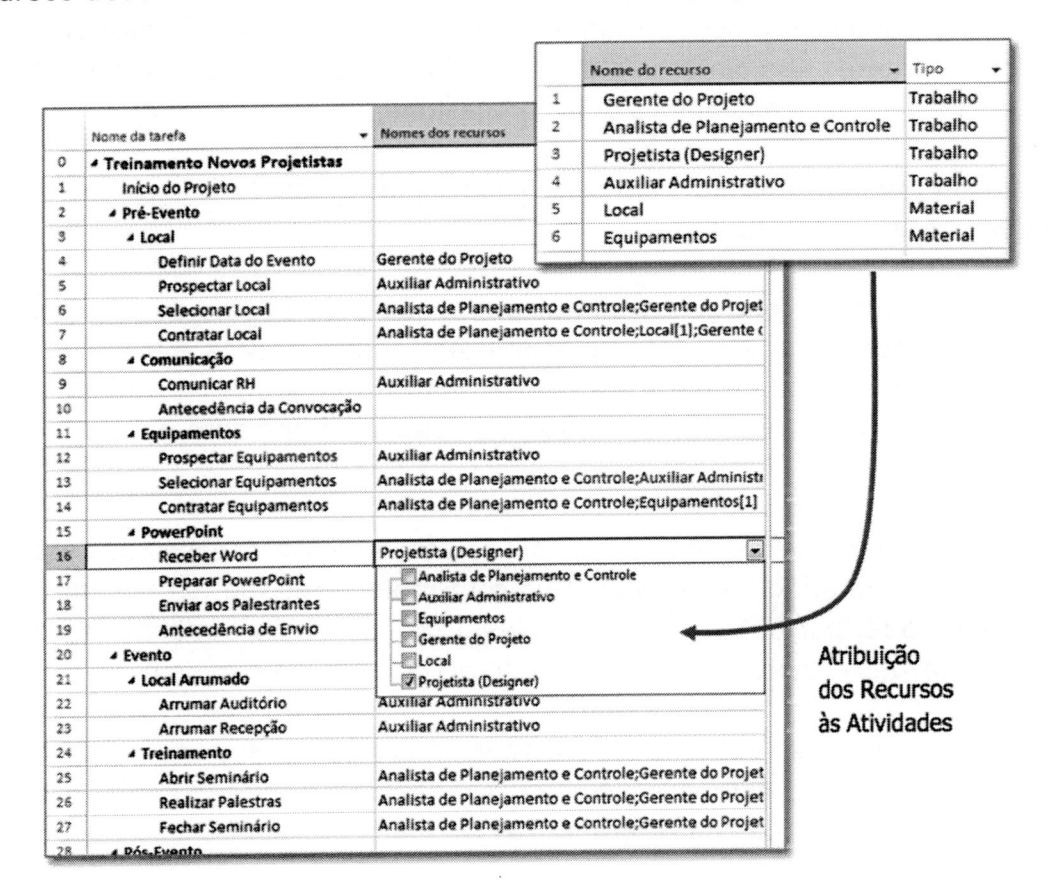

Atribuição dos Recursos às Atividades

ESTIMATIVAS DE DURAÇÕES DAS ATIVIDADES

Uma vez que os recursos executores, com suas respectivas capacidades de desempenho, foram determinados, é possível estimar o tempo de duração das atividades.

A duração da atividade é função da relação entre o trabalho ou esforço para realizá-la e os recursos determinados para executar esse trabalho. Isso faz com que, a princípio, o aumento do número de recursos para uma mesma quantidade de trabalho gere uma redução na duração da atividade, conforme gráfico a seguir:

Nome da tarefa	Duração	Trabalho	Nomes dos recursos
Atividade A	10 dias	80 hrs	Recurso 1
Atividade B	5 dias	80 hrs	Recurso 1;Recurso 2

Entretanto, na prática, essa relação matemática não é linear, pois segue o princípio econômico dos lucros cessantes ou retornos decrescentes (*Law of Diminishing Returns*), que alerta que o ganho de produtividade com a adição de recursos não é linear, isto é, à medida que o número de recursos para executar uma atividade é aumentado, há uma perda de produtividade por recurso. Por exemplo: se um pintor pinta uma sala em dez dias, cinco pintores não pintarão a mesma sala em dois dias, pois o trabalho de um começará a interferir no trabalho dos outros, ocasionando uma perda de produtividade.

Essas perdas de produtividade devem ser consideradas quando forem feitas as estimativas de duração das atividades.

Outras condições podem contradizer a intuição de que o acréscimo de recursos reduz a duração de uma atividade. Atividades que utilizam equipamentos e trabalho humano, por exemplo: dependendo da natureza do trabalho da atividade, a alocação de mais profissionais pode não alterar sua duração se o fator determinante para a duração for o equipamento.

Ao realizar o processo de estimar duração das atividades é necessário determinar o grau de precisão requerido. Uma estimativa com maior precisão, se por um lado gera maior confiabilidade, por outro requer mais esforço, utilização e manipulação de mais dados e informações e, portanto, seu processo de elaboração é mais caro.

Em casos onde não é possível obter informações mais precisas, pode-se estimar a duração por analogia, isto é, comparando com experiências anteriores. Vale ressaltar que se deve ter o cuidado em comparar grandezas de mesma ordem e características.

A melhor condição de confiabilidade para a estimativa é que seja obtida do próprio recurso escalado para executar a atividade e que sua produtividade real seja conhecida pelo gerente do projeto. Na impossibilidade de definição do executor, o gerente do projeto terá de realizar a estimativa a partir da opinião de um especialista na matéria, de tempos padrões em função do tipo da atividade ou de cálculos paramétricos, ou seja, a multiplicação de quantidades por produtividades, utilizando modelos matemáticos que estabelecem correlações entre variáveis: metros por hora, montagens por dia etc.

O processo para se chegar à estimativa é determinante para a qualidade da própria estimativa de duração e de esforço. Uma simples solicitação de prazo ao executor, feita pelo gerente do projeto, pode esconder distorções significativas. Vale a pena analisar algumas situações típicas e seus efeitos na qualidade das estimativas.

Estimativa do executor

Neste caso, o gerente do projeto solicita ao executor que estime a duração de uma atividade. De modo geral, o executor faz uma análise superficial, pois infelizmente não é prática comum que haja controles de apontamento de horas correlacionando períodos de trabalho com atividades de projeto, o que permitiria que o executor tivesse uma visão clara de sua ocupação atual e fornecesse uma estimativa mais adequada. Assim, a partir apenas de uma ideia do volume de trabalho já comprometido, o executor fornece uma estimativa maior do que a real para se defender de cobranças acerca do não cumprimento do compromisso. A imagem a seguir ilustra essa situação.

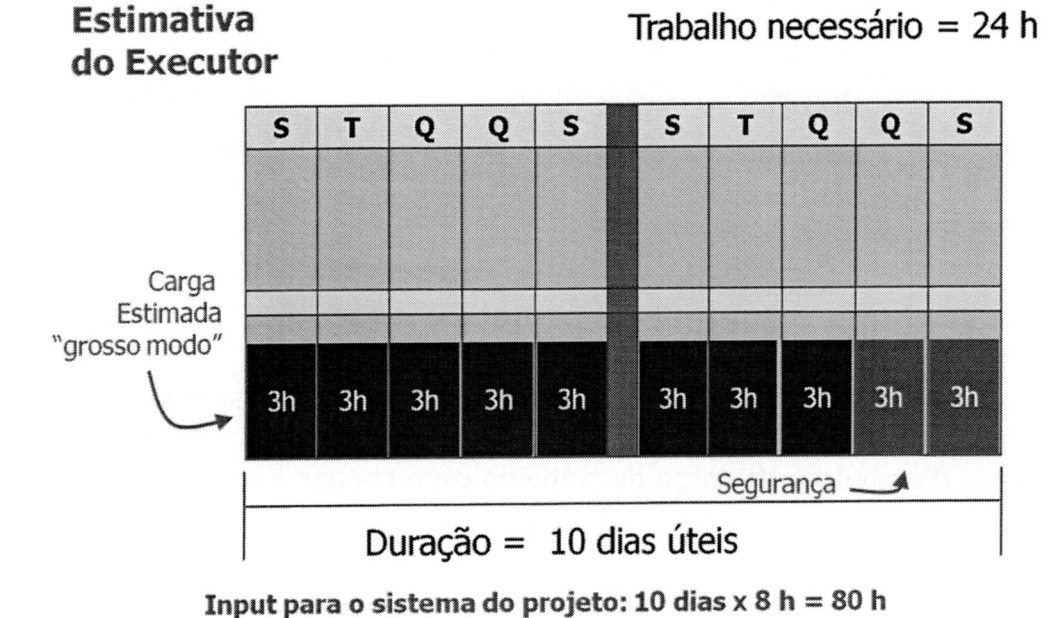

Estimativa do Executor

Trabalho necessário = 24 h

Carga Estimada "grosso modo"

S	T	Q	Q	S	S	T	Q	Q	S
3h	3h	3h	3h	3h	3h	3h	3h	3h	3h

Segurança

Duração = 10 dias úteis

Input para o sistema do projeto: 10 dias x 8 h = 80 h

Nas estimativas fornecidas pelo executor, em geral, há a inclusão de uma margem de segurança para o cumprimento do "compromisso". O executor não gosta de ter sua estimativa não confirmada, portanto é natural que queira se proteger colocando "colchões" (*padding*). Cabe ao gerente do projeto tentar identificar os excessos e negociar, com base em históricos anteriores ou outras fontes, uma maior adequação.

Estimativa do gerente do projeto

Neste caso, o gerente do projeto estima a duração da atividade por sua conta, considerando que o executor a realizará no período estabelecido e dedicará seu tempo integralmente à execução da atividade.

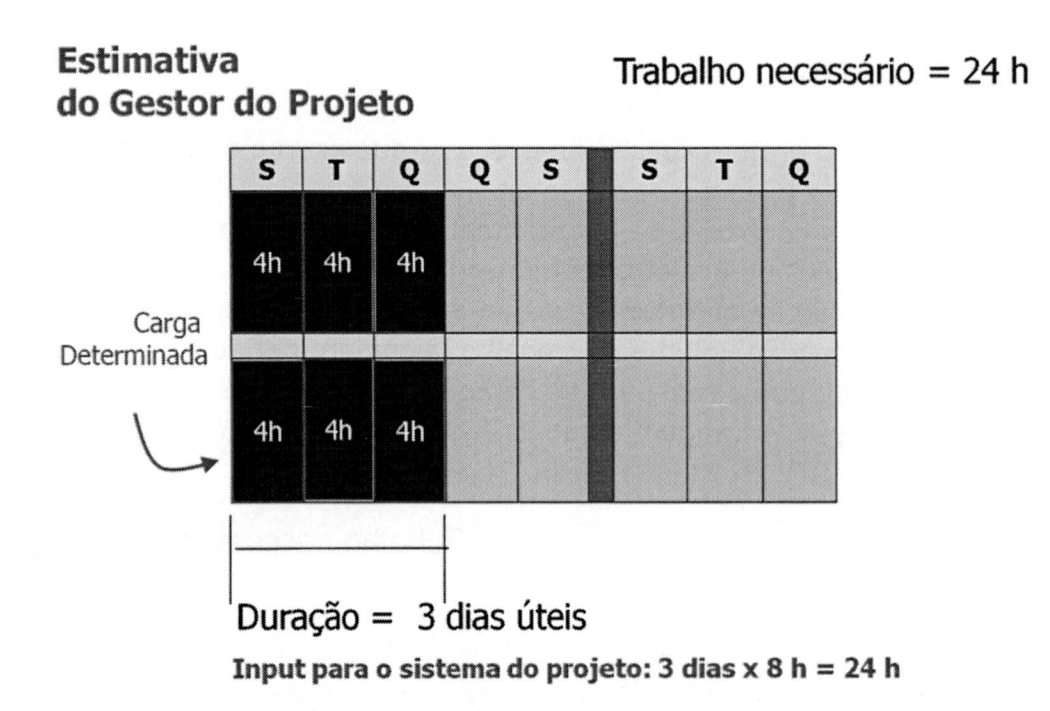

Estimativa do Gestor do Projeto

Trabalho necessário = 24 h

S	T	Q	Q	S		S	T	Q
4h	4h	4h						
4h	4h	4h						

Carga Determinada

Duração = 3 dias úteis

Input para o sistema do projeto: 3 dias x 8 h = 24 h

Estimativa conjunta – gerente do projeto e executor

Neste caso, o gerente do projeto e o executor da atividade analisam os períodos efetivamente disponíveis e que realisticamente serão dedicados ao trabalho na atividade e negociam uma distribuição da carga de trabalho para chegar à duração da atividade.

Estimativa Conjunta

Trabalho necessário = 24 h

Carga Estimada realisticamente

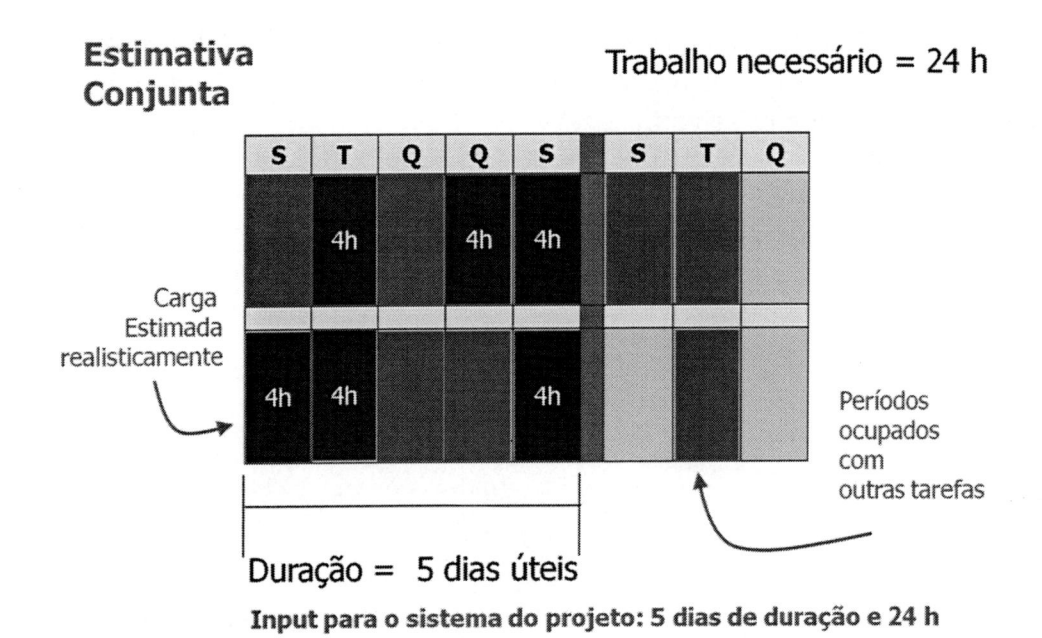

Períodos ocupados com outras tarefas

Duração = 5 dias úteis

Input para o sistema do projeto: 5 dias de duração e 24 h

Estimativas probabilísticas

Estimar a duração de uma atividade pode ser considerada uma das tarefas mais difíceis do planejamento de um projeto. Considerar a incerteza e os riscos envolvidos ao elaborar uma estimativa tende a aumentar a chance que ela se aproxime do real. O principal objetivo de uma estimativa é que ela seja a mais realista possível.

Estimativas pontuais, ou seja, de valores únicos ou absolutos, tendem a frustrar expectativas. Estimativas que considerem um cenário mais rico em informações tendem a se aproximar do que de fato irá acontecer.

A estimativa de três pontos (*three-point estimating*) considera três valores para gerar a estimativa: uma estimativa mais otimista, uma mais pessimista e uma mais provável. A estimativa mais otimista representa o melhor cenário, a pessimista representa o pior cenário e a mais provável representa o cenário com maiores chances de acontecer dadas as condições de trabalho, além de recursos etc.

Considere o exemplo a seguir, onde os três pontos da estimativa estão dispostos em uma linha do tempo:

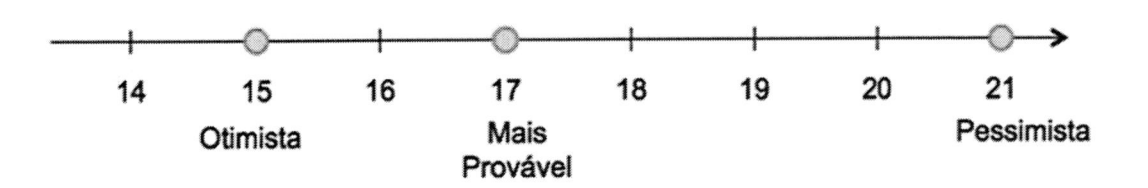

14 15 16 17 18 19 20 21
    Otimista   Mais   Pessimista
                Provável

Considerando-se as chances de cada valor acontecer, ou as probabilidades relativas dos três pontos, temos que a mais provável, como o nome indica, ocupa a posição mais alta no eixo das probabilidades relativas.

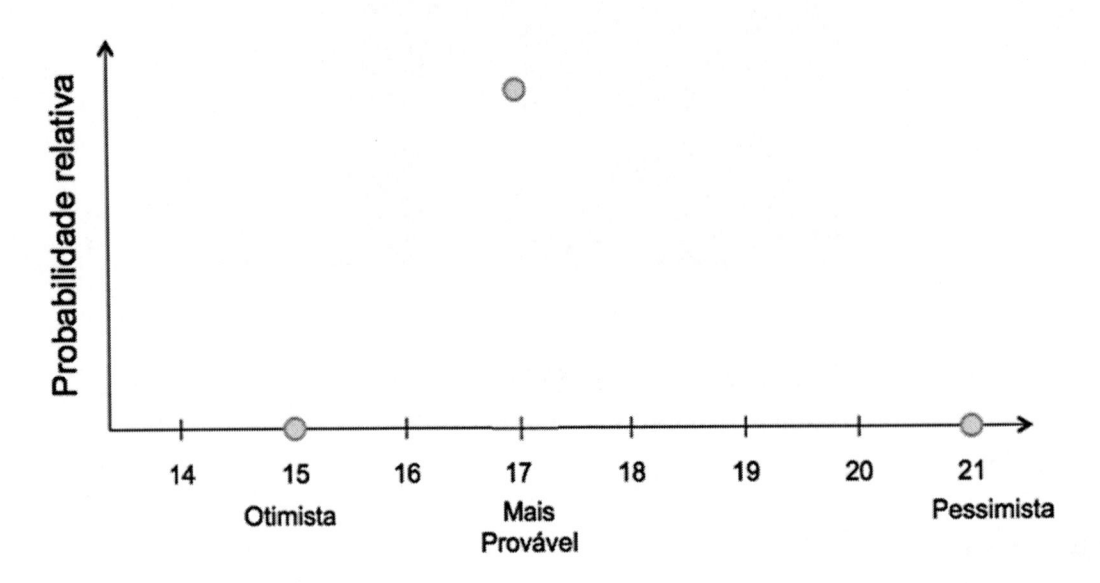

A partir desses três pontos, pode-se estabelecer uma distribuição de resultados possíveis para a duração da atividade, utilizando-se uma distribuição contínua de probabilidades. Por exemplo, poderia ser utilizada uma distribuição triangular. O valor a ser utilizado para a estimativa de duração será a média da distribuição de probabilidades considerada, pois essa medida representa o equilíbrio entre todas as durações possíveis para aquela atividade.

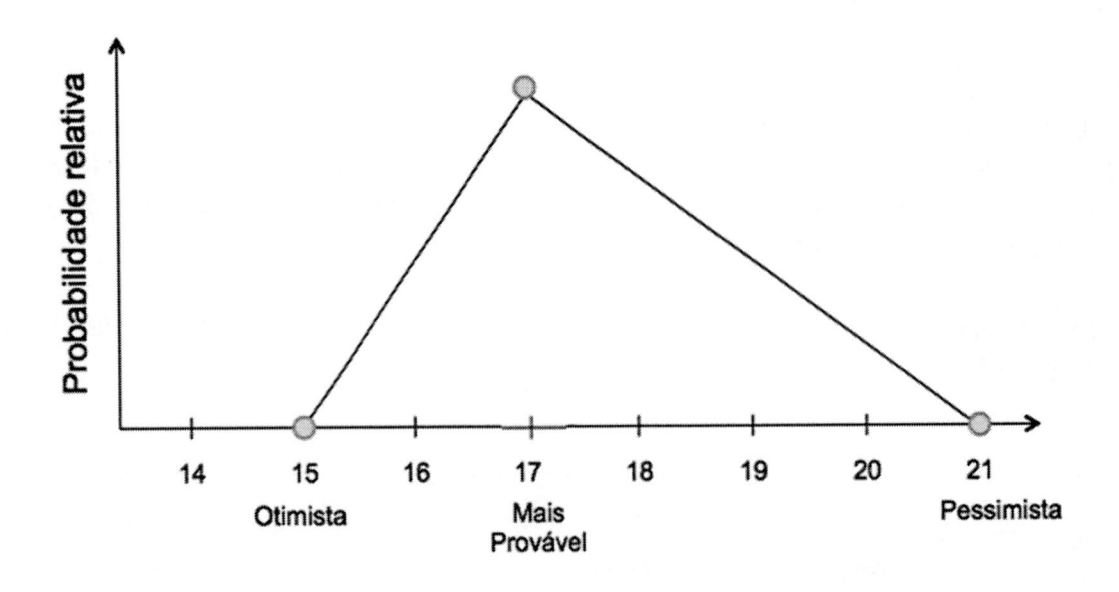

Uma distribuição de probabilidades de durações possíveis de uma atividade representa o grau de incerteza associado. No ambiente de projetos, podemos considerar que representa riscos positivos e negativos.

Portanto, se a distribuição apresentar uma assimetria à direita (para o lado pessimista), podemos dizer que aquela atividade contém uma carga maior de riscos negativos do que de riscos positivos. Infelizmente essa é uma configuração bastante frequente em atividades de projetos, ou seja, em geral há mais chance de as coisas saírem pior do que o estimado.

Dessa forma, a indicação é que não utilizemos o valor mais provável e sim a média dos valores. A média pondera, equilibra o cenário.

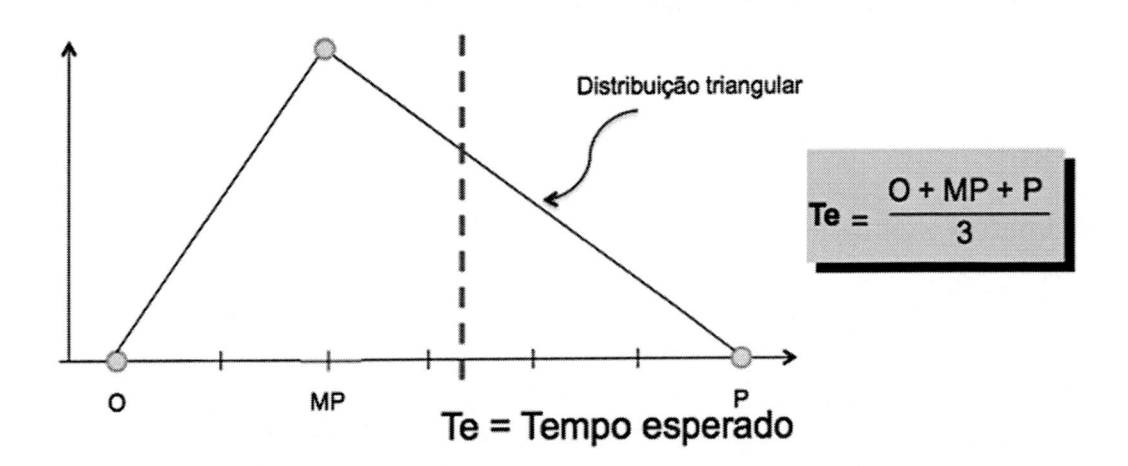

$$Te = \frac{O + MP + P}{3}$$

Te = Tempo esperado (Distribuição triangular)

É importante destacar que usar a média não significa criar uma proteção infundada, mas tornar a estimativa mais realista, reconhecendo que riscos existem.

No final da década de 1950, o pessoal da marinha americana, durante o programa de desenvolvimento de submarinos e mísseis da Série Polaris (seriam lançados na União Soviética por cima do polo norte), elaborou uma técnica de análise probabilística de cenários que ficou conhecida como **Análise PERT** (*Program Evaluation and Review Technique*). A Análise PERT incorpora ao processo da estimativa de durações o conceito estatístico do desvio padrão como medida de dispersão dos resultados possíveis.

No PERT foi adotada uma distribuição de probabilidades beta para representar a incerteza envolvida na estimativa de duração, cuja média é apresentada na figura a seguir.

$$Te = \frac{O + 4MP + P}{6}$$

PERT

O (3) MP (5) P (11)
Te   Durações possíveis

Distribuição beta

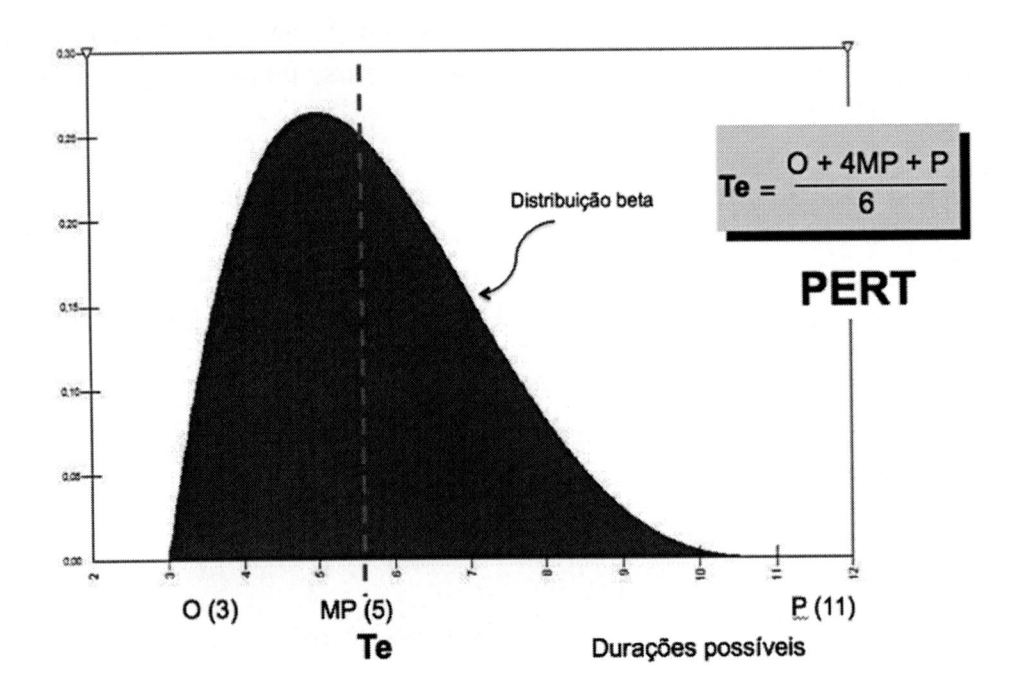

Para a estimativa exemplificada na imagem anterior, teríamos a seguinte média ou tempo esperado:

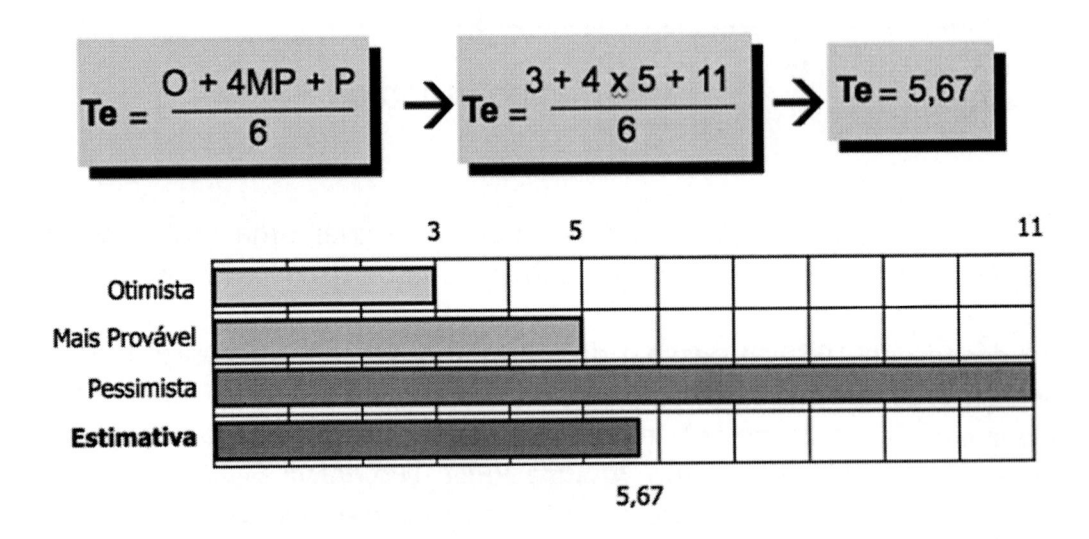

$$Te = \frac{O + 4MP + P}{6} \rightarrow Te = \frac{3 + 4 \times 5 + 11}{6} \rightarrow Te = 5{,}67$$

- Otimista
- Mais Provável
- Pessimista
- **Estimativa**

5,67

O desvio padrão fornece uma medida da incerteza associada à estimativa. A fórmula empírica utilizada é a seguinte:

Desvio Padrão σ

$$\sigma = \frac{P - O}{6}$$

A distância entre os valores otimista e pessimista determina a amplitude dos resultados possíveis. Comparemos as durações possíveis de duas atividades (A) e (B) ilustradas a seguir, onde "I" representa a data de início, "O" a data de término otimista e "P" a data de término pessimista.

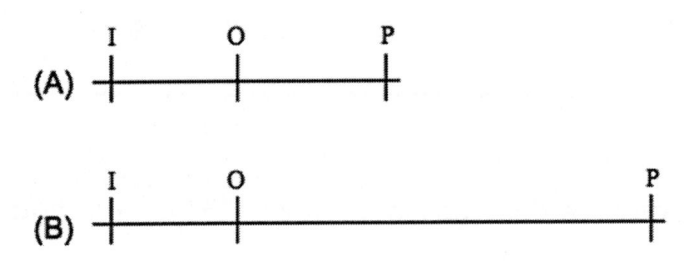

```
        I       O       P
(A)  ├───────┼───────┤

        I       O               P
(B)  ├───────┼───────────────┤
```

Apesar de as duas atividades possuírem estimativas otimistas iguais, a atividade (B) possui mais incerteza associada. Sua amplitude de resultados possíveis e consequentemente seu desvio padrão são maiores.

O intervalo de precisão da estimativa é determinado pelos desvios padrões considerados. Considerando mais ou menos um desvio padrão em relação à média, a expectativa de cumprimento da estimativa em uma distribuição beta PERT é de cerca de 60%.

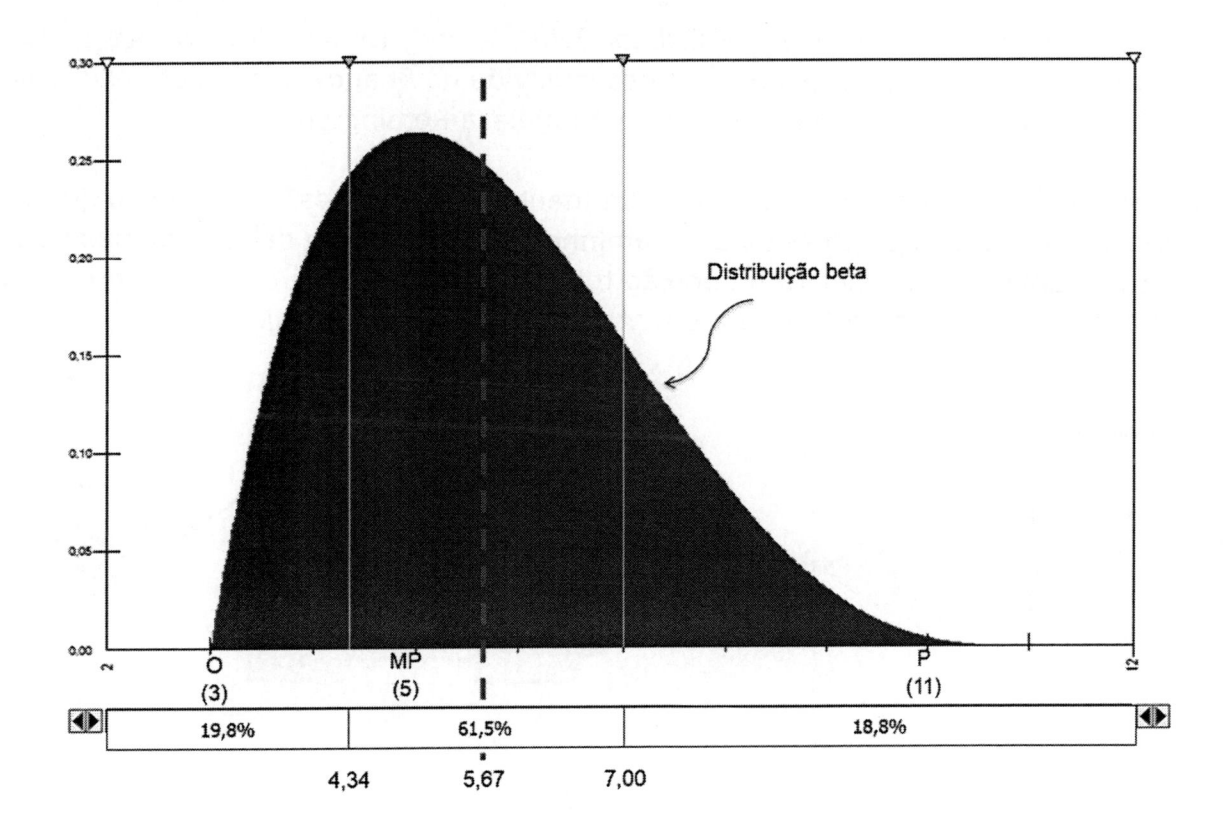

Distribuição beta

O (3)	MP (5)		P (11)	
19,8%	61,5%		18,8%	
	4,34	5,67	7,00	

Aplicando-se na atividade utilizada como exemplo, temos:

ATIVIDADE		Otimista (O)	Média (M)	Pessimista (P)	Estimativa (E)	Desvio Padrão	Range de Estimativa 1σ
E	Desenvolver material de divulgação	3,00	5,00	11,00	5,67	1,33	4,34 a 7,00

Dessa forma, a estimativa de duração da atividade "E" estaria entre 4,34 e 7,00 dias com a precisão de 60%.

A Análise PERT, portanto, procura enriquecer o cenário no qual a atividade está inserida, mas sua aplicação mais efetiva é conseguida na análise do projeto como um todo. Quando estudarmos o processo de desenvolver o cronograma, retomaremos esta técnica. Antes, porém, é necessário entendermos um conceito que será utilizado na Análise PERT do projeto: o conceito de caminho crítico.

Caminho crítico do projeto

O método do caminho crítico (CPM – *Critical Path Method*) foi uma importante contribuição para o gerenciamento de projetos desenvolvida no final da década de 1950 pelo pessoal da companhia americana Duppont e da inglesa Remington.

O conceito se baseia no modelo de rede que identifica "caminhos", que são conjuntos de atividades dependentes entre si. Dos caminhos do projeto, um deles terá maior duração. Este caminho determinará a duração total do projeto e será considerado crítico, porque qualquer atraso nele resultará em atraso equivalente ao projeto.

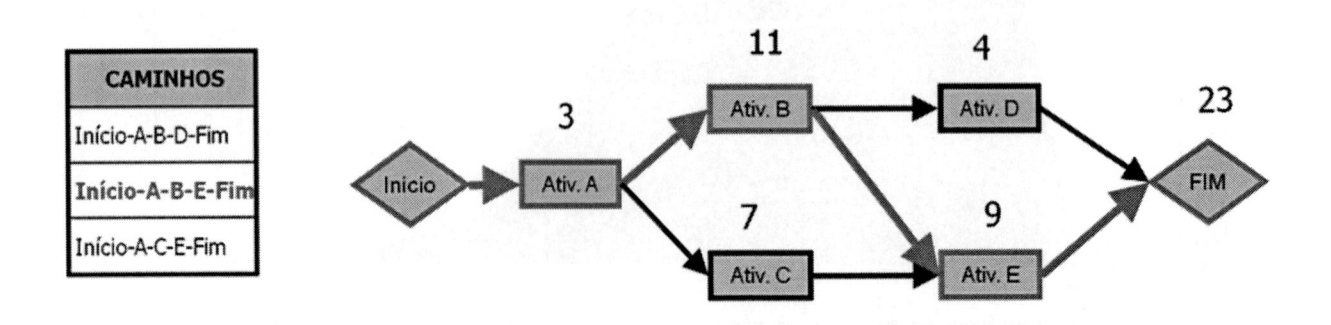

CAMINHOS
Início-A-B-D-Fim
Início-A-B-E-Fim
Início-A-C-E-Fim

Os demais caminhos terão menor duração. Essa diferença de duração entre os demais caminhos e o caminho crítico será denominada folga. Sendo assim, o caminho crítico será aquele com a menor folga ou com folga igual a zero, no caso de o tempo permitido para o projeto ser igual ao tempo calculado ou estimado. Por exemplo, se o produto de um projeto precisa ser entregue no dia 30 e a estimativa calculada prevê que o projeto poderá ser entregue no dia 25, há uma folga de projeto que será também a folga do caminho crítico. Nesse caso, o caminho crítico será o de menor folga.

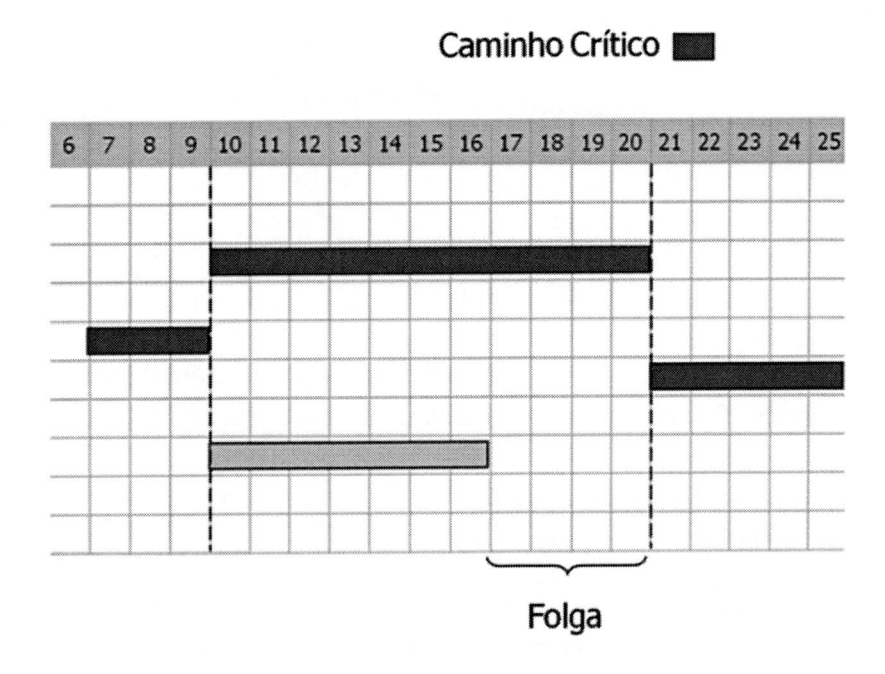

Caminho Crítico

Folga

É importante ressaltar que as folgas dos demais caminhos não críticos são recursos valiosos a serem utilizados pelo gerente do projeto e não tempo disponível para ser desperdiçado. Uma manipulação adequada das folgas de caminhos não críticos pode gerar economias de tempo e de custo significativas para o projeto, como veremos nos métodos de compressão ou redução de cronograma.

Para calcular o caminho crítico é necessário seguir uma rotina que será descrita passo a passo a seguir.

Antes de qualquer coisa, é necessário definir os seguintes termos:

- **Início mais cedo:** é a data mais cedo em que uma atividade poderá iniciar no projeto considerando suas atividades predecessoras.
- **Término mais cedo:** é a data mais cedo em que uma atividade poderá terminar no projeto considerando suas atividades predecessoras e sua duração. É obtida pela soma da duração da atividade com a sua data de início mais cedo.

- **Término mais tarde:** é a data mais tarde em que uma atividade poderá terminar sem impactar o caminho crítico do projeto.
- **Início mais tarde:** é a data mais tarde em que uma atividade poderá iniciar sem impactar o caminho crítico do projeto. É obtida pela subtração da duração da atividade de sua data de término mais tarde.

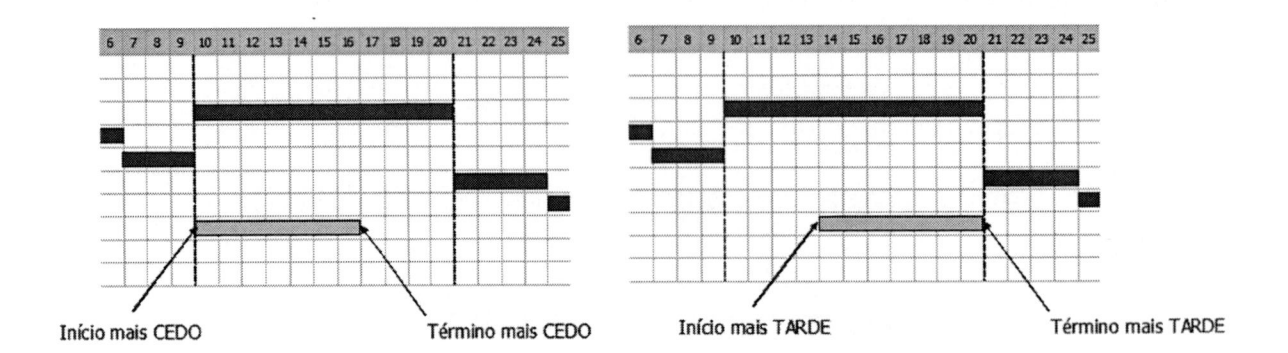

Em um diagrama de rede onde as atividades são representadas por caixas, as datas mais cedo e mais tarde de cada atividade costumam ser representadas como a seguir:

ATIV.	Duração
INÍCIO Mais Cedo	TÉRMINO Mais Cedo
INÍCIO Mais Tarde	TÉRMINO Mais Tarde

C	6
3	9
6	12

Figura 3.20 – Representação gráfica de uma atividade com sua duração e suas datas de início e término mais cedo e mais tarde

O cálculo do caminho crítico é feito a partir de um diagrama de rede onde as durações de cada atividade já foram estimadas. Considere o exemplo a seguir:

- Atividade A pode começar imediatamente e tem uma estimativa de duração de 3 dias
- Atividade B pode começar após a atividade A ser completada e tem uma estimativa de duração de 3 dias
- Atividade C pode começar após a atividade A ser completada e tem uma estimativa de duração de seis dias
- Atividade D pode começar após a atividade B ser completada e tem uma estimativa de duração de oito dias
- Atividade E pode começar após a atividade C e D serem completadas e tem uma estimativa de duração de quatro dias

	Nome da	Duração	Pred.	Suc.
1	A	3 dias		2;3
2	B	3 dias	1	4
3	C	6 dias	1	5
4	D	8 dias	2	5
5	E	4 dias	3;4	

A partir dessas informações, o diagrama de rede a seguir pode ser desenhado:

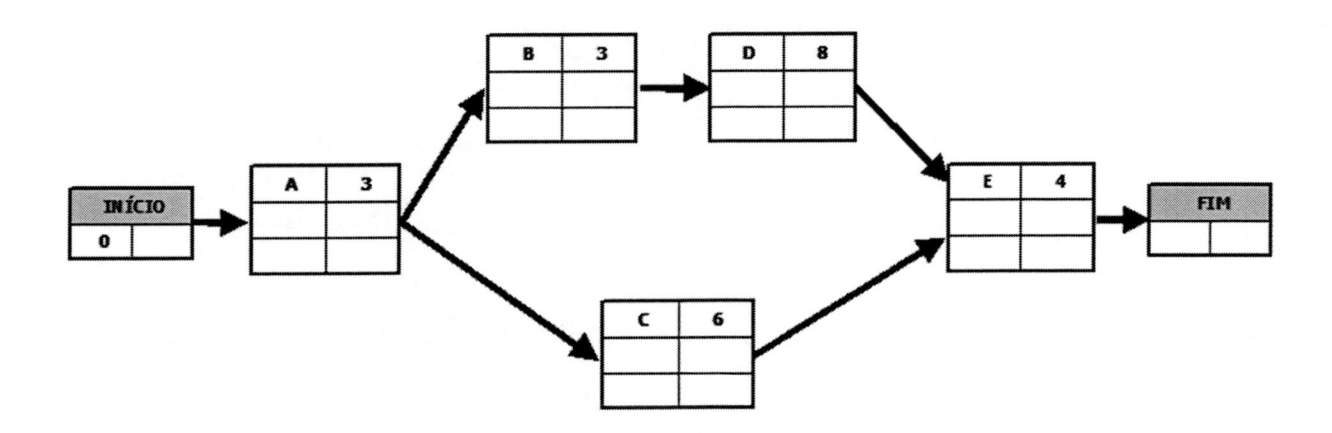

Em seguida, calculam-se as datas de início e término mais cedo de cada atividade.

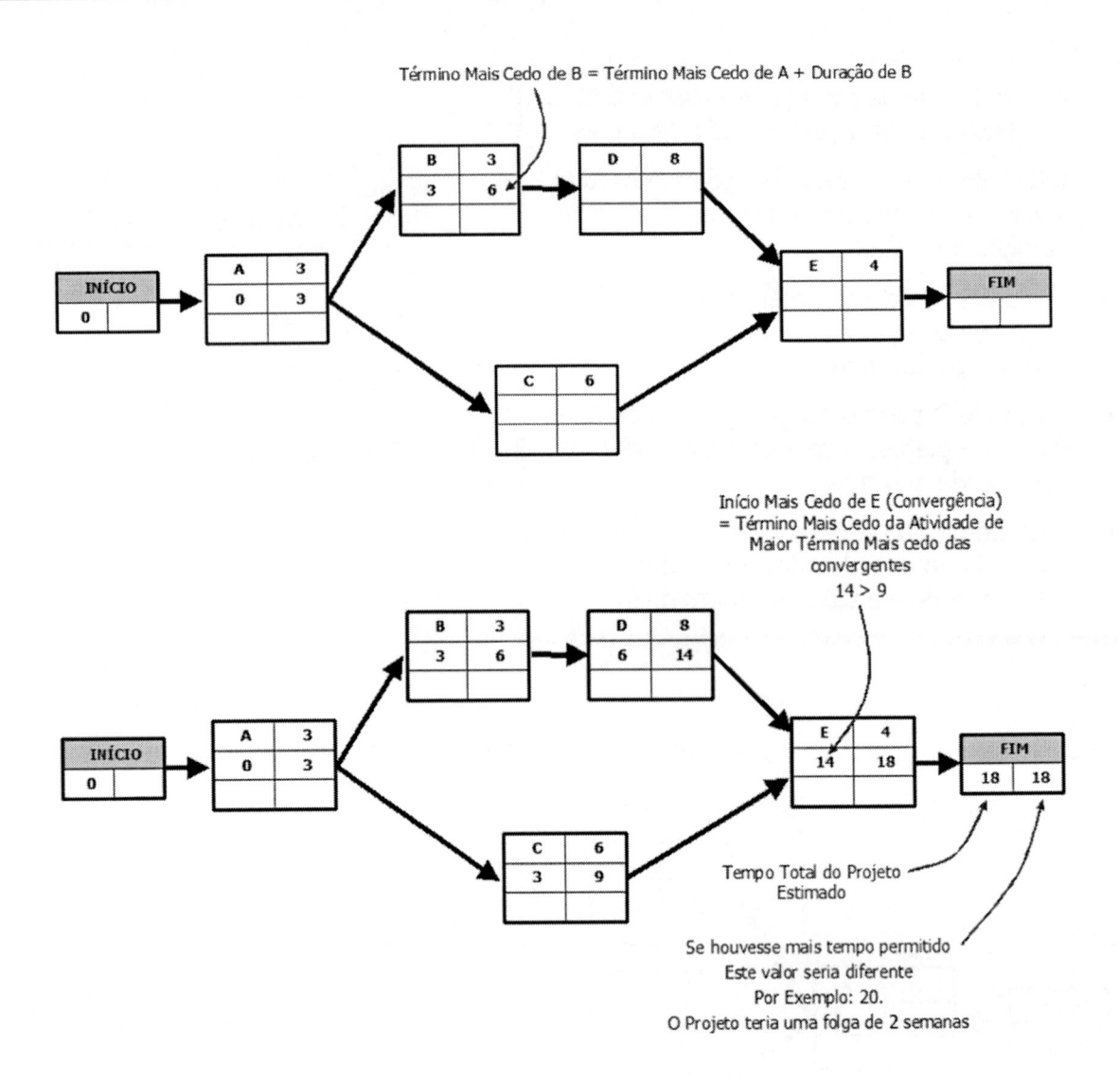

Depois é feito o cálculo das datas de início e término mais tarde.

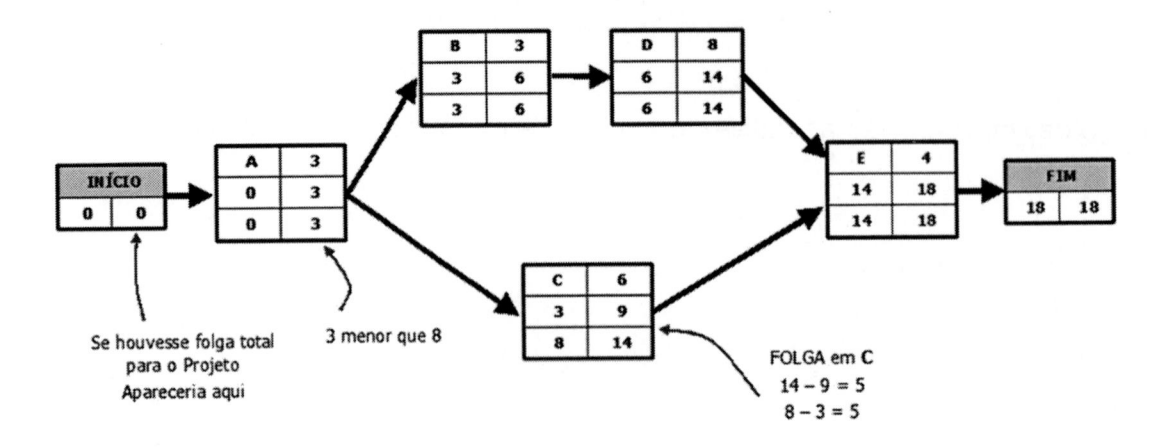

Com isso é possível identificar o caminho crítico do projeto, que, neste caso, tem folga igual a zero. O outro caminho possui folga de cinco semanas.

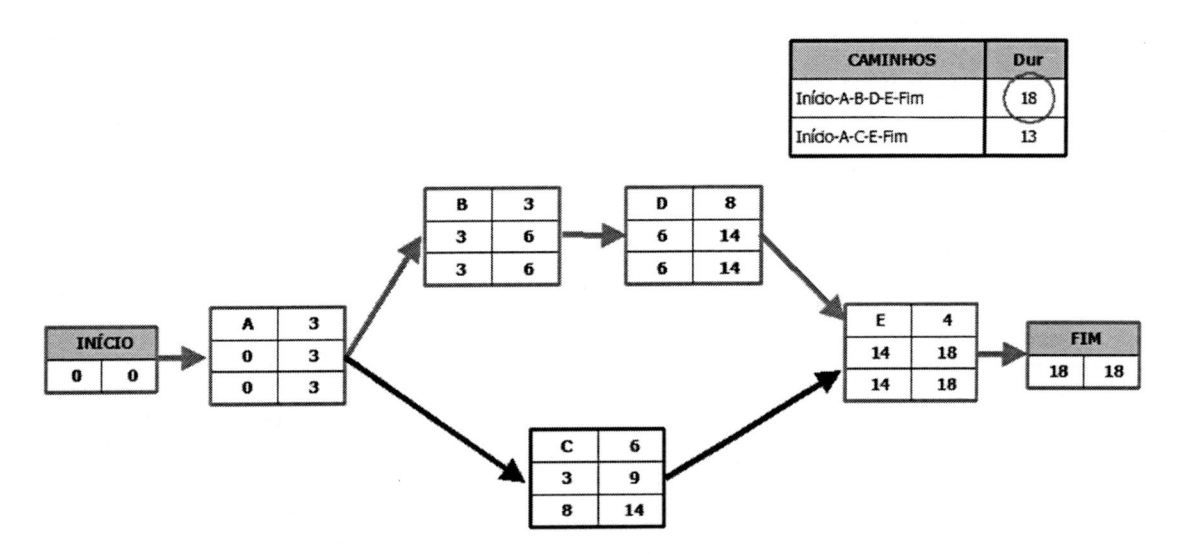

Figura 3.21 – O diagrama de rede do projeto com o caminho crítico destacado

Gráfico de Gantt

Cada ferramenta utilizada para o gerenciamento do projeto tem uma finalidade específica e apresenta um conjunto diferente de informações. O gráfico de barras, desenvolvido pelo engenheiro Henry Gantt no final da década de 1920, mostra a proporção de duração das atividades em uma escala de tempo e também os posicionamentos dos períodos de duração das atividades. Permite visualizar mais facilmente quanto de paralelismo há entre os momentos de realização das atividades.

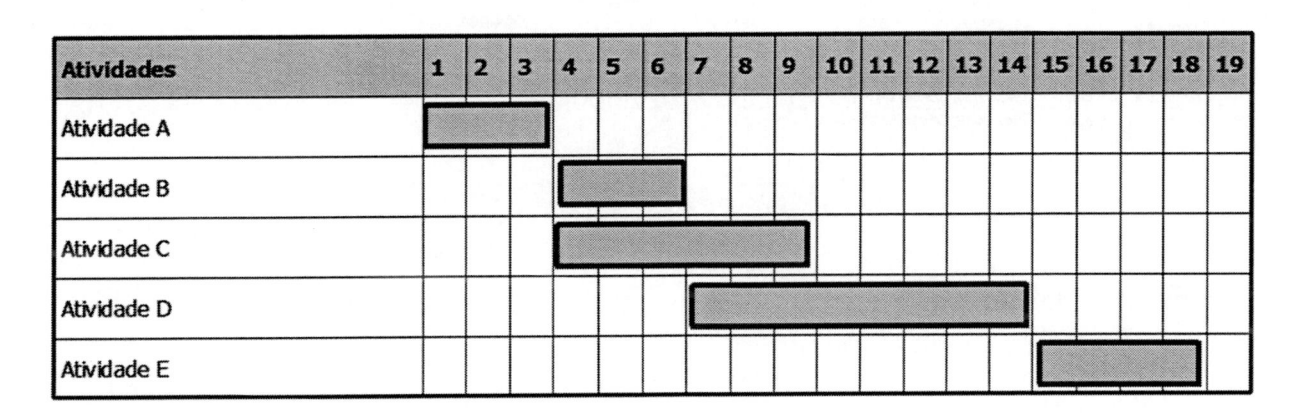

Figura 3.22 – Gráfico de Gantt (ou gráfico de barras)

Algumas regras precisam ser respeitadas quando do desenho de um gráfico de Gantt. A escala de tempo não deve ser modificada em um mesmo desenho, pois isso geraria perda da visualização da proporção das durações. A recomendação é fazer gráficos diferentes para cada escala de visualização. No caso de um projeto de duração de cinco anos, poderia ser feito um gráfico em anos, outro em semestres, outro em trimestres, meses e até semanas. Não devem ser feitos cortes no meio do gráfico para encurtá-lo.

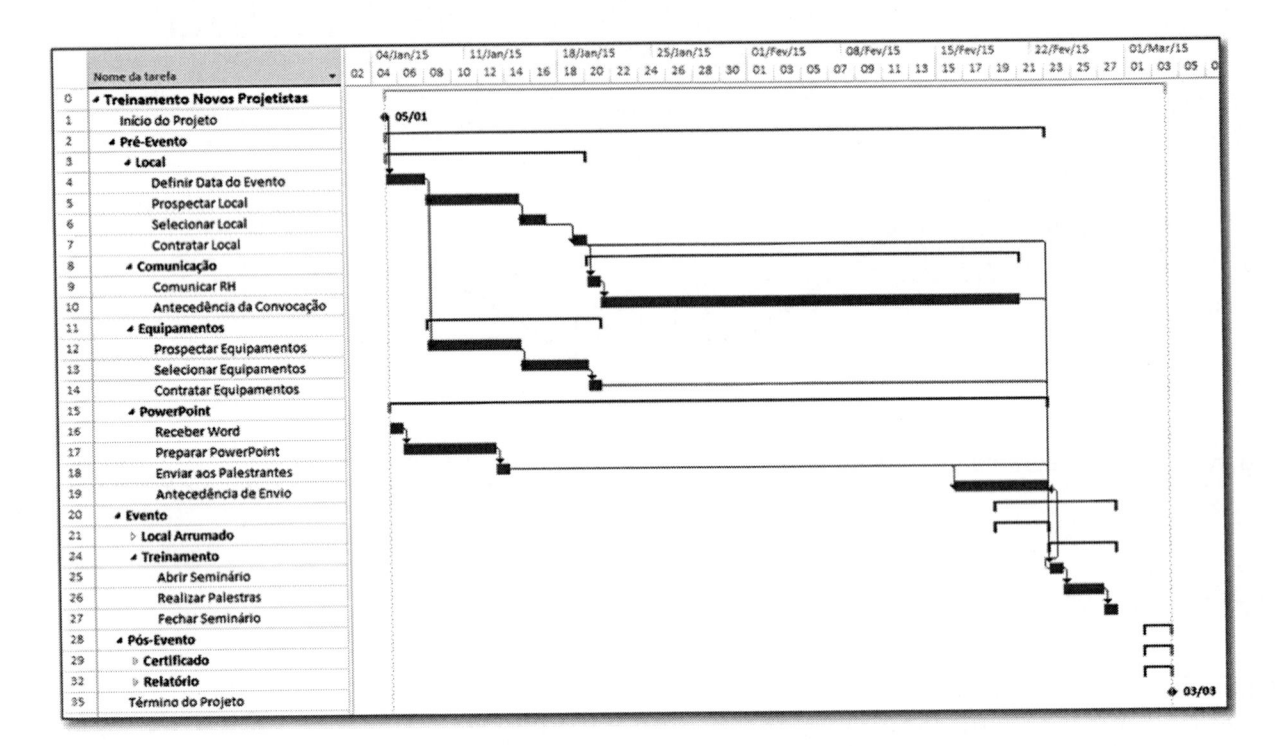

Figura 3.23 – Gráfico de Gantt exibindo as entregas e suas respectivas atividades

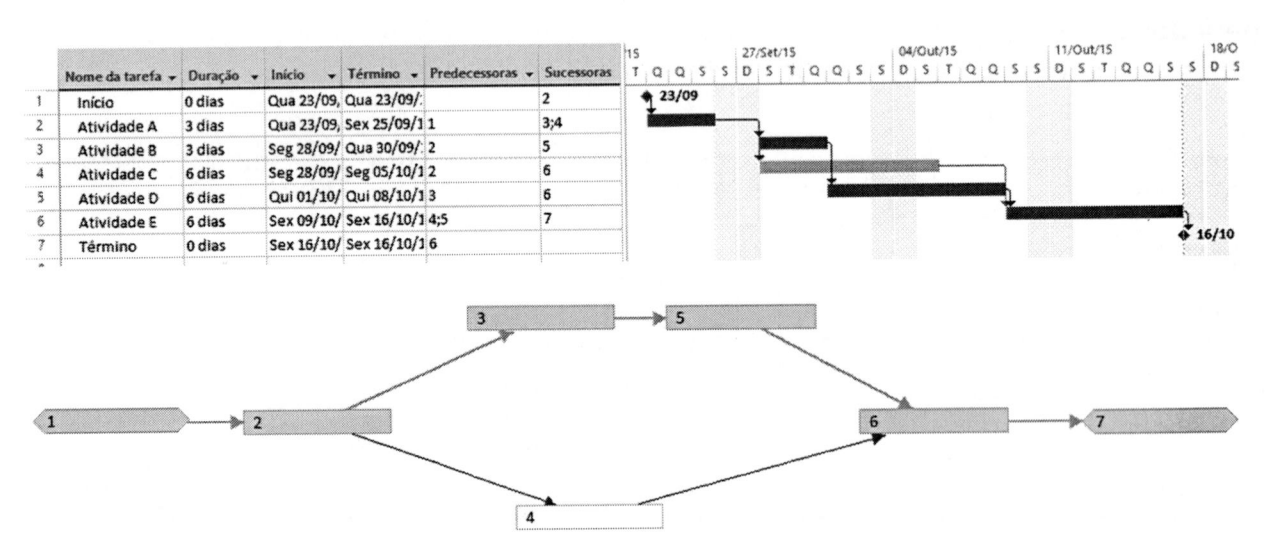

Figura 3.24 – Gráfico de Gantt e diagrama de rede: os principais gráficos do cronograma do projeto

RESTRIÇÕES DE DATAS E TÉCNICAS DE REDUÇÃO DO CRONOGRAMA

Após a elaboração do cronograma pode acontecer de os prazos calculados não atenderem aos requisitos do projeto. Nesse caso, é necessário procurar alternativas de redução do cronograma que mantenham a melhor relação de custo-benefício.

Fast Tracking **(Paralelismo)** – A técnica consiste na análise de atividades do **caminho crítico** que foram programadas para serem executadas em sequência linear, a fim de verificar a possibilidade de passarem a ser executadas em paralelo.

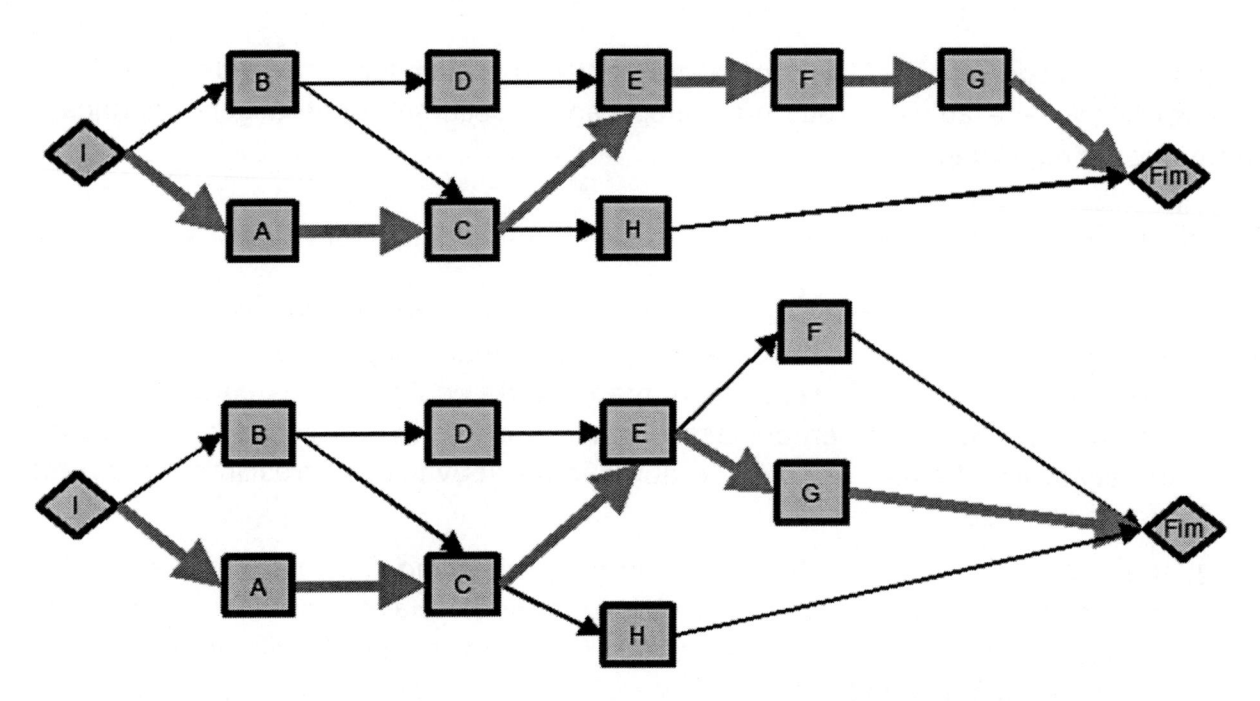

As atividades do caminho crítico cujas relações de dependência sejam arbitrárias (*soft logic*) serão os alvos primários da análise de *Fast Tracking*. Deve-se avaliar se as atividades com dependências obrigatórias (*hard logic*) podem permitir um *Fast Tracking* parcial, ou seja, que uma parte da atividade sucessora possa ser executada em paralelo com uma parte da predecessora.

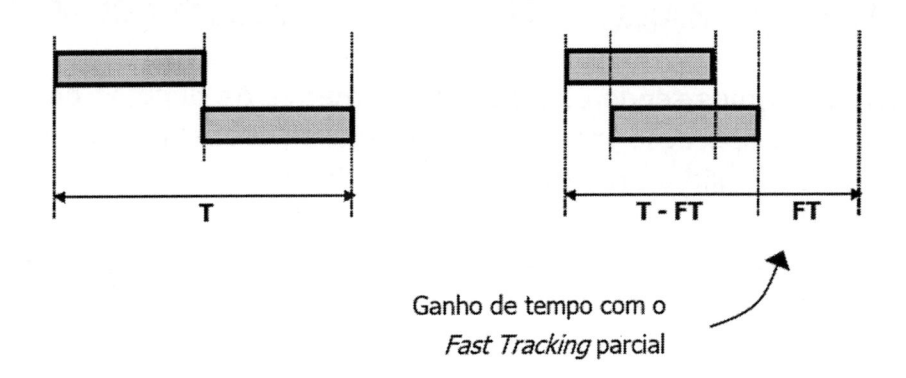

Ganho de tempo com o *Fast Tracking* parcial

O *Fast Tracking* traz algumas consequências para o projeto:

- Aumenta o risco de retrabalho. Por exemplo, imaginemos que uma atividade de instalação de piso em uma sala foi originalmente planejada para ser feita apenas após a conclusão da pintura da parede. Ao se fazer o *fast tracking*, essas atividades são programadas para serem executadas em paralelo, gerando o risco de que o trabalho de pintura venha a sujar o piso que está sendo instalado.
- Aumenta a necessidade de supervisão.
- Pode requerer a adição de recursos, no caso de os mesmos recursos estarem alocados às atividades que serão feitas em paralelo.

***Crashing* (Compressão)** – Mais uma vez o caminho crítico será o alvo de uma análise que verificará se a adição, troca ou realocação de recursos poderá gerar ganhos de tempo no cronograma.

Na adição de recursos é necessário considerar a influência de alguns fatores:

1. Se a adição de recursos de fato diminuirá sua duração. Por exemplo, em um projeto de uma casa, a atividade de concretagem da laje requer um número necessário e suficiente de recursos humanos e de equipamentos para a realização do trabalho de lançamento e assentamento do concreto, o que determina sua duração. Não haverá redução de duração se houver um acréscimo de recursos nessa atividade.
2. A lei dos retornos decrescentes (*Law of Diminishing Returns*), citada anteriormente: haverá maior necessidade de supervisão? Haverá perdas por processos de *setup* redundantes? Haverá interferência entre o trabalho dos vários recursos adicionados à atividade?
3. É necessário avaliar se o custo do recurso adicional irá ultrapassar os ganhos de desempenho. Se isso acontecer, e o fator crítico de sucesso do projeto for custo, a adição de recursos não será uma alternativa viável.

ANÁLISE PROBABILÍSTICA DO PROJETO (COM PERT)

A técnica PERT, que vimos sendo utilizada na estimativa de duração de uma única atividade, assume uma aplicação mais ampla na análise probabilística do projeto como um todo. Quando se avalia o projeto inteiro considerando a técnica PERT, calculam-se os tempos esperados e desvios padrões das atividades do caminho crítico do projeto. Para isso, supõe-se que essas atividades tiveram sua duração estimada utilizando-se a técnica de estimativa de três pontos.

O quadro a seguir exibe um exemplo de cálculo dos tempos esperados de cada atividade do caminho crítico de um projeto e seus respectivos desvios padrões calculados utilizando-se as fórmulas PERT.

Atividades caminho crítico	Duração (semanas)			Média ponderada PERT ou Tempo Esperado (Te)	Desvio padrão (σ)	Variância (σ^2)
	Otimista (O)	Mais provável (MP)	Pessimista (P)			
A	5	7	11	7,3	1,0	1,0
B	6	7	13	7,8	1,2	1,4
C	4	6	13	6,8	1,5	2,3
D	10	13	20	13,7	1,7	2,8
E	8	10	16	10,7	1,3	1,8
F	12	15	22	15,7	1,7	2,8
G	6	8	13	8,5	1,2	1,4
H	5	7	14	7,8	1,5	2,3
Duração estimada do projeto				78,3		15,6
Desvio padrão total					3,9	

O tempo esperado total do projeto é obtido pela soma dos tempos esperados de cada atividade do caminho crítico. Todavia, não é possível somar os desvios padrões de cada atividade para se chegar ao desvio padrão total do projeto, pois o desvio padrão é uma raiz quadrada. Para se chegar ao desvio padrão total do projeto é necessário elevar ao quadrado os desvios padrões individuais, obtendo-se assim as variâncias de cada estimativa, que, por sua vez, podem ser somadas. Obtendo-se a variância total, extrai-se a raiz quadrada e obtém-se o desvio padrão total do projeto.

O resultado da duração total do projeto é então apresentado sob a forma de uma distribuição normal. Os intervalos de precisão da estimativa total são determinados pela quantidade de desvios padrões considerados a partir da média da distribuição. Para mais ou menos um desvio padrão a partir da média, a expectativa de cumprimento da estimativa é de 68,27%. Se forem considerados mais ou menos dois desvios padrões a partir da média, a expectativa de cumprimento sobe para 95,45%. Se forem considerados mais ou menos três desvios padrões, a expectativa chega a 99,73%.

Dessa forma, a curva normal que representa o tempo esperado para o projeto tem média de 78,3 semanas e desvio padrão de aproximadamente quatro semanas. O gráfico a seguir ilustra esse resultado e apresenta o grau de confiança da estimativa.

±3σ = 99,73%

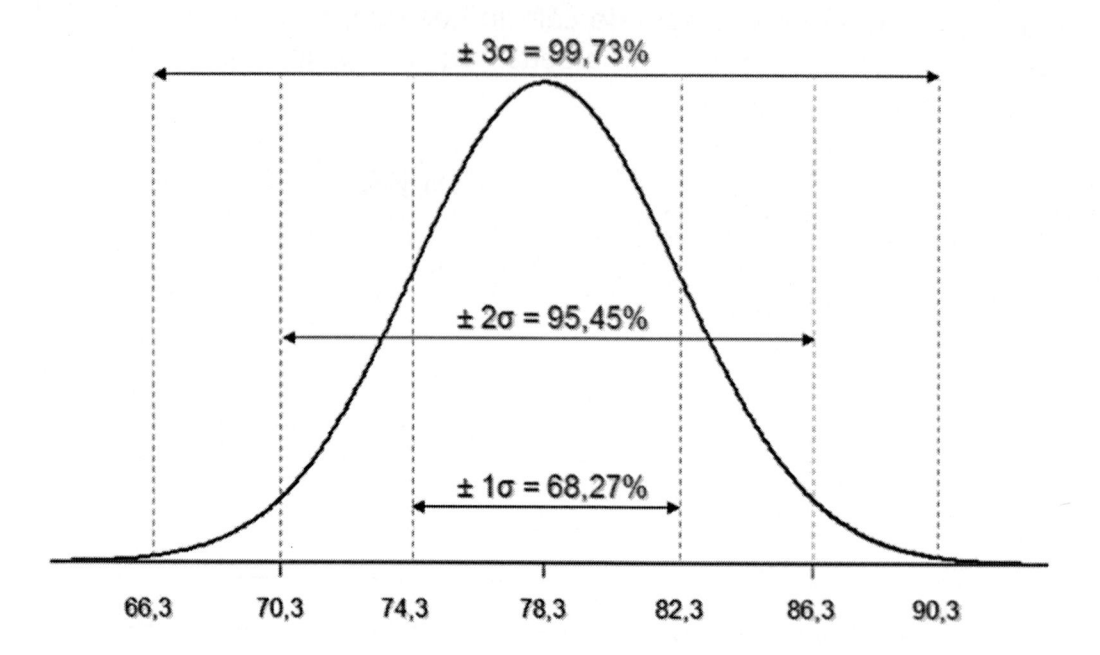

±2σ = 95,45%

±1σ = 68,27%

66,3   70,3   74,3   78,3   82,3   86,3   90,3

Utilizando-se as propriedades estatísticas da curva normal, é possível fazer análises tais como:

O projeto tem 50% de chance de ser concluído em até 78 semanas. A área pintada na curva representa 50% da área total da distribuição de probabilidades.

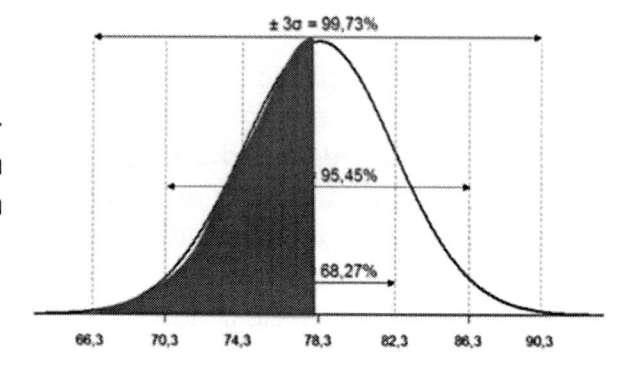

O projeto tem 16% de chance de ser concluído em até 74 semanas. A área pintada na curva representa cerca de 16% da área total da distribuição de probabilidades. Esse valor é obtido calculando-se a metade da diferença entre 100% e 68% (100 − 68 = 32 / 2 = 16).

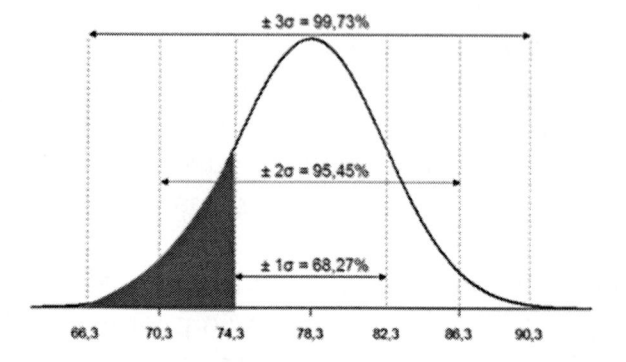

Outras técnicas para análises probabilísticas do projeto, notadamente as que utilizam simulações (simulação de Monte Carlo, por exemplo, que será vista na seção dedicada ao gerenciamento dos riscos), podem ser usadas para embasar as previsões do cronograma do projeto.

CRIAÇÃO DO MODELO DINÂMICO DO CRONOGRAMA

Como vimos no início desta seção dedicada à análise dos processos do gerenciamento do tempo e elaboração do cronograma, o objetivo é criar um modelo do cronograma, que pode ser definido como um sistema que possui a capacidade dinâmica de, a partir de dados inseridos, fornecer respostas ou informações úteis à tomada de decisão. Uma espécie de organismo que reage a estímulos.

Assim, um modelo dinâmico do cronograma pode ter as seguintes entradas e saídas:

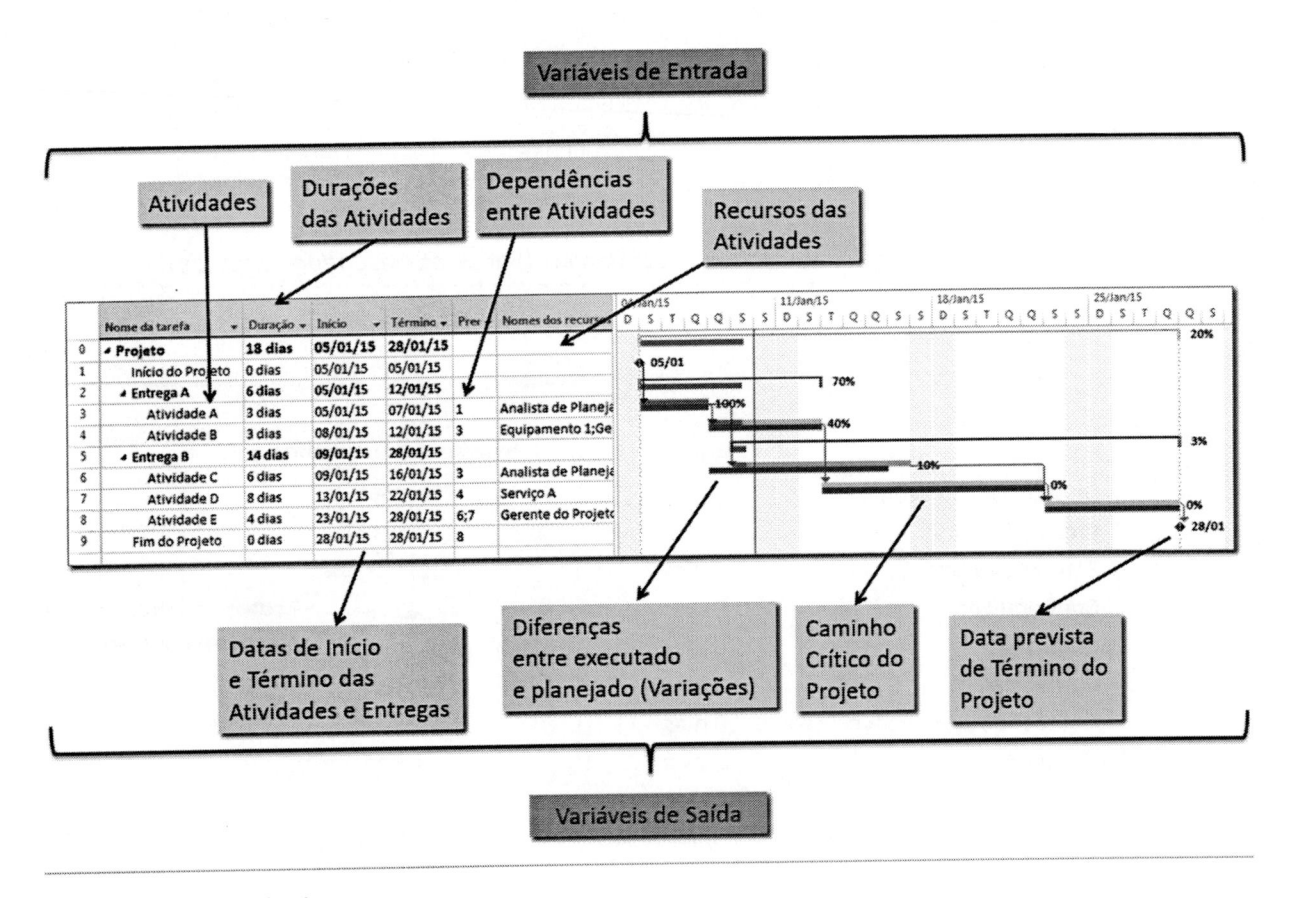

Figura 3.25 – Modelo do cronograma

Durante os processos de execução, monitoramento e controle do projeto, a partir de dados fornecidos, tais como o registro do que foi efetivamente executado, um modelo dinâmico de cronograma deve ser capaz de fornecer informações gerenciais à equipe e à governança do projeto para a tomada de decisão.

Por exemplo, quando um desvio de tempo (diferença entre o realizado e o planejado) ocorre em uma atividade do projeto, um modelo dinâmico de cronograma deve indicar as consequências desse desvio no restante da cadeia de atividades, conforme representado nas figuras a seguir.

Nome da tarefa	Duração
⊟ Local	4 dias
Definir Data do Evento	1 dia
Prospectar Local	1 dia
Selecionar Local	1 dia
Contratar Local	1 dia
⊟ Comunicação	31 dias
Comunicar RH	1 dia
Antecedência da Convocação	30 dias
⊟ Equipamentos	3 dias

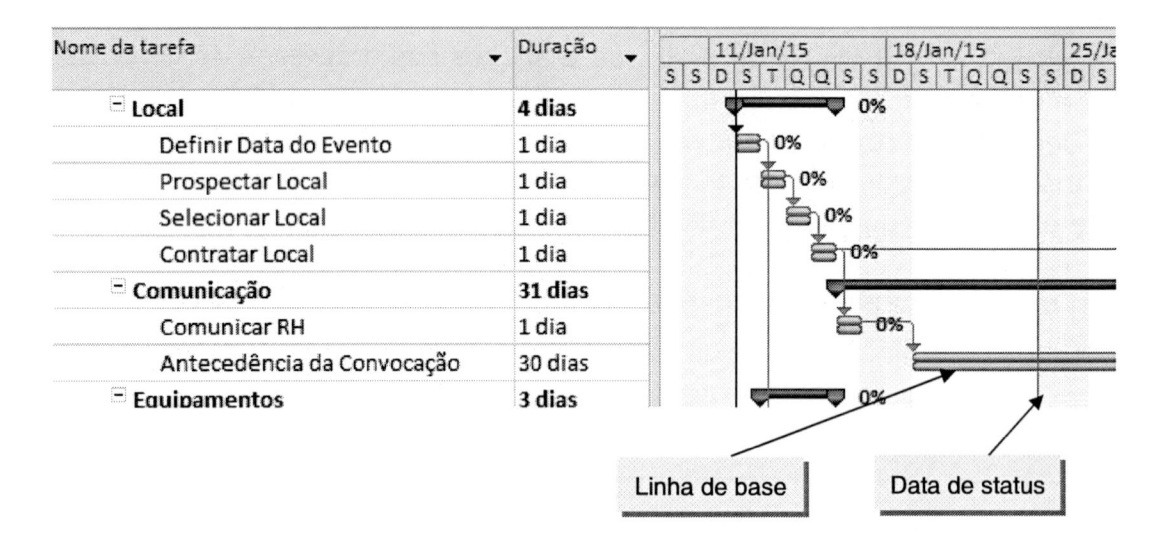

Figura 3.26 – (1) Cronograma com as atividades programadas (linhas de base representadas)

Nome da tarefa	Duração real
⊟ Local	3 dias
Definir Data do Evento	3 dias
Prospectar Local	0 dias
Selecionar Local	0 dias
Contratar Local	0 dias
⊟ Comunicação	0 dias
Comunicar RH	0 dias
Antecedência da Convocação	0 dias
⊟ Equipamentos	0 dias

Figura 3.27 – (2) Cronograma com os efeitos das diferenças entre executado e planejado (desvios indicados)

Nesse exemplo, os efeitos foram indicados pelo modelo dinâmico porque o processo de sequenciamento das atividades foi realizado adequadamente, sem que pontos de restrições de datas tenham sido inseridos no modelo, o que eliminaria a sua característica dinâmica.

VER→ APLICAÇÃO 4 do Guia Prático

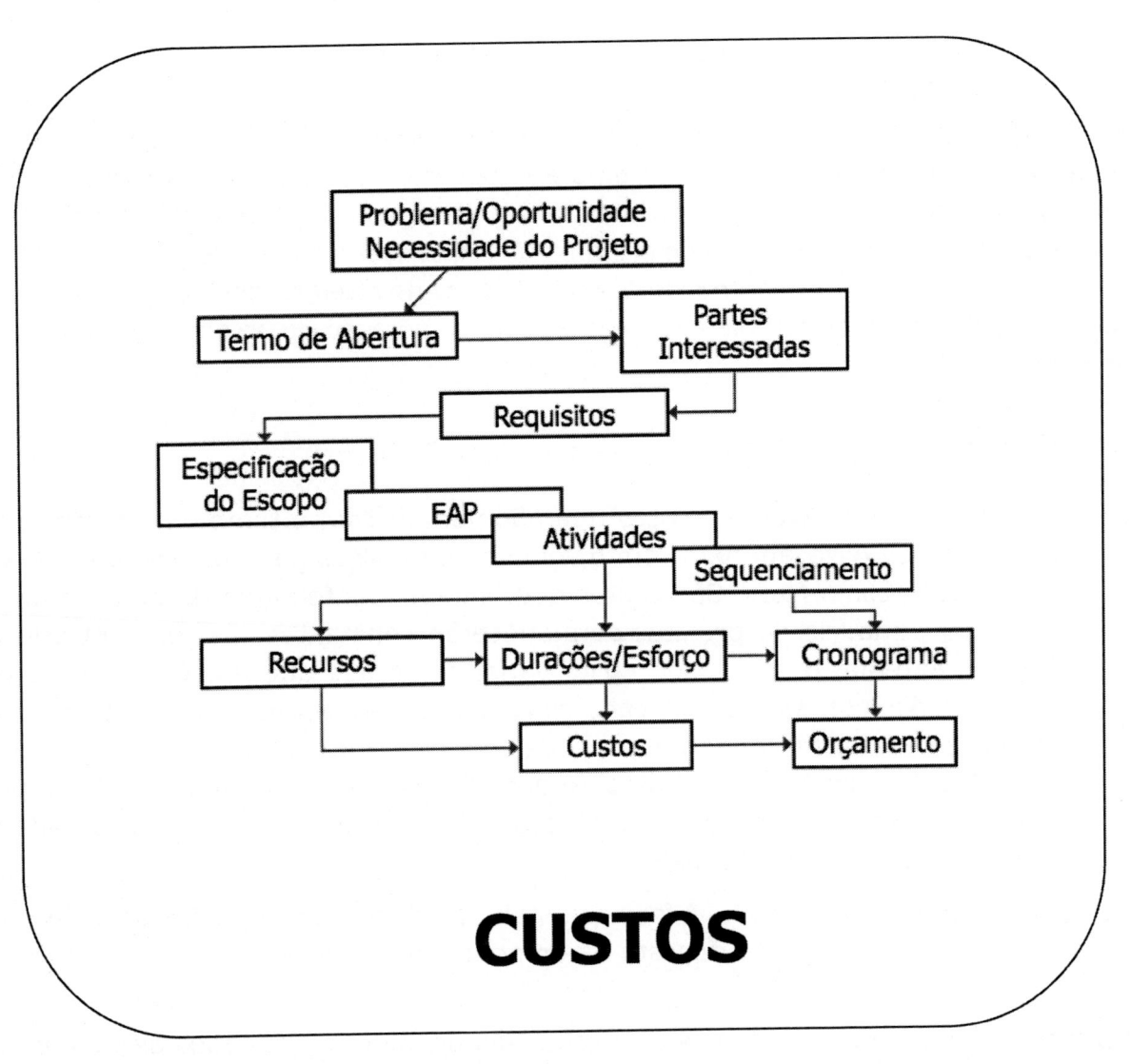

Processos de Planejamento **103**

```
        Problema/Oportunidade
         Necessidade do Projeto
                  │
                  ▼
   Termo de Abertura ──────▶ Partes
                              Interessadas
                    Requisitos
   Especificação
   do Escopo    EAP
                   Atividades
                         Sequenciamento
   Recursos ──▶ Durações/Esforço ──▶ Cronograma
              └────▶ Custos ──▶ Orçamento
```

CUSTOS

"FIQUE TRANQUILO, OS CUSTOS DO PROJETO ESTÃO SOB CONTROLE."

CUSTOS DO PROJETO

Uma vez definidos o escopo – o que fazer – e o tempo necessário para fazê-lo, pode-se estimar o quanto o projeto irá custar. Como em todo processo de planejamento, o modo como o custo será tratado no projeto precisa ser planejado. Será necessário elaborar o plano de gerenciamento de custos do projeto que indicará sua estrutura de custos, determinando a classificação dos centros de custos, critérios de rateios, reservas previstas etc., ou seja, que definirá a estratégia a ser adotada na elaboração do orçamento do projeto.

Classificação dos custos

- **Custos fixos e variáveis** – Custos que não variam com o tempo, nem com a intensidade de utilização, nem com o volume de serviços gerados pelo projeto são classificados como fixos. São custos que, independentemente da duração ou de quaisquer variáveis do projeto, permanecerão constantes. Se, ao contrário da situação anterior, determinado custo variar à medida que o escopo do projeto cresce ou diminui, será classificado como custo variável. O custo do aluguel de um galpão para armazenar material que será usado no projeto é um exemplo de custo fixo. Já o custo de mão de obra para a execução de uma atividade do projeto é um exemplo de custo variável, pois seu valor dependerá da quantidade de trabalho envolvido na atividade.

- **Custos indiretos e diretos** – A forma contábil de classificar estes custos pode levar em consideração o ponto de vista da empresa ou do projeto.

Do ponto de vista da empresa, custos diretos são aqueles relacionados diretamente a determinado projeto (por exemplo, viagens de consultores que atuam no projeto). Custos indiretos, por sua vez, são aqueles não relacionados diretamente ao projeto, mas que contribuem para sua realização. São itens utilizados por mais de um projeto (por exemplo, o salário da equipe do escritório de projetos).

Do ponto de vista do projeto, um custo será indireto se não conseguirmos atribuí-lo direta e especificamente a uma única atividade do projeto, isto é, se mais de uma atividade do projeto se beneficiar desse custo. Neste caso haverá a necessidade de um rateio entre as atividades beneficiadas para que elas absorvam a proporção do custo devida a cada uma. Se, ao contrário, conseguirmos atribuir diretamente um custo a uma única atividade, este será classificado como custo direto. O salário do coordenador de uma área do projeto, por exemplo, cujo trabalho será dedicado a todas as atividades da área coordenada, é um custo indireto que deverá ser rateado entre todas as atividades da área segundo critérios que sejam capazes de representar a verdadeira proporção de dedicação do coordenador. Já o custo de um equipamento que será utilizado exclusivamente para a execução de uma única atividade deverá ser classificado como um custo direto.

Uma classificação de custos realizada de forma indevida pode levar a distorções que mascaram a real distribuição dos custos no projeto, podendo gerar decisões desfavoráveis aos objetivos do projeto.

Estimar os custos do projeto

Podemos considerar que o processo de desenvolver uma estimativa dos recursos monetários necessários para executar as atividades do projeto começa no termo de abertura, com uma estimativa inicial, e é refinado à medida que o projeto é detalhado e seu plano aprovado, constituindo a linha de base dos custos ou orçamento do projeto.

Fatores como o nível de incerteza do projeto, sua complexidade, a existência de históricos de projetos semelhantes etc. influenciam a precisão das estimativas iniciais e finais. O *PMBOK® Guide* indica níveis gerais de precisão dependendo do momento em que o projeto se encontra, como pode ser visto na Figura 3.28.

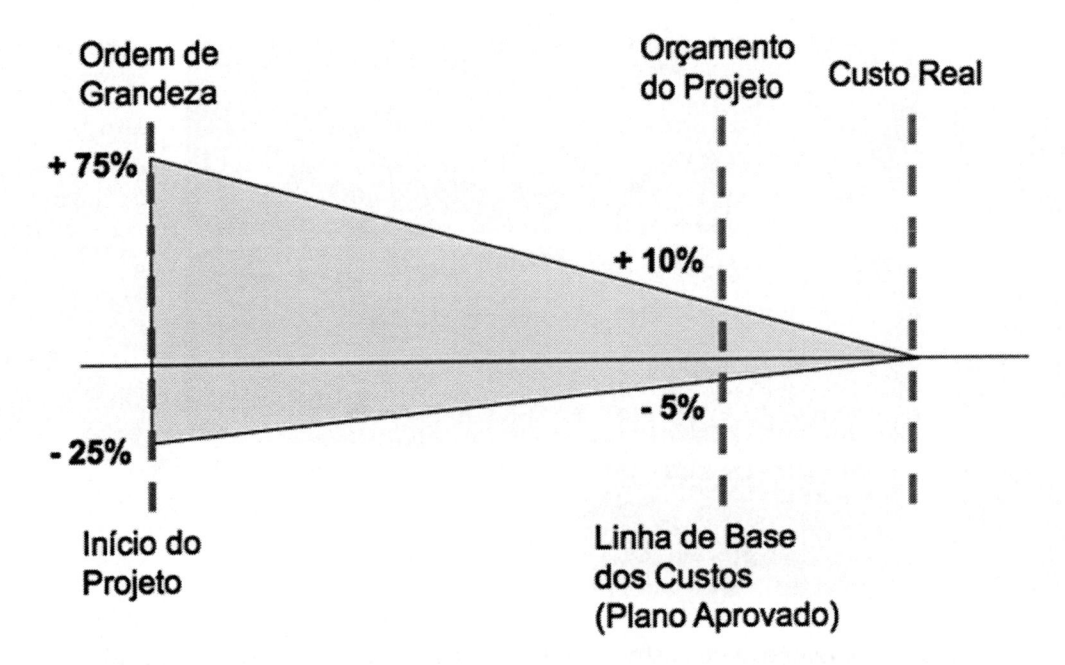

Figura 3.28 – Níveis de precisão de estimativas iniciais e do orçamento do projeto

As técnicas utilizadas nas estimativas de durações das atividades, tais como: análoga (comparar com projetos semelhantes), paramétrica (multiplicação de quantidades por valores unitários), estimativa de três pontos e Análise PERT, também podem ser usadas para as estimativas dos custos. Além delas, há ainda a estimativa *bottom-up*, que consiste em detalhar os recursos de mão de obra, materiais, serviços e equipamentos contidos em cada atividade, obtendo, assim, um maior nível de precisão para a estimativa de custos. Ver Figura 3.29.

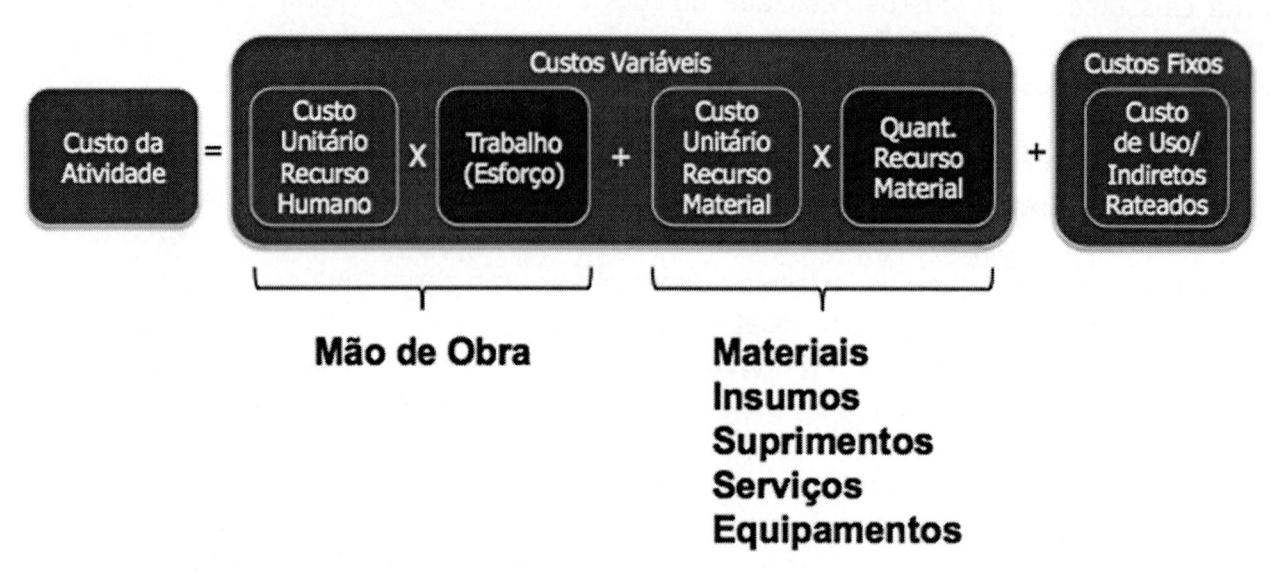

Figura 3.29 – Estimativa detalhada ou *bottom-up*

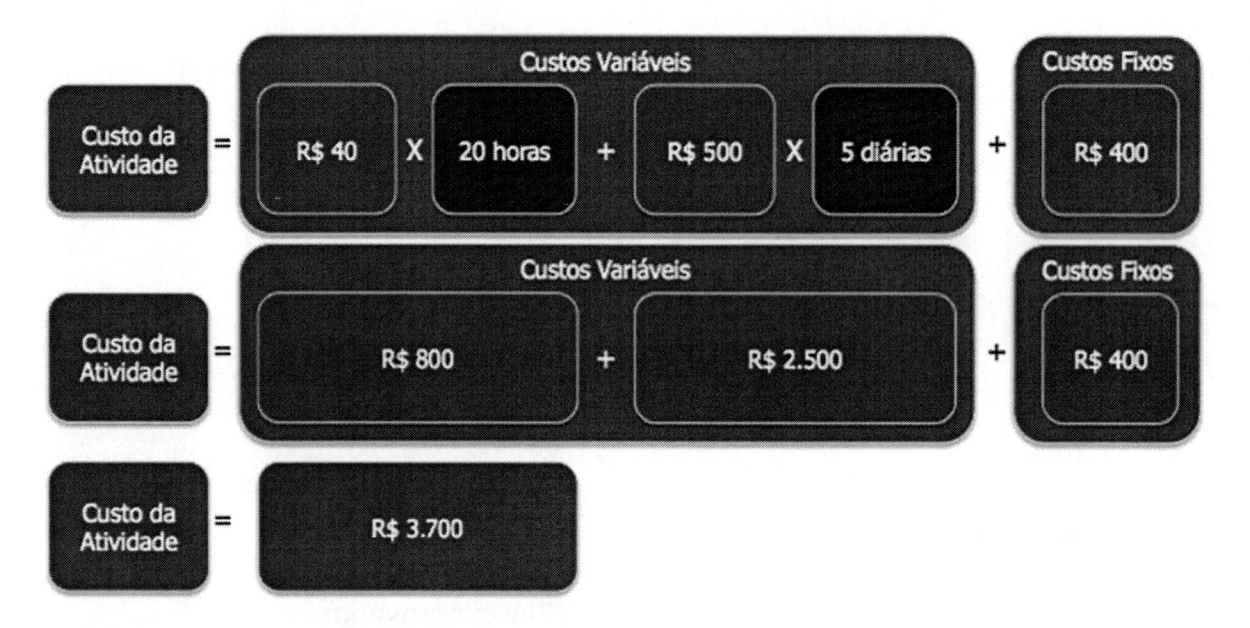

Figura 3.30 – Exemplo de estimativa de custos de uma atividade de alugar o local de um treinamento

Cadastro e alocação dos recursos da atividade →	Nome do recurso	Tipo	Unidade do Material	Taxa padrão	Custo/uso
	Recurso Humano	Trabalho		R$ 40,00/hr	R$ 0,00
	Aluguel do Local	Material	Diária	R$ 500,00	R$ 400,00

Nome da tarefa	Trabalho	Duração	Custo	Detalh	Jl/12 S	T	Q	Q	S
▲ Realizar Treinamento	20 hrs	5 dias	R$ 3.700,00	Trab.	4h	4h	4h	4h	4h
Recurso Humano	20 hrs		R$ 800,00	Trab.	4h	4h	4h	4h	4h
Aluguel do Local		5 Diária	R$ 2.900,00	Trab.	1	1	1	1	1

Nome da tarefa	Duração	Trabalho	Custo	Nomes dos recursos	22/Jul/12 D S T Q Q S
Realizar Treinamento	5 dias	20 hrs	R$ 3.700,00	Aluguel do Local[5 Diária]; Recurso Humano[0,5]	

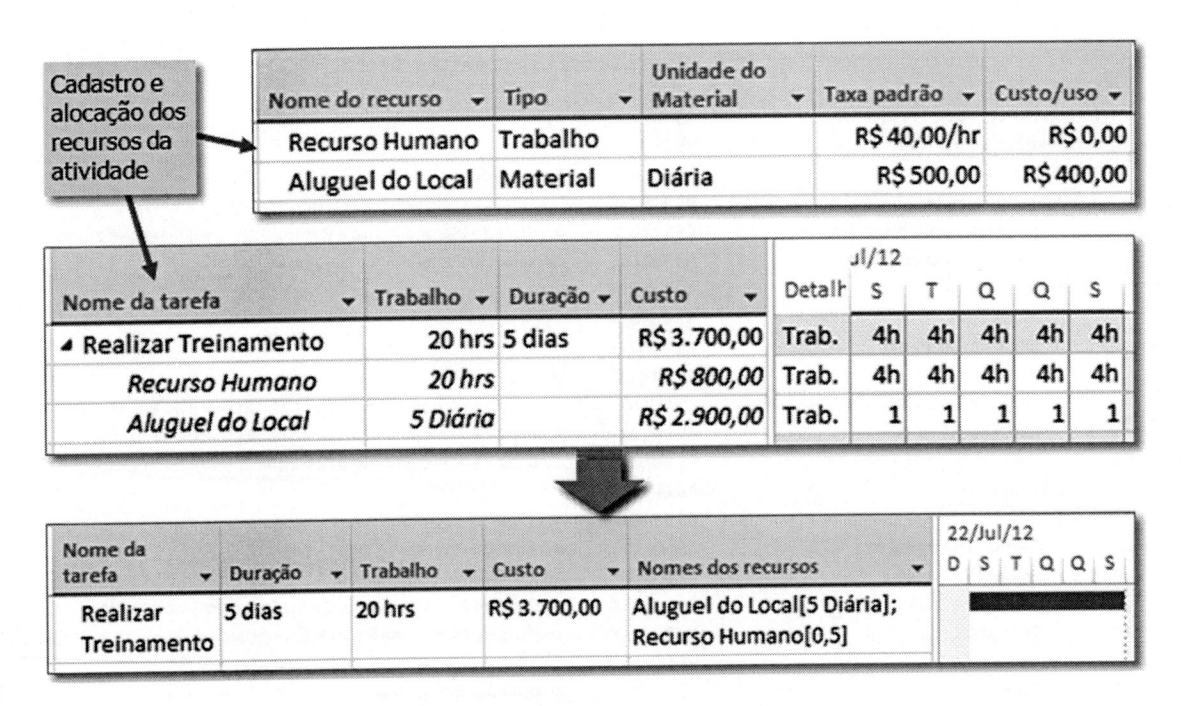

Figura 3.31 – Detalhamento dos recursos e respectivos custos de uma atividade

Para realizar uma estimativa detalhada dos custos de uma atividade ou *bottom-up*, é possível combinar opinião de especialistas, informações históricas, análise de propostas de fornecedores, parâmetros de produtividade, análise de riscos inerentes à atividade etc., conforme exemplo a seguir:

Atividade: *assentar revestimento em uma parede*

- Custo da hora da mão de obra que será contratada → opinião de especialistas.
- Custo do material de construção → informação histórica de projetos anteriores.
- Custo do aluguel de máquina de corte → análise de propostas de fornecedores.
- Cálculo das horas para colocação do revestimento → parâmetro de produtividade (m^2/hora).
- Estimativa de três pontos para o custo total da atividade → Análise dos riscos inerentes à atividade.

O somatório dos custos de todas as atividades do projeto permite apurar o custo total do projeto conforme pode ser visto na Figura 3.32.

		Nome da tarefa	Custo	Nomes dos recursos
0		▲ **Treinamento Novos Projetistas**	R$ 32.560,00	
1		▲ **Gerenciamento Projeto**	R$ 15.840,00	
2		Termo de Abertura	R$ 560,00	Gerente do Projeto
3		▲ **Plano do Projeto**	R$ 3.200,00	
4		Desenvolver plano do projeto	R$ 2.640,00	Analista de Planejamento e Controle;Gerente do Projeto
5		Aprovar plano do projeto	R$ 560,00	Gerente do Projeto
6		▲ **Monit. Controle**	R$ 9.440,00	
7	⟳	▷ Medições	R$ 4.800,00	
16	⟳	▷ Reuniões de Status	R$ 4.640,00	
25		▲ **Encerramento**	R$ 2.640,00	
26		Entregar o produto final	R$ 880,00	Analista de Planejamento e Controle;Gerente do Projeto
27		Obter aceite final	R$ 880,00	Analista de Planejamento e Controle;Gerente do Projeto
28		Encerrar o projeto	R$ 880,00	Analista de Planejamento e Controle;Gerente do Projeto
29		▲ **Pré-Evento**	R$ 11.100,00	
30		▲ **Local**	R$ 5.540,00	
31		Definir Data do Evento	R$ 560,00	Gerente do Projeto
32		Prospectar Local	R$ 400,00	Auxiliar Administrativo
33		Selecionar Local	R$ 1.440,00	Analista de Planejamento e Controle;Gerente do Projeto
34		Contratar Local	R$ 3.140,00	Analista de Planejamento e Controle;Local[1];Gerente do Projeto
35		▲ **Comunicação**	R$ 160,00	
36		Comunicar RH	R$ 160,00	Auxiliar Administrativo
37		Antecedência da Convocação	R$ 0,00	
38		▲ **Equipamentos**	R$ 2.600,00	
39		Prospectar Equipamentos	R$ 400,00	Auxiliar Administrativo
40		Selecionar Equipamentos	R$ 880,00	Analista de Planejamento e Controle;Auxiliar Administrativo
41		Contratar Equipamentos	R$ 1.320,00	Analista de Planejamento e Controle;Equipamentos[1]
42		▲ **PowerPoint**	R$ 2.800,00	
43		Receber Word	R$ 400,00	Projetista (Designer)
44		Preparar PowerPoint	R$ 2.000,00	Projetista (Designer)
45		Enviar aos Palestrantes	R$ 400,00	Projetista (Designer)

Figura 3.32 – Estimativa dos custos de cada atividade do projeto

Com a correta alocação dos custos do projeto é possível gerar uma curva de custos incorporados que será o balizador de monitoramento e controle dos custos do projeto. Essa curva, em razão da natureza geral de projetos, que possuem um comportamento típico de menor intensidade de consumo de recursos no seu início, maior consumo nas fases intermediárias e declínio de consumo ao seu final, assume o formato de "S", sendo assim chamada de curva "S" do projeto.

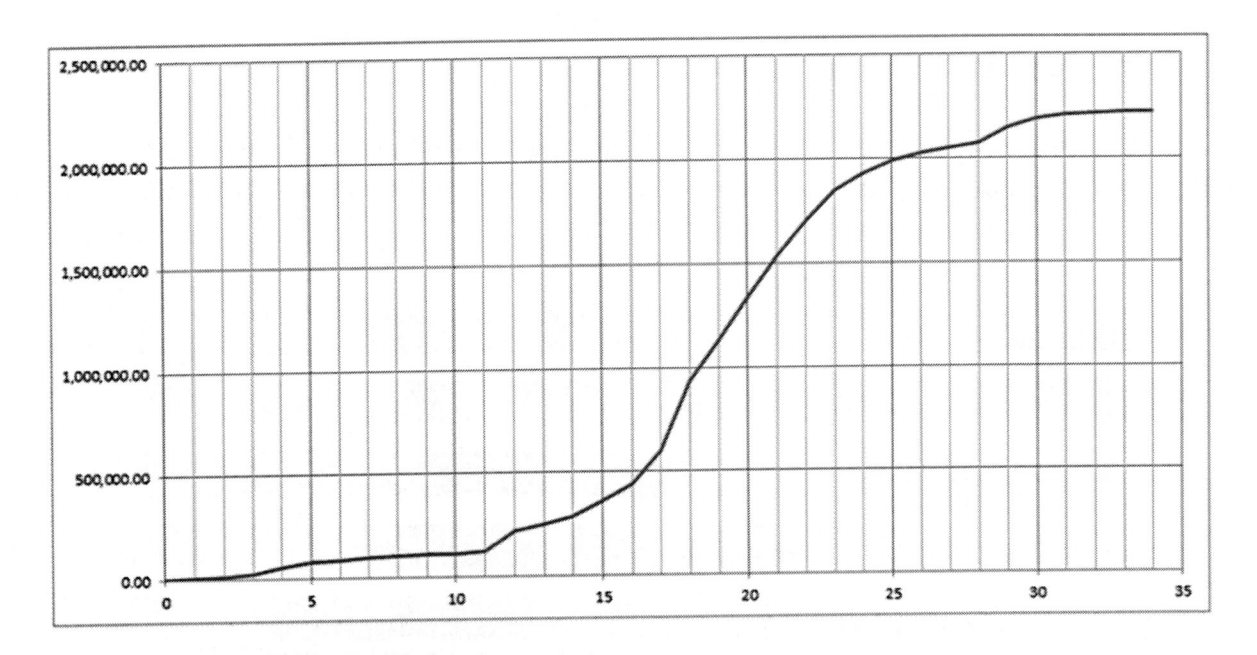

Figura 3.33 – Curva "S" do projeto – curva de distribuição dos custos acumulados do projeto

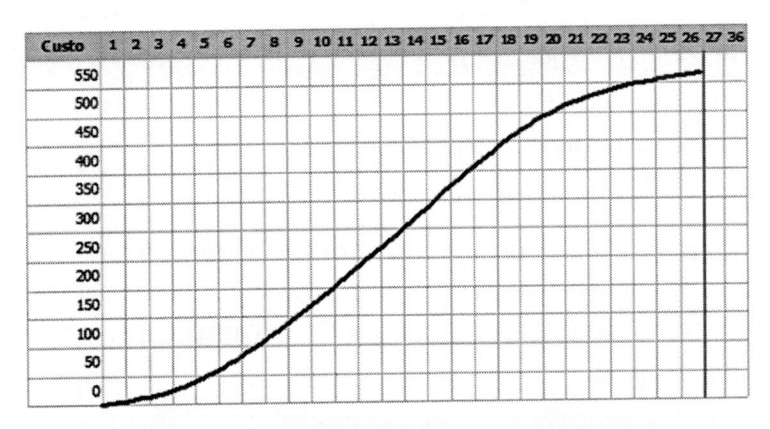

PROJETO 1	Custo
Atividade 1	40
Atividade 2	100
Atividade 3	70
Atividade 4	10
Atividade 5	30
Atividade 6	70
Atividade 7	30
Atividade 8	60
Atividade 9	40
Atividade 10	60

Figura 3.34 – Curva "S" do projeto – representa a correlação direta entre as atividades e os custos do projeto

Estrutura dos custos do projeto

Após a correta alocação, será obtido o montante geral orçamentário para o projeto ao qual deverão ser somados os valores relativos aos orçamentos das respostas aos riscos e as reservas de gerenciamento e contingência.

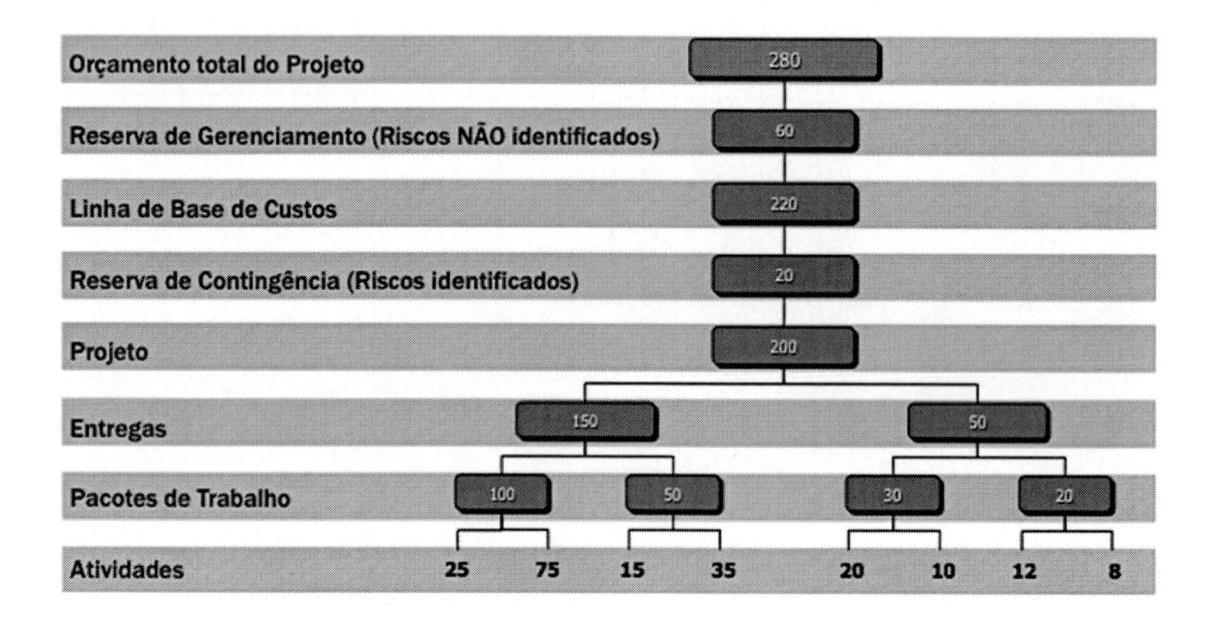

Orçamento total do Projeto	280
Reserva de Gerenciamento (Riscos NÃO identificados)	60
Linha de Base de Custos	220
Reserva de Contingência (Riscos identificados)	20
Projeto	200
Entregas	150 / 50
Pacotes de Trabalho	100 / 50 / 30 / 20
Atividades	25 75 15 35 20 10 12 8

Figura 3.35 – A estrutura dos custos de um projeto

A reserva de contingência é uma provisão monetária para cobrir gastos caso seja necessário agir se riscos identificados (*known unknowns*) ocorrerem. Considera-se que tal reserva fará parte da linha de base dos custos do projeto e seu uso não é considerado "estouro" do custo do projeto.

Já a reserva de gerenciamento é um valor arbitrado para gastos com riscos que não foram identificados (*unknown unknowns*). Por ser uma reserva não planejada, não faz parte da linha de base dos custos e seu uso é considerado "estouro" dos custos do projeto.

Outra providência relacionada à estrutura de custos do projeto é determinar as **contas de controle** do projeto, que são os pontos de controle gerenciais onde o custo real será acumulado e comparado com o valor agregado (técnica de avaliação do desempenho do projeto que será vista no processos de monitoramento e controle). As contas de controle também são utilizadas como referência para conciliação entre os custos do projeto e o plano de contas da contabilidade da organização executora do projeto.

As indicações das contas de controle devem ser determinadas de tal forma que garantam a soma total dos custos do projeto.

CONTAS DE CONTROLE
um ponto de controle do gerenciamento onde o escopo, custo e cronograma são integrados e comparados ao valor agregado para uma medição do desempenho

CÓDIGO DE CONTAS
(Code of Accounts)
Identificador exclusivo

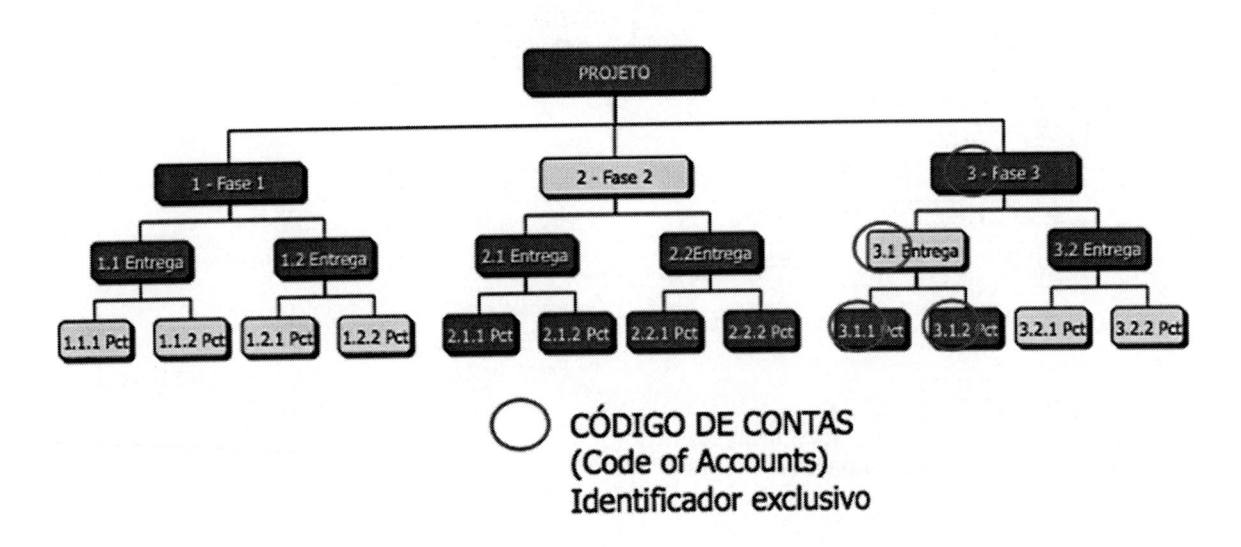

Figura 3.36 – As contas de controle do projeto – em tom mais claro; Pct significa "pacote de trabalho"

Na Figura 3.36 aparecem as indicações das contas de controle e um alerta quanto à possível confusão em relação ao termo semelhante "código de contas", que se refere ao sistema de numeração usado para identificar de modo exclusivo cada componente da estrutura analítica do projeto (EAP).

VER→ APLICAÇÃO 5 do Guia Prático

QUALIDADE

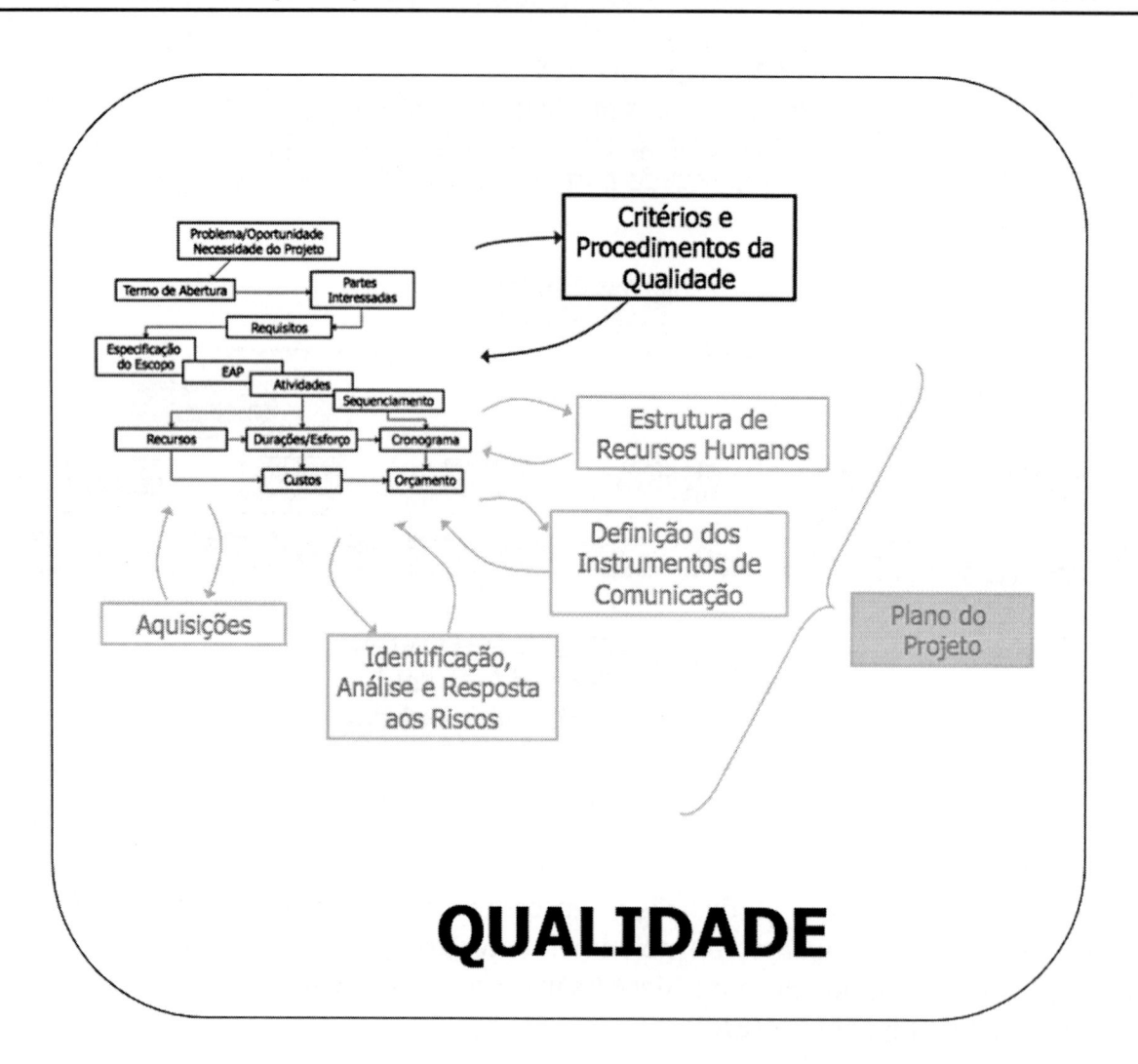

Diagrama mostrando os componentes do Plano do Projeto, com destaque para "Critérios e Procedimentos da Qualidade":

- Problema/Oportunidade Necessidade do Projeto
- Termo de Abertura
- Partes Interessadas
- Requisitos
- Especificação do Escopo
- EAP
- Atividades
- Sequenciamento
- Recursos
- Durações/Esforço
- Cronograma
- Custos
- Orçamento
- Critérios e Procedimentos da Qualidade
- Estrutura de Recursos Humanos
- Definição dos Instrumentos de Comunicação
- Aquisições
- Identificação, Análise e Resposta aos Riscos
- Plano do Projeto

Vocês consertaram a infiltração na laje?

Claro Dotô. E depois colocamos o teto de gesso.

PLANEJAMENTO DA QUALIDADE DO PROJETO

A elaboração do plano de gerenciamento do projeto prossegue e, nesse ponto do processo, já devem ter sido definidos o escopo, o tempo e o custo do projeto, ou seja, as três principais variáveis determinantes do projeto. Outros elementos do plano, porém, ainda não terão sido tratados, o que significa que as definições anteriores poderão e deverão ser reformuladas, uma vez que o processo de elaboração do plano é de fato iterativo. Sua sequência de elaboração segue uma ordem lógica, mas que deve comportar idas e vindas.

Antes de tudo, é importante lembrar que qualidade só pode ser entendida se referenciada a um padrão. Isto é, não existe qualidade absoluta, mas sim qualidade requerida por alguém que espera atendimento dos seus requisitos dentro de certas margens de tolerância. Essas margens de tolerância são os limites ou fronteiras do padrão da qualidade requerida.

Plano de gerenciamento da qualidade

Assim sendo, o plano de gerenciamento da qualidade do projeto deve levar em consideração o cenário descrito anteriormente. A fim de encontrar a melhor estratégia para atender às expectativas do cliente, todos os esforços possíveis devem ser empreendidos para descobrir quais são essas expectativas e explicitá-las, para, em seguida, encontrar os meios de atendê-las. Segundo o *PMBOK® Guide*, "o gerenciamento da qualidade do projeto inclui os processos e as atividades da organização executora que determinam as políticas de qualidade, os objetivos e as responsabilidades, de modo que o projeto satisfaça às necessidades para as quais foi empreendido".

O plano de gerenciamento da qualidade definirá padrões e processos que garantam a qualidade do projeto. Determinará como serão tratados a garantia dos processos e o controle da qualidade do produto do projeto.

O plano deve definir também as responsabilidades específicas dos membros da equipe para conduzir as ações do gerenciamento da qualidade: quem liderará cada processo, quem fará inspeções, quem aprovará, autorizará etc.

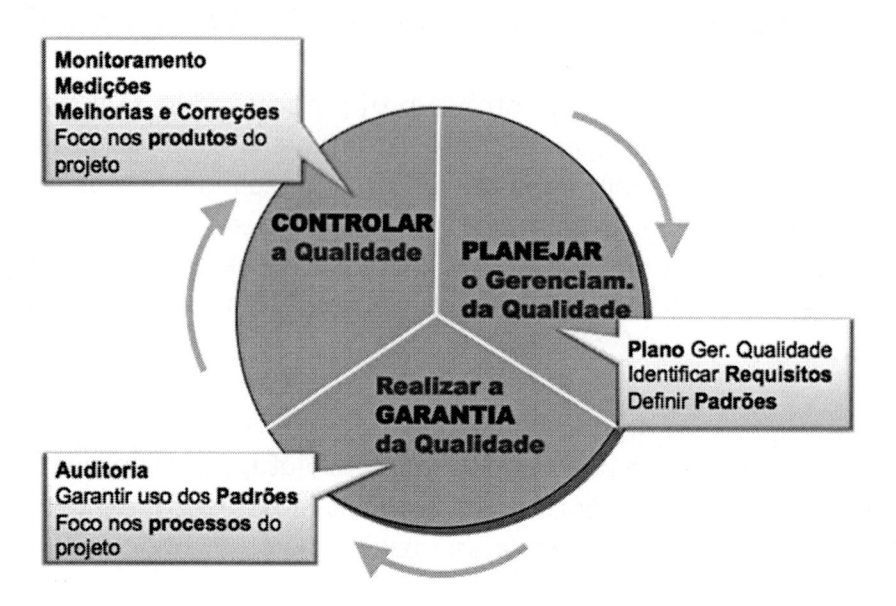

Figura 3.37 – Os processos para o gerenciamento da qualidade do projeto

Análise de custo x benefício da qualidade

O conceito de qualidade enunciado pela ISO 9000:2000 é de que qualidade é "o grau no qual um conjunto de características inerentes satisfaz os requisitos".

Portanto, não há qualidade absoluta ou total. Em meados dos anos 80, a expressão "Qualidade Total" foi interpretada equivocadamente como sendo qualidade absoluta, quando deveria significar que a totalidade da organização deve buscar a qualidade como objetivo e não apenas aqueles que tinham como função zelar pela qualidade.

Portanto, para o planejamento da qualidade do projeto é necessário identificar qual a melhor relação entre as necessidades do cliente e os custos envolvidos para atender a essas necessidades. Haverá um ponto de equilíbrio indicando que, a partir de um determinado ponto, não haverá valor percebido pelo cliente.

Um comportamento que deve ser evitado é a adição de funcionalidades extras ao que foi requisitado para o produto, na tentativa de "encantar" o cliente. O jargão da comunidade de gerenciamento de projetos chama essa prática de *gold plating*. Em uma tradução livre, poderia se utilizar a gíria "dourar a pílula". Significa que o que foi entregue não faz parte do escopo, muito menos dos requisitos acordados formalmente. Não é uma boa prática de gerenciamento de projetos entregar além do requisitado, pois espera-se que seja elaborado um plano que atenda aos requisitos e que este plano seja executado.

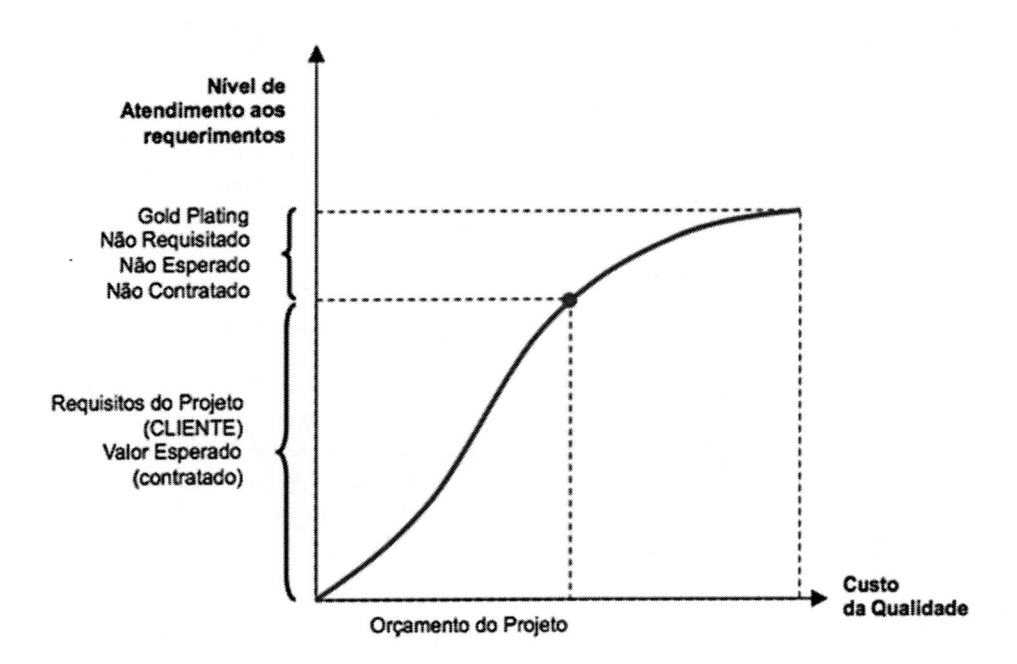

Determinação dos padrões da qualidade do projeto

A qualidade precisa de uma referência de avaliação. Essa referência é o padrão da qualidade que deve ser estabelecido pelo cliente do projeto. É função do gerente do projeto identificar esse padrão e persegui-lo. Determinados padrões, porém, possuem uma faixa de atendimento dentro da qual podem ser considerados como atingidos. Essa faixa dependerá das características do produto que serão medidas (peso, dimensões, quantidade de falhas, velocidade de processamento etc.). Essa faixa aceitável de variação em relação ao cumprimento do padrão deve ser reconhecida e aceita pelo cliente e será tratada como tolerância.

Deve-se ter o cuidado de avaliar a capacidade que o projeto terá de atender aos limites de tolerância desejados pelo cliente.

Na imagem a seguir temos a descrição de um padrão com sua tolerância para a fabricação de uma peça mecânica. Quanto mais abstrato for o objeto da entrega, mais difícil será a determinação dos padrões e tolerâncias envolvidos. É o caso, por exemplo, de projetos que geram soluções para um problema ou melhorias para um processo.

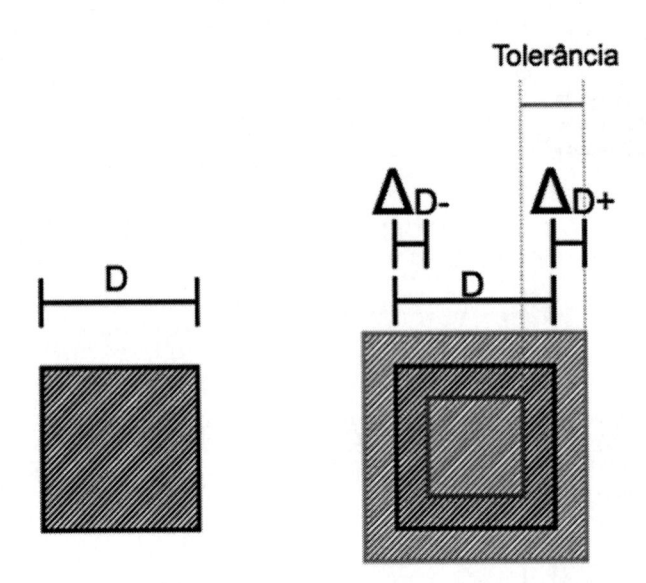

Procedimentos, métricas e indicadores da qualidade

Uma vez definidos os padrões de qualidade do projeto, será preciso determinar os procedimentos necessários para que eles sejam atingidos, assim como as unidades de medida e métricas para cada parâmetro da qualidade e os indicadores que permitirão monitorar o quanto eles estarão sendo cumpridos, de forma que seja possível tomar as medidas preventivas e corretivas necessárias.

A medida da qualidade do projeto será a medida do cumprimento dos parâmetros estabelecidos nas variáveis de escopo, tempo e custo do projeto. Cada especificação do projeto passa a ser uma referência a ser seguida e uma medida da qualidade do projeto. A determinação de que uma parede em um projeto de construção de uma casa será pintada com uma tinta específica e com uma determinada densidade são itens de escopo, mas a medida do cumprimento dessas especificações, isto é, a garantia de que a tinta e a densidade especificadas sejam cumpridas, é assunto do gerenciamento da qualidade.

Perspectivas do gerenciamento da qualidade em projetos

Os processos do gerenciamento da qualidade previstos no *PMBOK® Guide* (planejar o gerenciamento da qualidade, realizar a garantia da qualidade e controlar a qualidade) devem ser considerados tanto para a dimensão do produto do projeto quanto para a do gerenciamento do projeto. Isto é, as entregas do gerenciamento do projeto, tais como: o plano do gerenciamento do projeto, a Estrutura Analítica do Projeto (EAP), o cronograma do projeto, os relatórios etc., também serão objeto do gerenciamento da qualidade do projeto.

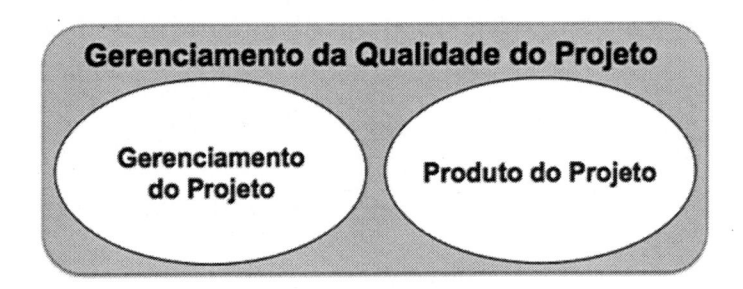

Ferramentas da qualidade

O gerenciamento de projetos é um tema ou uma disciplina da administração geral. Logo, muitas das técnicas e ferramentas desenvolvidas para a administração geral aplicam-se ao gerenciamento de projetos. Essas ferramentas podem ser utilizadas em todos os processos de gerenciamento da qualidade.

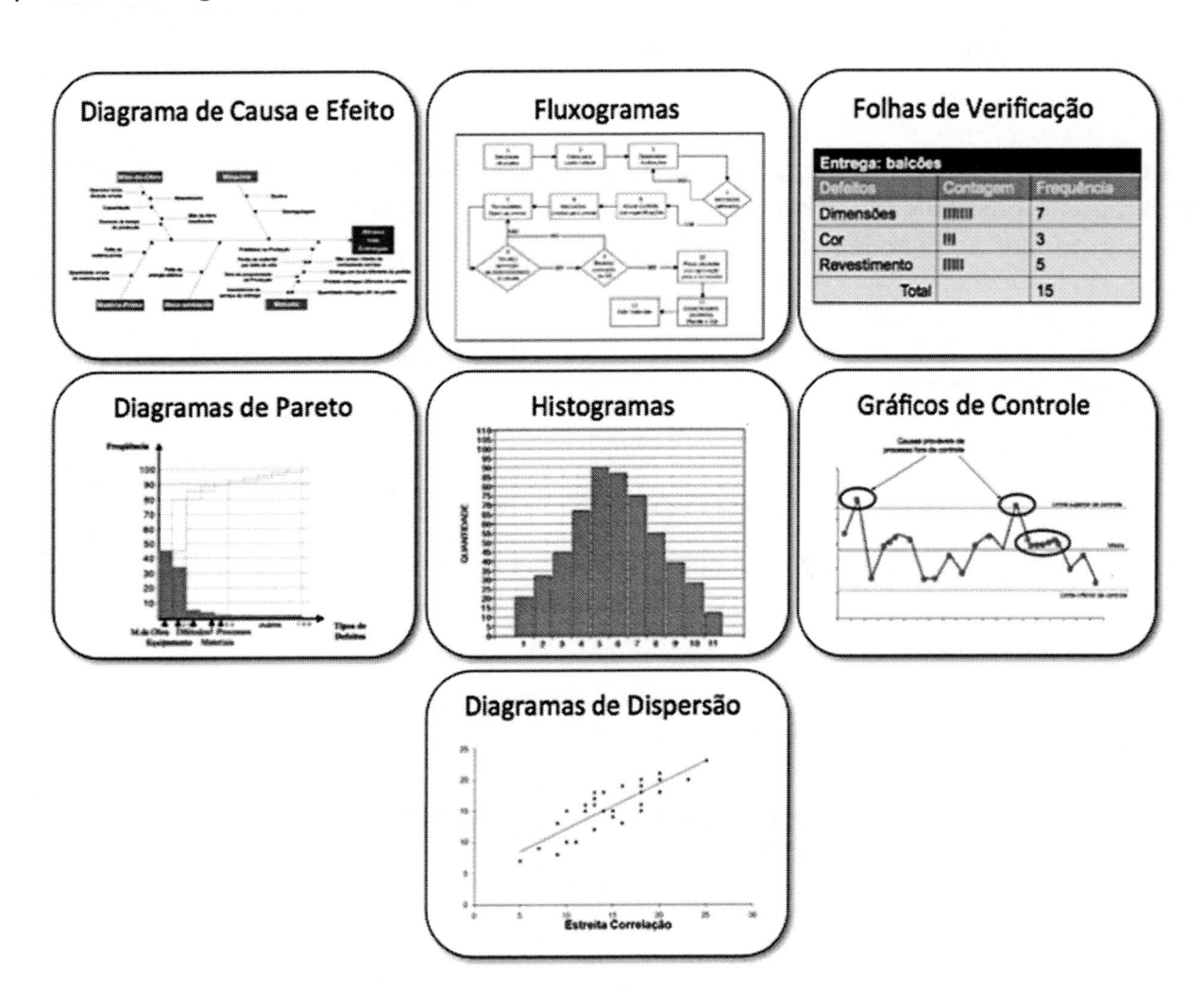

Figura 3.38 – As sete ferramentas básicas da qualidade

Diagrama de causa e efeito – Também chamado de diagrama de Ishikawa ou espinha de peixe, ilustra como diversos fatores podem estar ligados a problemas ou efeitos reais ou potenciais.

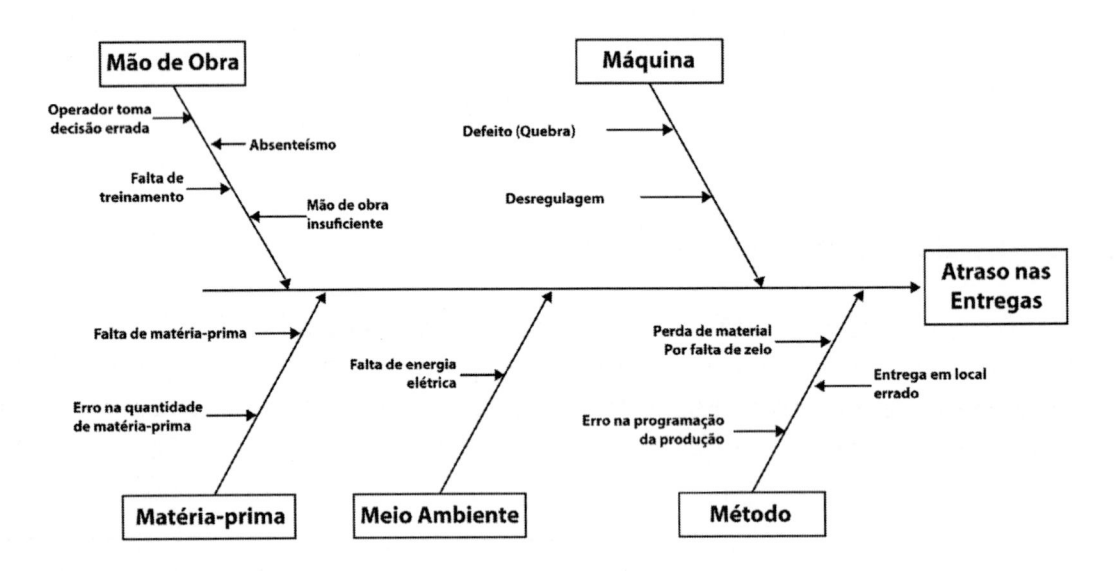

Fluxogramas – Também chamados de mapas de processos, pois mostram a sequência de etapas e possibilidades ramificadas existentes para um processo. Permitem examinar e entender as relações em um processo ou sistema.

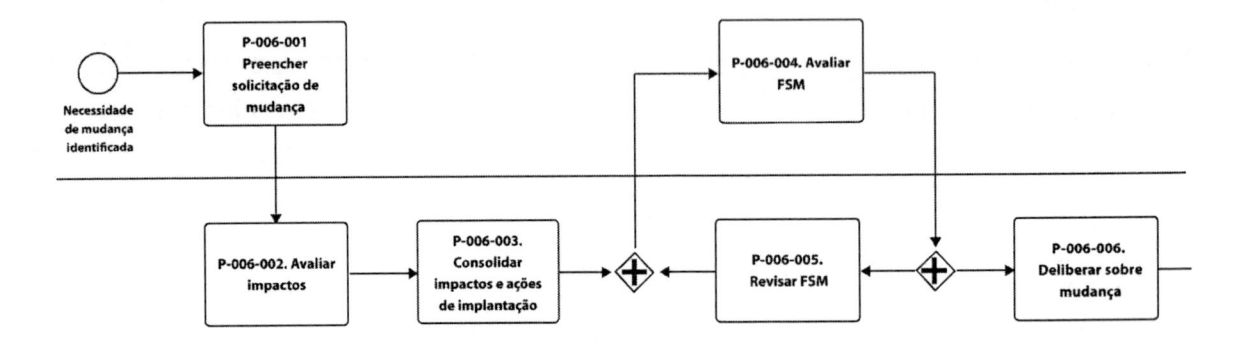

Folhas de verificação – Também conhecidas como folhas de resultado, podem ser utilizadas como lista de verificação na coleta de dados.

Entrega: balcões		
Defeitos	Contagem	Frequência
Dimensões	lllllll	7
Cor	lll	3
Revestimento	lllll	5
Total		15

Diagrama de Pareto – Um gráfico de barras que representa o princípio enunciado por Vilfredo Pareto, também conhecido como princípio 80-20, que indica que cerca de 80% dos efeitos, no caso da aplicação na qualidade, são gerados por cerca de 20% das causas. Apresenta no eixo vertical a frequência de ocorrência de defeitos do processo e no eixo horizontal as causas dos defeitos. Permite otimizar e dar foco às ações da qualidade.

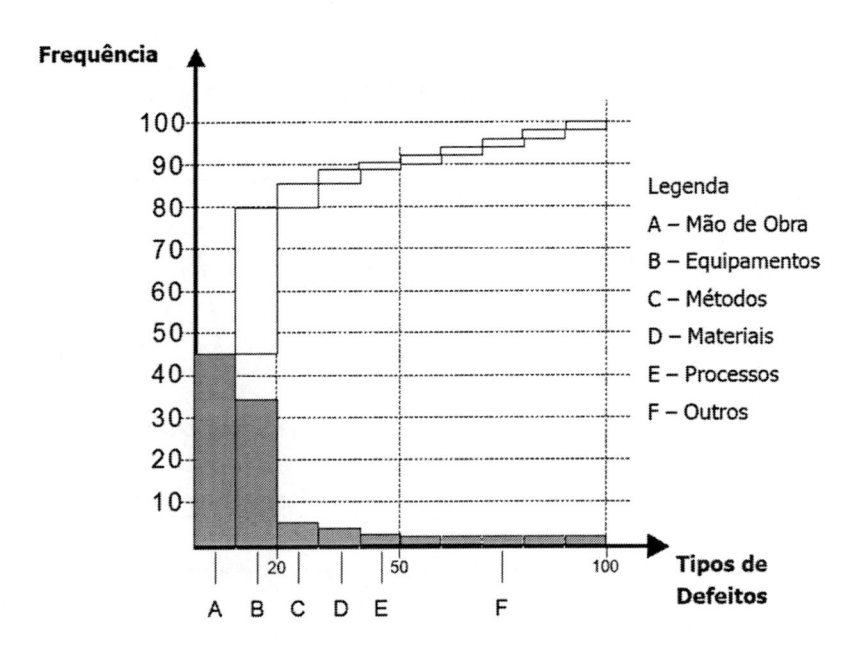

Histogramas – São gráficos de barras usados para descrever a tendência central, o grau de dispersão e o formato de uma distribuição estatística.

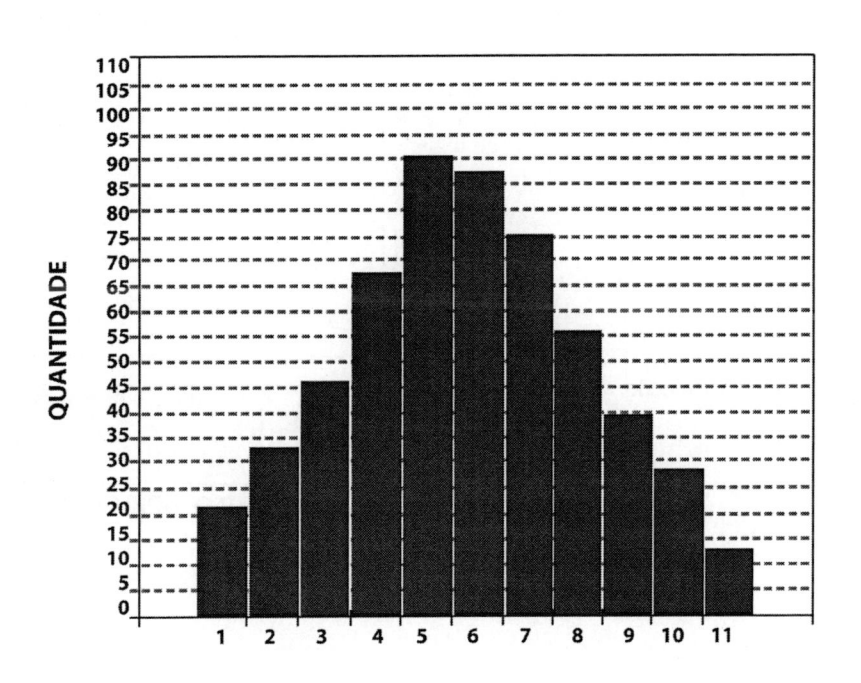

Gráficos de controle – São usados para determinar se um processo é estável, isto é, se está sob controle, de acordo com o esperado, dentro das especificações. Os limites de especificação superior e inferior se baseiam nos requisitos do cliente, enquanto os limites de controle superior e inferior se baseiam na capacidade do processo. Uma vez constatado pelo gráfico que o processo está fora de controle, é necessário tomar ações corretivas.

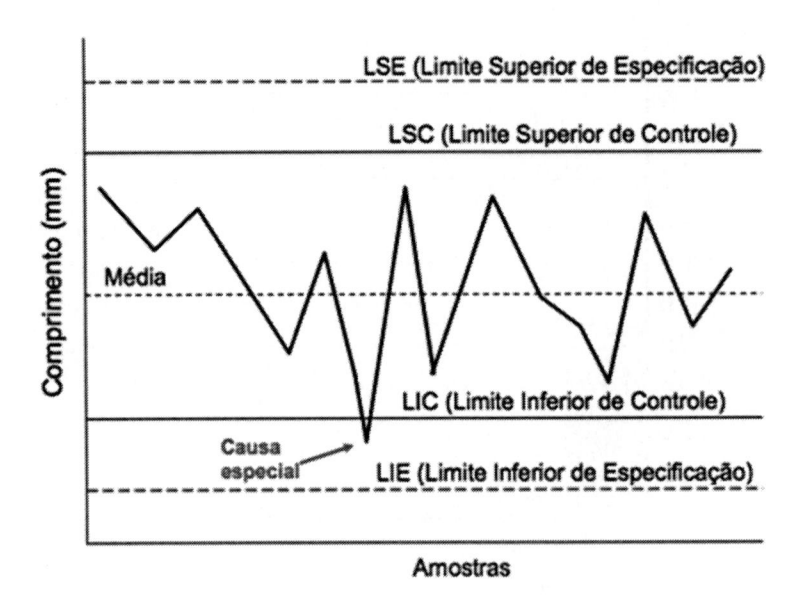

Diagramas de dispersão – Plotam valores de duas variáveis para verificar se há correlação entre elas.

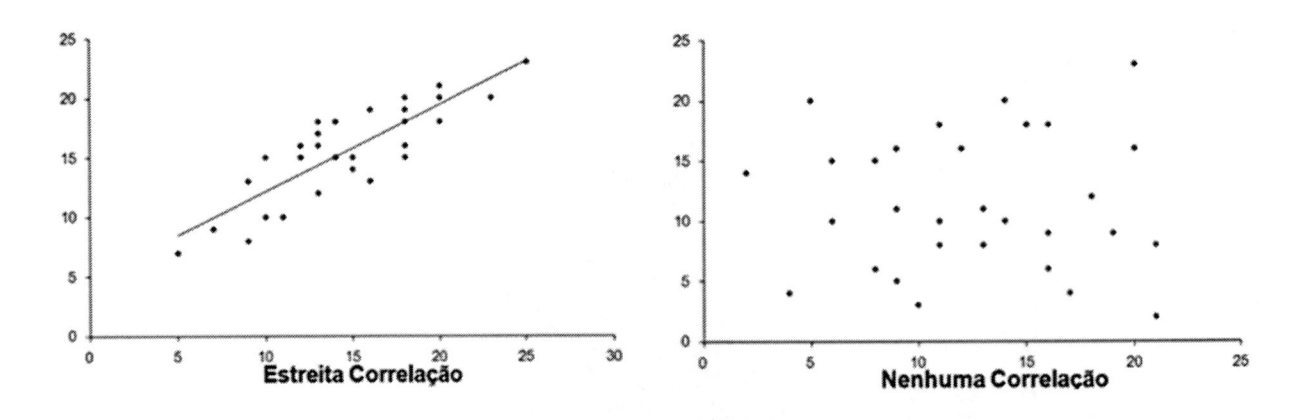

VER→ APLICAÇÃO 6 do Guia Prático

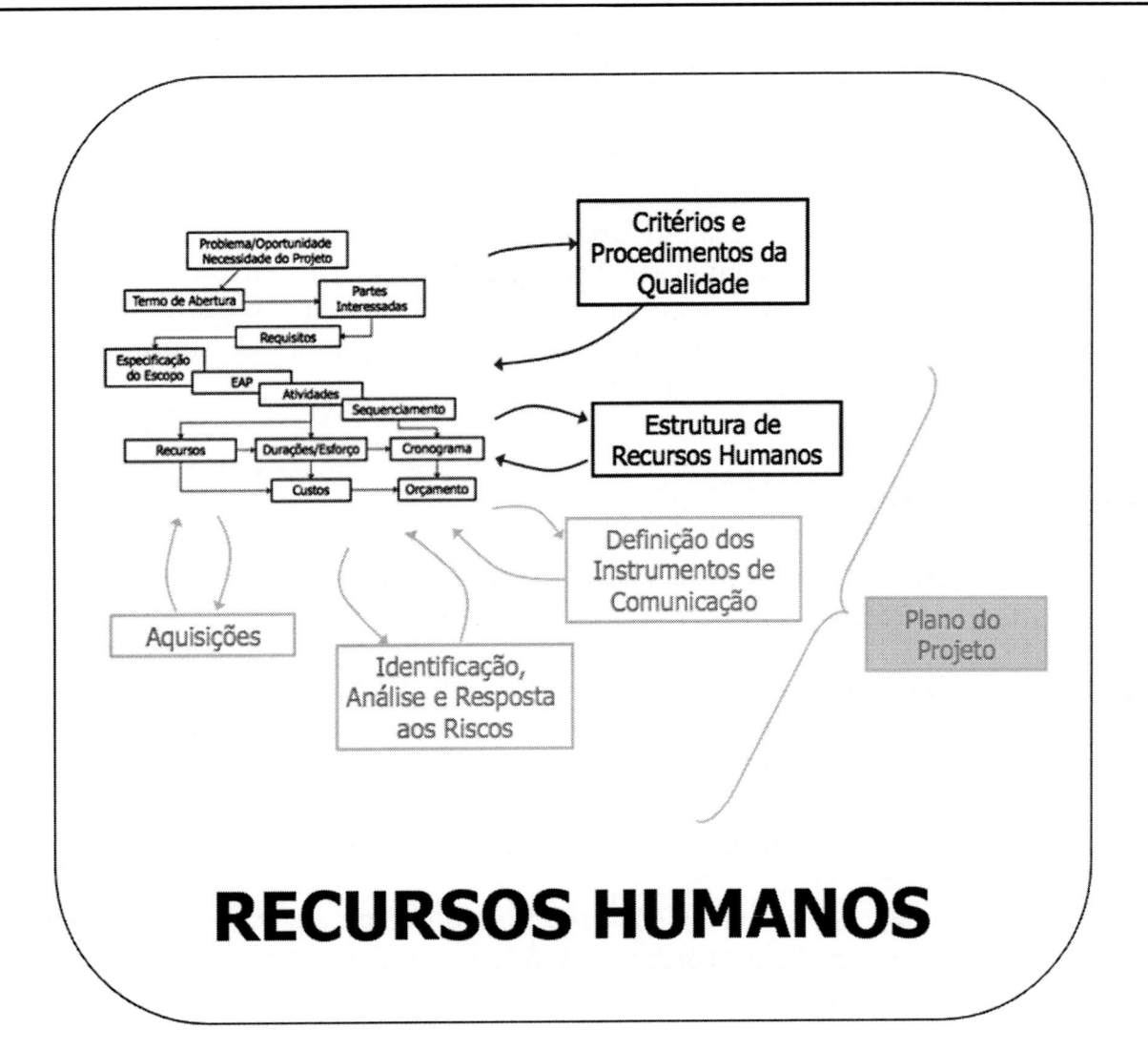

RECURSOS HUMANOS

Você foi designado para o novo projeto de usina no interior do Pará. Lá não tem sinal de celular, internet nem TV a cabo. Por isso, você vai poder se concentrar bastante no trabalho.

PLANEJAMENTO DOS RECURSOS HUMANOS DO PROJETO

Atividades e ramos da economia, conforme sua natureza, são classificados como: intensivos em capital (caso das instituições financeiras), intensivos em tecnologia (caso das empresas de telecomunicações), intensivos em equipamentos (caso de empresas que dependam fortemente de máquinas) etc. Projetos são intensivos em pessoas. Significa que o sucesso de um projeto depende diretamente do desempenho das pessoas que o realizam. O gerenciamento dos recursos humanos do projeto inclui os processos que organizam, gerenciam e lideram a equipe do projeto.

A equipe do projeto

A equipe do projeto é composta pelas pessoas com papéis e responsabilidades designadas para atuar no projeto.

Assim como o trabalho realizado no projeto pode ser classificado em dois tipos (o técnico especializado e o de gerenciamento do projeto), a equipe do projeto pode ser classificada em equipe de gerenciamento do projeto e equipe técnica. O gerente do projeto, cujo papel e atribuições já analisamos, é responsável por manter os eventuais subconjuntos da equipe unidos como um todo coeso e integrado.

É recomendável que, na medida do possível, toda a equipe participe das decisões de planejamento do projeto. Essa abordagem tende a gerar maior comprometimento de todos com o sucesso do projeto.

Planejamento da equipe do projeto

As necessidades de trabalho já começam a ser consideradas desde os primeiros momentos do projeto. No processo de estimar os recursos das atividades os requisitos de profissionais e suas capacidades de desempenho são determinados. O planejamento dos recursos humanos do projeto deverá identificar e documentar papéis, responsabilidades, habilidades necessárias e relações hierárquicas do projeto, e produzir um plano de gerenciamento de pessoal.

Plano de gerenciamento dos recursos humanos

O *PMBOK® Guide* indica como resultado do processo de planejar o gerenciamento dos recursos humanos projeto a produção de um plano auxiliar, o **plano de gerenciamento dos recursos humanos**, que deverá conter as definições de papéis e responsabilidades, as relações hierárquicas (organogramas) da equipe e uma espécie de "subplano", o **plano de gerenciamento de pessoal**.

Este "subplano" define quando e como os membros da equipe serão mobilizados (alocados ao projeto), os calendários ou períodos de alocação dos recursos, como eles serão liberados quando o projeto terminar (plano de liberação de pessoal), as necessidades de treinamento, como o pessoal será reconhecido e recompensado, além de como serão tratadas questões ligadas à conformidade legal e de segurança.

A previsão de utilização dos recursos humanos ao longo do projeto pode ser apresentada sob a forma de um histograma de recursos, como na Figura 3.39, onde a quantidade de horas de esforço de um determinado tipo de recurso é planejada ao longo do tempo.

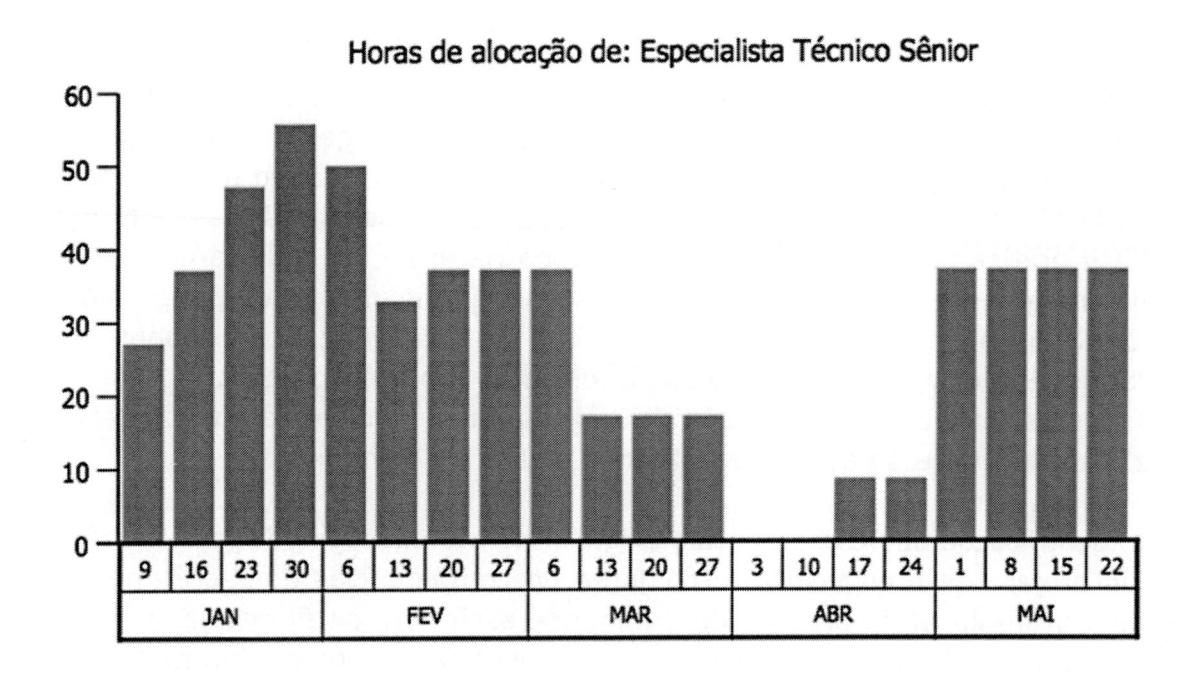

Figura 3.39 – Histograma de um recurso humano do projeto

Formação da equipe do projeto

De acordo com os requisitos de desempenho do projeto, o plano indicará critérios e processos necessários para a busca e a escolha dos profissionais que integrarão a equipe do projeto. O tipo de vínculo que o profissional terá com o projeto será determinado pela sua origem. Se for pessoal da própria organização, será uma mobilização; mas se for externo à organização executora do projeto, será uma contratação. Para tal é necessário que o gerente do projeto identifique as competências que a equipe deve ter a fim de realizar as atividades do projeto necessárias ao seu sucesso.

A primeira dificuldade na identificação de competências reside no fato de que competência é diferente de qualificação. Competência, segundo Felipe Perrenoud (1999), é a "capacidade de agir eficazmente em um determinado tipo de situação, apoiando-se em conhecimentos, mas sem se limitar a eles". O currículo de um profissional apresenta conhecimentos adquiridos em formação acadêmica e experiências anteriores, mas não consegue garantir que ele seja competente para a atividade requerida.

De forma simplificada, competências podem ser definidas como o conjunto de conhecimentos, habilidades e atitudes de um profissional. Esquematicamente pode-se dizer que conhecimentos são o "saber", as habilidades o "saber fazer" e as atitudes o "querer fazer". Este último elemento refere-se ao posicionamento que o profissional tem frente aos desafios das atividades e nele estão contidos o comprometimento, o envolvimento e a motivação para agir no momento adequado, mobilizando conhecimentos e habilidades.

A identificação dos potenciais membros da equipe do projeto e das competências necessárias à execução deste não é tarefa trivial. Exige que o gerente do projeto invista esforço considerável, já que uma equipe competente é fator crítico de sucesso para o projeto. As competências necessárias ao projeto precisam ser traduzidas da forma mais explícita e prática possível através da análise da natureza de cada tarefa. Por exemplo, imagine que precisemos de um especialista em planejamento de projetos que terá de elaborar um modelo de cronograma que leve em conta recursos disponíveis e seus calendários, e que seja apresentado sob a forma de um gráfico de Gantt e de um diagrama de rede, utilizando o software "X". O profissional candidato à posição precisa ser "capaz" de executar essa atividade utilizando a referida ferramenta.

Após a identificação das competências exigidas para a execução de cada tarefa, o gerente do projeto deve especificar o conjunto de competências que serão necessárias para cada profissional do projeto, determinando assim um perfil desejado. Esse perfil profissional desejado será o instrumento que servirá de guia para a busca do profissional na própria organização ou no mercado.

Uma vez recrutados os candidatos, será necessária a seleção. Para esta etapa, seguindo uma orientação focada em competências, o gerente do projeto pode solicitar que o candidato se submeta a um teste ou que obtenha informações de fontes seguras que atestem seu desempenho em tarefas equivalentes às que serão necessárias, ou seja, que obtenha uma comprovação das competências, para que a seleção não se limite à análise de um currículo e a uma entrevista.

Organograma e matriz de responsabilidades do projeto

As designações das pessoas em suas respectivas posições, atribuições e relações hierárquicas podem ser representadas por um organograma e por uma matriz de atividades por pessoas alocadas no projeto conhecida como **matriz de responsabilidades**.

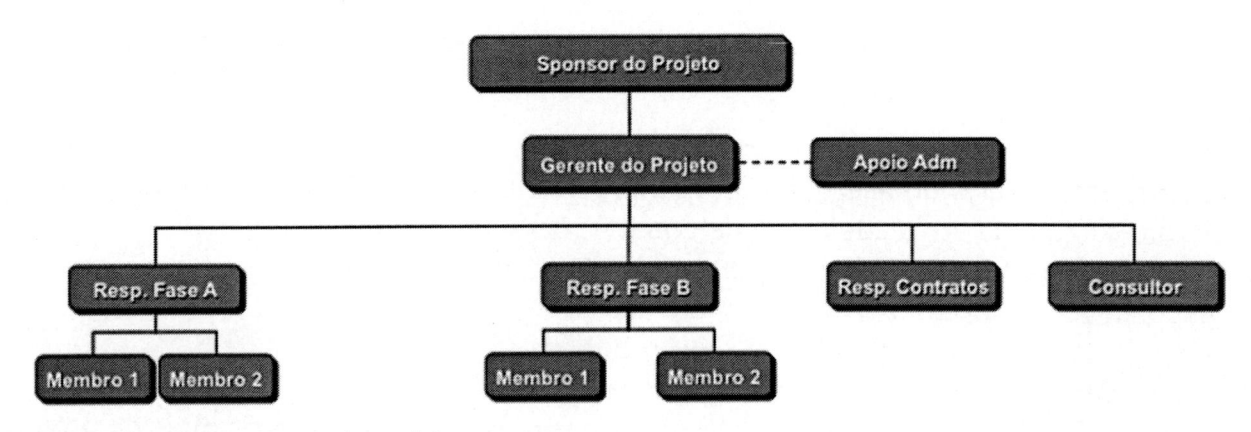

Figura 3.40 – Organograma do projeto

No organograma devem estar demonstradas as relações de subordinação funcional no projeto. O organograma deve conter todas as pessoas que participarão ativamente no projeto, inclusive pessoas externas à organização executora.

A matriz de responsabilidades tem uma abordagem mais operacional, pois apresenta as atividades do projeto e a responsabilidade exercida por cada parte interessada chave (membros da equipe, cliente, patrocinador, escritório de projetos etc.). A matriz de responsabilidades do projeto é frequentemente denominada como Matriz RACI em função do uso do acrônimo em inglês: R – *Responsible*; A – *Accountable*; C – *Consulted*; I – *Informed*). O acrônimo equivalente em português, em razão da diferença de significados da língua, é RECI (R – Responsável; E – Executante; C – Consultado; I – Informado).

Atividades	Patrocinador	Gerente do Projeto	Membro 1	Membro 2	Membro (n)
Atividade A		R			E
Atividade B	I	R	E	C	
Atividade C	R	E			C
Atividade D		R		E	
Atividade E	C	R	E	E	I

R – Responsável
E – Executor
C – Consultado
I – Informado

Figura 3.41 – Matriz de responsabilidades do projeto

Para utilizar corretamente a Matriz RECI é necessário seguir alguns critérios, conforme indicados no quadro a seguir:

> **R (Responsável)**: aquele que é primariamente responsável pela conclusão completa e correta da atividade e que delega o trabalho para o executante (E). Só pode haver **apenas um** responsável para cada atividade. A mesma pessoa pode ser o responsável e o executante de uma atividade.
>
> **E (Executante)**: aquele que faz o trabalho necessário para concluir a atividade. Para cada atividade, deve haver **pelo menos um** executante, embora mais de uma pessoa possa ser indicada como executante para uma mesma atividade.
>
> **C (Consultado)**: aqueles cujas opiniões ou ideias são necessárias para realizar a atividade. Por exemplo, é o caso de especialistas técnicos com quem deve haver comunicação durante a execução da atividade.
>
> **I (Informado)**: aqueles que precisam ser mantidos informados sobre o progresso da atividade ou sobre sua conclusão.

Em termos práticos, os principais resultados esperados do planejamento da equipe do projeto são o plano de gerenciamento dos recursos humanos e ações que deverão passar a fazer parte do escopo e cronograma do projeto, necessárias à mobilização e ao desenvolvimento da equipe.

VER→ APLICAÇÃO 7 do Guia Prático

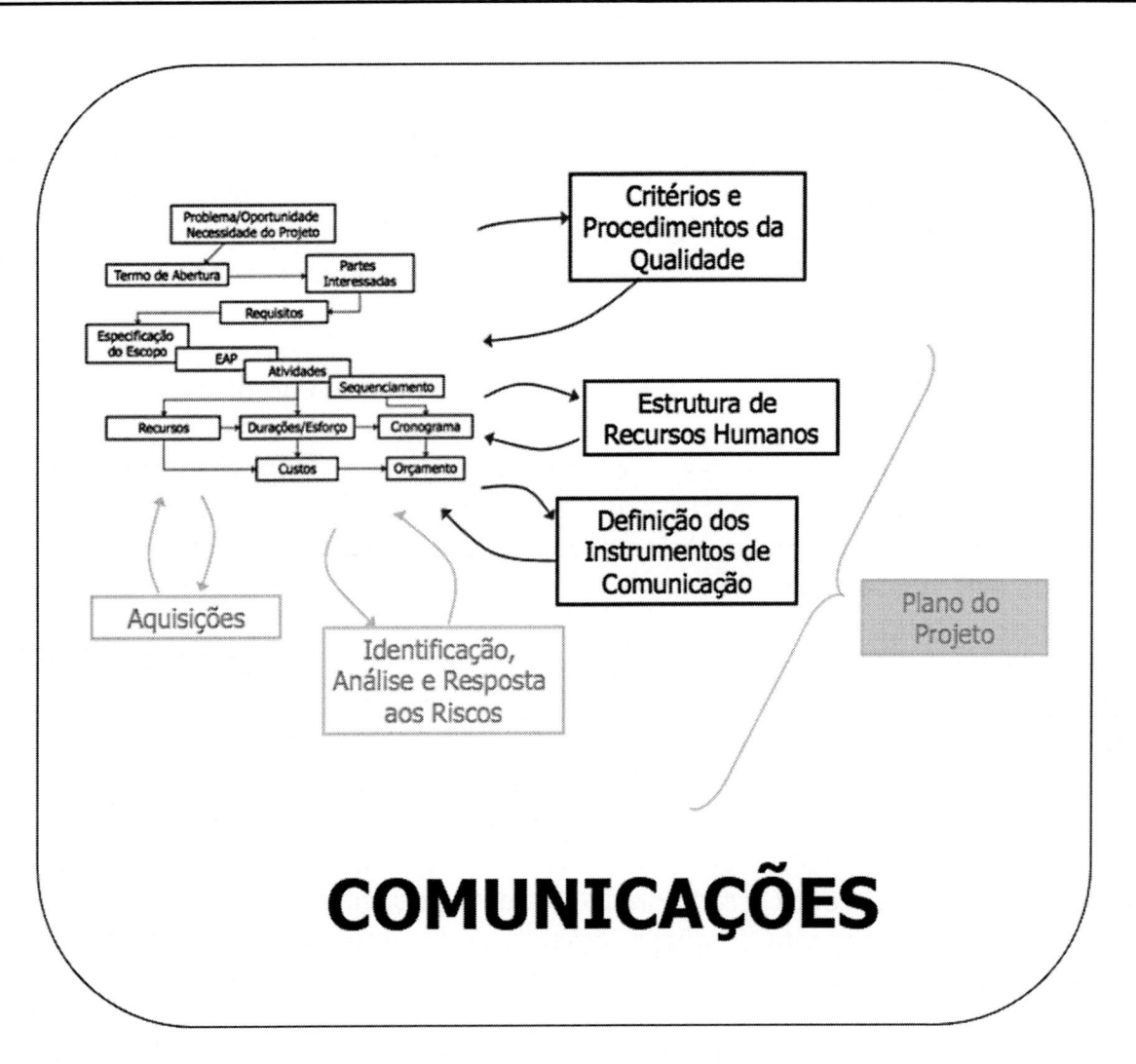

Processos de Planejamento **127**

```
Problema/Oportunidade
Necessidade do Projeto
        │
Termo de Abertura ── Partes Interessadas
        │
      Requisitos
        │
Especificação
do Escopo ── EAP ── Atividades ── Sequenciamento
                        │
              Recursos ── Durações/Esforço ── Cronograma
                                  │
                               Custos ── Orçamento
```

- Critérios e Procedimentos da Qualidade
- Estrutura de Recursos Humanos
- Definição dos Instrumentos de Comunicação
- Aquisições
- Identificação, Análise e Resposta aos Riscos

Plano do Projeto

COMUNICAÇÕES

> BEM, NESSE PROJETO DE GED A EAP TRAZ OS DELIVERABLES DO SCANNER DO LEGADO, A INDEXAÇÃO E O RECOVER. O PROJECT DO EPM MOSTRA OS MILESTONES. FUI CLARO?

PLANEJAMENTO DAS COMUNICAÇÕES DO PROJETO

O gerenciamento das comunicações do projeto trata dos processos necessários para assegurar que as informações do projeto sejam elaboradas e distribuídas de maneira oportuna e adequada, e o planejamento das comunicações visa desenvolver uma abordagem apropriada e um plano de gerenciamento das comunicações do projeto para atender às necessidades das partes interessadas.

Historicamente a comunicação tem sido reconhecida como um problema importante – e falhas em seu gerenciamento, um dos principais fatores de fracasso de projetos. Problemas com definições e mudanças no escopo do projeto também costumam ser muito citados como contribuintes para fracassos de projetos, porém, se analisados mais detalhadamente, é possível se chegar à conclusão de que a raiz dos problemas com escopo na verdade está em falhas na comunicação.

Na coleta de requisitos, por exemplo, que faz parte da área de conhecimento do gerenciamento do escopo, quando um membro da equipe do projeto entrevista o cliente para levantar suas necessidades e utiliza uma linguagem excessivamente técnica cujos termos o cliente não domina, mas fica constrangido em assumir isso, o resultado final, provavelmente, será uma entrega rejeitada, porém a raiz do problema foi na comunicação inadequada.

Problemas de entendimento errado daquilo que se pretendia comunicar, qualquer que seja a área de conhecimento do gerenciamento de projetos, deveriam ser atribuídos a falhas de comunicação. Muitos dos problemas ligados à comunicação podem ser melhor identificados com a compreensão dos elementos presentes no modelo básico de comunicação, conforme demonstra a Figura 3.42.

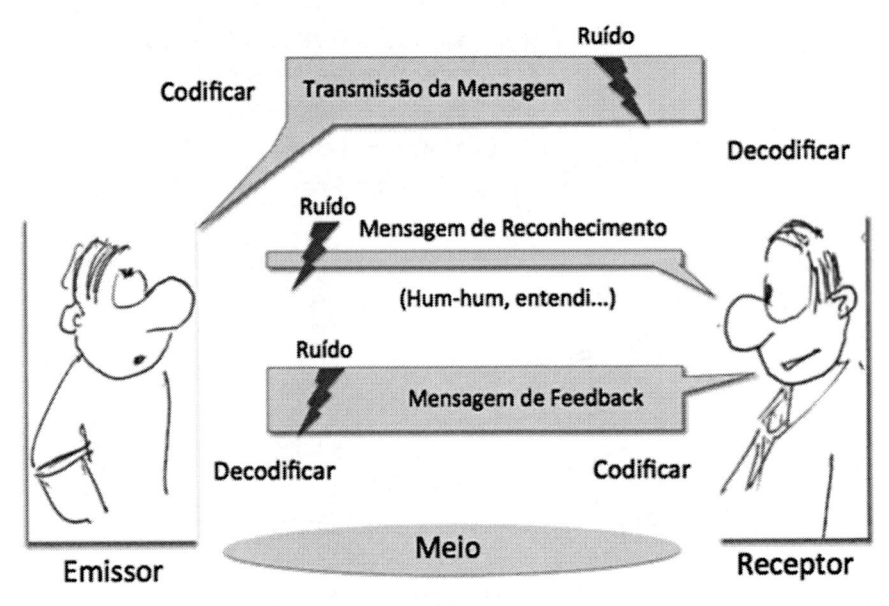

Figura 3.42 – Modelo básico de comunicação

A responsabilidade pela qualidade e eficácia da comunicação é do emissor, ou seja, de quem transmite a mensagem. Ele deve cuidar para que eventuais desvios, diferenças, ruídos, barreiras ou lacunas na comunicação não ocorram e, caso ocorram, deve dar o melhor tratamento. Jogar a responsabilidade pela não compreensão da mensagem no receptor não é boa prática.

Ponto sensível em ambientes de projeto, a escolha do código utilizado pelo emissor para encapsular a mensagem é fator decisivo na eficácia da comunicação. O código escolhido pelo emissor deve ser de domínio do receptor. Como guardião da eficácia da comunicação, o emissor deve se certificar de que o receptor domina o código que será usado na transmissão da mensagem. Jargões técnicos de domínio de ambientes tecnológicos restritos, com siglas e abreviaturas específicas, muito comuns em projetos de áreas intensivas em tecnologia, são pontos de atenção, pois podem ser desconhecidos pelo receptor. A presunção de que o jargão "deve" ser dominado por quem é do meio é perigosa. Projetos são atividades de relacionamentos internos e externos à organização executora. Hoje, dados o grau de especialização tecnológica e a velocidade das mudanças, profissionais de uma mesma área podem ter dificuldades em compreender os termos usados na comunicação de um projeto. O problema se agrava se levarmos em consideração a interação que os executores de projetos precisam ter com membros da alta direção empresarial. Um diretor recém-contratado pela organização pode se sentir constrangido em demonstrar desconhecimento de um jargão e por isso não externar que não compreendeu adequadamente uma informação valiosa para sua tomada de decisão. O mesmo pode ocorrer com um fornecedor ou outra parte interessada do projeto.

Assumindo o papel de responsável pela eficácia da comunicação no projeto, o emissor deve procurar garantir que o retorno (*feedback*) dado pelo receptor seja ativo. *Feedback* ativo não é o mesmo que o receptor responder "entendi", porque ele pode ter entendido algo diferente do conteúdo que o emissor desejava comunicar. *Feedback* ativo requer a confirmação do significado da mensagem com as palavras do receptor, a fim de que seja possível ao emissor verificar se houve divergência entre o que foi entendido e o que precisava ser comunicado. A título de exemplo de uma estratégia para provocar *feedback* ativo de partes interessadas importantes tais como o cliente ou o patrocinador, o gerente do projeto, durante uma entrevista de levantamento de requisitos ou de definição de escopo, pode testar o entendimento de todos lendo em voz alta o que foi acertado e anotado e solicitando aos interlocutores que identifiquem alguma divergência.

O **plano de gerenciamento das comunicações** do projeto deverá determinar:

O que deve ser comunicado. É necessário definir que documentos e informações do projeto devem ser distribuídos, tais como: o termo de abertura, a especificação do escopo, o plano de gerenciamento do projeto, variações de prazo e de custo, novos riscos identificados, relatórios de desempenho, mudanças etc.

Quem deve enviar e receber a comunicação. As partes interessadas do projeto devem ser o alvo de um plano de gerenciamento das comunicações de um projeto. A boa técnica da comunicação recomenda, para maior eficácia, a seletividade, isto é, a comunicação deve ser direcionada ao receptor específico. Se a comunicação não for seletiva pode causar o efeito *spam* (comunicação em massa). A distribuição indiscriminada, não seletiva, desvaloriza tanto a mensagem quanto o emissor. Outras mensagens do emissor não seletivo tendem a ser desconsideradas. Esse processo depende de uma boa identificação das necessidades e dos interesses de cada parte interessada do projeto.

Quando deve ser feita a comunicação. Trata-se da definição da periodicidade ou dos momentos específicos do projeto em que a comunicação deve ser realizada. Uma abordagem prática que pode ajudar a organizar o plano de gerenciamento das comunicações é dividir as necessidades de comunicações em comunicações específicas e comunicações regulares:

- **Comunicações específicas** são ações que precisam ser realizadas uma única vez no projeto, tais como: uma cartilha informativa a moradores de uma localidade onde o pessoal do projeto executará um trabalho, uma campanha de *endomarketing* para sensibilização de funcionários da empresa, uma publicação de um edital no diário oficial etc.

- **Comunicações regulares** são aquelas que serão realizadas periodicamente durante o ciclo de vida do projeto, tais como: relatórios de desempenho do projeto, apresentações sobre o progresso do projeto etc.

As recomendações sobre técnicas de coordenação de reuniões serão abordadas quando tratarmos dos processos de monitoramento e controle, porém a agenda das reuniões do projeto deve ser planejada e divulgada para que os participantes possam se programar e se preparar.

Como será feita a comunicação. Que meios ou canais serão utilizados a fim de que haja maior eficácia? Aqui também o princípio da seletividade faz-se necessário. Cada informação a ser comunicada a uma parte interessada específica deve ser entregue pelos meios, canais ou veículos específicos. Para enviar determinada informação para algumas partes interessadas pode ser suficiente sua publicação em um jornal de grande circulação ou em um diário oficial regional. Para outra parte interessada pode ser mais indicado uma apresentação presencial em seu próprio local de trabalho. Cabe ao gerente do projeto, apoiado pelo patrocinador e pela equipe do projeto, identificar essas particularidades, que são fatores críticos de sucesso para a comunicação do projeto.

Um instrumento bastante útil para gerenciar as comunicações é a matriz de comunicações, apresentada na Figura 3.43.

Informação	Parte Interessada (*Stakeholder*)	Quando?	Como?
Plano do Projeto	Sponsor e Equipe	Após aprovação	Cópia em papel entregue em mãos
Contrato	Sponsor e Cliente	Na assinatura do contrato	Cópia em papel entregue em mãos
Relatório de Status	Sponsor, Cliente, Equipe	Nos pontos de controle	Apresentação de slides
Cronograma de Utilização de recursos	Gerentes Funcionais	Após aprovação do plano	E-mail
Riscos Identificados	Sponsor, cliente e equipe	Na abertura do projeto e na conclusão do plano	Cópia em papel entregue em mãos
	Equipe	Na identificação de novos riscos	E-mail
Problemas identificados	Equipe	Na identificação de problemas	E-mail
(...)	(...)		(...)

Figura 3.43 – Matriz de comunicações

Uma matriz de comunicações ajuda a equipe do projeto a organizar a distribuição das informações e a não se esquecer de se comunicar. Deve ser consultada sistematicamente.

VER→ APLICAÇÃO 8 do Guia Prático

RISCOS

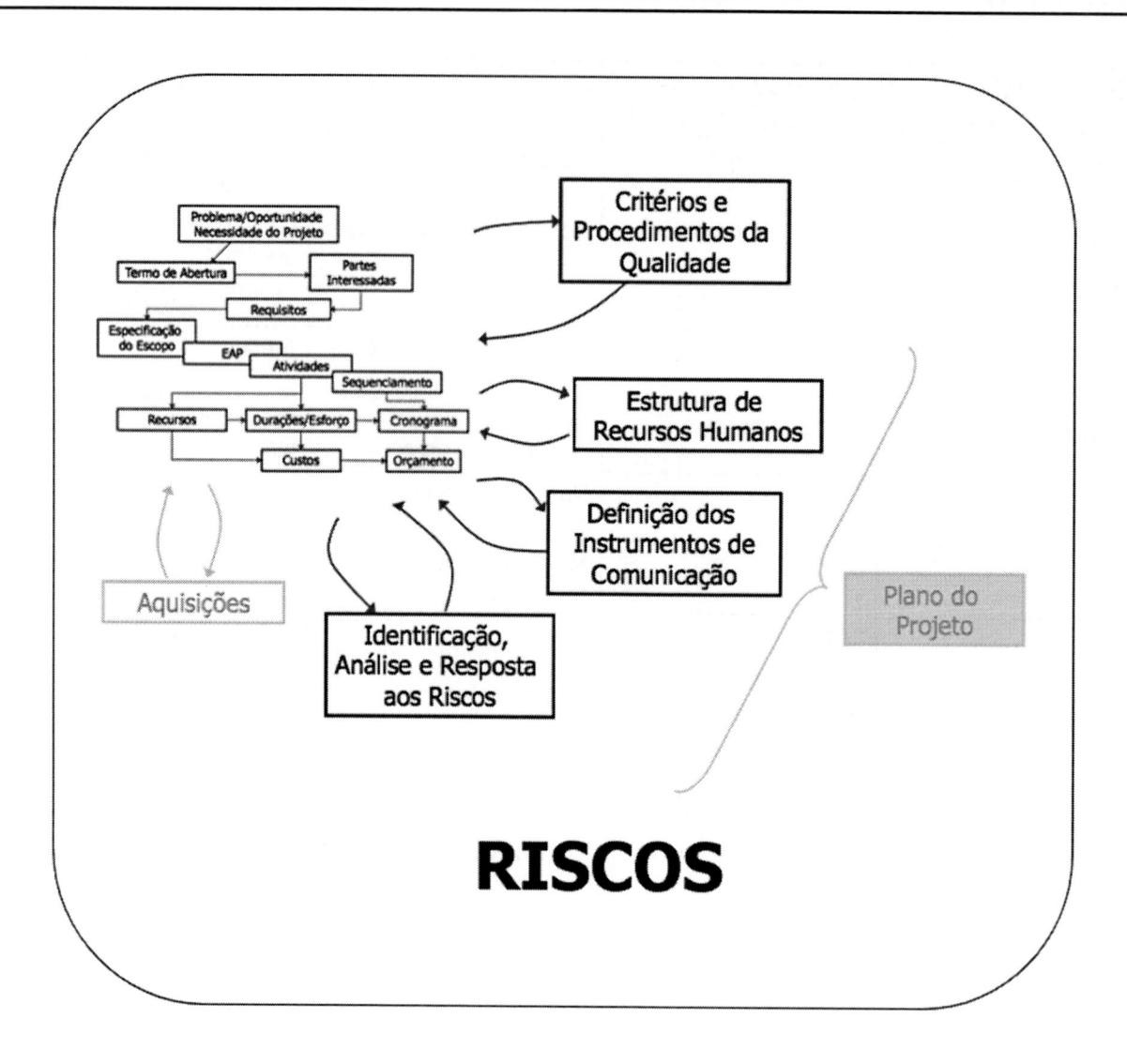

Critérios e Procedimentos da Qualidade

Estrutura de Recursos Humanos

Definição dos Instrumentos de Comunicação

Identificação, Análise e Resposta aos Riscos

Aquisições

Plano do Projeto

Eu acho que não precisa fazer sondagem. O corretor me garantiu que o terreno é bem sólido.

GERENCIAMENTO DOS RISCOS DO PROJETO

Como vimos, projetos, por sua natureza, são sujeitos a incertezas. Se lembrarmos que projetos são empreendimentos únicos (nunca foram feitos antes), que o conhecimento que temos sobre eles é menor nas fases preliminares e aumenta com o passar do tempo, e que são feitos por pessoas, fica evidente que projetos estão sujeitos a eventos de risco, que podem alterar significativamente seu resultado.

Riscos em um projeto são eventos ou condições de incerteza que, se ocorrerem, terão um efeito positivo (oportunidade) ou negativo (ameaça) em pelo menos um objetivo do projeto, tal como tempo, custo, escopo ou qualidade (entendendo que o objetivo de tempo do projeto é a entrega de acordo com o cronograma acordado, que o objetivo de custo do projeto é a entrega de acordo com o custo acordado etc.).

Além da definição mencionada, o termo "risco do projeto" pode ter duas conotações:

- **Riscos individuais do projeto:** eventos e condições que são objeto do dia a dia do gerenciamento de riscos e que, uma vez identificados, serão analisados qualitativamente e estarão sujeitos ao planejamento de respostas e monitoramento ao longo do projeto.

- **Risco total do projeto:** representa o efeito da incerteza nos objetivos do projeto como um todo. A sua determinação deve partir dos riscos individuais, mas não se trata apenas da simples soma do efeito daqueles riscos. Uma boa forma de avaliar o risco total a que um projeto está sujeito é através da aplicação de técnicas de análise quantitativa de riscos.

O objetivo do gerenciamento de riscos em um projeto é tirar o melhor proveito das oportunidades (riscos positivos), maximizando seus resultados positivos, e proteger o projeto das ameaças (riscos negativos), minimizando seus resultados negativos. Esse gerenciamento é conseguido através do processo de tomada de decisão diante do risco, que para ser eficaz precisa acertar quanto ao escopo da decisão a ser tomada e ser executado no momento adequado.

De forma geral, a tomada de decisão no momento oportuno assume um papel determinante na obtenção do sucesso no gerenciamento de projetos. Ao tomar decisões em um projeto, o gerente poderá se encontrar diante de três tipos de situações:

- **Situação de certeza:** o gerente sabe exatamente quais as consequências de cada opção que se apresenta diante dele.

- **Situação de risco:** o gerente consegue estimar, com maior ou menor precisão, as consequências de cada opção que se apresenta diante dele e a probabilidade de ocorrência de cada resultado.

- **Situação de incerteza:** o gerente não conhece todas as consequências de cada opção que se apresenta ou não conhece a probabilidade de alguma ou de todas as opções.

Essas três situações podem ser modeladas como um "espectro de incertezas" (ver Figura 3.44). A posição em que o gerente se encontra no espectro, para cada decisão a ser tomada, depende diretamente do conhecimento que possui sobre o evento em questão.

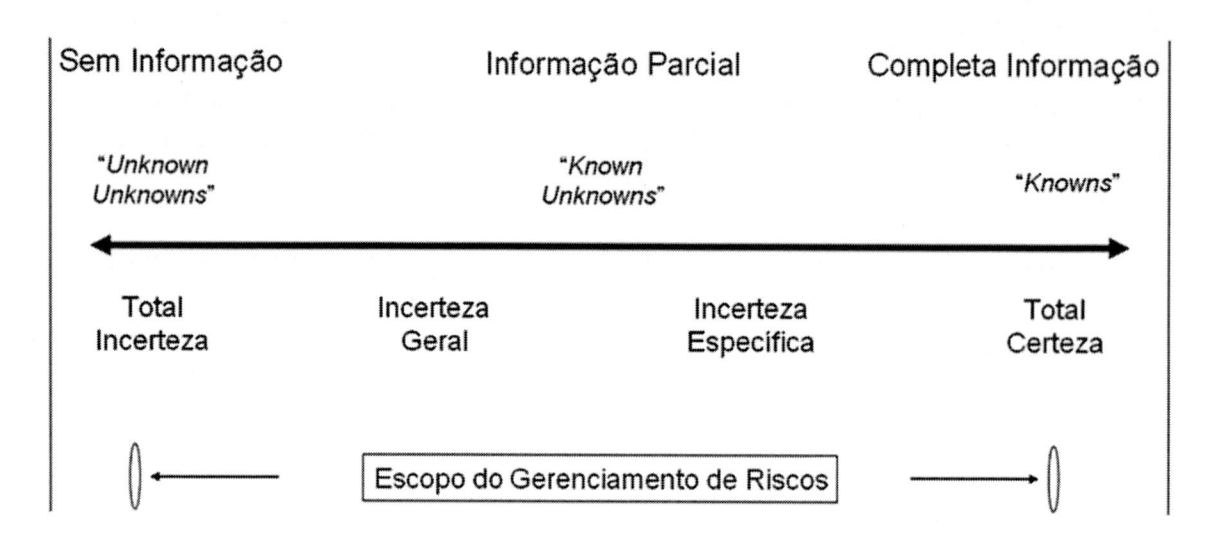

Figura 3.44 – Espectro de incertezas

Observa-se que, em projetos, raramente o gerente se encontrará em um ambiente onde tenha completa informação (extremo direito do espectro de incertezas), isto é, diante de eventos completamente conhecidos (*knowns*). No extremo esquerdo do espectro de incertezas, encontramos o ambiente onde não se tem qualquer informação sobre o evento em questão (*unknown-unknowns*). Nesse extremo encontram-se todas as coisas que o gerente "não sabe que não sabe". São aqueles eventos ou condições que não podem ser previstos por não haver histórico a respeito deles em projetos similares ou porque nada no ambiente onde o projeto acontece indica que é possível sua ocorrência.

Na maioria dos casos, porém, o gerente terá informação parcial sobre determinada situação que lhe seja apresentada, o que caracteriza o ambiente com presença de riscos (*known-unknowns*). São as coisas que o gerente "sabe que não sabe". Essa informação costuma ser obtida a partir de experiências em projetos anteriores ou pela análise do ambiente onde o projeto acontece.

O *PMBOK® Guide* define seis processos de gerenciamento de riscos em projetos: Planejar o gerenciamento de riscos, identificar os riscos, realizar a análise qualitativa de riscos, realizar a análise quantitativa de riscos, planejar respostas a riscos e controlar os riscos (ver Figura 3.45).

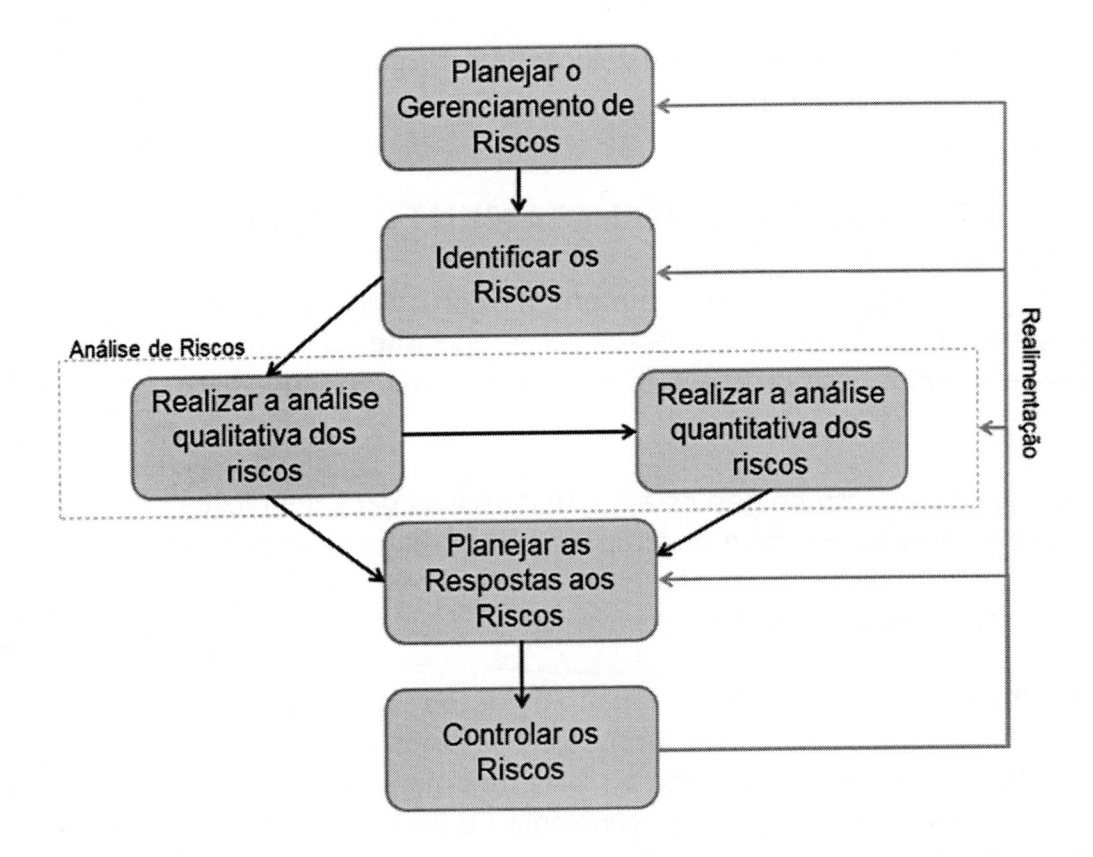

Figura 3.45 – Processos de gerenciamento dos riscos do projeto

O processo **planejar o gerenciamento dos riscos** define como as atividades de gerenciamento de riscos serão executadas no projeto.

O processo **identificar os riscos** procura determinar que riscos (ameaças ou oportunidades) existem para o projeto e documentar suas principais características.

No processo **realizar a análise qualitativa dos riscos** as probabilidades e os impactos dos riscos identificados são estimados de forma a priorizá-los.

O processo **realizar a análise quantitativa dos riscos** tem por objetivo analisar os efeitos dos riscos, já identificados e analisados qualitativamente, atribuindo uma classificação numérica a eles. Também apresenta uma abordagem quantitativa para a tomada de decisões na presença de riscos.

No processo **planejar respostas aos riscos** estratégias são estabelecidas e ações são determinadas para aumentar as oportunidades e reduzir as ameaças aos objetivos do projeto.

O processo **controlar os riscos** cuida do acompanhamento dos riscos já identificados e analisados, além da identificação de riscos recém-surgidos, da reanálise dos riscos existentes e do monitoramento da execução das respostas planejadas, avaliando sua eficácia.

PLANEJAR O GERENCIAMENTO DOS RISCOS

Planejar o gerenciamento de riscos é o primeiro processo, onde são tomadas decisões a respeito de como os demais processos de gerenciamento de riscos serão executados ao longo do projeto. Esse processo fornece as "regras do jogo" para o gerenciamento de riscos.

Para que o planejamento do gerenciamento de riscos gere definições que possam contribuir com eficácia para o bom desempenho do projeto, esse processo deve estar em consonância com o ambiente da organização executora, além de levar em conta a integração com as demais atividades do projeto.

Para garantir a coerência do gerenciamento de riscos com os propósitos da organização, devem ser considerados os fatores ambientais próprios da empresa, tais como as atitudes em relação ao risco, a tolerância a riscos da organização e das pessoas envolvidas no projeto e a existência de uma metodologia de gerenciamento de riscos porventura já adotada de maneira corporativa. Por outro lado, a sintonia com as demais áreas do projeto deve ser garantida, levando-se em conta a especificação de escopo, a Estrutura Analítica do Projeto e o plano de gerenciamento do projeto como um todo.

A abordagem do gerenciamento de riscos para o projeto é definida por meio da análise das informações obtidas (sobre a organização e sobre o projeto) e de reuniões de planejamento, onde a equipe do projeto procura envolver diversas partes interessadas que possam colaborar com esse trabalho. Nas reuniões de planejamento são definidos os níveis de risco a serem considerados, o método de estimativa de probabilidades, os objetivos do projeto que serão considerados na análise de riscos, faixas de impacto, matriz de probabilidade e impacto, entre outras definições. Os resultados dessas atividades são documentados no **plano de gerenciamento de riscos** do projeto. É importante lembrar que esse plano passa a ser um subconjunto do plano de gerenciamento do projeto.

Um plano de gerenciamento de riscos pode conter as seguintes definições:

a) Metodologia a ser utilizada

Se já existe alguma metodologia predefinida na organização para gerenciar riscos, isso deve ser indicado no plano. O plano deverá ainda definir abordagem, ferramentas, fontes de dados a serem utilizadas e diretrizes a serem seguidas na identificação, na análise, no planejamento de respostas e no controle de riscos.

b) Funções e responsabilidades

Quem serão os responsáveis por identificar, analisar, planejar respostas e controlar os riscos relacionados a cada parte do projeto? Quem aprovará os resultados da identificação, análise e planejamento de respostas? O processo de gerenciamento será liderado diretamente pelo gerente do projeto ou este designará tal função a algum outro membro da equipe de gerenciamento do projeto? Essas e outras questões relativas a funções e responsabilidades no gerenciamento de riscos devem ser respondidas.

c) Orçamento

Haverá orçamento próprio para o gerenciamento de riscos no projeto? Por exemplo, se o plano prevê a execução de simulação de cronograma do projeto, pode ser necessária a aquisição de um software adequado para essa função. Os recursos necessários ao gerenciamento de riscos devem ser identificados e os seus custos estimados devem ser incluídos na linha de base de custos do projeto.

d) Frequência de realização

As atividades de gerenciamento de riscos devem ser definidas, estimadas quanto a durações, inseridas no diagrama de rede do projeto e finalmente incluídas no cronograma. Essas atividades incluem, por exemplo, reuniões ou *workshops* para identificação e análise de riscos, reuniões de monitoramento e controle e aquisição de softwares de gerenciamento de riscos.

e) Categorias de riscos

Categorias de riscos definem as fontes potenciais de riscos para o projeto e são um auxílio valioso para o processo de identificação de riscos. As categorias de riscos podem ser apresentadas na forma de uma EAR (Estrutura Analítica de Riscos), conforme exemplificado na Figura 3.46. Uma EAR padrão pode ser utilizada por todos os projetos de uma organização ou ser levemente adaptada dependendo da realidade de cada projeto.

f) Listas de verificação

Além da EAR, dependendo do grau de maturidade da organização em gerenciamento de riscos, podem ser definidas listas de verificação para o uso durante o processo de identificar os riscos. Essas listas contêm riscos típicos observados em projetos anteriores da organização ou de outras organizações da mesma indústria. O uso de listas de verificação pode simplificar e agilizar o processo de identificação de riscos; todavia, deve-se cuidar para que elas não limitem a quantidade de riscos a serem considerados pelos responsáveis pela identificação.

```
                          Fontes de Risco para
                               o Projeto
    ┌──────────────────┬──────────────────┬──────────────────┐
1. Técnico      2. Gerenciamento do   3. Organizacional    4. Externo
                      Projeto
```

- 1. Técnico
  - 1.1 Atividade Perigosa
  - 1.2 Desempenho
  - 1.3 Documentação
  - 1.4 Inovação
  - 1.5 Logística
  - 1.6 Projeto (Design)
  - 1.7 Tecnologia

- 2. Gerenciamento do Projeto
  - 2.1 Gerenciamento da Integração
  - 2.2 Gerenciamento de Escopo
  - 2.3 Gerenciamento de Tempo
  - 2.4 Gerenciamento de Custos
  - 2.5 Gerenciamento da Qualidade
  - 2.6 Gerenciamento de RH
  - 2.7 Gerenciamento das Partes Interessadas
  - 2.8 Gerenciamento das Comunicações
  - 2.9 Gerenciamento de Aquisições

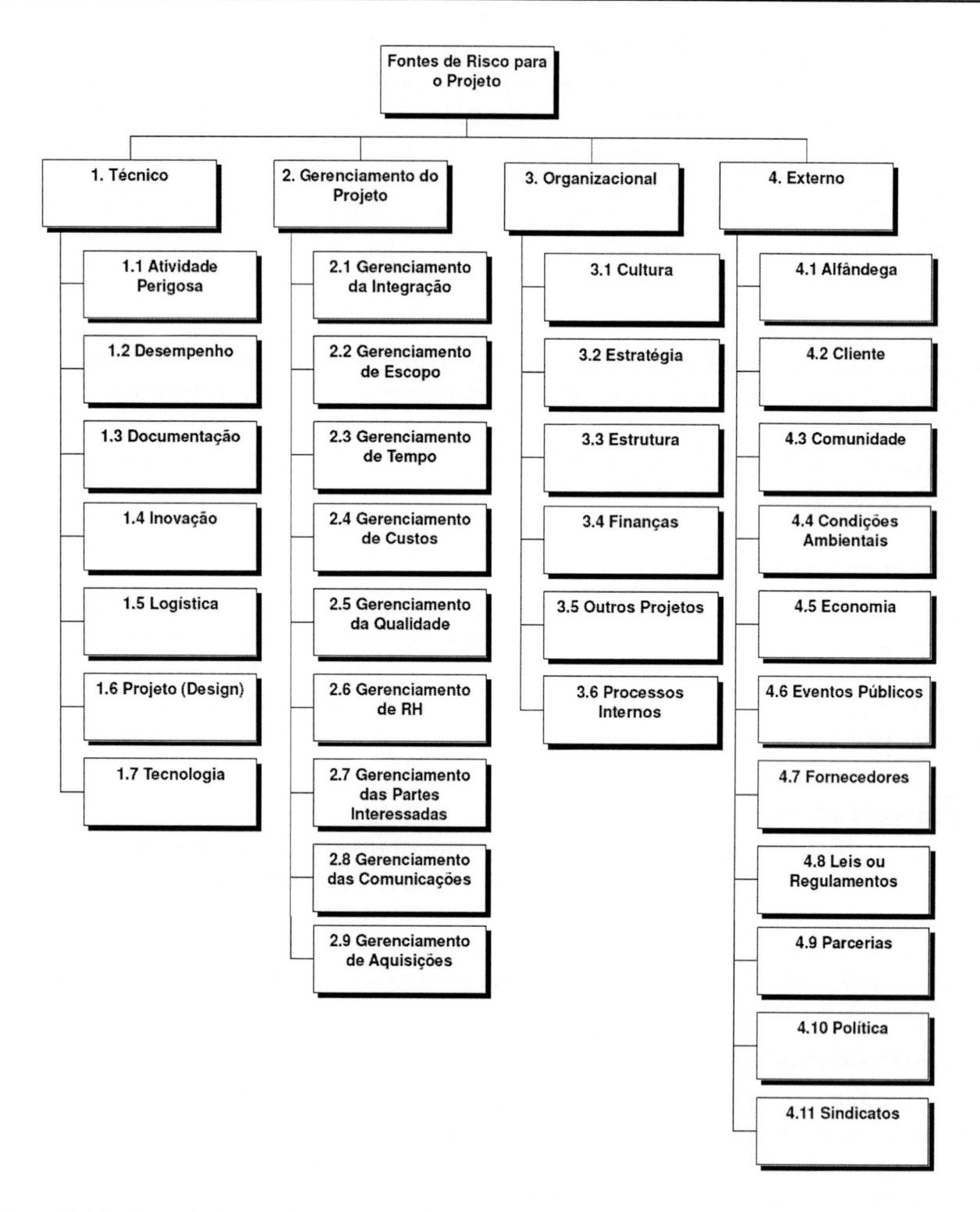

- 3. Organizacional
  - 3.1 Cultura
  - 3.2 Estratégia
  - 3.3 Estrutura
  - 3.4 Finanças
  - 3.5 Outros Projetos
  - 3.6 Processos Internos

- 4. Externo
  - 4.1 Alfândega
  - 4.2 Cliente
  - 4.3 Comunidade
  - 4.4 Condições Ambientais
  - 4.5 Economia
  - 4.6 Eventos Públicos
  - 4.7 Fornecedores
  - 4.8 Leis ou Regulamentos
  - 4.9 Parcerias
  - 4.10 Política
  - 4.11 Sindicatos

Figura 3.46 – Exemplo de EAR (Estrutura Analítica de Riscos)

g) Faixas de probabilidade

Os níveis ou faixas de probabilidade serão utilizados no processo de realizar a análise qualitativa de riscos para auxiliar na estimativa da probabilidade de ocorrência de cada evento de risco identificado.

Descrição da Probabilidade		Peso a ser utilizado
Certamente ocorrerá	Muito Alta	0,9
Muito provavelmente ocorrerá	Alta	0,7
Provavelmente ocorrerá	Média	0,5
Provavelmente não ocorrerá	Baixa	0,3
Muito provavelmente não ocorrerá	Muito Baixa	0,1

Figura 3.47 – Exemplo de tabela de probabilidades de riscos

Faixas de probabilidade podem ser descritas em termos qualitativos, variando, por exemplo, de "muito improvável" até "quase certeza". Outra abordagem é atribuir probabilidades com pesos em uma escala geral (por exemplo, 0,1; 0,3; 0,5; 0,7; 0,9). A Figura 3.47 apresenta um exemplo de tabela com faixas de probabilidades onde são combinadas descrições de probabilidades com os respectivos pesos.

h) Faixas de impactos traduzindo a tolerância ao risco

Os níveis ou faixas de impactos também serão utilizados no processo de análise qualitativa, já que cada risco identificado será analisado tanto quanto a sua probabilidade de ocorrência como quanto ao impacto que terá sobre os objetivos do projeto, caso venha a se concretizar. A escala de impactos reflete a importância do impacto, que pode ser negativa ou positiva, em cada objetivo do projeto, caso um risco ocorra. Essa escala pode ser definida com a utilização de termos como "muito baixo", "baixo", "moderado", "alto" e "muito alto", ou através da atribuição de pesos aos impactos.

A Figura 3.48 apresenta um exemplo de tabela de impactos, onde são definidas faixas de impactos negativos em quatro objetivos de um projeto e os pesos a serem considerados para cada situação.

Impacto (I) Objetivos do Projeto	Muito Baixo 0,05	Baixo 0,1	Moderado 0,2	Alto 0,4	Muito Alto 0,8
Prazo	Até 5 dias	Entre 5 e 10 dias	Entre 10 e 20 dias	Entre 20 e 30 dias	Maior que 30 dias
Custo	Até 1%	Entre 1% e 5%	Entre 5% e 10%	Entre 10% e 20%	Maior que 20%
Qualidade	-	Pequenos desvios na qualidade	Desvio requer aprovação do Diretor de Projetos	Desvio requer aprovação do Presidente da empresa	Desvio inaceitável de qualidade
Segurança	-	Dano à saúde de pessoas (sem lesões)	Lesões leves em pessoas	Lesões moderadas em pessoas	Lesões graves em pessoas

Figura 3.48 – Exemplo de tabela de impactos de riscos

Observe que no exemplo da Figura 3.48 foi utilizada uma escala de pesos não lineares para a definição dos impactos (0,05; 0,1; 0,2; 0,4; 0,8). A utilização de uma escala como essa reflete o desejo da organização de, ao analisar os riscos, separar bem os eventos de risco de alto impacto daqueles considerados de baixo impacto.

Note que as faixas de impactos definidas no planejamento do gerenciamento de riscos devem traduzir a tolerância do projeto a riscos. Por exemplo, imagine um projeto cujo produto tenha uma importância vital para a organização, e que se atrasar mais de trinta dias da data originalmente prevista trará consequências desastrosas. Nesse caso, a tabela de impactos traduzirá essa baixa tolerância a variações de prazo definindo qualquer atraso superior a trinta dias como "Muito Alto" e, a partir daí, distribuirá os valores a serem utilizados para as faixas inferiores de impacto em prazo. Esse mesmo projeto poderia ter, por outro lado, uma tolerância muito maior a variações de custos, traduzida na tabela de impactos ao se definir, por exemplo, que só a partir de variações de custo maiores que 30% o impacto será considerado "Muito Alto".

i) Matriz de probabilidade x impacto

Os riscos identificados serão priorizados em função de sua probabilidade de ocorrência e dos seus impactos potenciais nos objetivos do projeto. Essa priorização será feita a partir de uma matriz de probabilidade x impacto que, a partir da combinação dessas duas dimensões do evento de risco (probabilidade e impacto), classificará o risco como de importância "alta", "moderada" ou "baixa". A configuração dessa matriz deverá ser feita durante o processo de planejamento do gerenciamento de riscos.

Na Figura 3.49 é apresentado um exemplo de matriz de probabilidade x impacto que pode ser utilizada tanto para riscos negativos (ameaças) quanto para riscos positivos (oportunidades).

Probabilidade	Grau de Risco (Ameaças)					Grau de Risco (Oportunidades)				
0,9	0,045	0,09	0,18	0,36	0,72	0,72	0,36	0,18	0,09	0,045
0,7	0,035	0,07	0,14	0,28	0,56	0,56	0,28	0,14	0,07	0,035
0,5	0,025	0,05	0,10	0,20	0,40	0,40	0,20	0,10	0,05	0,025
0,3	0,015	0,03	0,06	0,12	0,24	0,24	0,12	0,06	0,03	0,015
0,1	0,005	0,01	0,02	0,04	0,08	0,08	0,04	0,02	0,01	0,005
	0,05	0,1	0,2	0,4	0,8	0,8	0,4	0,2	0,1	0,05
	Impacto nos objetivos do projeto									

Ameaça Alta
Ameaça Média
Ameaça Baixa

Oportunidade Alta
Oportunidade Média
Oportunidade Baixa

Figura 3.49 – Exemplo de matriz de probabilidade x impacto

j) Configuração do registro de riscos

As informações que serão geradas nos processos de identificação, análise, planejamento de respostas e controle de riscos precisarão ser armazenadas em local próprio para utilização durante o projeto e para consulta e aproveitamento posterior em outros projetos da organização. Essas informações devem ser cadastradas em um **registro de riscos** padronizado para uso pelos participantes do projeto envolvidos no gerenciamento de riscos. O plano de gerenciamento de riscos definirá os campos do registro de riscos que serão utilizados para documentar as características de cada risco identificado e das ações de respostas a serem planejadas.

REGISTRO DE RISCOS						Impactos			
Código do Risco	Status do Risco	Descrição do Risco	Categoria	Probabilidade		Prazo		Custo	
				Descrição	%	Aumento ou Redução	Faixa	Aumento ou Redução	Faixa
R-01					0%				
R-02					0%				
R-03					0%				
R-04					0%				
R-05					0%				
R-06					0%				
R-07					0%				
R-08					0%				
R-09					0%				
R-10					0%				

Figura 3.50- Exemplo de registro de riscos

A utilização de softwares de suporte aos processos de gerenciamento de riscos e para registro dos riscos facilita o acompanhamento e a recuperação de informações sobre riscos no projeto.

k) Modelos de relatórios

Periodicamente a equipe de gerenciamento do projeto deve reportar o andamento das atividades de gerenciamento de riscos às partes interessadas. Modelos de relatórios de acompanhamento devem ser estabelecidos preliminarmente. Tanto o modelo do relatório como a sua periodicidade de emissão devem fazer parte do plano de gerenciamento de riscos. Alternativamente, essas informações relacionadas a relatórios podem constar do plano de gerenciamento das comunicações do projeto.

- Riscos por classificação

27% Ameaça Alta
31% Ameaça Média
28% Ameaça Baixa
3% Oportunidade Alta
5% Oportunidade Média
6% Oportunidade Baixa

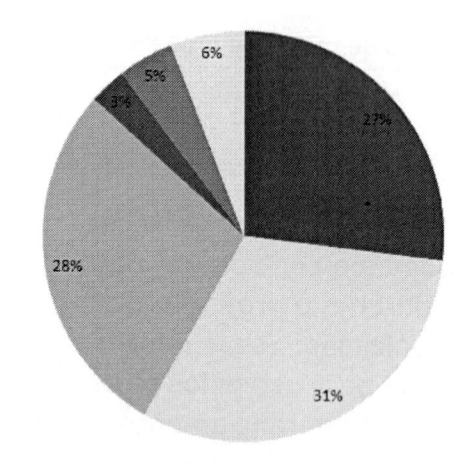

- Riscos por status

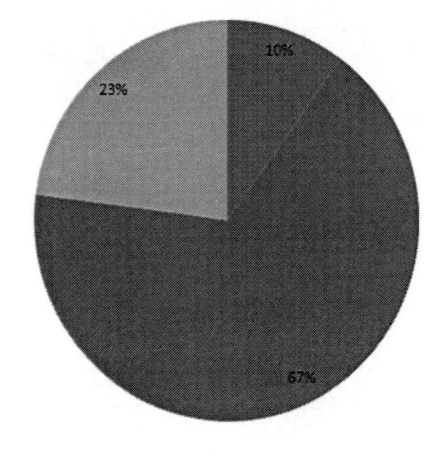

10% Novo
67% Ativo
23% Concluído

- Riscos por categoria

21% - 1- Técnico
34% - 2- Gerenciamento do Projeto
14% - 3- Organizacional
31% - 4- Externo

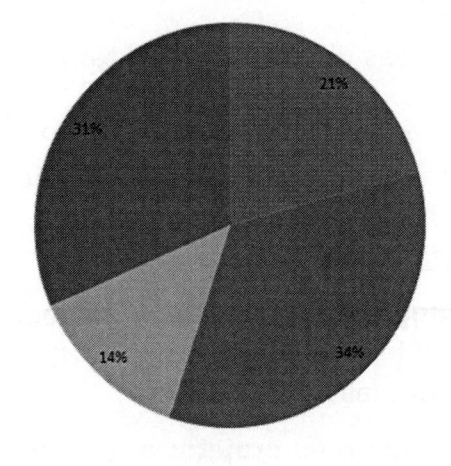

IDENTIFICAR OS RISCOS

Este processo procura determinar os riscos que podem afetar o projeto e documentar suas características.

Entre os participantes da identificação de riscos geralmente são incluídos o gerente do projeto, membros da equipe do projeto, gerentes funcionais, especialistas de diversas áreas, consultores externos, cliente e usuários do produto final do projeto.

Seja qual for a técnica de coleta de informações utilizada, os participantes da identificação podem revisar informações disponíveis em bancos de dados comerciais, estudos acadêmicos, estudos de *benchmarking* ou outros estudos do setor, além de informações disponíveis em arquivos de projetos anteriores, por exemplo, sob a forma de lições aprendidas.

As técnicas disponíveis para identificação de riscos podem ser classificadas em quatro grupos:

1) Análise de informação histórica

- **Listas de verificação (*checklists*):** dependendo da maturidade organizacional em gerenciamento de riscos, listas de verificação com riscos típicos para o projeto podem estar disponíveis. Caso se utilize este tipo de análise de informação histórica, deve-se lembrar de explorar também riscos que não apareçam na lista.

- **Registros de riscos de outros projetos:** apesar de, em alguns casos, não estarem tão bem estruturados como uma lista de verificação, registros de riscos de outros projetos podem ser utilizados como referência na identificação.

- **EAR:** a Estrutura Analítica de Riscos, conforme definida no plano de gerenciamento de riscos (ver Figura 3.46), será utilizada para lembrar à equipe que está fazendo o trabalho de identificação, de onde podem surgir riscos para o projeto. Na EAR estão as fontes potenciais de risco para o projeto.

2) Avaliação da documentação do projeto em questão

As informações do projeto atual também devem ser consideradas, particularmente:

- **EAP:** a Estrutura Analítica do Projeto identifica todo o trabalho que precisa ser realizado no projeto. A identificação de riscos pode ser feita levando-se em conta cada pacote de trabalho da EAP. Isso aumentará a amplitude dos riscos a serem considerados, mantendo o foco nas partes que compõem o projeto.

- **Cronograma do projeto:** o cronograma do projeto, ainda que esteja em sua forma preliminar, alertará a equipe quanto às restrições de datas e às estimativas já elaboradas.

- **Orçamento do projeto:** o orçamento disponível do projeto indicará restrições de custos. Se estimativas detalhadas já tiverem sido elaboradas, estas deverão ser utilizadas como insumo na identificação de riscos.

- **Análise das premissas do projeto:** como já vimos, premissas são fatores ou condições **assumidos** pela equipe do projeto como sendo verdadeiros, reais ou certos. A partir de tal definição compreende-se por que as premissas são geradoras de risco para o projeto e precisam ser analisadas cuidadosamente.

3) Técnicas para geração de ideias

A experiência e a criatividade dos participantes do projeto devem ser aproveitadas. Para ajudar nesse processo, algumas técnicas de coleta de informações e dinâmicas de grupo podem ser utilizadas, incluindo:

- ***Brainstorming*:** consiste em uma técnica altamente criativa e sinérgica para obtenção de informações, onde não se impõe qualquer tipo de restrição aos participantes e não se busca qualquer tipo de consenso *a priori*.

- **Técnica Delphi:** um desafio sempre presente ao coletar informações de especialistas durante uma sessão de *brainstorming* é a influência que um participante pode ter sobre outro. Pessoas com maior facilidade de comunicação e expressão costumam se sobressair aos demais, principalmente se forem reconhecidas pelo grupo como especialistas experientes. A técnica Delphi é utilizada para evitar essa influência indevida. Os especialistas vão expressar suas opiniões isoladamente e não saberão a quem pertencem as ideias geradas. A técnica requer os seguintes passos:
    - Um facilitador prepara um questionário para ser respondido pelos especialistas (neste caso, com o objetivo de identificar riscos).
    - O facilitador distribui o questionário aos especialistas através de e-mail, por exemplo.
    - Os especialistas respondem ao questionário devolvendo-o preenchido ao facilitador.

- O facilitador consolida as respostas em um único formulário e depois encaminha o formulário consolidado para os especialistas, solicitando que estes avaliem e comentem as ideias geradas. Nesse formulário constarão apenas as ideias, **sem** que se identifique o autor de cada ideia.

- Os especialistas comentam as ideias, sem saber quem as originou, e devolvem seus comentários ao facilitador.

- O facilitador consolida os comentários, identificando onde há consenso e onde há divergência em relação às ideias originalmente geradas. Havendo divergências, o facilitador encaminha o formulário com as ideias para as quais houve divergência, desta vez acrescentando os diversos comentários que foram feitos.

- Cada participante avalia os comentários, sem conhecer os seus autores, e complementa com mais informações.

- O processo é repetido até atingir um grau razoável de consenso. Normalmente, um bom grau de consenso é alcançado após três rodadas.

- **Entrevistas:** em vez de realizar eventos com um número maior de pessoas, pode-se optar pela identificação de riscos através de entrevistas com especialistas das áreas dos projetos.

- **Análise SWOT:** criada na década de 1960, o objetivo original da análise SWOT era responder às seguintes questões sobre a situação de uma empresa:

  - o que está bom e ruim hoje (*Strengths*: pontos fortes e *Weaknesses*: pontos fracos);

  - o que pode estar bom e ruim no futuro (*Opportunities*: oportunidades e *Threats*: ameaças).

Trazendo essa abordagem para a realidade do projeto, ou para a realidade de alguma parte do projeto, a consideração da situação atual como base para se analisar o que pode acontecer no futuro é bastante interessante e ajuda a identificar riscos (oportunidades e ameaças).

- ***Crawford Slip***: desenvolvida na década de 1920 pelo Dr. C. C. Crawford, professor da Universidade do Sul da Califórnia, a técnica simplesmente envolve coletar informações de pessoas em pedaços de papel (*slips of paper*). Nos dias atuais é comum utilizar blocos de *post-it*®.

4) Técnicas para organização de ideias

- **Diagrama de afinidade:** após a aplicação de técnicas de geração de ideias, particularmente após a realização de um *Crawford Slip*, as ideias geradas em *post-its*® podem ser organizadas em um diagrama de afinidade (ver Figura 3.51). A construção desse diagrama tem a vantagem de conseguir classificar um grande volume de informações em um pequeno espaço de tempo.

O diagrama de afinidade é **construído em silêncio**, pela própria equipe que gerou as ideias, através dos seguintes passos:

1. Após a realização do *Crawford Slip,* os *post-its*® com as ideias de risco geradas são colocados sobre uma mesa.

2. Cada membro da equipe pega um *post-it*® qualquer da mesa e o fixa em uma parede ou *flip-chart*, procurando, ao fazê-lo, agrupar este *post-it*® a outros com que possua alguma afinidade (por exemplo, considerando as categorias da EAR ou os tipos de impacto em objetivos do projeto). As categorias de agrupamento podem ser previamente definidas ou não.

3. Repete-se o passo 2 até que todos os *post-its*® estejam na parede ou *flip-chart*.

4. Cada membro da equipe analisa os agrupamentos e, caso discorde de alguma afinidade, pode livremente trocar o *post-it*® de posição.

5. O passo 4 é repetido até que cesse a movimentação de *post-its*®.

6. Caso pareça difícil estabelecer a melhor posição de determinado *post-it*®, este deve ser separado para análise posterior.

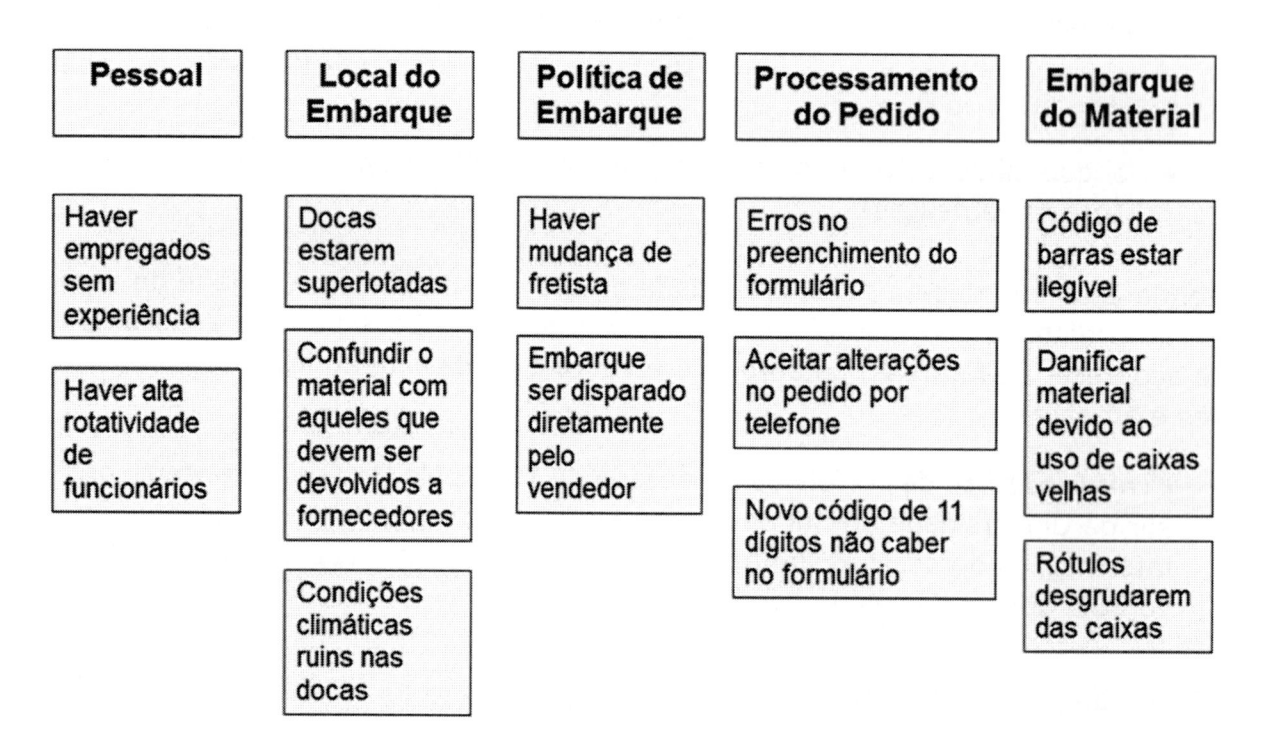

Pessoal	Local do Embarque	Política de Embarque	Processamento do Pedido	Embarque do Material
Haver empregados sem experiência	Docas estarem superlotadas	Haver mudança de fretista	Erros no preenchimento do formulário	Código de barras estar ilegível
Haver alta rotatividade de funcionários	Confundir o material com aqueles que devem ser devolvidos a fornecedores	Embarque ser disparado diretamente pelo vendedor	Aceitar alterações no pedido por telefone	Danificar material devido ao uso de caixas velhas
	Condições climáticas ruins nas docas		Novo código de 11 dígitos não caber no formulário	Rótulos desgrudarem das caixas

Figura 3.51 – Exemplo de diagrama de afinidade para riscos que podem causar o atraso da entrega de um equipamento na data prometida

- **Diagrama de causa e efeito:** como vimos no tópico sobre o gerenciamento da qualidade, esta técnica, também chamada de diagrama de espinha de peixe ou diagrama de Ishikawa (em homenagem ao seu criador Kaoru Ishikawa), apresenta de maneira diagramada as causas que contribuem para um determinado resultado. Cada causa principal pode ser decomposta em várias "subcausas". Para utilizar esta técnica na identificação de riscos, o resultado (efeito) deve ser apresentado como um efeito em algum objetivo do projeto, isto é, como um impacto de riscos potenciais. O diagrama então ajuda a identificar os riscos que podem levar ao impacto descrito, agrupando-os por causas principais. A Figura 3.52 apresenta um exemplo de diagrama de causa e efeito onde o impacto é descrito como "poucas vendas no programa". Os riscos são então identificados e agrupados sob as causas principais (ambiente, comunicação, força de vendas e estratégia).

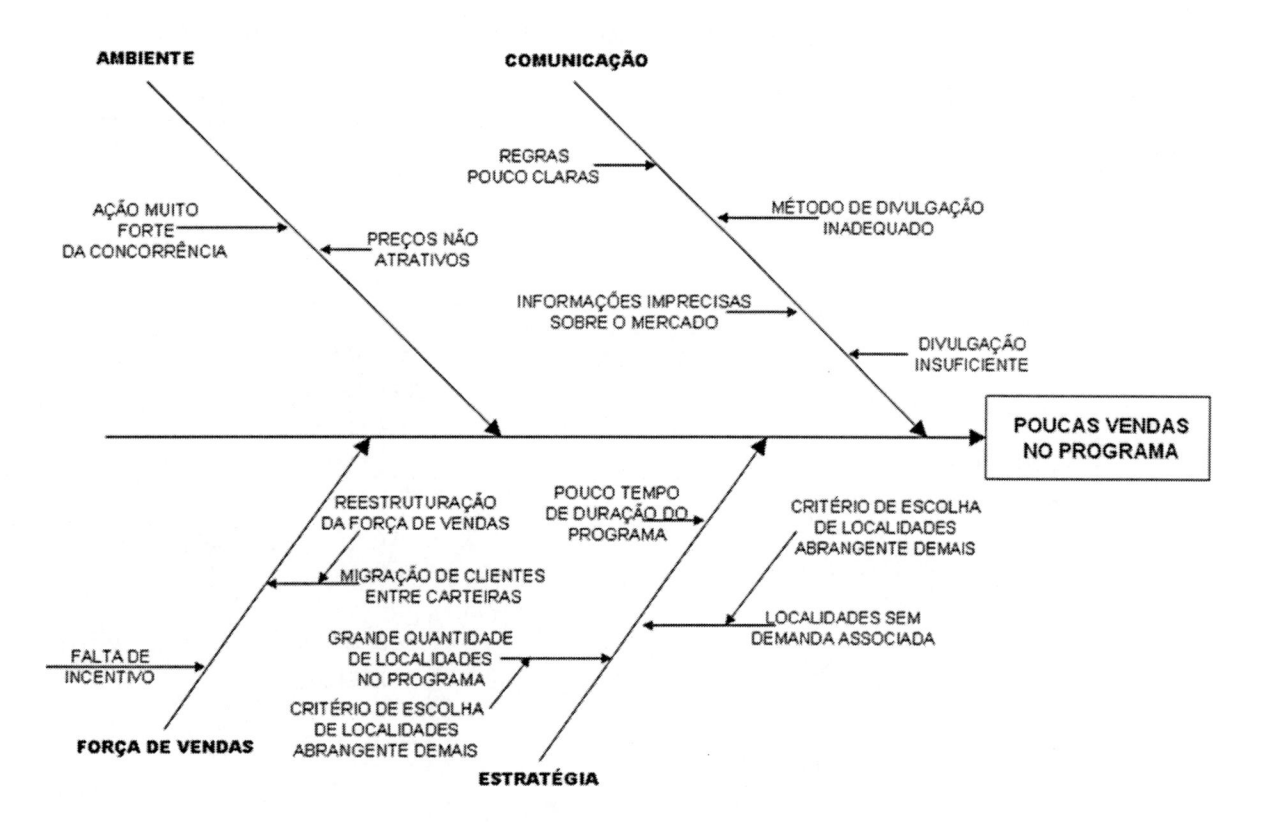

Figura 3.52 – Exemplo de diagrama de causa e efeito

- **Diagrama de influência (*interrelationship digraph*):** esta técnica é utilizada para permitir que uma equipe identifique, analise e classifique sistematicamente relacionamentos de causa e efeito entre várias causas de um risco ou mesmo entre vários riscos do projeto.

A técnica requer sete passos (ver exemplo na Figura 3.53):

1. Definir a descrição do risco ou o impacto que será analisado.
2. Reunir a equipe correta (geralmente de quatro a sete pessoas).
3. Descrever em "caixas" as causas potenciais do risco, através de *brainstorming* ou outra técnica de geração de ideias.
4. Buscar relacionamentos de causa e efeito entre todas as causas listadas e desenhar setas de acordo com o relacionamento encontrado (algumas causas podem simplesmente não se relacionar entre si).
5. Contar os números de setas entrando e saindo de cada "caixa".
6. Encontrar a causa-raiz: aquela com o maior número de setas saindo.
7. Desenhar o diagrama final.

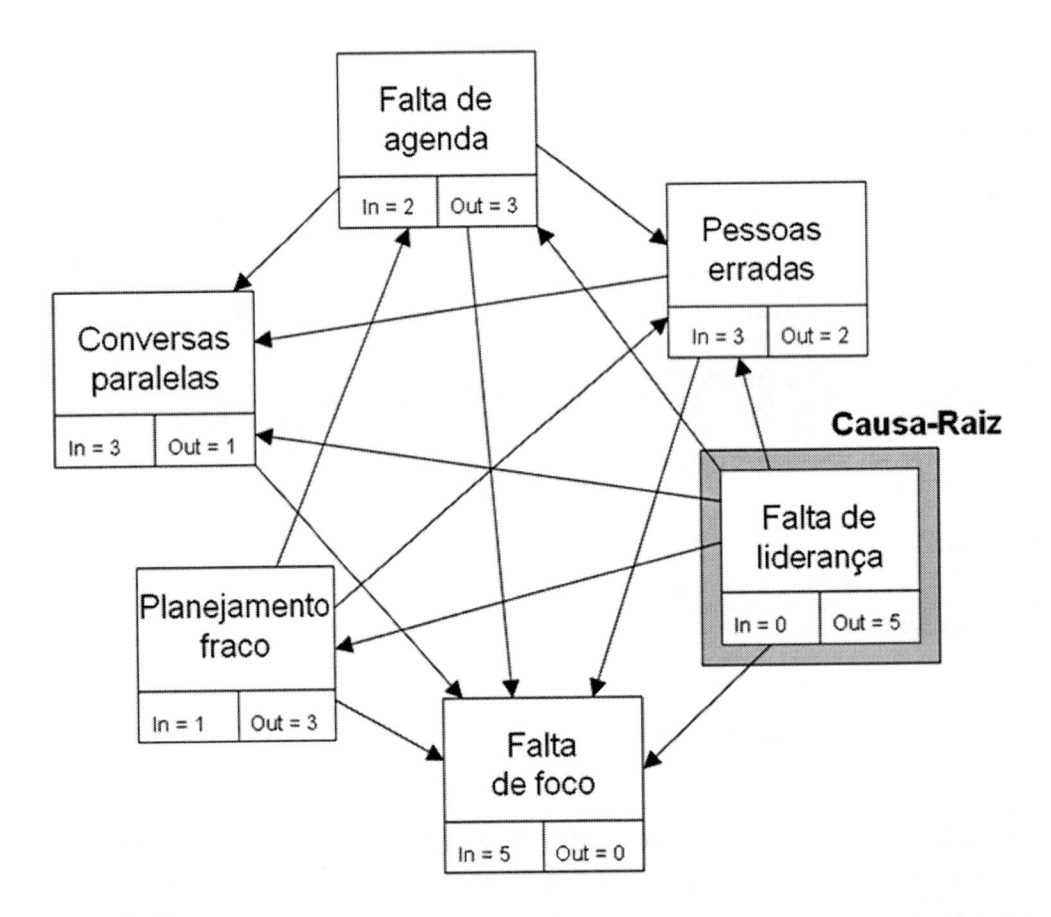

Figura 3.53 – Exemplo de diagrama de influência entre causas do risco "realizar reuniões improdutivas durante o projeto"

Ao final do processo de identificação de riscos, o **registro de riscos** do projeto estará preenchido com as seguintes características dos riscos identificados:

a) Descrição do evento de risco

De maneira a descrever claramente um risco identificado, uma estrutura padronizada de descrição deve ser adotada. Uma descrição típica de um evento ou condição de risco é:

"Devido a **<uma ou mais causas>**, poderá ocorrer **<risco>**, o que levaria a **<um ou mais efeitos>**."

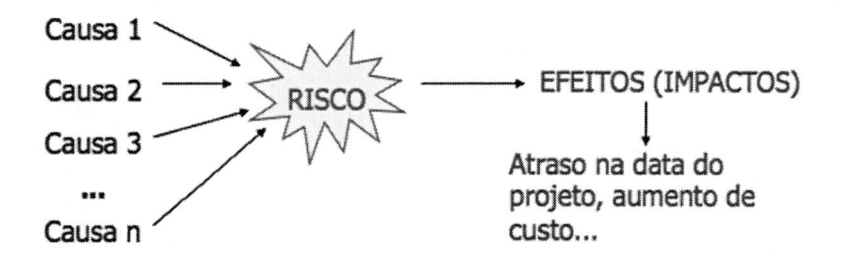

```
Causa 1
Causa 2  →  RISCO  →  EFEITOS (IMPACTOS)
Causa 3                    ↓
 ...              Atraso na data do
Causa n           projeto, aumento de
                  custo...
```

No momento da identificação de riscos de projetos, pense em "causas" como eventos ou condições SEM incerteza associada e que podem levar à ocorrência de riscos. Coisas que já sabemos:

- Já aconteceram ou estão acontecendo.
- Decisões já tomadas.
- Características do projeto, da organização ou do ambiente.

Ao descrever o impacto do risco, busque pelo **primeiro** impacto no projeto. Não é necessário descrever toda a cadeia de impactos entre uma atividade do projeto e outra.

- Em vez de:

    Devido à complexidade do sistema, erros na especificação poderão ocorrer, o que levaria a atraso na especificação, no início do desenvolvimento e nos testes.

- Prefira:

    Devido à complexidade do sistema, erros na especificação poderão ocorrer, o que levaria a atraso na especificação.

Cuidado para não listar como "risco" o que é simplesmente a sequência lógica de atividades do cronograma.

- Exemplo:

    Devido ao atraso na emissão da licença da obra, o início da obra poderá atrasar, o que levaria a atraso na data de entrega da obra.

No exemplo acima, nenhum evento de risco foi documentado, mas apenas a cadeia de efeitos que ocorrerá caso haja um atraso na emissão da licença da obra, como pode ser visualizado a seguir.

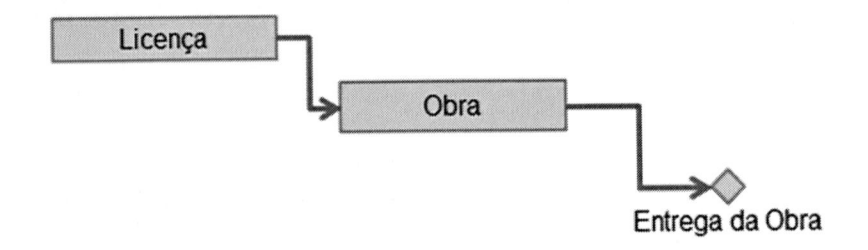

A descrição correta do risco poderia ser:

> *Devido ao processo burocrático do órgão emissor, poderá ocorrer morosidade no processo de liberação da licença, o que levaria a atraso na emissão da licença da obra.*

Quanto mais específica for a descrição do evento de risco, mais facilmente se conseguirá planejar uma resposta e monitorá-lo posteriormente.

- Descrição genérica de um risco:

    > *Devido à situação atual do cliente, poderão ocorrer mudanças de escopo, o que levaria a um atraso do projeto.*

- Descrição específica de um risco:

    > *Devido à quantidade de dúvidas do cliente em relação às possibilidades de utilização do ambiente a ser construído, poderá ocorrer um aumento na área de construção prevista originalmente para o auditório, o que levaria a um atraso na fase de desenho do projeto.*

b) Alertas/Sintomas

Antes mesmo que um risco ocorra, podem acontecer outros eventos ou condições que indiquem que o risco está para ocorrer. Esses são os chamados alertas ou sintomas (em inglês, *triggers*). Se corretamente identificados, darão melhor condição para a equipe de gerenciamento do projeto se preparar para riscos que estão prestes a ocorrer.

- Descrição do risco:

    > *Devido à falta de experiência do pessoal com o equipamento XYZ, um desempenho ruim na execução dos testes deste equipamento poderá ocorrer, o que levaria a um aumento da duração prevista dos testes, que é de vinte dias.*

- Alerta:

    Progresso dos testes inferior a 20% após quatro dias de teste.

c) Categoria

A categoria do risco, identificada a partir da EAR do projeto, deve ser registrada. Documentar a categoria do risco permitirá uma análise sobre as fontes que mais geram riscos para o projeto.

d) Código numérico da Estrutura Analítica do Projeto

Cada risco também pode ser associado à entrega, ao pacote de trabalho ou à atividade a que se refere. Essa associação é feita através do código numérico que identifica cada parte do projeto na EAP. Essa abordagem permitirá uma análise sobre as áreas do projeto que estão mais sujeitas a riscos.

e) Responsável pelo risco

Uma pessoa responsável deve ser designada a cada risco identificado. Essa pessoa terá a atribuição de acompanhar a "vida" do evento de risco e atualizar sua situação durante o projeto.

A Figura 3.54 mostra um exemplo de um registro de riscos preenchido após o processo de identificação de riscos.

Código do Risco	Status do Risco	Descrição do Risco	Responsável pelo Risco	Área Técnica	Categoria	Código EAP
R-01	Ativo	Devido a agenda sobrecarregada dos diretores, poderá ocorrer uma indisponibilidade de data, o que levará a remarcação do evento	Gerente do Projeto	Gerência do Projeto	3.3 - Estrutura Organizacional	2.1.1
R-02	Ativo	Devido a agenda sobrecarregada dos diretores, poderá ocorrer demora na preparação das apresentações, o que levaria a atraso na entrega do arquivo do Word.	Analista de Planejamento	Gerência do Projeto	1.1 - Desempenho	2.4.2
R-03	Ativo	Devido a características tecnológicas, poderá ocorrer defeito no projetor de slides, o que levaria a interrupção do treinamento.	Auxiliar Administrativo	Gerência do Projeto	1.2 - Tecnologia	3.2.2
R-04	Ativo	Devido ao período previsto para o evento ser alta temporada de eventos na cidade, poderá ocorrer um preço de contratação do local maior do que o estimado, o que levaria ao aumento do custo do projeto.	Analista de Planejamento	Gerência do Projeto	4.8 - Mercado	2.1.4
R-05	Ativo	Devido à Quality contratar locais de treinamento com frequência, poderá ocorrer um preço menor do que o estimado, o que levaria à redução no custo do projeto	Gerente do Projeto	Gerência do Projeto	4.8 - Mercado	2.1.4
		Devido a agenda sobrecarregada do presidente, poderá ocorrer a				

Figura 3.54 – Exemplo de um registro de riscos preenchido após o processo de identificação dos riscos

REALIZAR A ANÁLISE QUALITATIVA DOS RISCOS

Após identificar os riscos, é necessário priorizá-los em relação a sua importância para o projeto. A análise qualitativa procura gerar essa classificação a partir de estimativas de probabilidade e impacto dos riscos identificados.

As definições registradas no plano de gerenciamento de riscos serão utilizadas durante esse processo. Particularmente, serão utilizadas:

- Tabela para estimativa de probabilidades
- Tabela de impactos
- Matriz probabilidade x impacto
- Demais diretrizes para análise qualitativa

Os riscos que serão analisados qualitativamente já se encontrarão descritos no registro de riscos, como resultado do processo de identificar os riscos.

Considerando que riscos são eventos futuros que podem ter impacto nos objetivos do projeto, podemos caracterizar um risco a partir de duas dimensões:

- sua probabilidade de ocorrência, que se refere à chance de aquele risco ocorrer no projeto;
- seu impacto em algum objetivo do projeto, que se refere a quanto o projeto sofrerá ou será beneficiado se o risco identificado ocorrer.

Dessa forma, pode-se definir um grau de risco R, proporcional à probabilidade e ao impacto do evento de risco a ser analisado (ver Figura 3.55).

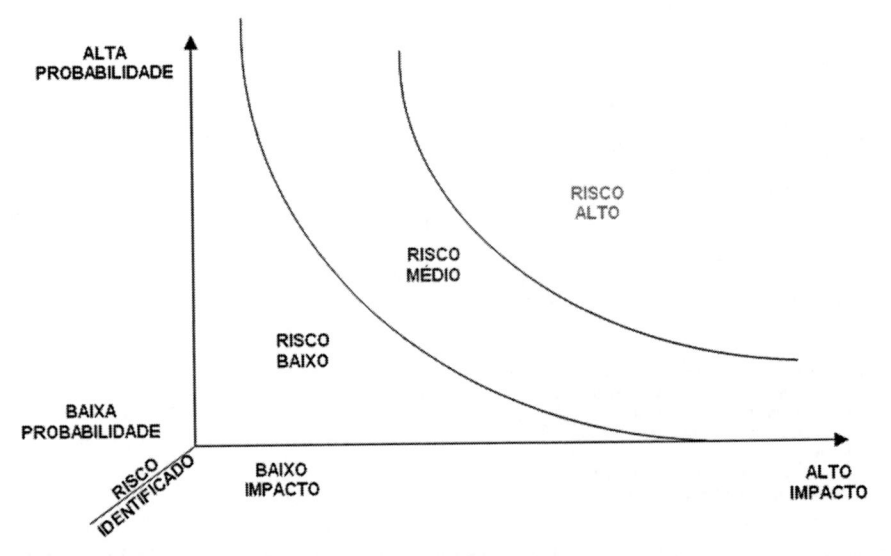

Figura 3.55 – Relacionamento entre probabilidade e impacto de um evento de risco

As seguintes ferramentas podem ser utilizadas para realizar a análise qualitativa de riscos:

a) Avaliação de probabilidade

A avaliação da probabilidade de ocorrência de um evento de risco costuma ser feita com o auxílio de uma tabela de probabilidades, definida no processo de Planejamento do Gerenciamento dos Riscos, como exemplificada na Figura 3.47.

b) Avaliação de impactos

Os impactos também serão estimados com o auxílio de uma tabela de impactos, definida no planejamento do gerenciamento dos riscos, conforme exemplificada na Figura 3.48.

c) Classificação dos eventos de risco através da Matriz P x I

Os riscos serão classificados a partir da combinação de sua estimativa de probabilidade e de sua estimativa de impactos potenciais. Uma matriz de probabilidade x impacto auxiliará na classificação dos riscos. Essa matriz é definida durante o processo de planejamento do gerenciamento de riscos e está exemplificada na Figura 3.49.

d) Avaliação da qualidade dos dados

Essa avaliação ajudará a identificar riscos sobre os quais se tenha pouca ou nenhuma informação, alertando a equipe do projeto para a necessidade de coletar dados de melhor qualidade nesses casos.

Para efetuar essa avaliação são definidas, no plano de gerenciamento de riscos, classes padronizadas de qualidade de dados sobre os riscos, conforme o exemplo a seguir:

- **Classe A:** existe bastante informação sobre esse tipo de risco, seja em projetos anteriores ou em experiência da indústria. Existe bastante confiança em relação à probabilidade e aos impactos estimados.

- **Classe B:** existe informação razoável sobre esse tipo de risco. Sua identificação em projetos anteriores foi observada algumas vezes. A confiança que se tem em relação à probabilidade e aos impactos estimados é mediana.

- **Classe C:** existe pouquíssima ou nenhuma informação sobre esse tipo de risco. Raramente ou nunca se observou sua identificação em projetos anteriores. A confiança que se tem em relação à probabilidade e aos impactos estimados é muito pequena.

Cada risco identificado é avaliado e classificado em relação a essas classes.

e) Categorização dos eventos de risco

Além de classificar os riscos em "alto", "médio" e "baixo", a análise qualitativa também poderá categorizar os riscos agrupando-os por características comuns para permitir um melhor entendimento:

- Categorizar os riscos **por fonte de riscos**, utilizando as categorias da EAR, ajudará a identificar de onde podem estar surgindo ameaças e oportunidades mais relevantes.

- Categorizar os riscos **pela parte do projeto afetada**, utilizando o código de numeração da EAP, identificará partes do projeto mais sujeitas a ameaças ou oportunidades.

- Categorizar os riscos **por causas-raízes** ajudará a desenvolver respostas a riscos com maior eficácia.

- Categorizar os riscos **por impacto** ajudará a ter uma visão de que objetivos do projeto estão mais vulneráveis a ameaças ou mais suscetíveis a oportunidades.

- Categorizar os riscos **por classe de qualidade de dados** permitirá uma visão sobre que riscos merecem mais atenção em relação à qualidade da informação que se tem sobre eles.

f) Avaliação da urgência dos riscos

Cada risco identificado poderá ocorrer durante determinado período de tempo no projeto. Enquanto alguns poderão ocorrer desde o início até o fim do projeto, outros estarão restritos a alguma fase, entrega ou atividade.

#	Título do Risco	Início de Probabilidade de Ocorrência	Término de Probabilidade de Ocorrência
1	Incêndio nas instalações	Qua 1/4/09	Sex 14/8/09
2	Cometer erros em especificações	Qua 1/4/09	Qui 30/4/09
3	Não conseguir contratar recursos adequados	Qua 15/4/09	Sex 15/5/09
4	Danificar material no transporte	Ter 5/5/09	Sex 29/5/09
5	Chuvas torrenciais durante instalação	Seg 1/6/09	Qui 30/7/09
6	Código de barras ilegível	Seg 1/6/09	Seg 15/6/09
7	Impressora quebrar durante transporte	Seg 15/6/09	Qui 25/6/09
8	Danificar tubulação ao furar parede	Qua 1/7/09	Sex 10/7/09
9	Baixo desempenho nos testes	Qua 1/7/09	Sex 14/8/09
10	Falta de energia durante os testes	Qua 1/7/09	Sex 14/8/09

Figura 3.56 – Exemplo de gráfico de Gantt de riscos

Para se avaliar a urgência no tratamento dos riscos, é estimado o período de ocorrência de cada risco, definindo-se, por exemplo, mês e ano de início e de término em que o risco poderá ocorrer. Essa informação poderá ser apresentada através de um gráfico de Gantt de riscos (ver exemplo na Figura 3.56).

As informações geradas ao realizar a análise qualitativa de riscos serão adicionadas ao registro de riscos. Aqueles eventos de risco classificados como altos ou médios, sejam ameaças ou oportunidades, serão levados em conta de maneira especial nos processos de realizar a análise quantitativa e de planejar respostas aos riscos.

Código do Risco	Status do Risco	Descrição do Risco	Probabilidade		Impactos Prazo		Custo		Grau do Risco	Classificação do Risco
			Descrição	%	Aumento ou Redução	Faixa	Aumento ou Redução	Faixa		
R-01	Ativo	Devido a agenda sobrecarregada dos diretores, poderá ocorrer uma indisponibilidade de data, o que levará a remarcação do evento	Alta	70%	Aumento	Alto			0,28	Alto
R-02	Ativo	Devido a agenda sobrecarregada dos diretores, poderá ocorrer demora na preparação das apresentações, o que levaria a atraso na entrega do arquivo do Word.	Alta	70%	Aumento	Muito Baixo			0,035	Baixo
R-03	Ativo	Devido a características tecnológicas, poderá ocorrer defeito no projetor de slides, o que levaria a interrupção do treinamento.	Baixa	30%	Aumento	Muito Alto			0,24	Alto
R-04	Ativo	Devido ao período previsto para o evento ser alta temporada de eventos na cidade, poderá ocorrer um preço de contratação do local maior do que o estimado, o que levaria ao aumento do custo do projeto.	Média	50%			Aumento	Moderado	0,1	Médio
R-05	Ativo	Devido à Quality contratar locais de treinamento com frequência, poderá ocorrer um preço menor do que o estimado, o que levaria à redução no custo do projeto	Alta	70%			Redução	Moderado	-0,14	Oportunidade Média
		Devido a agenda sobrecarregada do presidente, poderá ocorrer a								

Figura 3.57 – Exemplo de um registro de riscos preenchido após o processo de realizar a análise qualitativa dos riscos

REALIZAR A ANÁLISE QUANTITATIVA DOS RISCOS

Neste processo os efeitos dos eventos de risco, priorizados pela análise qualitativa, são analisados, atribuindo um valor numérico a eles. Através dessa análise, esses efeitos são quantificados nos objetivos do projeto. Tal análise é particularmente útil para riscos que impactem o cronograma ou o custo do projeto.

Outros objetivos de realizar a análise quantitativa de riscos incluem:

- Quantificar os possíveis resultados do projeto e suas probabilidades.
- Avaliar a probabilidade de atingir objetivos específicos do projeto.
- Identificar os riscos que exigem mais atenção, quantificando sua contribuição relativa para o risco total do projeto.

- Identificar metas realistas e alcançáveis de custo e cronograma, levando-se em conta os riscos do projeto.
- Determinar a melhor decisão de gerenciamento de projetos quando algumas condições ou resultados forem incertos.

O processo de realizar a análise quantitativa é fortemente influenciado por informações históricas que estejam disponíveis. Essas informações podem ser obtidas a partir de:

- bancos de dados de projetos anteriores semelhantes e terminados;
- estudos de projetos semelhantes feitos por especialistas em riscos;
- bancos de dados de riscos que podem estar disponíveis comercialmente.

O plano de gerenciamento de riscos, que já terá definido que abordagens de análise quantitativa serão utilizadas no projeto, e o registro de riscos, que começou a ser elaborado no processo de identificação e que já contém riscos priorizados pelo processo de realizar a análise qualitativa, serão utilizados como insumo básico para realizar a análise quantitativa.

Técnicas comumente utilizadas ao realizar a análise quantitativa de risco incluem:

a) Análise de sensibilidade

Esta análise avalia a sensibilidade do resultado do projeto a variações em seus dados de entrada.

Considere, por exemplo, um projeto com um VPL (Valor Presente Líquido) calculado em $183.480 (ver Figura 3.58).

Ano	Custos	Custos Descontados	Receitas	Receitas Descontadas	Saldo
0	100.000	100.000	-	-	(100.000)
1	100.000	90.909	-	-	(190.909)
2	100.000	82.645	-	-	(273.554)
3	10.000	7.513	100.000	75.131	(205.935)
4	10.000	6.830	100.000	68.301	(144.464)
5	10.000	6.209	100.000	62.092	(88.581)
6	10.000	5.645	100.000	56.447	(37.779)
7	10.000	5.132	100.000	51.316	8.406
8	10.000	4.665	100.000	46.651	50.391
9	10.000	4.241	100.000	42.410	88.560
10	10.000	3.855	100.000	38.554	123.259
11	10.000	3.505	100.000	35.049	154.803
12	10.000	3.186	100.000	31.863	**183.480**

Figura 3.58 – Cálculo de VPL de um projeto

Para chegar a esse VPL foram utilizados vários parâmetros de entrada, que podem ser identificados na Figura 3.59. O VPL de $183.480 foi obtido utilizando os valores da coluna "Estimativa/Mais Provável".

Parâmetros de Entrada	Estimativa		
	Otimista	Mais Provável	Pessimista
Custo do Projeto ($)	250.000	300.000	330.000
Custo anual de manutenção do produto ($)	8.000	10.000	13.000
Receita anual prevista com o produto ($)	140.000	100.000	70.000
Taxa anual de juros (%)	8%	10%	15%
Duração do projeto (anos)	2	3	4

Figura 3.59 – Parâmetros de entrada para cálculo de VPL do projeto

A análise de sensibilidade procurará descobrir quais desses parâmetros de entrada possuem o maior efeito potencial no resultado do projeto, medido pelo seu VPL. Para isso, são obtidas estimativas de faixas de valores (limites superiores e inferiores ou estimativas pessimistas e otimistas) para cada um dos parâmetros de entrada da tabela da Figura 3.59. Em seguida, considerando a variação estimada de cada parâmetro de entrada, calcula-se qual será a faixa de resultados do VPL mantendo-se todos os outros parâmetros de entrada constantes.

No exemplo dado, se o custo total do projeto for $250.000 (cenário otimista), o VPL será $229.072. Se o custo for $330.000 (cenário pessimista), o VPL será $156.125. Repetindo essa análise para todos os outros parâmetros, os resultados podem ser dispostos em um gráfico que, pelo seu formato, é chamado de diagrama de tornado (Figura 3.60). Observa-se, no exemplo, que o projeto é muito sensível às variações da receita anual prevista e, por outro lado, pouco sensível às variações esperadas do custo anual com a manutenção do produto do projeto.

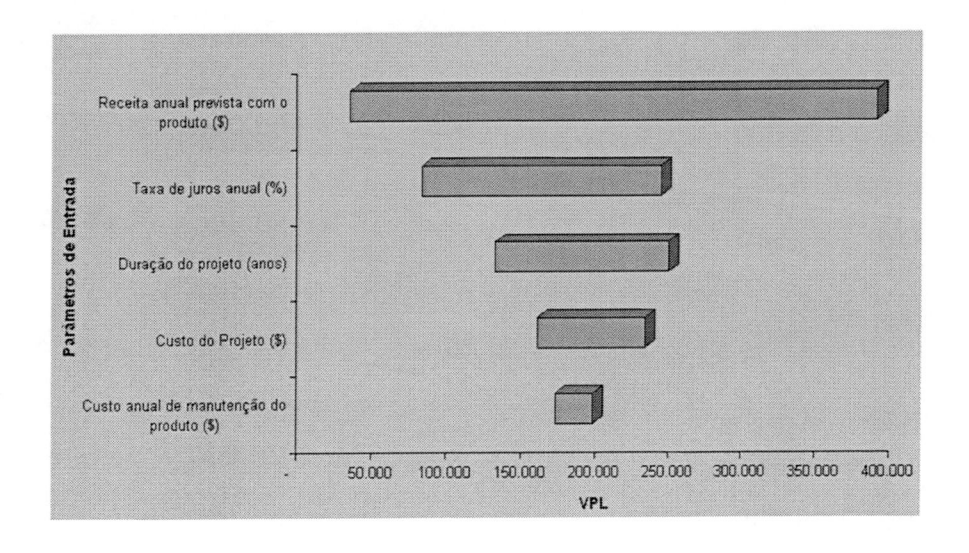

Figura 3.60 – Diagrama de tornado

b) Análise do Valor Monetário Esperado (VME)

A análise do Valor Monetário Esperado utiliza um conceito estatístico que calcula o resultado "esperado" de um evento futuro considerando as incertezas. O Valor Monetário Esperado de um evento de risco é obtido através do somatório dos produtos das probabilidades e dos impactos dos resultados possíveis desse evento. Por exemplo, se existe 20% de probabilidade de um projeto ter um VPL de $100.000, 50% de probabilidade de o VPL ser $30.000 e outros 30% de probabilidade de o VPL ser negativo de $20.000, o Valor Monetário Esperado para o VPL do projeto será:

```
20% x 100.000    = $20.000
50% x 30.000     = $15.000
30% x (20.000)   = ($ 6.000)
VME =              $ 29.000
```

O conceito de VME também é aplicado na técnica de análise de árvore de decisão, como será visto a seguir. Embora seja chamada de Valor Monetário Esperado, a análise pode ser realizada considerando valores não monetários (por exemplo, tempo ou produtividade).

c) Análise de árvore de decisão

Esta análise utiliza um diagrama de árvore de decisão (Figura 3.61), que descreve a situação que está sendo considerada e as implicações de cada uma das escolhas disponíveis e cenários possíveis. Ela incorpora o valor de cada escolha disponível, as probabilidades de cada cenário possível e o resultado esperado de cada opção. A resolução da árvore de decisão fornece o VME para cada opção, orientando o tomador de decisão em sua escolha.

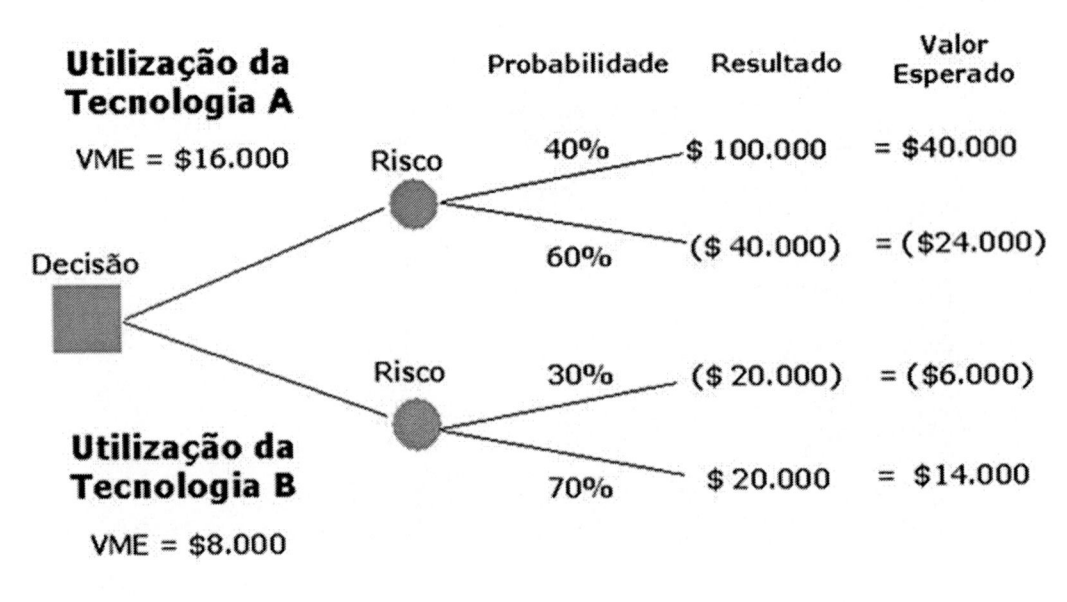

Figura 3.61 – Exemplo de árvore de decisão

A seguir, são apresentados dez passos para montar uma árvore de decisão:

1. Represente as decisões por caixas e os eventos de risco, que podem ter múltiplos resultados, por círculos.

2. A decisão primária (decisão raiz) que está sendo avaliada é colocada do lado esquerdo da árvore de decisão. A árvore é desenhada a partir da decisão raiz, da esquerda para a direita.

3. Represente todos os caminhos (cenários) possíveis a partir do nó de decisão, através de linhas.

4. Coloque valores financeiros, se existirem, para cada caminho que procede do nó de decisão.

5. Atribua uma probabilidade a cada caminho que procede de um nó de evento, lembrando que a soma das probabilidades de determinado nó de evento deve ser igual a 1. Os nós de decisão não têm probabilidades associadas aos caminhos que partem deles.

6. Atribua valores financeiros, se existirem, para cada caminho que parte de um nó de evento.

7. Determine o valor monetário esperado para cada caminho que procede de um nó de evento, multiplicando a probabilidade pelo valor financeiro associado ao caminho em questão.

8. Da direita para a esquerda, considere os valores esperados de todos os caminhos de determinado nó de evento e some-os. A razão para somar os valores esperados de todos os caminhos de um nó de evento é que, juntos, eles formam o universo completo de possíveis resultados daquele evento.

9. Continue a trabalhar para a esquerda até totalizar os valores esperados de cada caminho que procede de um nó de decisão.

10. Escolha o caminho mais vantajoso para a árvore de decisão. A razão para escolher apenas um caminho que parte de um nó de decisão é que eles são mutuamente exclusivos.

d) Simulação

A simulação é utilizada para calcular os impactos potenciais nos objetivos do projeto (geralmente objetivos de prazo e custo), a partir de incertezas que são especificadas em um nível detalhado do projeto, utilizando-se para isso distribuições contínuas de probabilidade:

- Nas simulações de cronograma, as incertezas são especificadas nas estimativas de duração de cada atividade, e utiliza-se como modelo o cronograma do projeto devidamente suportado por uma rede lógica de atividades.

- Nas simulações de orçamento, as incertezas são especificadas no custo de cada pacote de trabalho ou atividade, ou ainda no custo dos recursos, utilizando-se a EAP (Estrutura Analítica do Projeto) como modelo.

A maneira utilizada para representar as incertezas presentes em estimativas de duração de atividades ou em estimativas de custos de itens do projeto é através de distribuições de probabilidade, como a distribuição triangular, normal, lognormal, uniforme, beta, entre outras. A quantificação dessas distribuições de probabilidade pode ser conseguida através de entrevistas com especialistas, internos ou externos ao projeto, a partir de sua experiência, ou de informações históricas disponíveis.

Toda estimativa, seja de prazo ou de custo, tem uma variação possível que é inerente a ela, mesmo que nenhum risco tenha sido identificado para a atividade ou o pacote de trabalho a que a estimativa se refira. Além dessa variação, inerente à estimativa, a presença de riscos identificados fará com que a variação possível seja ainda maior.

No exemplo da Figura 3.62, a duração de uma atividade do projeto foi representada através de uma distribuição triangular, onde podem ser observadas as variações estimadas, inerentes à estimativa de duração. No exemplo dado, o cenário otimista foi de 16 dias, o mais provável de 17 dias, e o pessimista de vinte dias.

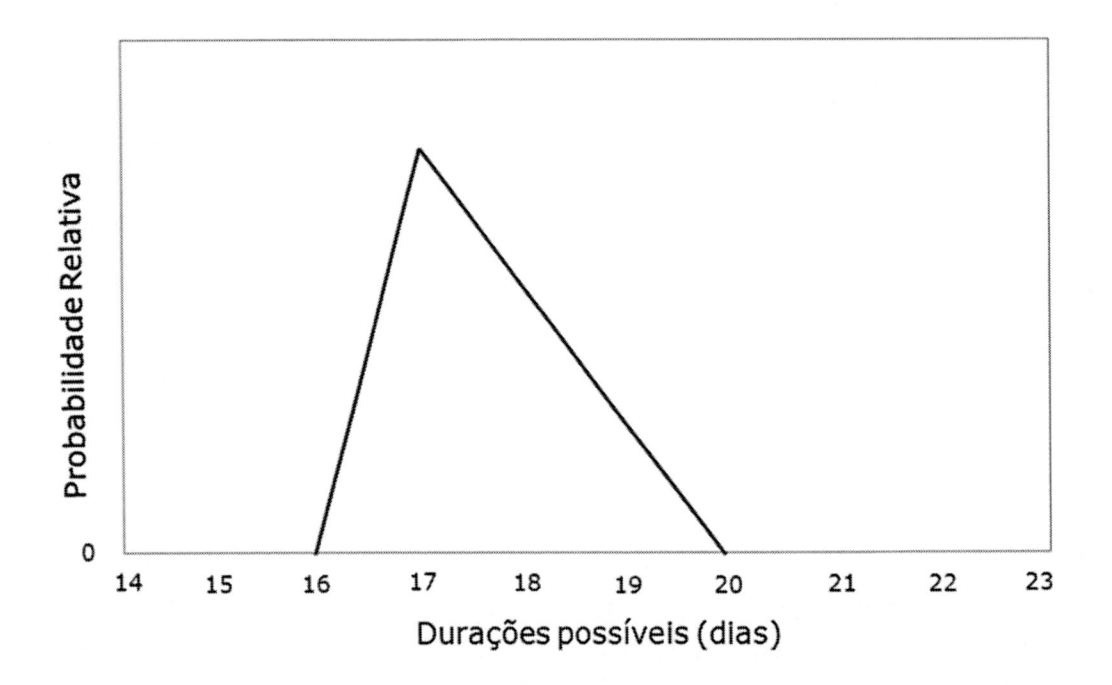

Figura 3.62 – Exemplo de estimativa de duração de atividade de projeto (caso 1)

Se além da variação inerente à estimativa fossem considerados os riscos (ameaças e oportunidades) identificados para a atividade em questão, os novos valores extremos da distribuição triangular poderiam ser, por exemplo, aqueles representados na Figura 3.63 (otimista = 15 dias; mais provável = 17 dias; pessimista = 22 dias).

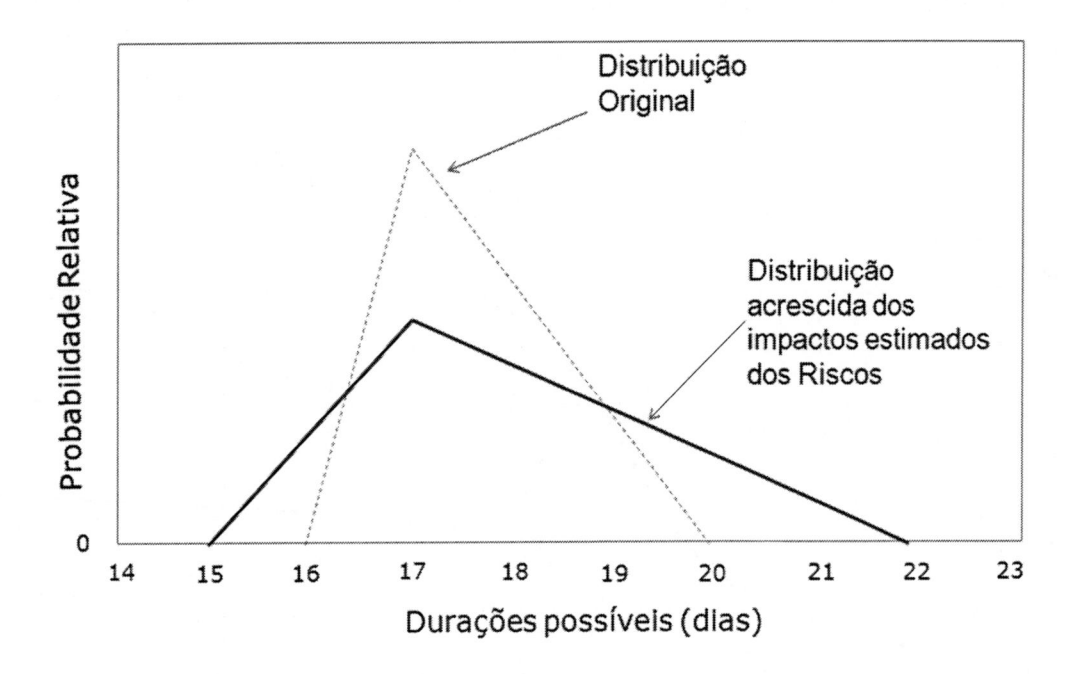

Figura 3.63 – Exemplo de estimativa de duração de atividade de projeto (caso 2)

Para executar uma simulação, normalmente é utilizada a técnica de Monte Carlo, onde o modelo do projeto é calculado muitas vezes (iterado), sendo que em cada iteração os valores de duração de atividades (para simulação de cronograma) ou os valores de custo de cada item (para simulação de custos) são obtidos a partir da geração de números aleatórios, levando-se em conta as distribuições de probabilidade definidas para cada item. Os resultados do projeto (prazo total ou custo total), após cada iteração, são armazenados e, ao final de centenas ou milhares de iterações, os resultados são dispostos sob a forma de uma distribuição de probabilidades para o custo total ou o prazo de término do projeto. No exemplo da Figura 3.64, o projeto tem uma probabilidade de 90% de durar até 220 dias.

Devido à quantidade de cálculos necessários em uma simulação, essa técnica é realizada em computadores, com softwares próprios disponíveis no mercado.

Como resultado da análise quantitativa de riscos, obter-se-á uma análise probabilística do projeto, com estimativas dos possíveis resultados de seu cronograma e custo, listando as datas de término e custos possíveis juntamente com seus níveis de confiança associados.

A análise quantitativa se apoia em técnicas matemáticas para produzir seus resultados. Percebe-se que o "calcanhar de Aquiles" desse tipo de análise reside na qualidade dos dados de entrada para a execução da análise. Geralmente a obtenção de dados confiáveis e precisos torna-se difícil, a não ser que se dedique bastante tempo a isso. Dessa forma, a opção pela utilização ou não de técnicas como essas dependerá da natureza e do tamanho do projeto.

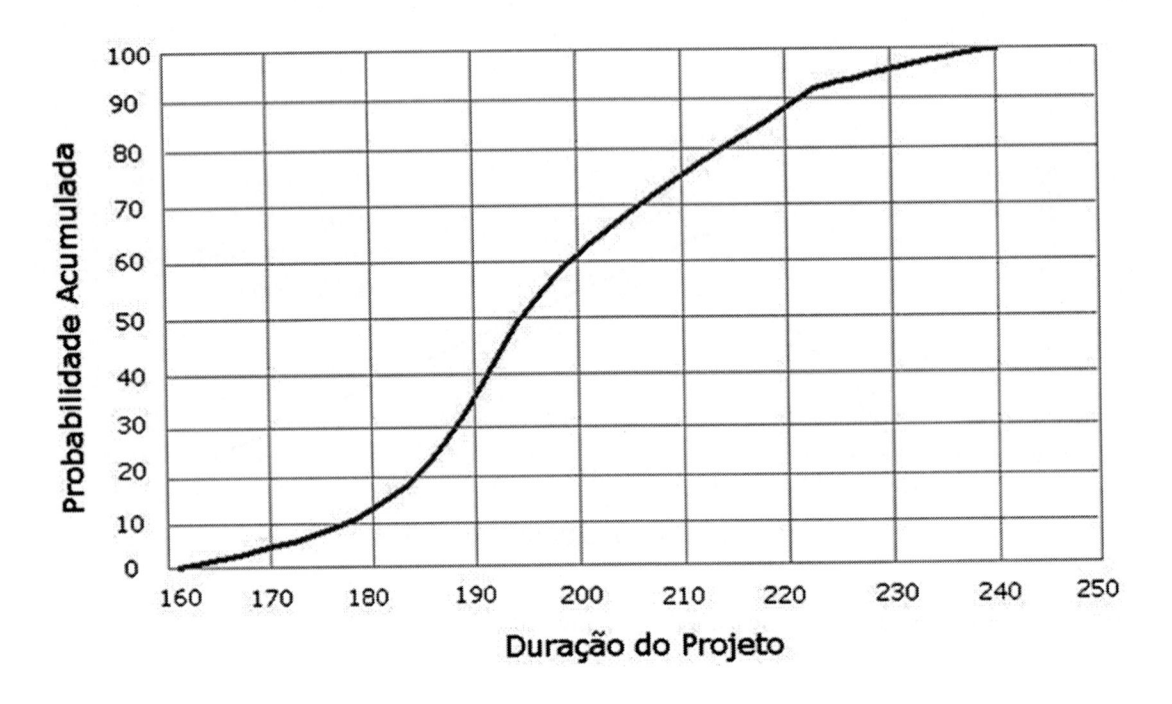

Figura 3.64 – Exemplo de resultado de uma simulação de cronograma

PLANEJAR RESPOSTAS AOS RISCOS

No planejamento de respostas a riscos são desenvolvidas opções e determinadas ações com os seguintes propósitos:

- maximizar os resultados positivos de oportunidades para o projeto;
- minimizar os efeitos negativos de ameaças para o projeto.

O processo de planejar respostas levará em conta a priorização de riscos que foi feita nos processos de análise e inserirá recursos e atividades no orçamento e no cronograma do projeto para responder aos riscos, conforme a necessidade.

De forma geral, respostas a riscos devem ser:

- adequadas à severidade do risco;
- realistas dentro do contexto do projeto;

- efetivas em termos de custo;
- oportunas para terem sucesso;
- designadas a responsáveis.

O plano de gerenciamento de riscos já terá traçado as linhas gerais de atuação do planejamento de respostas ao definir funções e responsabilidades no gerenciamento de riscos, que tipos de risco merecerão resposta imediata, que estratégias estarão disponíveis e demais diretrizes.

O outro insumo básico para o planejamento de respostas é o registro de riscos, que a essa altura já conterá os riscos identificados para o projeto e os resultados dos processos de análise.

Existem várias estratégias típicas que podem ser aplicadas para enfrentar os riscos relevantes a que o projeto está sujeito, dependendo da natureza do risco e da tolerância que o projeto tem a eles.

a) Estratégias para riscos negativos (ameaças)

- **Evitar.** Esta estratégia consiste em executar ações antecipadamente (geralmente alterando o plano de gerenciamento do projeto) com o objetivo de eliminar a probabilidade de ocorrência do evento de risco ou proteger os objetivos do projeto caso o risco ocorra. Por exemplo, para evitar riscos relacionados à utilização de uma nova tecnologia em um projeto de software pode-se optar pela utilização de uma tecnologia já conhecida e provada no lugar da primeira. Antes de se decidir por essa ação de resposta, porém, os benefícios potenciais da nova tecnologia devem ser avaliados em comparação ao valor esperado dos riscos relacionados a ela (resultado de uma análise quantitativa).

- **Mitigar.** Algumas vezes não será possível evitar um risco, ou a sua eliminação só será conseguida a custos muito elevados. Nesses casos, a mitigação é uma estratégia a ser considerada. Consiste em diminuir a probabilidade de ocorrência do evento de risco ou reduzir seus impactos nos objetivos do projeto a níveis aceitáveis. Por exemplo, a substituição de um fornecedor de equipamentos por outro com histórico de atrasos menor do que o primeiro estará diminuindo a probabilidade de atrasos nessa atividade do projeto, mitigando dessa forma o risco.

- **Transferir.** Através dessa estratégia procura-se transferir legalmente todo ou parte do risco para um terceiro, o que pode ser conseguido através da contratação de um seguro, um título de desempenho ou uma cláusula contratual de multa. Essa estratégia costuma ser mais eficaz para resposta a riscos financeiros. Contratos são instrumentos de transferência de risco. Por exemplo, em um contrato por preço fixo e global, riscos de custos são assumidos pelo contratado. Por outro lado, nos contratos a custo reembolsável, esse risco está com o comprador.

b) Estratégias para riscos positivos (oportunidades)

- **Explorar.** É a estratégia utilizada para responder àquelas oportunidades que a organização quer ver concretizadas. Tenta-se eliminar a incerteza relacionada ao risco positivo, fazendo com que ele definitivamente aconteça.

- **Melhorar.** Procura-se aumentar o tamanho da oportunidade, através do aumento de sua probabilidade de ocorrência ou da suscetibilidade do projeto à oportunidade.

- **Compartilhar.** Compartilhar uma oportunidade significa atribuir sua propriedade a terceiros que possam capturá-la melhor em benefício do projeto. A formação de parcerias, empresas com propósito específico ou *joint ventures* são exemplos de aplicação dessa estratégia.

c) Estratégia para ameaças e oportunidades → Respostas de contingência

Neste caso, um plano de contingência é preparado para ser colocado em prática caso o risco ocorra ou se for considerado que haverá alerta suficiente para implantar o plano.

d) Estratégia para ameaças e oportunidades → Aceitar

Aceitar um risco significa não tomar qualquer ação antes que o risco se concretize. A aceitação é considerada ativa quando, por exemplo, são estabelecidas reservas de contingência de tempo ou dinheiro para acomodar o impacto de um risco negativo, caso ocorra. A aceitação é considerada passiva quando se decide deixar que a equipe lide com a ameaça ou oportunidade à medida que ela ocorra. Naturalmente, a aceitação passiva não é a melhor estratégia a ser adotada para riscos avaliados como altos.

A Figura 3.65 apresenta um resumo das abordagens e estratégias possíveis de resposta a riscos de projetos.

ABORDAGEM	NEGATIVOS (AMEAÇAS)	POSITIVOS (OPORTUNIDADES)	RESPOSTA
AGRESSIVA	EVITAR (AVOID)	EXPLORAR (EXPLOIT)	PROATIVA
MUDAR O TAMANHO	MITIGAR (MITIGATE)	MELHORAR (ENHANCE)	PROATIVA
DIVIDIR COM OUTRO	TRANSFERIR (TRANSFER)	COMPARTILHAR (SHARE)	PROATIVA
SÓ AGIR SE...	PLANOS DE CONTINGÊNCIA		REATIVA
PREPARAR-SE	ACEITAÇÃO ATIVA		REATIVA
OBSERVAR	ACEITAÇÃO PASSIVA		REATIVA

Figura 3.65 – Resumo de abordagens e estratégias de respostas a riscos

Boas práticas para documentar um plano de respostas a riscos:

1. Planos de resposta a riscos devem ser mais do que simples "desejos" de que as coisas deem certo.

- Plano de ação ou apenas um desejo?

    Garantir que o equipamento seja entregue no prazo.

- Plano de ação objetivo:

    Negociar com o fornecedor visitas quinzenais à fábrica para verificação do progresso da fabricação do equipamento.

    Disponibilizar linha de comunicação direta com a fábrica para agilizar a comunicação de eventuais problemas durante a fabricação.

2. Evite que os planos de resposta descrevam apenas o que já é parte das atividades cotidianas do trabalho.

- Descrição do risco:

    Quebra da alavanca código BHYZPT durante instalação do quadro elétrico nº 21A.

- Plano de ação ou trabalho do dia a dia?

    Seguir as especificações de instalação do quadro elétrico.

    O que poderia ser feito de diferente, em relação ao que já é costume, para evitar ou mitigar a ocorrência do risco?

3. Cuidado com ações de resposta que exijam acompanhamento durante toda a extensão do projeto.

- Em lugar de:

    Acompanhar as atividades do fornecedor através de gestão integrada.

- Prefira:

    Elaborar procedimento para acompanhamento das atividades do fornecedor através de gestão integrada.

Ao final do processo de planejar respostas aos riscos, o registro de riscos é mais uma vez atualizado com as informações referentes às respostas planejadas. Para cada ação de resposta a risco registram-se:

- Estratégia adotada
- Descrição detalhada da ação planejada ou do plano de contingência

- Prazo para realização da ação, se for o caso
- Eventos que dispararão a realização da ação, se for o caso
- Responsável pela ação
- Custos da ação de resposta, se for o caso

O plano de gerenciamento do projeto também deve ser atualizado para incorporar as respostas planejadas nesse processo. Essa atualização pode significar a revisão da lista de atividades e do diagrama de rede com consequente atualização de cronograma e revisões de orçamento.

Ainda como resultado do processo de planejar respostas, particularmente como resultado das estratégias de transferência e compartilhamento, tem-se a assinatura de acordos contratuais relacionados a riscos, como a contratação de seguros ou estabelecimento de contratos de parcerias.

Uma resposta a risco pode, por sua vez, gerar outros riscos. Por exemplo, ao evitar o risco de falta de energia elétrica, que seria catastrófica para uma atividade sensível do projeto, através da contratação por aluguel de um motor-gerador de energia movido a óleo diesel, passa a existir o risco de explosão e incêndio. Tal risco, originado pela aplicação de uma resposta a outro risco, é chamado de **risco secundário**. Riscos secundários, uma vez identificados, precisam passar pelo processo de análise e, se necessário, planejamento de respostas.

PLANOS DE RESPOSTAS						
Código do Risco	Número da Ação	Status da Ação	Estratégia de Resposta	Descrição da Ação	Responsável pela Ação	Evento de Disparo da Ação (Se Aplicável)
R-01	1	Nova	Mitigar	Solicitar ao presidente que determine formalmente aos diretores o treinamento dos novos projetistas como prioritário.	Gerente do Projeto	NA
R-01	2	Nova	Mitigar	Solicitar ao presidente que determine que os diretores bloqueiem suas agendas para as datas do treinamento.	Gerente do Projeto	NA
R-01	3	Nova	Plano de Contingência	Preparar plano de contingência com substituto, caso um diretor não possa fazer sua apresentação no treinamento.	Gerente do Projeto	Confirmação da não participação de um diretor.
R-03	1	Nova	Plano de Contingência	Solicitar ao fornecedor um projetor reserva.	Analista de Planejamento	Falha do projetor
R-04	1	Nova	Mitigar	Programar a contratação do local o mais cedo possível.	Gerente do Projeto	NA
R-04	2	Nova	Mitigar	Pesquisar locais alternativos para a realização do treinamento.	Analista de Planejamento	NA
R-04	3	Nova	Mitigar	Verificar com o RH da Quality se há algum convênio com fornecedores de locais para treinamento.	Analista de Planejamento	NA
R-05	1	Nova	Melhorar	Verificar com o RH da Quality se há algum convênio com fornecedores de locais para treinamento.	Analista de Planejamento	NA

Figura 3.66 – Exemplo de uma plano de resposta aos riscos identificados e classificados como altos e médios

VER→ APLICAÇÃO 9 do Guia Prático

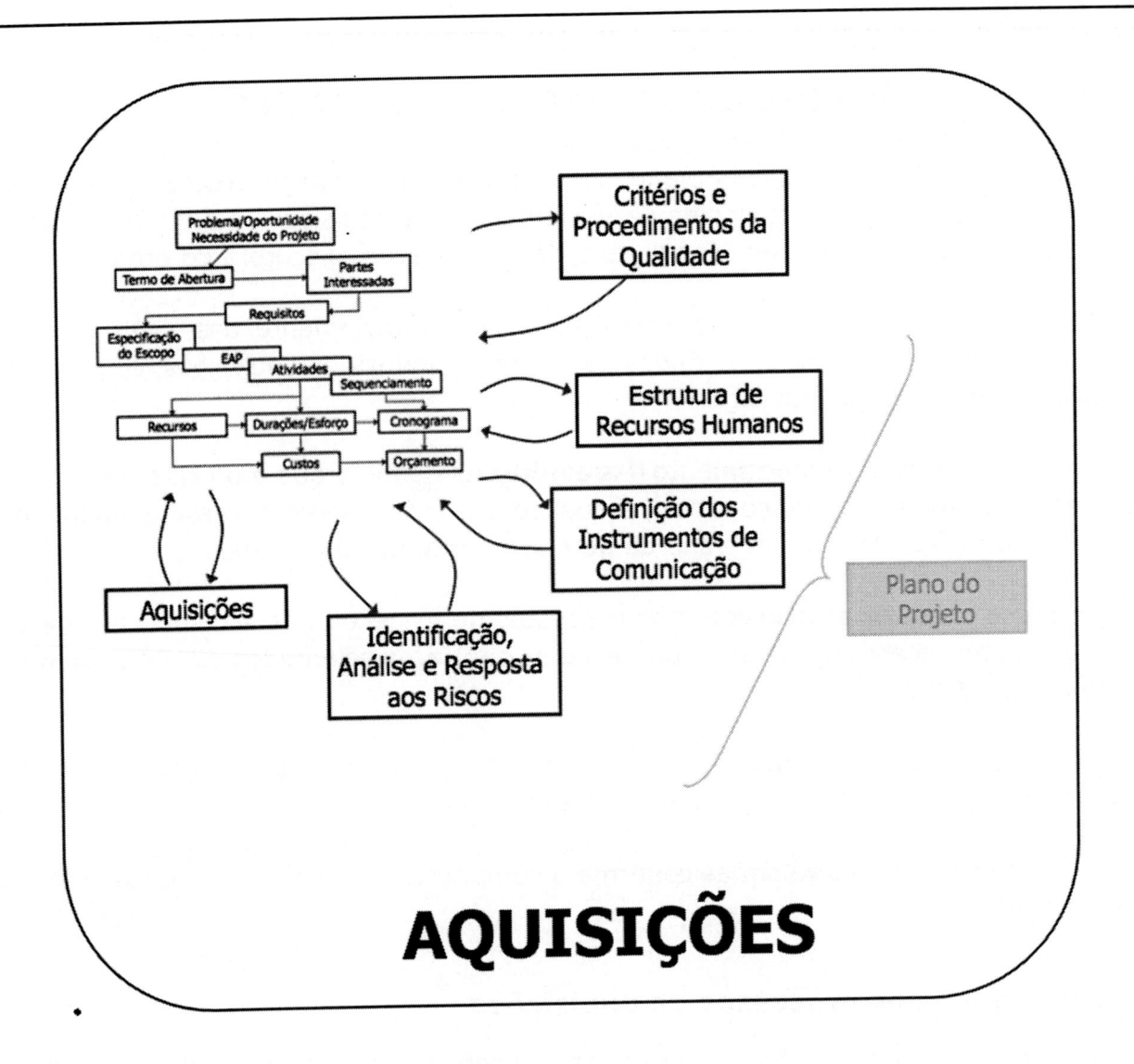

Processos de Planejamento **167**

AQUISIÇÕES

Nós não cumprimos essa parte do contrato porque o trabalho era muito complicado.

GERENCIAMENTO DAS AQUISIÇÕES

O projeto precisa de recursos humanos e materiais para conseguir realizar seus objetivos. Dessa forma, os processos de gerenciamento das aquisições determinarão como será a aquisição de bens e serviços de fora da organização executora do projeto.

O *PMBOK® Guide* define quatro processos para o gerenciamento das aquisições em projetos: planejar o gerenciamento das aquisições, conduzir as aquisições, controlar as aquisições e encerrar as aquisições.

O processo **planejar o gerenciamento das aquisições** define o que é preciso comprar ou contratar, como comprar ou contratar, e quais documentos serão necessários para realizar as aquisições. Produz um plano de gerenciamento das aquisições.

No processo **conduzir as aquisições** as propostas de fornecedores são solicitadas e recebidas, os fornecedores são selecionados e os contratos celebrados ou, na linguagem jurídica, adjudicados.

O processo **controlar as aquisições** deverá garantir que os contratos celebrados sejam cumpridos e gerenciar mudanças nos contratos.

O processo **encerrar as aquisições** confirma o cumprimento e formaliza o encerramento de cada contrato.

Papéis-chave nos processos de aquisições

Em um processo de aquisição, compra direta ou contratação de um serviço, há sempre dois papéis: o do comprador (ou contratante) e o do vendedor (ou fornecedor). Quando a aquisição ou contratação envolve um trabalho mais elaborado, no caso de uma prestação de serviços, por exemplo, o fornecedor deverá constituir um projeto para que o serviço seja realizado. Nesse caso haverá dois projetos: o do comprador, ou cliente, e o do fornecedor, que, do ponto de vista do comprador, será tratado como subprojeto. Consequentemente, haverá duas organizações executoras.

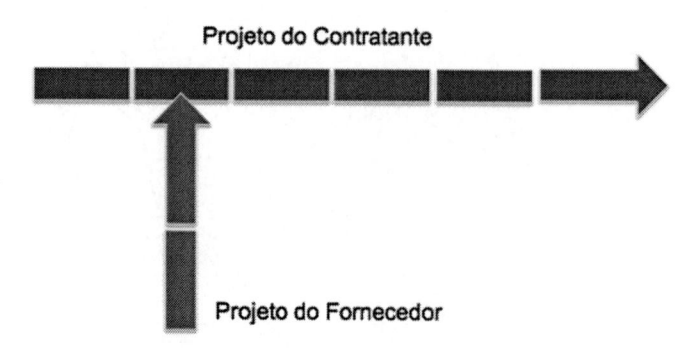

Figura 3.67 – Relação entre o projeto do cliente ou contratante e o projeto do fornecedor (subprojeto)

Na prática do dia a dia das empresas, um subprojeto, quando realizado por outra área interna da empresa, diferente daquela responsável pelo gerenciamento do projeto como um todo, pode ser tratado como se fosse uma contratação "externa", isto é, pode seguir processos análogos aos de uma contratação de um fornecedor externo, inclusive no que diz respeito ao uso de documentos para formalizações.

Podemos analisar, por exemplo, um projeto de desenvolvimento de um novo sistema de avaliação de pessoal, conduzido pela área de RH de uma empresa. Como parte do projeto, a área de RH pede à área de marketing da própria empresa que elabore uma campanha de *endomarketing* para sensibilização dos funcionários para o novo sistema que será implantado. O trabalho da campanha deverá ser tratado pela área de marketing como um projeto, que nesse caso será um subprojeto do projeto de desenvolvimento do sistema de avaliação de pessoal. Esse acordo de prestação de serviços entre as áreas poderá seguir os processos de gerenciamento das aquisições de projetos, com as devidas adaptações. Pode ser que não seja utilizado o mesmo rigor formal de uma contratação externa, mas a utilização de documentos e o estabelecimento de regras para o relacionamento entre as áreas tendem a trazer melhores resultados.

Uma das regras utilizadas em contratações externas e que podem ser seguidas em contratações internas para melhor organização do trabalho é quanto ao detalhamento do trabalho através de uma EAP (Estrutura Analítica do Projeto). A gerência do projeto principal (contratante) não precisa e nem deve, já que lhe falta conhecimento especializado, detalhar as entregas do trabalho solicitado à outra área da empresa (contratada). É a contratada que deve decompor o seu trabalho em entregas aplicando o processo de criar a EAP para a sua parcela do projeto. A imposição de uma estrutura analítica para o subprojeto por parte do comprador pode dificultar a execução e gerar aumentos de prazo e de custos, seja no trato com fornecedores externos ou internos.

Plano de gerenciamento das aquisições

É um componente do plano de gerenciamento do projeto que:

- analisa a melhor opção entre fazer o escopo do projeto internamente ou adquirir serviços de fora (análises de *make or buy* – fazer ou comprar);
- define as necessidades de obtenção de recursos externos à organização executora: insumos, materiais, equipamentos, pessoas, serviços etc.;
- determina quanto e quando os recursos serão necessários;
- determina a melhor forma de contratação;
- define a documentação necessária às compras e contratações;
- define o perfil de potenciais fornecedores; e
- define critérios de seleção de fornecedores.

Decisão de fazer ou comprar (*make or buy*)

Faz parte do processo de planejamento do gerenciamento das aquisições analisar as alternativas para realização de cada parte do escopo do projeto, considerando as seguintes opções:

1. A própria equipe do projeto realiza o escopo (fazer – *make*).
2. Os serviços ou insumos para realização do escopo são contratados ou comprados de terceiros (comprar – *buy*).

Essas decisões devem ser baseadas em análises que consideram as necessidades do projeto e as possibilidades da organização executora. Devem ser considerados todos os custos envolvidos, tanto os diretos como os indiretos. Algumas vezes, sob a perspectiva do custo direto dos serviços e materiais, a decisão pode indicar a compra, mas quando considerados os custos da própria aquisição, de armazenagem, de manutenção, suporte etc., a indicação pode ser em direção à realização com recursos internos.

Fatores que podem levar à decisão de **FAZER**:

- **Facilidade de integração com operações de rotina.** Quando as atividades de realização dos serviços ou a própria fabricação de produtos são de natureza similar às atividades de rotina da organização executora. Por exemplo: um projeto em uma empresa de telecomunicações que precise de uma base de dados informatizada.
- **Utilização de capacidade ociosa.** Quando a atividade preencherá ociosidade de alguma área ou de profissionais da organização executora. Por exemplo: a elaboração de uma campanha pela área de marketing que não tem seu tempo disponível plenamente ocupado.
- **Controle direto.** Quando por necessidade de confidencialidade ou preocupação com a qualidade, a organização executora precisa exercer um controle direto sobre as atividades. Por exemplo: no design de uma peça que será patenteada.
- **Falta de fornecedores confiáveis.** Quando os fornecedores disponíveis no mercado não atendem às necessidades de qualidade ou capacidade de entrega.

Fatores que podem levar a decisão de **COMPRAR**:

- **Fornecimento especializado.** Quando a organização executora não possui a competência técnica específica para realizar os serviços demandados pelo projeto. Por exemplo: a organização executora não possui profissionais especializados para o desenvolvimento de um sistema.
- **Fornecimento exclusivo.** Quando um fornecedor detém de maneira exclusiva uma tecnologia ou se trata de um produto patenteado, sem similar equivalente no mercado.

- **Capacidade limitada ou excessiva.** Quando a demanda é desproporcional ao perfil de produção da organização executora. Isso pode se referir tanto a uma necessidade de produção que vá além da capacidade da organização executora quanto a uma necessidade que envolva pequenos volumes. Por exemplo: a organização executora possui um parque gráfico para grandes tiragens e o projeto precisa de poucos exemplares.

- **Ampliar leque de fornecedores.** Quando a organização executora opta por contratar serviços que ela poderia realizar no todo ou em parte, com o propósito de desenvolver ou qualificar novos fornecedores. Isso pode acontecer quando há demandas por serviços, insumos ou equipamentos que tendem a se repetir em outros projetos da empresa e o número ou a qualidade dos fornecedores não é suficiente.

- **Transferência de risco ao fornecedor.** Quando, a partir de uma análise de riscos, a resposta mais adequada pode ser dividir uma parte do risco com um terceiro. Por exemplo: quando é identificado risco de falha devido à pouca experiência técnica da equipe do projeto e a ação de resposta ao risco é contratar um terceiro mais experiente para realizar a atividade.

Seleção do tipo de contrato

Há, basicamente, dois modos de contratação: de preço fixo ou de custos reembolsáveis. Cada modalidade traz vantagens e desvantagens para o contratante e para o contratado e sua escolha depende, além da natureza do objeto do contrato, de condições do projeto que favoreçam um ou outro tipo, conforme apresentado a seguir.

Preço Fixo – *Fixed Price* (FP) ou *Lump-Sum*

A contratação por preço fixo requer que o escopo do projeto esteja definido o suficiente para permitir a formação do preço total por parte do fornecedor no momento da contratação. Assim sendo, se o nível de incerteza for alto e houver dificuldades em definir o escopo, esse tipo de contrato não deve ser utilizado.

Nessa modalidade de contratação o comprador pagará o preço estabelecido no contrato mesmo que haja variações nos custos. Caso o custo aumente, por quaisquer razões excluídos aumentos de escopo pactuados em aditivos contratuais, o fornecedor arcará com o custo excedente. O risco do aumento de custo fica todo com o fornecedor. Por isso é considerado o tipo de contrato mais favorável ao comprador.

Por outro lado, em razão do preço ser global, ou seja, não haver separação entre os custos e a margem de lucro do fornecedor, o lucro é desconhecido pelo comprador e pode ser maior do que o originalmente planejado pelo fornecedor.

Nessa modalidade há a possibilidade de estabelecer cláusulas de incentivo financeiro para o fornecedor que o premiem caso alcance ou supere objetivos que o comprador tenha em relação ao projeto.

Tipos de contrato a preço fixo:

- **Preço Fixo Garantido – *Firm Fixed Price* (FFP)**
    - O preço total do projeto será contratado para todo o projeto.
    - O fornecedor precisa ser capaz de definir o escopo para formar o preço de venda.
    - Se o nível de incerteza for alto será difícil de ser adotado.

    Exemplo: contrato no valor de R$ 5.000.000,00.

- **Preço Fixo com Remuneração de Incentivo – *Fixed Price Incentive Fee* (FPIF)**
    - Neste caso, o fornecedor pode ganhar ou perder um valor adicional, dependendo do atendimento ou não de critérios de desempenho definidos.

    Exemplo: contrato no valor de R$ 5.000.000,00. O fornecedor receberá R$ 50.000,00 adicional por cada mês ganho com o término do projeto antes do prazo acordado.

- **Preço Fixo com Ajuste Econômico de Preço – *Fixed Price with Economic Price Adjustment* (FP-EPA)**
    - Quando o contrato tem duração mais longa – normalmente mais de um ano –, cláusulas de reajuste de preço são inseridas para proteger o fornecedor de variações de custos do mercado.

    Exemplo: contrato no valor de R$ 5.000.000,00. A partir do segundo ano, o valor remanescente do contrato será reajustado com base no Índice de Preços ao Consumidor.

Custos Reembolsáveis – *Cost Reimbursable* (CR)

De modo geral, quando o comprador não consegue adotar o tipo de contrato a preço fixo, seja porque o escopo possui um alto grau de incerteza ou há dificuldades em defini-lo, a opção é reembolsar os custos do fornecedor. Nesse caso, o preço final, no momento da contratação, é desconhecido. Se houver variações de custos, o preço final pago pelo comprador variará. O comprador, além de assumir o risco de aumento do preço, terá o trabalho de fiscalização dos comprovantes de custos do fornecedor.

Geralmente, esse tipo de contrato é adotado quando o comprador consegue descrever apenas "o que precisa", mas não tem bem definido o "como fazer". Normalmente, o fornecedor, já contratado, irá trabalhar na definição e no detalhamento do escopo do projeto.

Nessa modalidade também há a possibilidade de estabelecer cláusulas de incentivo financeiro para o fornecedor que o premiem caso alcance ou supere objetivos que o comprador tenha em relação ao projeto.

Tipos de contrato a custos reembolsáveis:

- **Custo Mais Remuneração Fixa – *Cost Plus Fixed Fee* (CPFF)**
    - O comprador paga todos os custos e assume os riscos, mas a remuneração (lucro do fornecedor) é fixada em uma quantia específica.
    - Custos excedentes não irão gerar remuneração adicional para o fornecedor.
    - Remuneração só muda mediante solicitações de mudança aprovadas.

    Exemplo: o comprador pagará (reembolsará o fornecedor) todos os custos reais devidos mais uma remuneração fixa de R$ 200.000.

- **Custo Mais Remuneração de Incentivo – *Cost Plus Incentive Fee* (CPIF)**
    - O comprador paga todos os custos, uma remuneração acordada e mais uma remuneração de incentivo caso o fornecedor alcance determinado desempenho previamente acordado.

    Exemplo: o comprador pagará todos os custos reais devidos mais uma remuneração de R$ 200.000. O fornecedor receberá R$ 40.000 adicionais por cada mês que antecipar em relação ao término do projeto.

- **Custo Mais Remuneração Concedida – *Cost Plus Award Fee* (CPAF)**
    - O comprador paga todos os custos reais incorridos pelo fornecedor, uma pequena remuneração acordada e mais uma remuneração concedida como premiação.
    - A remuneração concedida como prêmio consiste em uma quantia máxima reservada para o fornecedor que poderá ser paga em caso de desempenho acima do programado.
    - O valor real da remuneração de prêmio é definido unilateralmente pelo comprador.

    Exemplo: o comprador pagará todos os custos reais devidos, mais uma remuneração de R$ 10.000 e uma remuneração de até R$ 300.000 por desempenho acima do esperado.

Tempo e Material – *Time & Material* (T&M)
- O preço é estipulado por hora trabalhada ou por item comprado.

- Possui elementos de um contrato a preço fixo (no preço fixo por hora ou por item de material) e de um contrato de custo reembolsável (o custo total é desconhecido).
- O risco do comprador em relação aos custos encontra-se em um meio termo entre os contratos tipo custo reembolsável e preço fixo porque este contrato deve ser feito preferencialmente para quantias pequenas e por curto espaço de tempo.
- Mais apropriado quando:
    - Comprador quer ter mais controle.
    - Escopo do trabalho não é conhecido ou está incompleto.
    - Serviços de curto prazo.
- Também utilizado para começar um serviço imediatamente.
- Os lucros do fornecedor crescem com o tempo, não havendo incentivo para que ele finalize o trabalho.

Exemplo: o comprador pagará R$ 180,00 por hora de alocação de um consultor.

Especificação do serviço (SOW – *Statement of Work*)

A fim de que as necessidades específicas do projeto sejam atendidas, é importante indicar para o fornecedor todas as características de cada item a ser adquirido. Neste momento do projeto, o gerente do projeto estará atuando como um cliente, fornecendo REQUISITOS. Quanto mais especificações de requisitos forem passadas aos fornecedores, maiores serão as chances de que as aquisições sejam adequadas.

Opinião especializada

Contratos são documentos que contêm especificações técnicas e precisam seguir as normas jurídicas vigentes. Sua redação precisa refletir corretamente o acordo entre as partes e garantir os direitos e deveres adequadamente. Portanto, é altamente recomendável que a gerência do projeto lance mão de especialistas de várias áreas para contribuir no planejamento do gerenciamento das aquisições.

- **Especialistas técnicos:** na especificação técnica de produtos e serviços.
- **Especialistas jurídicos:** na escolha do melhor tipo de contrato e na definição de termos e condições contratuais.
- **Especialistas da área de compras:** na melhor forma de pagamento e nas condições do mercado fornecedor.

Critérios e métodos de avaliação de fornecedores

A melhor prática de aquisições recomenda utilizar métodos de tomada de decisão que diminuam a subjetividade na escolha de fornecedores. Essa prática pode diminuir também a influência do fator preço sobre a escolha do fornecedor, que em muitos casos não é sinônimo de qualidade nem de melhor solução técnica.

Aquisição de um equipamento – Decisão multicritério por ponderação										
				FORNECEDORES						
				A		**B**		**C**		**D**	
#	Critérios	Tipo	Pesos	Nota	Pond	Nota	Pond	Nota	Pond	Nota	Pond
1	Capacidade produtiva	Maior Melhor	4	3	12	3	12	5	20	4	16
2	Facilidade de uso	Maior Melhor	5	2	10	4	20	4	20	3	15
3	Disponibilidade de mão de obra no mercado	Maior Melhor	4	2	8	3	12	4	16	2	8
4	Uso de espaço físico	Menor Melhor	1	3	3	2	2	3	3	5	5
5	Prazo de Entrega	Menor Melhor	2	4	8	3	6	4	8	2	4
6	Robustez (Engenharia Robusta)	Maior Melhor	4	5	20	3	12	2	8	1	4
7	Manutenção (facilidade)	Maior Melhor	5	2	10	4	20	5	25	2	10
8	Ergonomia	Maior Melhor	4	5	20	3	12	2	8	1	4
7	Insumos (disponibilidade no mercado)	Maior Melhor	5	2	10	4	20	5	25	2	10
8	Preço	Menor Melhor	3	5	15	3	9	2	6	1	3
	Resultados				116		125		139		79

Figura 3.68 – Exemplo de método de ponderação utilizado na escolha de um fornecedor de um equipamento

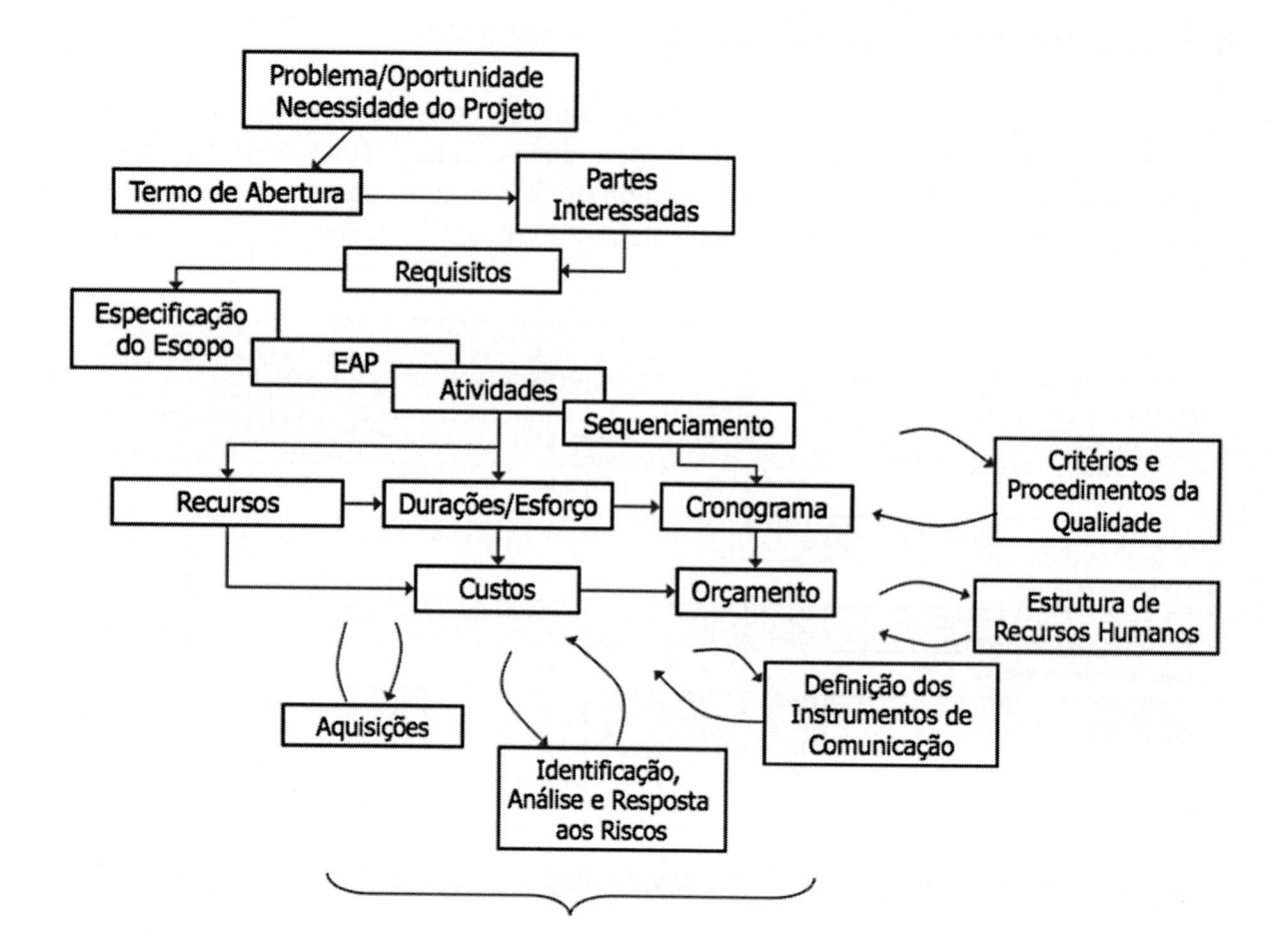

```
Problema/Oportunidade
Necessidade do Projeto
        │
        ▼
Termo de Abertura ──→ Partes Interessadas
        │                    │
        ▼                    ▼
        ←──── Requisitos ←───
        │
        ▼
Especificação do Escopo
        │
        ▼
       EAP
        │
        ▼
    Atividades ──→ Sequenciamento
        │                │
        ▼                ▼
   Recursos → Durações/Esforço → Cronograma ←→ Critérios e Procedimentos da Qualidade
        │          │                  │
        ▼          ▼                  ▼
                Custos ──────→ Orçamento ←→ Estrutura de Recursos Humanos
                  │                │
                  │                ▼
                  │          Definição dos Instrumentos de Comunicação
                  ▼
             Aquisições
                  │
                  ▼
         Identificação, Análise e Resposta aos Riscos
```

PLANO DE GERENCIAMENTO DO PROJETO

APROVAÇÃO DO PLANO DE GERENCIAMENTO DO PROJETO

Todo esse trabalho que até agora analisamos, de desenvolvimento do plano de gerenciamento do projeto, precisou ser AUTORIZADO. Essa autorização foi necessária para que o gerente do projeto e sua equipe de gerenciamento pudessem trabalhar na configuração do plano de gerenciamento do projeto.

O trabalho de desenvolvimento do plano foi AUTORIZADO, mas o plano desenvolvido precisa ser APROVADO. A instância aprovadora do plano de gerenciamento do projeto dependerá de cada projeto. Tipicamente, o patrocinador do projeto teria essa prerrogativa, mas o plano pode ser aprovado por uma diretoria ou por um comitê constituído especialmente para esse fim. Cabe lembrar que a aprovação do plano pressupõe a concordância com todos os parâmetros do projeto, incluindo prazo e orçamento.

Conceitualmente, a partir de sua aprovação, o plano de gerenciamento do projeto passará a ser referência para a execução do projeto, contendo a linha de base do projeto (*project baseline*). A integridade dessa linha de base passa a ser responsabilidade do gerente do projeto, isto é, uma vez aprovado o plano e criada a linha de base, toda mudança em qualquer parâmetro do projeto deve ser tratada formalmente como uma mudança no plano. Nesses casos, deverá ser conduzido um processo de aprovação formal das mudanças pelas instâncias autorizadas para tal.

Reunião de partida da execução do projeto – *kick-off meeting*

A boa prática recomenda que o início da execução do plano de gerenciamento do projeto seja COMUNICADO às principais partes interessadas do projeto e à organização executora como um todo. Esse "pontapé inicial" tem a finalidade de esclarecer dúvidas relacionadas ao plano de gerenciamento do projeto, a estratégias utilizadas, a sistemas de controle adotados, a pontos críticos, objetivos específicos, metas, enfim – é o momento e a oportunidade de confirmar a participação e o comprometimento dos principais envolvidos com os objetivos do projeto e de angariar apoio de áreas fornecedoras de recursos.

VER→ APLICAÇÃO 10 do Guia Prático

4 Processos de Execução, Monitoramento e Controle do Projeto

Uma vez elaborado o plano de gerenciamento do projeto, é necessário realizá-lo. Essa afirmativa está longe de ser uma obviedade, pois é comum que no calor dos acontecimentos o plano seja esquecido e o processo de execução passe a ser uma sucessão de improvisos.

Execução, segundo a referência do *PMBOK® Guide*, tem um significado estrito de seguir o que está previsto em um plano, e não simplesmente fazer qualquer coisa. Portanto, se a equipe do projeto não seguir o que estiver previsto no plano do projeto, não estará, rigorosamente falando, executando o projeto. Esse conceito não deve ser visto como uma mera abstração teórica, mas como uma defesa de um princípio fundamental do gerenciamento de projetos estruturado: o de não fazer sem antes pensar, isto é, não executar sem planejar. A constatação por parte da equipe do projeto de que o plano não está sendo seguido deve ser objeto de análise e documentada como lição aprendida.

O processo de execução consiste na integração das pessoas e recursos materiais para realizar o plano de gerenciamento do projeto, na concentração dos esforços necessários para atingir os objetivos estabelecidos para o projeto.

A **execução** do projeto envolve essencialmente:

- Seguir o **plano de gerenciamento do projeto**
- Realizar o **escopo** do projeto
- Entregar os **produtos intermediários**
- Gerenciar os **recursos**
- Implementar **mudanças** aprovadas
- Implementar **ações corretivas**
- Atualizar o **plano de gerenciamento do projeto**

Os processos de monitoramento e controle incluem sistematicamente acompanhar e analisar o progresso e o desempenho do projeto e identificar a necessidade e propor mudanças e ações corretivas.

O **monitoramento e controle** do projeto envolve essencialmente:

- Medir o **desempenho do projeto**.
- Identificar as **variações** entre planejado e executado (comparar a **linha de base aprovada** com o que foi efetivamente realizado).
- Recomendar **ações corretivas** ou **preventivas**.
- Analisar impactos de **mudanças** solicitadas e submetê-las a aprovação.

Equipe de execução do projeto

Durante os processos de execução, os membros da equipe que o plano de gerenciamento de pessoal determinou como necessários para a execução das atividades técnicas especializadas são incorporados ao projeto. Se a equipe de execução for composta por pessoal interno à organização, será necessário mobilizá-la, e se for composta por pessoal externo, realizar os processos de contratação. Em ambos os casos o gerente do projeto deverá apoiar as áreas de suporte no recrutamento, conduzir entrevistas e avaliar as competências dos candidatos.

Nesse momento do projeto, faz parte das atribuições do gerente do projeto o desenvolvimento de competências que ainda não estejam plenamente incorporadas aos membros da equipe, seguindo estratégias e métodos previstos no plano de gerenciamento de pessoal.

Ciclo de monitoramento e controle do projeto

A frequência com que o projeto será monitorado e controlado pode ser decisiva para o sucesso do projeto, pois determinará o nível de esforço empreendido nos processos de monitoramento e controle.

A frequência dos ciclos de monitoramento e controle não deve ser definida de forma genérica para todo tipo de projeto. O ciclo de monitoramento e controle mais adequado ao projeto deve ser determinado de acordo com suas características específicas e deve levar em consideração o tempo necessário para a recuperação caso haja desvios em relação ao planejado. De acordo com as características do trabalho, podem ser programados ciclos de monitoramento e controle diferentes para diferentes fases de um mesmo projeto. Em um projeto de construção civil, por exemplo, nas fases iniciais pode não ser necessário um ciclo tão frequente quanto na fase de acabamento.

Trata-se de uma programação que deve ser bem planejada, pois ciclos de monitoramento e controle muito frequentes ou muito espaçados podem não trazer o ganho que se espera do trabalho empreendido no monitoramento.

Ciclo de monitoramento e controle muito frequente (mais que o necessário)

Ciclos de monitoramento e controle muito frequentes podem requerer um esforço que talvez inviabilize o trabalho de monitoramento e controle, por exemplo, impossibilitando a necessária atualização dos documentos do projeto. Pode-se até chegar à situação onde o controle excede o objeto controlado, princípio enunciado por Henry Fayol (1916), que significa consumir mais esforço para monitorar e controlar do que para fazer. A energia despendida para controlar não deve ser maior do que os ganhos esperados com o controle.

Na figura a seguir, observa-se que durante vários pontos de controle não foi observado nenhum desvio da execução em relação ao planejado. Poderia se questionar se a frequência de monitoramento e controle não está excessiva.

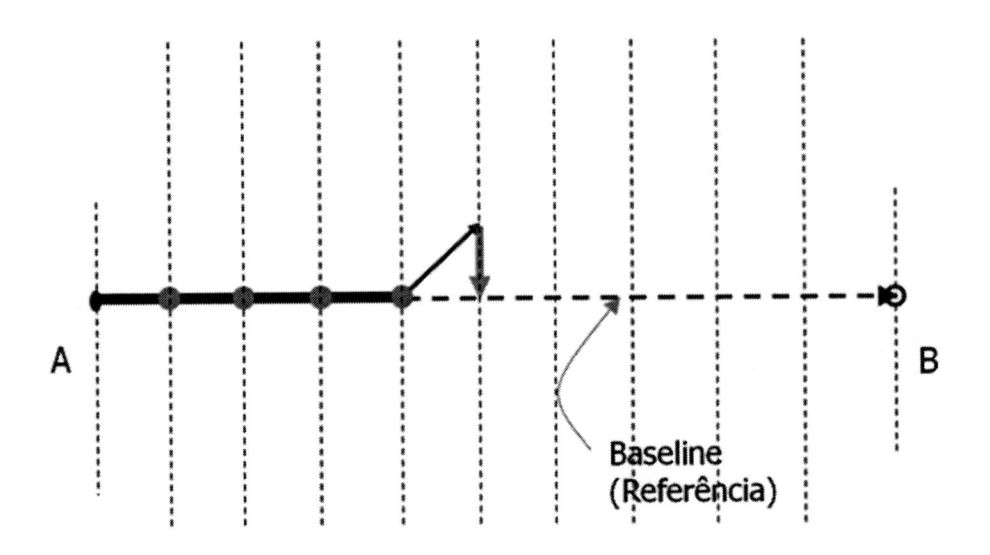

Ciclo de monitoramento e controle pouco frequente (menos que o necessário)

Por outro lado, demorar para monitorar o projeto pode levar a desvios de tal ordem que não possam mais ser corrigidos, isto é, que não seja mais possível, mesmo com ações corretivas, fazer com que o projeto volte à sua linha de base. Desvios impossíveis de ser corrigidos levam à necessidade de mudança na linha de base para que o projeto continue capaz de alcançar seus objetivos. Essa situação é exemplificada na imagem a seguir.

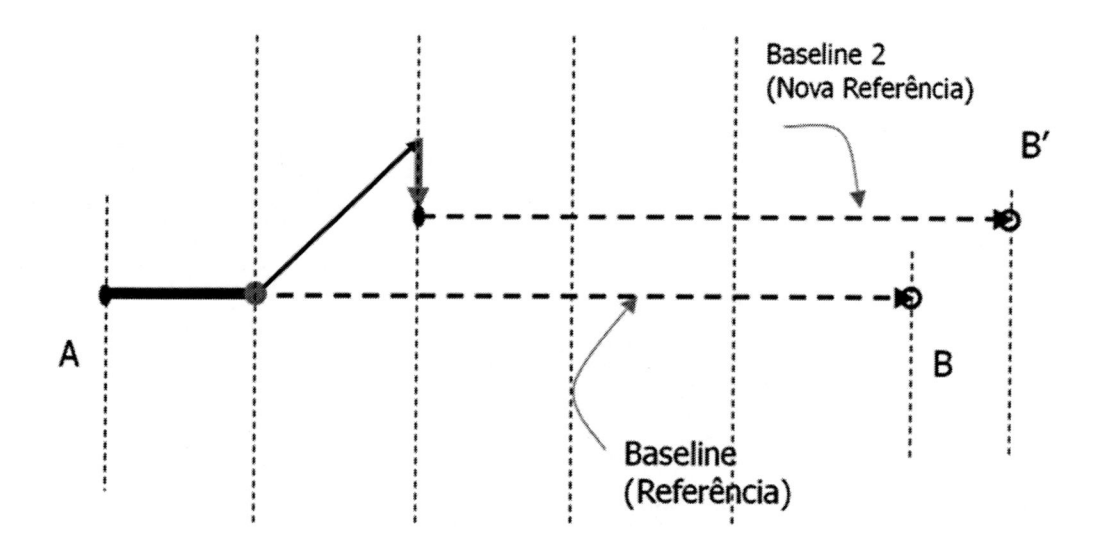

A "rotina" do monitoramento e controle do projeto

A cada ponto do ciclo de monitoramento e controle devem ser realizadas medições a coleta de dados, para que se permita a determinação do progresso, do status do projeto e, se necessário, tomar as devidas ações corretivas. Cada data em que as medições são realizadas é denominada tecnicamente de **data dos dados** (*data date*).

A sequência de gráficos a seguir ilustra, em um exemplo simples, a dinâmica do monitoramento e eventual controle de um projeto.

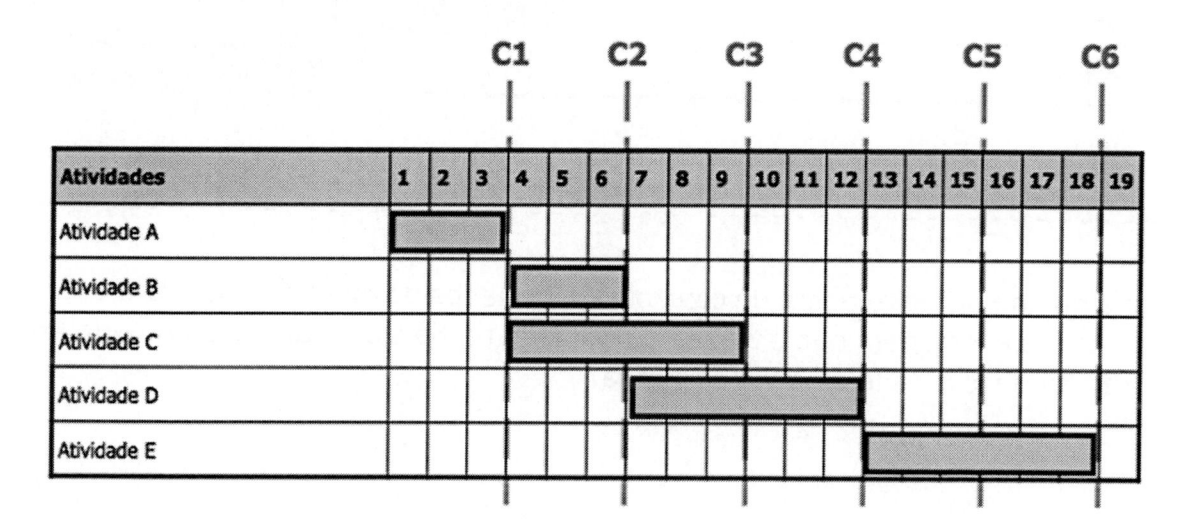

Figura 4.1 – Os pontos de controle representados por C1 até C6 a cada três dias

As atividades A, B, D e E fazem parte do caminho crítico do projeto, conforme ilustrado no diagrama de rede (Figura 4.2) e no gráfico de Gantt (Figura 4.3) a seguir.

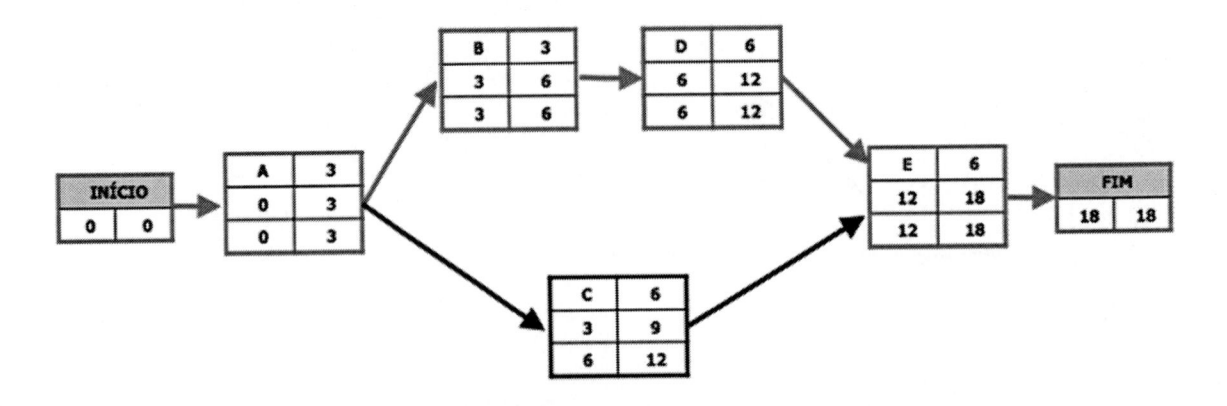

Figura 4.2 – Diagrama de rede com o caminho crítico destacado (atividades A, B, D e E)

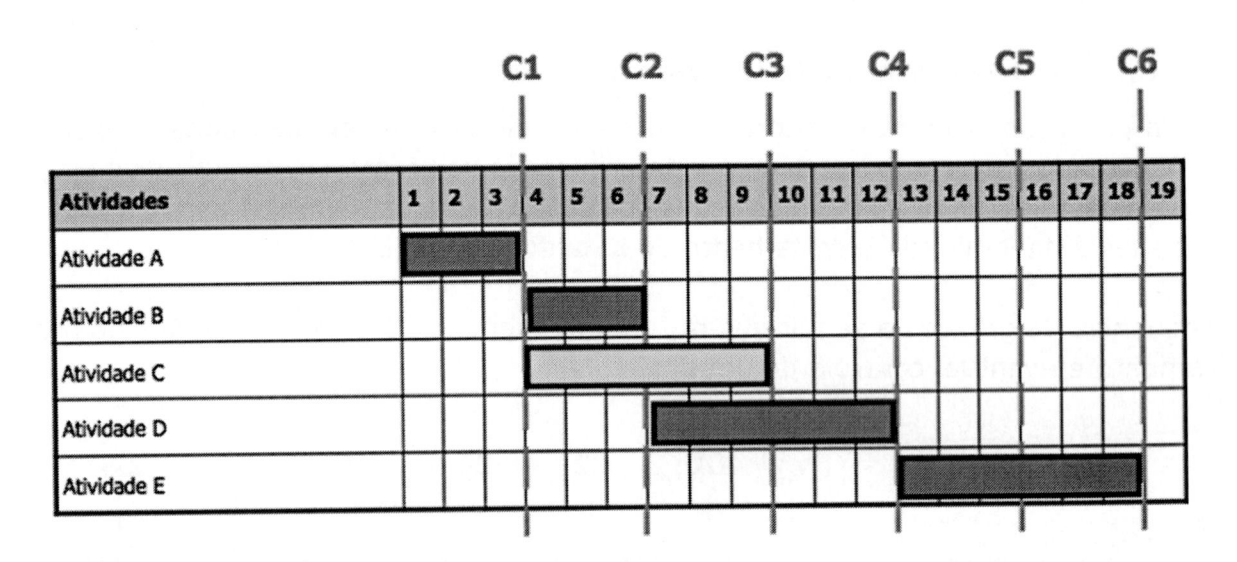

Figura 4.3 – Gráfico de Gantt. A atividade C possui folga de três dias

Suponha que no primeiro ponto de controle C1 os dados de execução do projeto tenham sido coletados e indiquem que o trabalho realizado tenha sido igual ao planejado. Nesse caso, não há necessidade de ação corretiva.

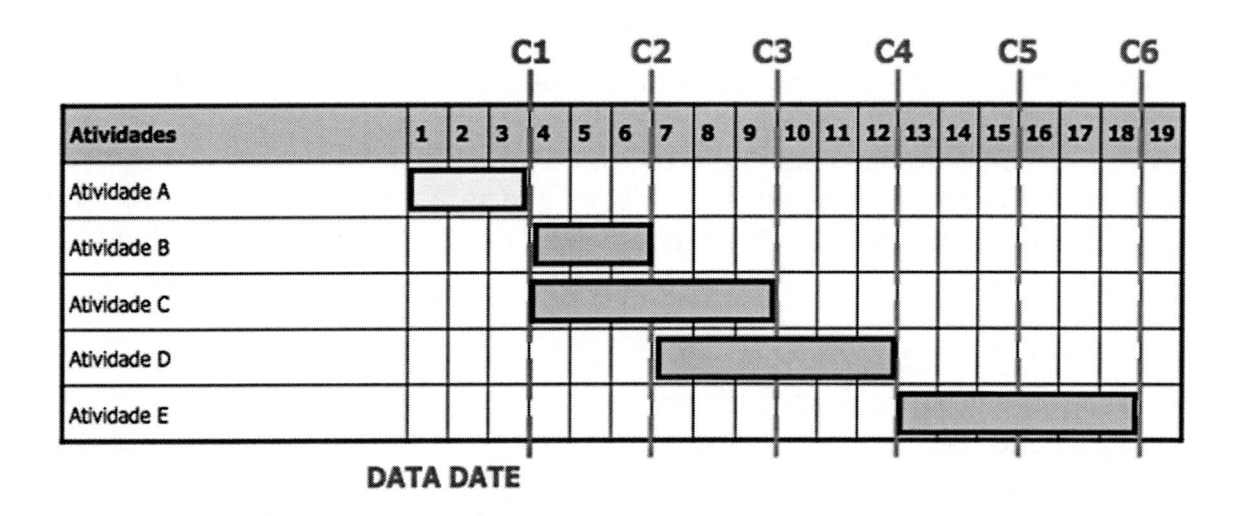

Figura 4.4 – Registro do avanço físico da atividade A: executado igual ao planejado

Considere, entretanto, como representado na Figura 4.5, que no segundo ponto de controle C2 a medição tenha indicado que:

1. Apenas 80% da atividade B foi realizada, quando nesse ponto já deveria estar concluída.
2. Apenas 40% da atividade C foi realizada, quando nesse ponto deveria estar com 50% de conclusão.

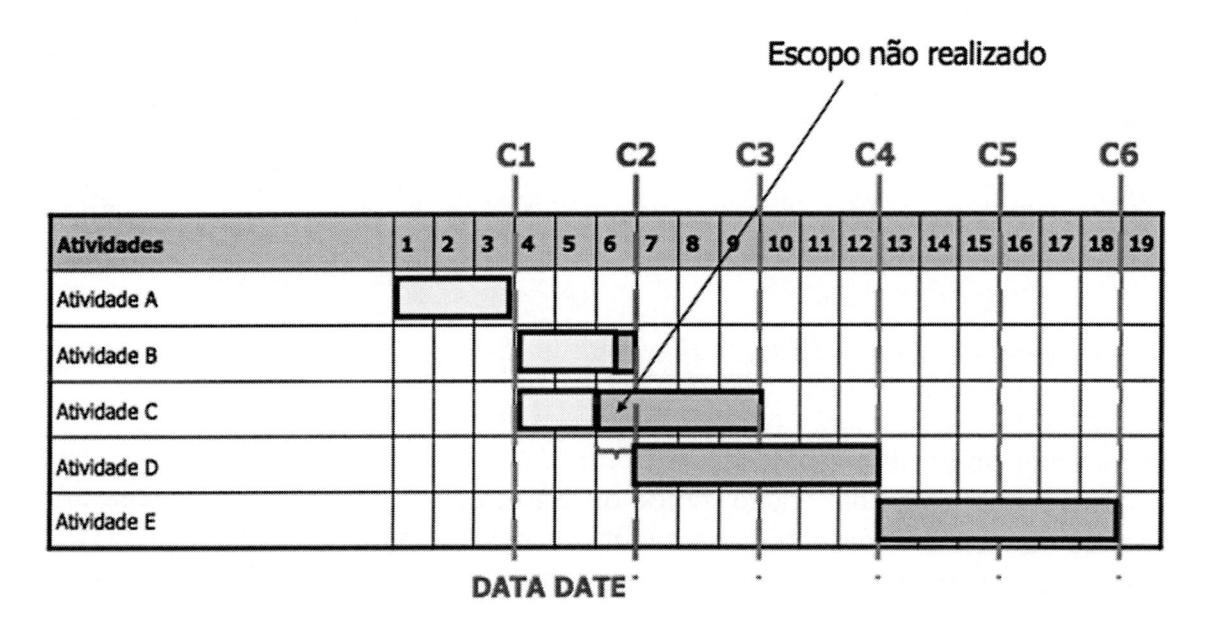

Figura 4.5 – Registro do avanço das atividades B e C

Os dados das medições, uma vez registrados no cronograma, indicam que há desvios em relação ao planejado e que, se nenhuma providência for tomada, o projeto atrasará.

Nesse cenário, considerando o caminho crítico do projeto, composto pelas atividades A, B, D e E, a parcela não realizada das atividades que será transmitida como atraso para o projeto como um todo será apenas a que deixou de ser realizada na atividade B, que pertence ao caminho crítico, e não a da atividade C, uma vez que esta atividade possui uma folga de três dias.

Esse atraso, porém, só será adequadamente dimensionado depois que o cronograma for reprogramado, isto é, que o trabalho que não foi realizado for transportado para depois da data dos dados, conforme ilustrado na Figura 4.6.

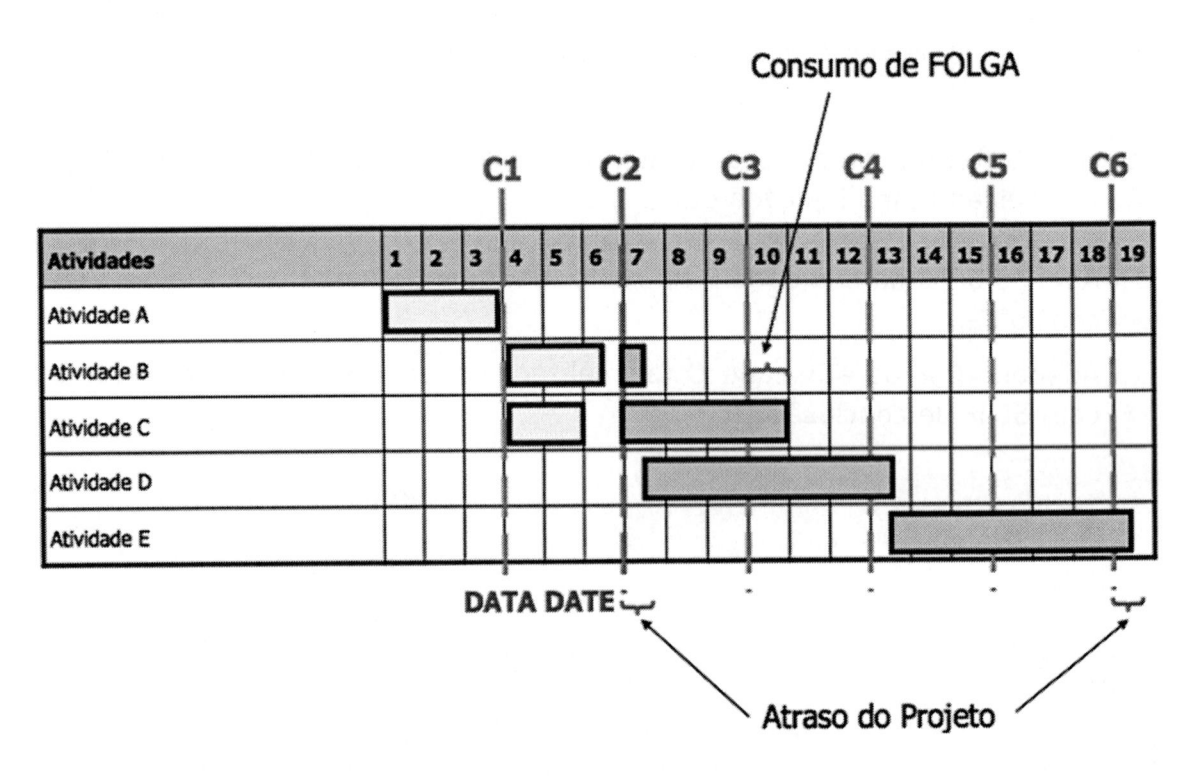

Figura 4.6 – Reprogramação do trabalho não realizado

O desempenho do projeto e os desvios entre executado e planejado apresentados até aqui trataram apenas da dimensão tempo ou prazo do projeto, porém é necessário determinar também o desempenho e os eventuais desvios do projeto na dimensão custo. Entretanto, a avaliação do desempenho dos custos do projeto é mais complexa do que a do prazo. Para avaliar se o projeto está no prazo, a comparação entre o que estava planejado e o que foi efetivamente realizado é suficiente. Se o executado for menor do que o planejado, há atraso. Já para avaliar o desempenho dos custos do projeto, é necessário utilizar a técnica do **gerenciamento do valor agregado** (*Earned Value Management*), que será apresentada a seguir.

GERENCIAMENTO DO VALOR AGREGADO
(*EARNED VALUE MANAGEMENT*)

O gerenciamento do valor agregado (GVA em português ou EVM em inglês) é uma técnica que integra as três dimensões primárias do projeto – escopo, tempo e custo – para avaliar o desempenho e o progresso do projeto.

A técnica combina as linhas de base do escopo, do cronograma e dos custos em uma linha de base integrada que servirá de referência para a avaliação do desempenho e progresso do projeto.

Em essência, trata-se de uma redução dimensional. A dimensão monetária foi a escolhida para a redução. Por essa razão o próprio *PMBOK® Guide* traz o tema em seu capítulo dedicado ao gerenciamento dos custos, quando na verdade a técnica permite avaliar o desempenho do projeto como um todo, isto é, o quanto do escopo foi realizado, em qual prazo e a que custo. Essa redução dimensional pode ficar mais clara se analisarmos um exemplo muito simples e esquemático. Suponhamos que temos de construir um muro com as seguintes condições:

- Comprimento do muro: 10 metros
- Orçamento para a construção do muro: R$ 1.000,00 (cada 1 metro = R$ 100,00)
- Tempo planejado para a construção do muro: 10 dias (a cada dia será construído 1 metro)
- Ao final de cada dia será realizada uma medição do trabalho

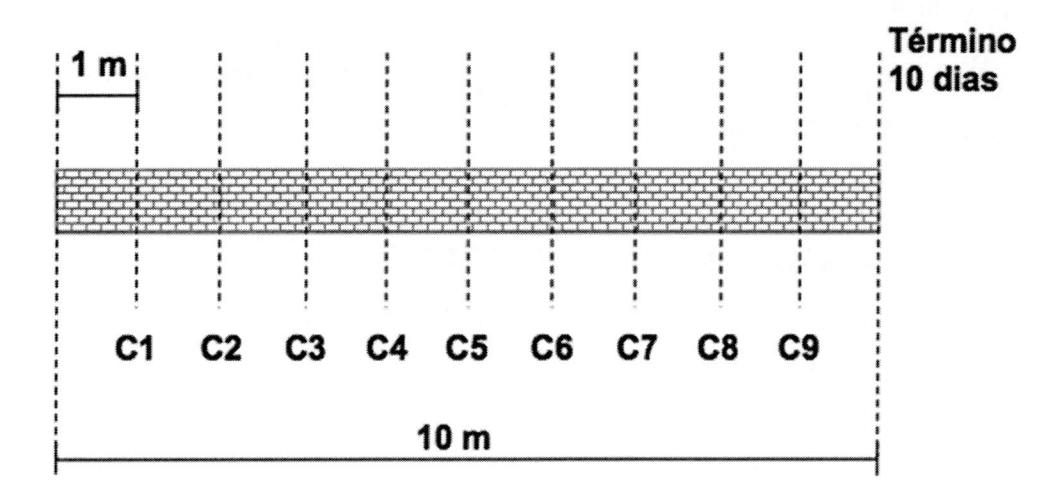

Imaginemos que estamos no quinto ponto de controle (C5), no final do quinto dia de trabalho, e a medição do trabalho realizado, que também pode ser chamado de avanço físico ou escopo completado, indica que três metros foram concluídos, conforme ilustrado na figura a seguir.

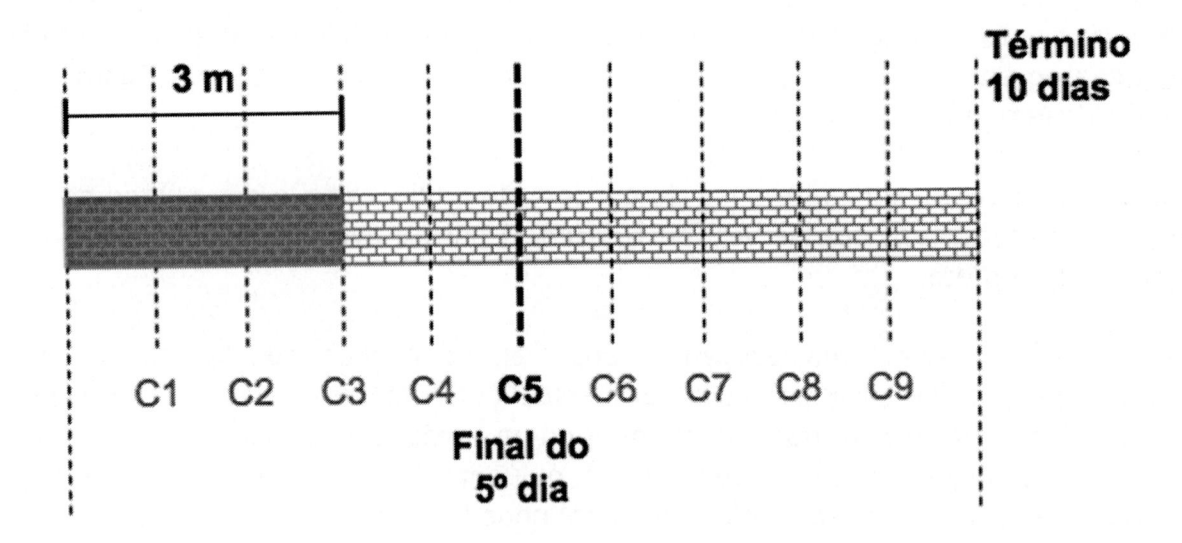

A análise dos dados nos leva a concluir que o trabalho está atrasado porque deveriam ter sido realizados cinco metros e não apenas três.

Como já dito, as variações de prazo são razoavelmente simples de ser constatadas, desde que haja uma medição efetiva do trabalho, tema que abordaremos mais adiante. Mas e quanto aos custos? Em primeiro lugar é preciso apurar qual foi o custo real do trabalho realizado. Digamos que esse custo tenha sido de R$ 400,00. Uma primeira avaliação, considerando que o planejado era que no quinto dia o projeto tivesse gastado R$ 500,00 (cinco metros a R$ 100,00 cada metro), poderia levar à conclusão de que o projeto está gastando menos, já que R$ 400,00 é menor do que R$ 500,00.

A técnica do valor agregado propõe que façamos a redução das dimensões escopo, tempo e custo à dimensão monetária. Assim sendo:

- O muro completo vale R$ 1.000,00.
- Os cinco metros planejados valem R$ 500,00.
- Os três metros realizados, ou agregados, valem R$ 300,00.
- O custo real foi de R$ 400,00.

Para avaliar a variação de prazo, devemos comparar o valor agregado, ou custo orçado do trabalho realizado, com o valor planejado:

| Variação de Prazo = Valor Agregado − Valor Planejado | VPR = VA − VP |

No exemplo, o Valor Agregado é o custo orçado dos três metros realizados, ou seja, R$ 300,00.

Assim: Variação de Prazo = R$ 300 − R$ 500 = − R$ 200,00 (negativos)

A leitura do resultado deve ser: o projeto está devendo R$ 200 em termos de realização de escopo.

Para avaliar a variação de custo, devemos comparar o valor agregado com o custo real do trabalho realizado, ou seja:

| Variação de Custo = Valor Agregado − Custo Real | VC = VA − CR |

No exemplo, o Valor Agregado é o custo orçado dos três metros realizados: R$ 300,00.

Assim: Variação de Custo = R$ 300 − R$ 400 = − R$ 100,00 (negativos)

A leitura do resultado deve ser: o projeto está devendo R$ 100 em termos de orçamento, isto é, gastou R$ 100 a mais do que o planejado. O indicador negativo, seja de prazo ou de custo, aponta para uma situação desfavorável.

É importante notar que, em geral, quando não se utiliza a técnica do valor agregado, a comparação feita entre o custo real e o valor planejado indicaria uma situação oposta. Um custo real de R$ 400,00 comparado a um valor planejado de R$ 500,00 pode ser interpretado como se o projeto estivesse gastando menos do que o planejado.

A técnica de valor agregado foca na relação entre **custos** reais incorridos e o trabalho realizado no projeto (**escopo**) dentro de um determinado período de **tempo**. O foco está em comparar o quanto foi gasto com o quanto foi efetivamente realizado, e não o quanto foi gasto com o quanto se esperava gastar.

O valor a ser agregado para uma atividade é o valor orçado para ela. Na medida em que a atividade é realizada, aquele valor inicialmente orçado para a atividade passa a constituir o seu valor agregado. O somatório dos valores que foram agregados por cada atividade do projeto constituirá o valor agregado total do projeto.

O gerenciamento do valor agregado permite ao gerente do projeto responder a perguntas como:

- O cronograma está adiantado ou atrasado?
- Os custos estão acima ou abaixo do planejado?

Antes de prosseguirmos é importante deixar claro que a técnica do gerenciamento do valor agregado utiliza uma abordagem gerencial e não contábil, isto é, não utiliza como referência nem o regime de caixa nem o regime de competência. Logo, não se deve considerar o custo real como sendo resultado de um desembolso ou pagamento efetivado (regime de caixa) nem de um fato gerador, como uma fatura emitida (regime de competência). O termo "custo real" no âmbito da técnica do gerenciamento do valor agregado possui o significado de custo incorrido. Deve ser relacionado à ideia de dedicação de horas de trabalho, consumo ou utilização de recursos alocados às atividades do projeto. O gráfico da Curva "S" do Projeto representa os custos do projeto, necessários à sua execução, acumulados ao longo de sua duração. A Curva "S" **não** representa previsões de pagamentos.

	I	C1	C2	C3	C4	C5	C6	C7	C8	C9	C10
Custos	0	16.780	20.620	21.420	22.060	22.060	22.700	23.020	26.220	31.340	32.620
	05/jan	23/jan	30/jan	06/fev	13/fev	20/fev	27/fev	06/mar	13/mar	20/mar	24/mar

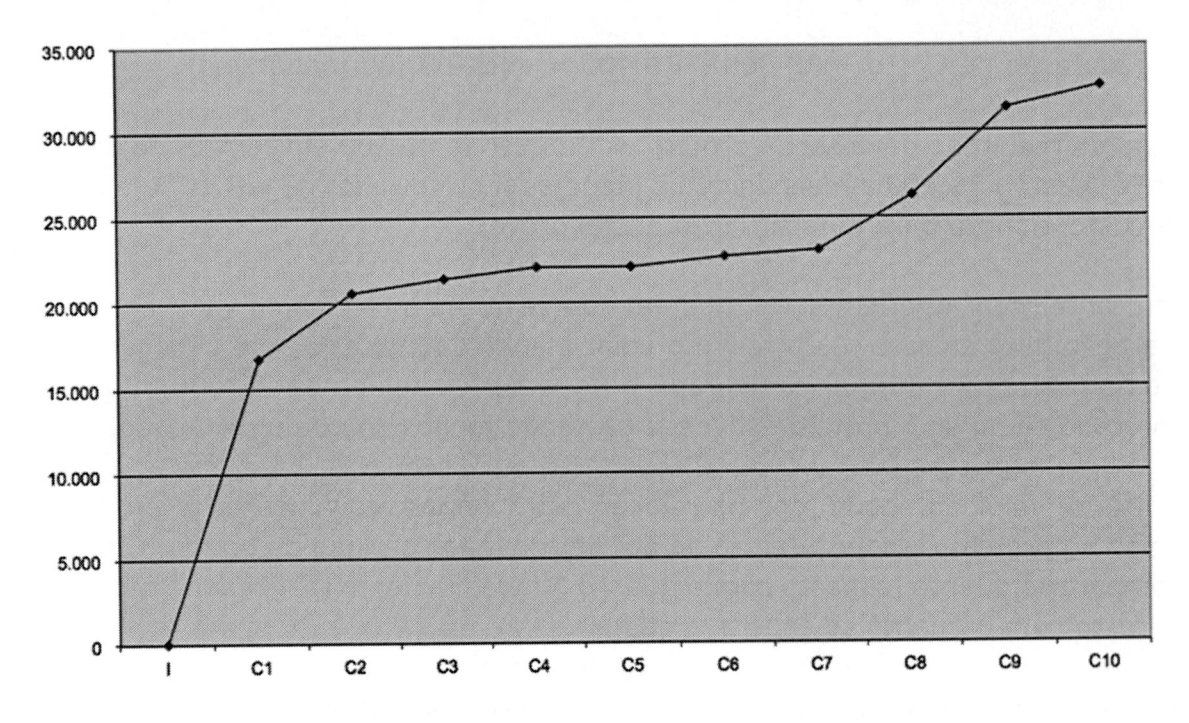

Figura 4.7 – Curva "S" – linha de base de custos

O acompanhamento financeiro do projeto, onde é feita a análise de fluxo de caixa, com as previsões de entradas e saídas de recursos financeiros, deve ser feito à parte. Os eventos de pagamento de fornecedores, por exemplo, podem ser vinculados a atividades ou entregas do projeto, mas o gráfico daí resultante não é a Curva S de custos do projeto, mas uma curva de desembolso financeiro. O desempenho de custos do projeto, avaliado pela técnica do gerenciamento do valor agregado, é diferente do desempenho financeiro do projeto, resultado de desembolsos e recebimentos de verbas orçamentárias.

Resumo das dimensões primárias do gerenciamento do valor agregado

VP – Valor Planejado (PV – *Planned Value*)

Nomenclatura alternativa:

- COTA – Custo Orçado do Trabalho Agendado
- BCWS – *Budget Cost of Work Scheduled*

Representa o custo orçado do trabalho **planejado** para ser executado até a data dos dados (data da medição). O valor planejado no final do projeto será igual ao orçamento total do projeto.

No exemplo do muro: VP = R$ 500,00.

VA – Valor Agregado (EV – *Earned Value*)

Nomenclatura Alternativa:

- COTR – Custo Orçado do Trabalho Realizado
- BCWP – *Budget Cost of Work Performed*

Representa o custo orçado do trabalho que foi **executado** até a data dos dados (medição).

No exemplo do muro: VA = R$ 300,00.

CR – Custo Real (AC – *Actual Cost*)

Nomenclatura alternativa:

- CRTR – Custo Real do Trabalho Realizado
- ACWP – *Actual Cost of Work Performed*

Representa o **custo incorrido** até a data dos dados.

No exemplo do muro: CR = R$ 400,00.

ONT – Orçamento no Término (BAC – *Budget at Completion*)

Representa o valor do orçamento total aprovado do projeto.

- O valor da **linha de base dos custos**.

No exemplo do muro: ONT = R$ 1.000,00.

Fontes de dados para obter os valores das dimensões primárias:

- **Valor Planejado:** orçamento do projeto
- **Valor Agregado:** medições do trabalho realizado e seu custo orçado

- **Custo Real:** medições do trabalho realizado e seus custos reais (custos de remuneração de mão de obra, serviços contratados, materiais comprados etc.)

Indicadores do gerenciamento do valor agregado

Variação de Custo (*Cost Variance*)

$$VC = VA - CR \qquad CV = EV - AC$$

No exemplo do muro: VC = 300 - 400 = -100.

Variação Percentual de Custo

$$VC\% = (VC / VA) \times 100 \qquad CV\% = (CV / EV) \times 100$$

No exemplo do muro: VC% = (-100 / 300) × 100 = -33,33% (33,33% acima do orçamento)

Variação de Prazo (*Schedule Variance*)

$$VPR = VA - VP \qquad SV = EV - PV$$

No exemplo do muro: VPR = 300 - 500 = -200

Variação Percentual de Prazo

$$VPR\% = (VPR / VP) \times 100 \qquad SV\% = (SV / PV) \times 100$$

No exemplo do muro: VPR% = (-200/500)×100 = -40% (40% atrás do cronograma)

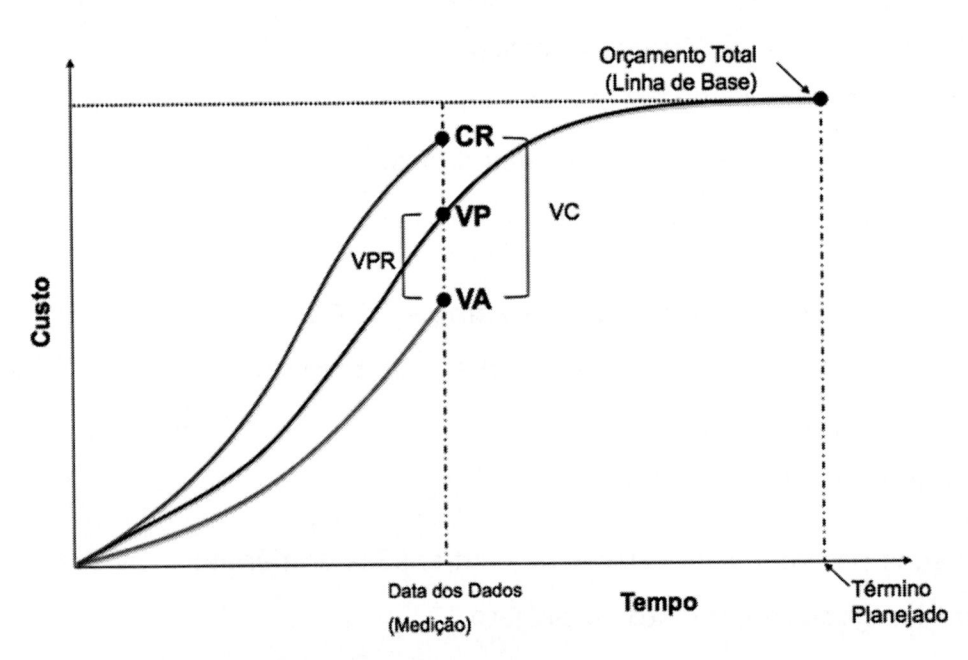

Figura 4.8 – Curva "S" do projeto com os parâmetros do valor agregado e variações de prazo e custos

Índices do gerenciamento do valor agregado

Índice de Desempenho de Custos (*Cost Performance Index*)

IDC = VA / CR   **(CPI = EV / AC)**

No exemplo do muro: IDC = 300 / 400 = 0,75 (cada real investido no projeto está tendo um aproveitamento, um rendimento, de apenas 75 centavos).

Índice de Desempenho de Prazo (*Schedule Performance Index*)

IDP = VA / VP   **(SPI = EV / PV)**

No exemplo do muro: IDP = 300 / 500 = 0,60 (o projeto está progredindo a 60% da velocidade originalmente programada).

Indicações para avaliações:

- Variações negativas indicam condição **DESFAVORÁVEL**
- Índices menores do que 1 indicam condição **DESFAVORÁVEL**

Ressalva: os indicadores e índices de prazo só podem ser considerados quando se referirem apenas a atividades que componham o caminho crítico do projeto. Atividades que não são do caminho crítico possuem folga e, por isso, atrasos nessas atividades não serão transmitidos ao projeto como um todo.

Percentuais de conclusão do projeto

Os percentuais de conclusão indicam:

- Quanto do projeto está concluído em termos percentuais
- Quanto do projeto deveria estar concluído em termos percentuais

Percentual realizado até a data dos dados: o quanto do trabalho total do projeto (orçamento total do projeto) já foi agregado (realizado).

% Realizado = (VA / ONT) x 100   **% Performed = (EV / BAC) x 100**

No exemplo do muro: %Realizado = (300/1.000) x 100 = 30%

Percentual PLANEJADO até a data dos dados: o quanto deveria ter sido realizado se tudo estivesse de acordo com o planejado.

% Planejado = (VP / ONT) x 100   **% Planned = (PV / BAC) x 100**

No exemplo do muro: %Planejado = (500/1.000) x 100 = 50%

A fim de consolidar o conceito do gerenciamento do valor agregado, consideremos um projeto com duração de sete meses e que possua três fases. Os custos orçados para cada fase, juntamente com os custos acumulados do projeto e a curva S resultantes, são apresentados a seguir.

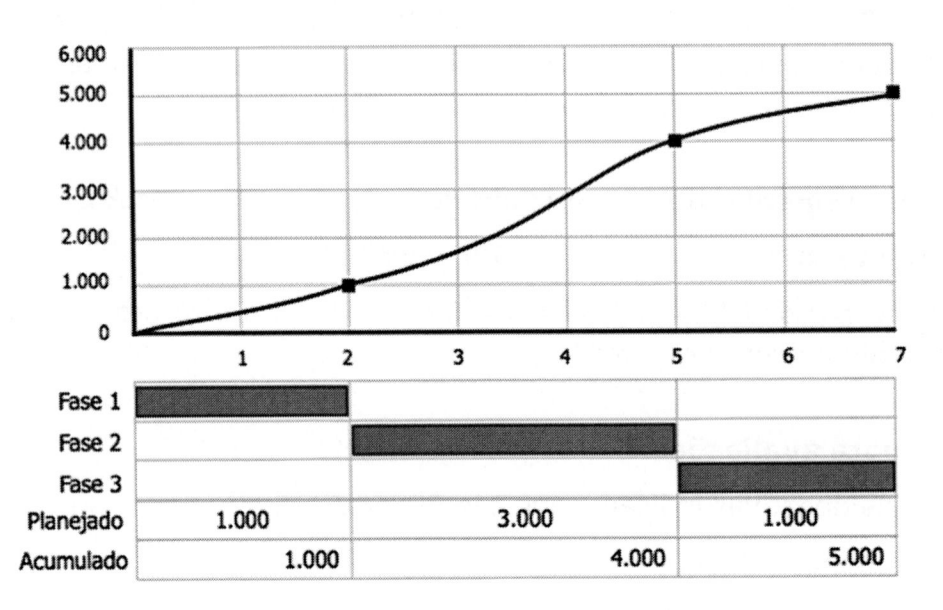

Fase 1			
Fase 2			
Fase 3			
Planejado	1.000	3.000	1.000
Acumulado	1.000	4.000	5.000

Ao final do segundo mês, no primeiro ciclo de monitoramento e controle (C1), é efetuada a medição e constata-se que o que estava previsto foi efetivamente realizado. Sendo assim, o avanço físico foi de 100% até esse ponto. O valor agregado ao projeto foi de R$ 1.000. Ao verificarem-se os custos reais, constatou-se que foram de R$ 1.200.

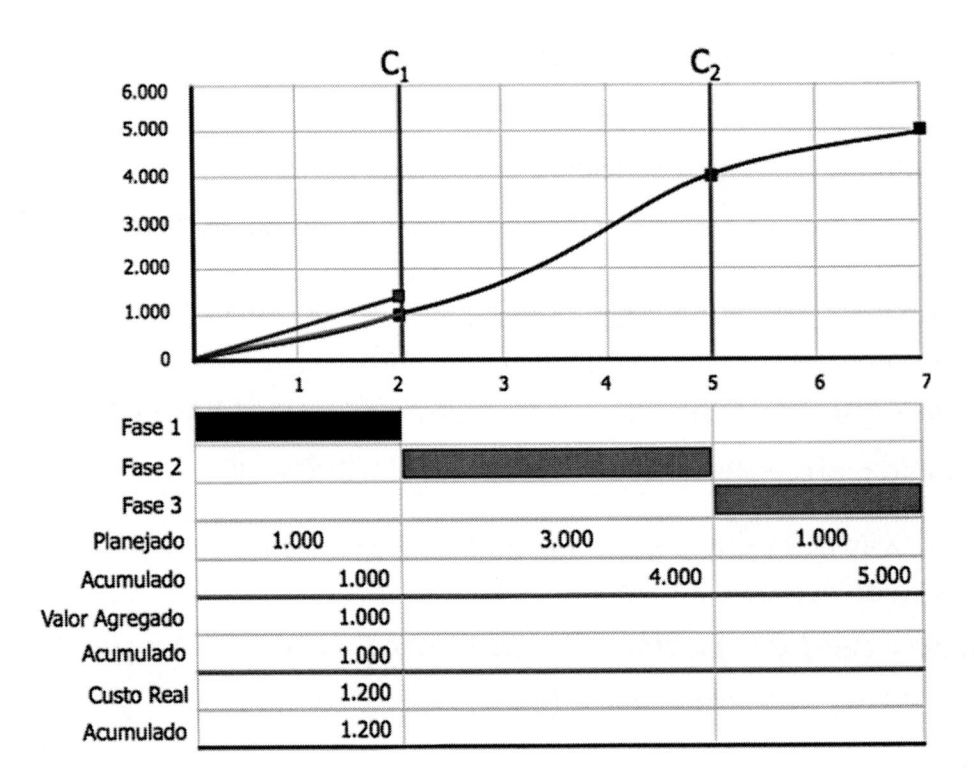

Fase 1			
Fase 2			
Fase 3			
Planejado	1.000	3.000	1.000
Acumulado	1.000	4.000	5.000
Valor Agregado	1.000		
Acumulado	1.000		
Custo Real	1.200		
Acumulado	1.200		

Indicadores para avaliação do desempenho no ponto de controle **C1**:

CUSTO

Variação de Custo (VC = VA − CR): VC = 1.000 − 1.200 = −200

Variação Percentual (VC% = VC/VA): VC% = (−200/1.000) x 100 = −20%

Índice de Desempenho de Custos (IDC = VA/CR): IDC = 1.000/1.200 = 0,83

PRAZO

Variação de Prazo (VPR = VA − VP): VPR = 1.000 − 1.000 = 0

Variação Percentual (VPR% = VPR/VP): VPR% = (0/1.000) x 100 = 0%

Índice de Desempenho de Prazos (IDP = VA/VP): IDP = 1.000/1.000 = 1,0

Portanto, no ponto de controle C1, o projeto está dentro do prazo, porém R$ 200 acima do custo.

Ao final do quinto mês, no segundo ciclo de monitoramento e controle (C2), as medições indicam que apenas metade do que estava planejado para a Fase 2 foi efetivamente realizado. Significa que o avanço físico no período foi de 50%, equivalendo a um valor agregado de apenas R$ 1.500. Porém, os custos reais apurados no período igualaram-se ao valor agregado, totalizando R$ 1.500.

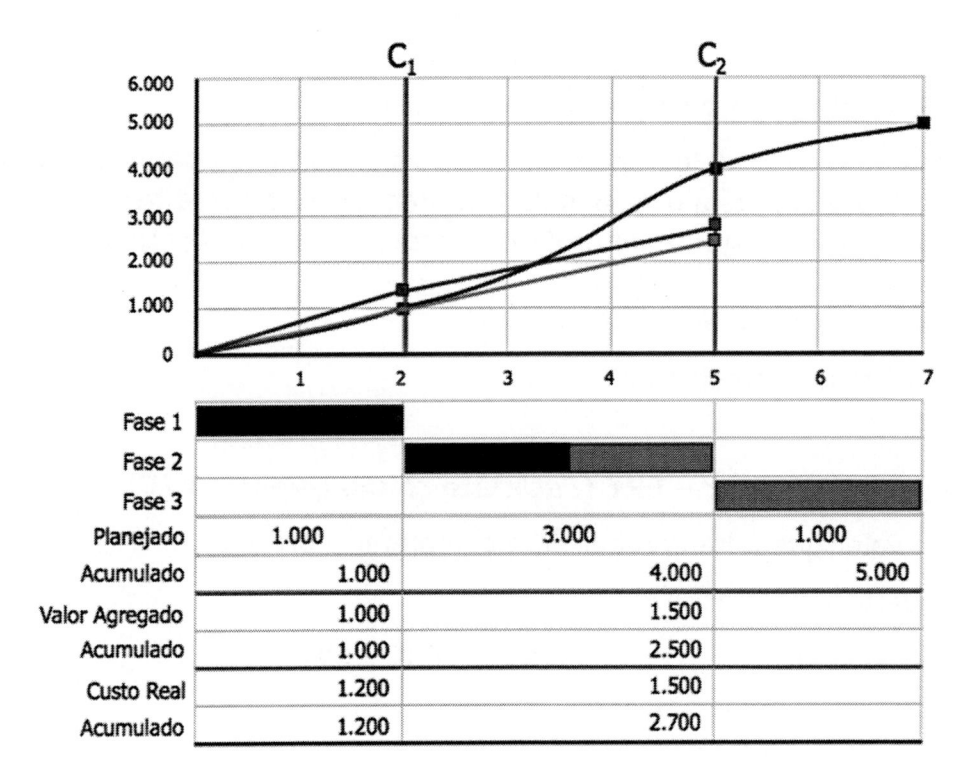

Fase 1			
Fase 2			
Fase 3			
Planejado	1.000	3.000	1.000
Acumulado	1.000	4.000	5.000
Valor Agregado	1.000	1.500	
Acumulado	1.000	2.500	
Custo Real	1.200	1.500	
Acumulado	1.200	2.700	

Indicadores para avaliação do desempenho no ponto de controle **C2**:

CUSTO

Variação de Custo (VC = VA − CR): VC = 2.500 − 2.700 = −200

Variação Percentual (VC% = CV/VA): VC% = (−200/2.500) x 100 = −8%

Índice de Desempenho de Custos (IDC = VA/CR): IDC = 2.500/2.700 = 0,93

PRAZO

Variação de Prazo (VPR = VA − VP): VPR = 2.500 − 4.000 = −1.500

Variação Percentual (VPR% = VPR/VP): VPR% = (−1.500/4.000) x 100 = −37,5%

Índice de Desempenho de Prazos (IDP = VA/VP): IDP = 2.500/4.000 = 0,63

Nesse ponto o projeto está atrasado, pois agregou apenas R$ 2.500, quando deveria ter agregado R$ 4.000. Está também com o orçamento estourado, pois gastou R$ 2.700 para agregar apenas R$ 2.500.

É comum gerentes de projetos que não utilizam o gerenciamento do valor agregado interpretarem, erradamente, o gasto real de R$ 2.700 como bom desempenho ao compararem com os R$ 4.000 previstos. A técnica do gerenciamento do valor agregado indica que a comparação deve ser do custo real com o valor agregado, ou seja, com o que foi efetivamente realizado.

Projeções de custo para o restante do projeto

Os indicadores da técnica do gerenciamento do valor agregado permitem determinar o desempenho do projeto até a data dos dados, mas também são a base para que sejam feitas projeções para o restante do projeto e responder perguntas tais como:

- Quanto falta para completar o projeto?
- Qual será o novo orçamento?

Estimativa para Terminar – EPT (*Estimate to Complete* – ETC)

Estimativa do valor que falta agregar para completar o projeto.

Quanto falta para completar.

$$EPT = ONT - VA \qquad (ETC = BAC - EV)$$

No exemplo: em C1= 5.000 − 1.000 = 4.000.
C2 = 5.000 − 2.500 = 2.500.

Estimativa no Término – ENT (*Estimate at Completion* – EAC)

Valor do NOVO ORÇAMENTO do projeto.

O quanto será gasto ao final do projeto.

ENT = CR + EPT   **(EAC = AC + ETC)**

O quanto será gasto no término do projeto (ENT) será igual a quanto já foi gasto (CR) mais o quanto ainda será gasto até o final (EPT).

Em C1 = 1.200 + 4.000 = 5.200.
C2 = 2.700 + 2.500 = 5.200 (estouro de 200).

Diferenças de cenários para as previsões dos custos

Uma vez que haja variações nos custos ou nos prazos, é necessário identificar a natureza das causas para essas variações e as condições do projeto do ponto de controle em diante. Basicamente a técnica do valor agregado considera três hipóteses para a natureza das causas das variações:

1. Causas **atípicas:** tendem a **não** se repetir no restante do projeto
2. Causas **típicas:** tendem a se repetir no restante do projeto
3. As bases das estimativas não são mais válidas: nova estimativa

De acordo com a natureza das causas para as variações, diferentes equações devem ser utilizadas para as projeções. Isto é, diferentes formas de calcular o quanto falta para o término que será somado ao custo já realizado, custo real.

Seja qual for o cenário, a parcela do custo real até a data (CR) é um custo afundado no projeto, ou seja, qualquer que seja o montante de valor a ser agregado para o restante do projeto, este deverá ser somado ao custo real.

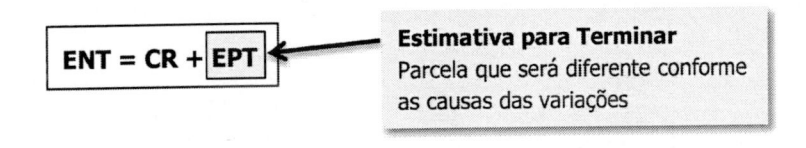

ENT = CR + EPT ← **Estimativa para Terminar**
Parcela que será diferente conforme as causas das variações

Cenário 1: causas ATÍPICAS – não tendem a se repetir

A análise do cenário do projeto indica que os fatores que causaram as variações até este ponto do projeto não tendem a se repetir. Por exemplo, em um projeto de construção de um prédio, as atividades que apresentaram variações foram as de construção das fundações porque o terreno se mostrou diferente do que indicavam as sondagens.

Estimativa no Término (ENT):

$$\boxed{ENT = CR + ONT - VA} \quad ENT = CR + \boxed{ONT - VA} \leftarrow \text{EPT}$$

No exemplo:

C1 = 1.200 + 4.000 = 5.200

C2 = 2.700 + 2.500 = 5.200

Observação: os valores das Estimativas no Término resultaram iguais porque de um ponto para o outro não houve variação nos custos.

Cenário 2: causas TÍPICAS – tendem a se repetir

A análise do cenário indica que os fatores que causaram as variações até este ponto do projeto ainda estão presentes; portanto, tendem a se repetir. Por exemplo, em um projeto de construção de um prédio, houve aumento da matéria-prima cimento no mercado e a equipe de execução demonstrou menor produtividade do que a esperada.

Estimativa no Término (ENT):

$$\boxed{ENT = CR + \frac{ONT - VA}{IDC}} \quad ENT = CR + \boxed{\frac{ONT - VA}{IDC}} \leftarrow \text{EPT considerando o desempenho dos custos até o ponto de controle}$$

Ou, em equação equivalente:

$$ENT = \frac{ONT}{IDC}$$

No exemplo:

C1 = 1.200 + (5.000 − 1.000) / 0,8333 = 6.000

C2 = 2.700 + (5.000 − 2.500) / 0,9259 = 5.400

Com a equação alternativa:

C1 = 5.000 / 0,8333 = 6.000

C2 = 5.000 / 0,9259 = 5.400

Ainda no cenário 2, é possível incluir na equação um esforço necessário para compensar o atraso incluindo o índice de desempenho do prazo no divisor.

Estimativa no Término (ENT) com esforço para retirada de atraso:

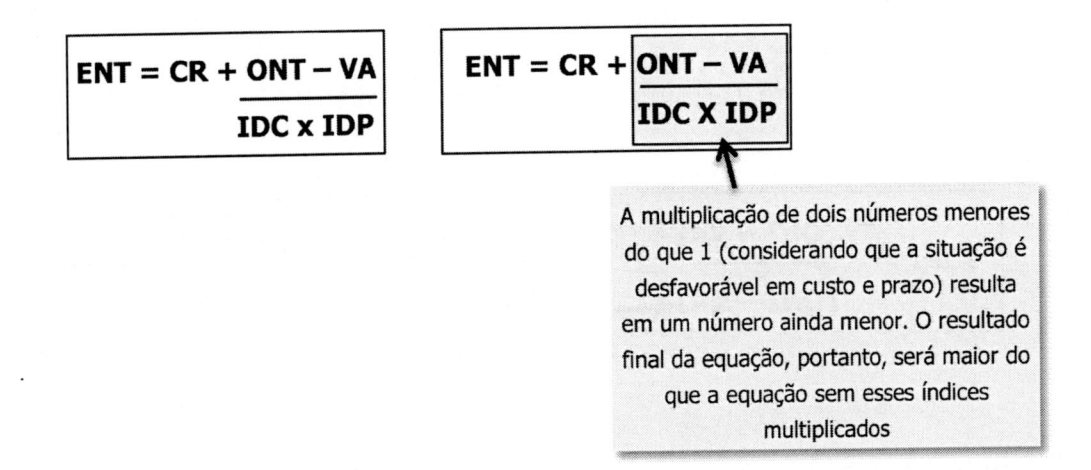

$$ENT = CR + \frac{ONT - VA}{IDC \times IDP}$$

$$ENT = CR + \boxed{\frac{ONT - VA}{IDC \times IDP}}$$

> A multiplicação de dois números menores do que 1 (considerando que a situação é desfavorável em custo e prazo) resulta em um número ainda menor. O resultado final da equação, portanto, será maior do que a equação sem esses índices multiplicados

No exemplo:

C1 = 1.200 + (5.000 − 1.000) / 0,8333 x 1,0 = 6.000

C2 = 2.700 + (5.000 − 2.500) / 0,9259 x 0,6250

   = 2.700 + (5.000 − 2.500) / 0,5787 = 7.020

Cenário 3: as bases das estimativas não são mais válidas – nova estimativa

Neste cenário, as premissas assumidas como bases para as estimativas se mostraram falsas; logo, riscos significativos se materializaram (uma premissa que se mostre falsa, por definição, indica que pelo menos um risco terá se materializado) e modificaram as condições do projeto de tal forma que as estimativas que deram origem à linha de base já não são mais válidas, obrigando a gerência do projeto a elaborar novas estimativas desse ponto em diante. Por exemplo, em um projeto em que o cliente mude os requisitos – nesse caso, uma mudança deverá ser solicitada, aprovada e uma nova linha de base definida.

Estimativa no Término (ENT):

$$ENT = CR + \boxed{\text{NOVA ESTIMATIVA}} \leftarrow EPT$$

Índice de Desempenho Para o Término (*To Complete Performance Index*)

Indica o índice de desempenho de custos que precisa ser obtido para recuperar o índice de desempenho de custos realizado até o momento e terminar o projeto dentro do orçamento original (linha de base dos custos), ou para alcançar metas de um determinado valor se o original não for mais possível.

Para atingir o Orçamento no Término (ONT) (linha de base):

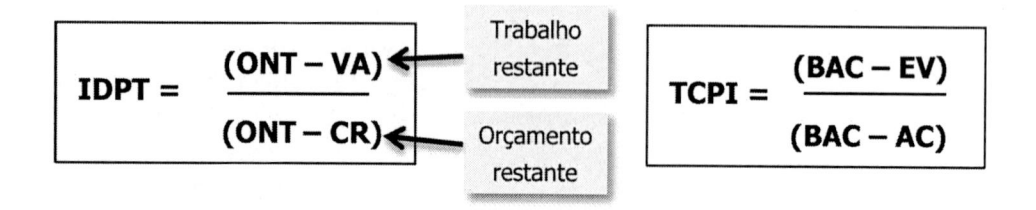

$$IDPT = \frac{(ONT - VA)}{(ONT - CR)} \qquad TCPI = \frac{(BAC - EV)}{(BAC - AC)}$$

(ONT − VA) ← Trabalho restante
(ONT − CR) ← Orçamento restante

No exemplo, em:

C1= 5.000 − 1.000 / 5.000 − 1.200 = 1,052

C2= 5.000 − 2.500 / 5.000 − 2.700 = 1,087

Para atingir determinada Estimativa no Término (ENT) (meta):

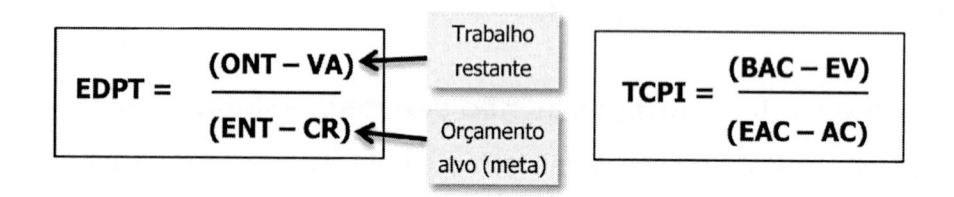

$$EDPT = \frac{(ONT - VA)}{(ENT - CR)} \qquad TCPI = \frac{(BAC - EV)}{(EAC - AC)}$$

(ONT − VA) ← Trabalho restante
(ENT − CR) ← Orçamento alvo (meta)

Meta de ENT = 5.400. No exemplo em:

C1= 5.000 − 1.000 / 5.400 − 1.200 = 0,952

C2= 5.000 − 2.500 / 5.400 − 2.700 = 0,925

Variações no término

Indica as diferenças entre o orçamento original da linha de base e um novo orçamento, uma vez que tenha havido variações.

VNT = ONT − ENT   **VAC = BAC − EAC**

Percentuais:

VNT% = VNT / ONT *100   **VAC% = VAC / BAC *100**

No exemplo, no ponto C2:

VNT = 5.000 − 5200 = − 200

VNT% = − 200 / 5.000 = − 4%

Previsões de prazo

Como vimos no início deste tópico, a técnica do gerenciamento do valor agregado é essencial para avaliar o desempenho dos custos do projeto. Porém, para avaliar o desempenho de prazo, deve-se levar em conta, além dos indicadores de valor de agregado, informações sobre variações de prazo diretamente no cronograma, utilizando o conceito de modelo dinâmico de cronograma que vimos no Capítulo 3.

De posse de um modelo dinâmico de cronograma, os atrasos nas atividades em qualquer ponto da rede de atividades serão transmitidos de acordo com as relações de dependência estabelecidas, seguindo os caminhos da rede, e poderão ser dimensionados em qualquer ponto futuro do projeto, inclusive em sua data de término.

A figura a seguir ilustra esse procedimento.

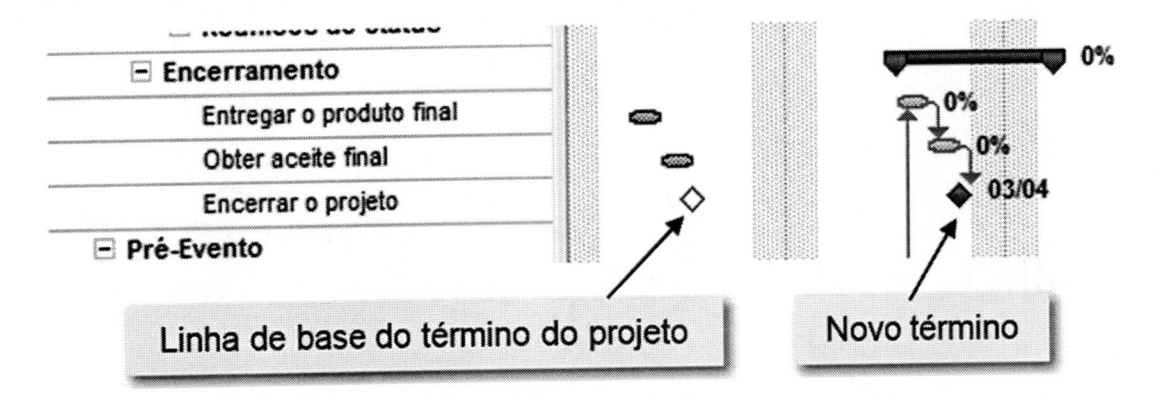

Figura 4.9 – Variações de Prazo no Término verificadas no modelo dinâmico do cronograma

Análise gráfica dos cenários apresentados

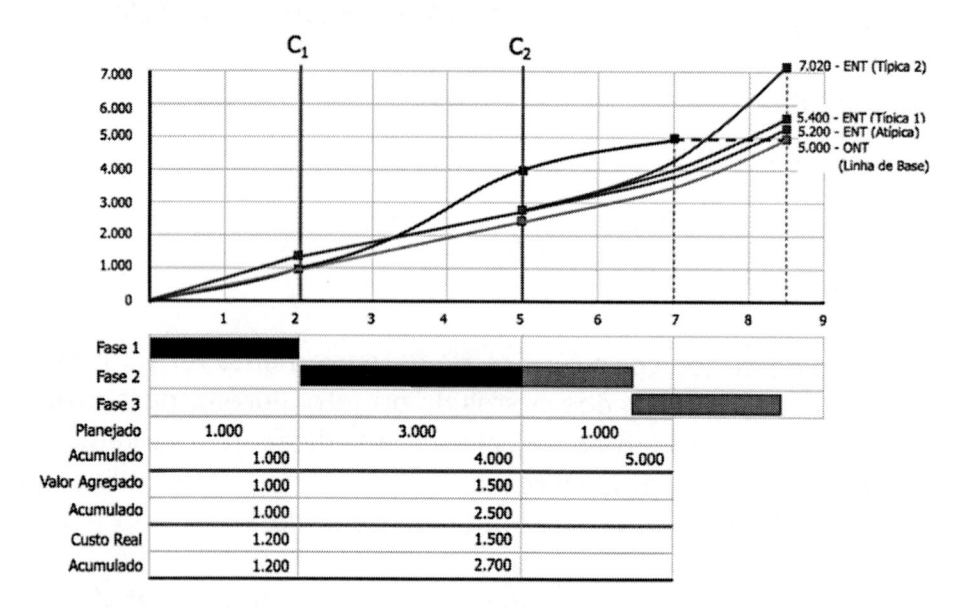

Figura 4.10 – Projeções considerando os diferentes cenários de causas para as variações

Resumo gráfico dos conceitos apresentados

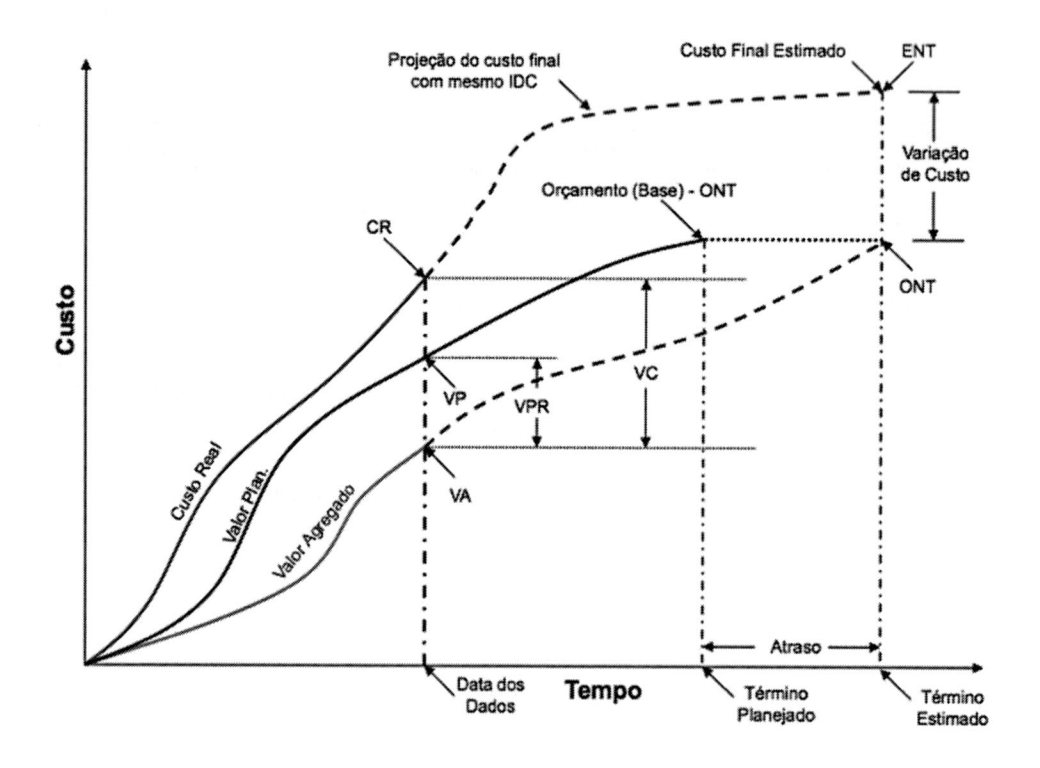

Figura 4.11 – Gráfico com indicadores da técnica do gerenciamento do valor agregado

Resumo da técnica do gerenciamento do valor agregado

Parâmetros		Definição	Fonte/Cálculo
VP (PV)	Valor Planejado (Planned Value)	Valor do trabalho planejado para ser concluído até a data dos dados	Orçamento do projeto
VA (EV)	Valor Agregado (Earned Value)	Valor do trabalho concluído até a data dos dados	Apuração do valor orçado para o trabalho realizado
CR (AC)	Custo Real (Actual Cost)	Valor do custo real até a data dos dados	Informações de notas fiscais, contratos, dados de remuneração etc.
ONT (BAC)	Orçamento no Término (Budget At Completion)	Valor do trabalho total planejado (Linha de Base dos Custos Projeto)	Orçamento do Projeto

Análise – Indicadores de Variações		Definição	Fonte/Cálculo
VC (CV)	Variação de Custos (Cost Variance)	Diferença entre o valor do trabalho concluído e os custos reais até a data dos dados	VC = VA − CR
VPR (SV)	Variação de Prazos (Schedule Variance)	Diferença entre o valor do trabalho concluído e o valor do trabalho planejado para ser concluído até a data dos dados	VPR = VA − VP
VNT (VAC)	Variação no Término (Variance at Completion)	Diferença entre o valor do trabalho total planejado (Linha de Base dos Custos Projeto) e uma nova estimativa	VNT = ONT − ENT

Análises – Índices de Desempenho		Definição	Fonte/Cálculo
IDC (CPI)	Índice de Desempenho de Custos (Cost Performance Index)	A medida de eficiência de custos dos recursos orçados expressa como a relação entre valor agregado e custo real	IDC = VA / CR
IDP (SPI)	Índice de Desempenho de Prazos (Schedule Performance Index)	A medida de eficiência do cronograma expressa como a relação entre valor agregado e o valor planejado	IDP = VA / VP

Previsões – Projeções		Definição	Fonte/Cálculo
EPT (ETC)	Estimativa para Terminar (Estimate to Complete)	Custo esperado para terminar o trabalho restante do projeto	EPT = ONT − VA
ENT (EAC)	Estimativa no Término (Estimate at Completion)	O custo total esperado no final expresso como a soma do custo real até a data dos dados e a estimativa para terminar	ENT = CR + ONT − VA

Métodos de medição do trabalho

Na técnica de gerenciamento do valor agregado, todos os indicadores dependem em grande medida do valor agregado calculado para o projeto. Este, por sua vez, depende da medição do avanço físico de cada atividade do projeto. Daí a importância de utilizar métodos objetivos para a medição desse avanço físico. Neste ponto, estudaremos cinco métodos de medição do trabalho:

1. Percentual completo
2. Marcos ponderados
3. Fórmula fixa
4. Esforço associado
5. Nível de esforço

Cada método deverá ser utilizado de acordo com a natureza da atividade cujo avanço físico será medido.

1. Percentual completo

Pode ser aplicado quando a atividade permite a medição precisa do avanço físico. É o caso de atividades cujo trabalho produz um produto tangível, que possui dimensões físicas que possam ser medidas com precisão, como por exemplo área, comprimento, altura, peso, volume etc.

Após a medição física do avanço, uma regra de três simples permite encontrar o percentual completo. Por exemplo, se foram completados 3m² da pintura de uma parede de 10m², o avanço físico foi de 30%. Em seguida, é necessário calcular o valor agregado, que será a multiplicação dos 30% de progresso físico pelo custo orçado da pintura da parede.

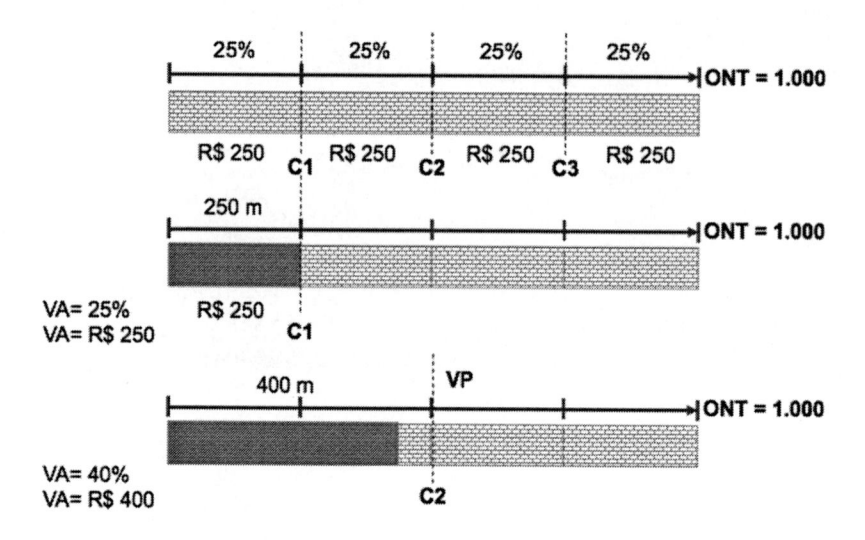

Figura 4.12 – Medição precisa possível devido à característica tangível do produto do trabalho

2. Marcos ponderados

Este método é aplicado quando não é possível ter parâmetros de dimensões precisas que permitam medir o percentual completo. Consiste em dividir a atividade em marcos verificáveis e depois atribuir pesos que representem o progresso físico da atividade ao atingir cada marco.

Por exemplo, imaginemos a atividade de elaboração de uma especificação técnica para um projeto de desenvolvimento de um software. A equipe pode decidir dividir a atividade nos seguintes marcos, e associá-los aos seguintes progressos físicos da atividade (em valores cumulativos):

Marcos da atividade	Progresso físico
M1 – Elaboração da versão inicial da especificação técnica	40%
M2 – Consolidação de comentários de especialistas	60%
M3 – Elaboração da versão final com incorporação dos comentários	90%
M4 – Aprovação final da especificação técnica	100%

Neste exemplo, a atividade em questão só poderá assumir um entre cinco valores de progresso físico: 0% se ainda não tiver sido iniciada ou se tiver sido iniciada sem que a elaboração da versão inicial tenha sido concluída; 40% uma vez que a versão inicial da especificação tenha sido concluída; 60% após a consolidação de todos os comentários; 90% após a elaboração da versão final da especificação; e 100% após sua aprovação final.

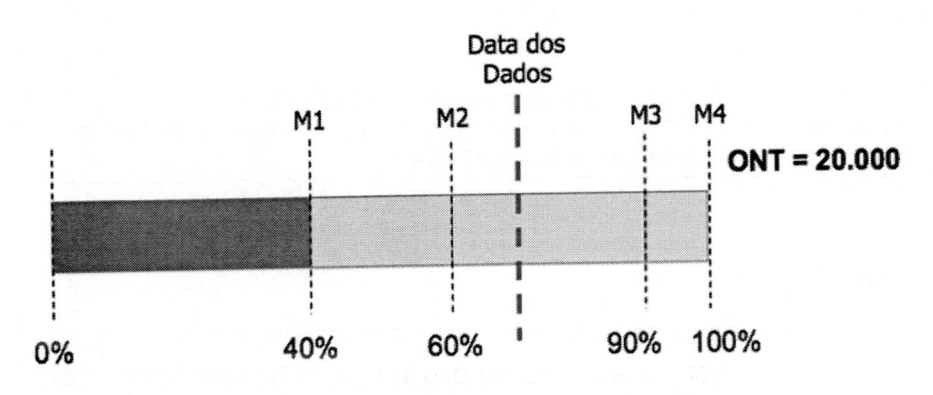

Figura 4.13 – Ponderação dos marcos para determinar o avanço físico e o valor agregado

3. Fórmula fixa

Quando não é possível fazer uma medição precisa ou quando a atividade é curta demais para ser dividida em marcos, é possível utilizar valores padronizados para estabelecer os percentuais de avanço físico, utilizando regras como a 20/80, 25/75, 50/50 ou 0/100.

Quando se utiliza a regra 50/50, por exemplo, atribui-se 50% de progresso à atividade quando esta é iniciada e os outros 50% de progresso (completando 100%) apenas quando é concluída. O mesmo raciocínio é utilizado quando se adotam as demais regras.

4. Esforço associado (*apportioned effort*)

Empregado quando uma atividade tem relação direta ou possui um caráter de suporte em relação a outra, que é denominada "base de medida". É o caso de atividades de garantia da qualidade, de inspeção ou de fiscalização. Neste caso, o progresso físico da atividade de esforço associado será igual ao da atividade base de medida.

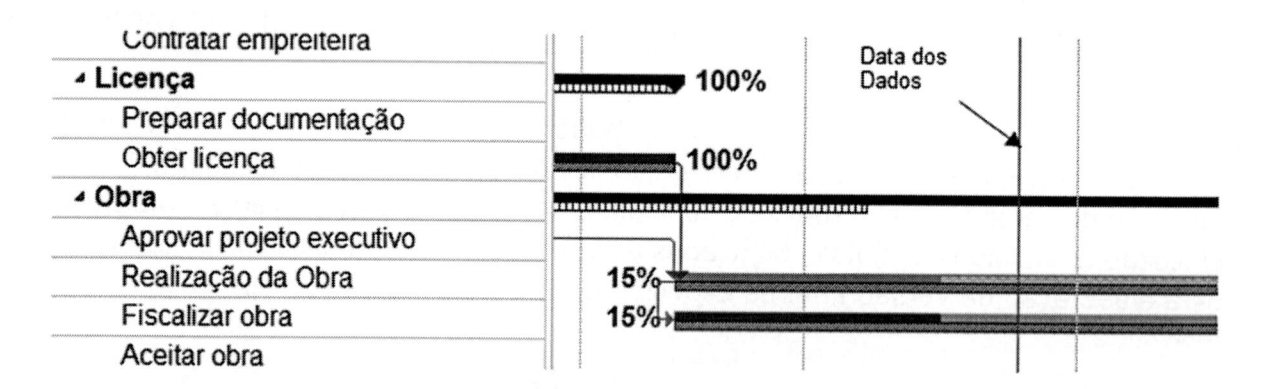

Figura 4.14 – Exemplo do método do esforço associado. A medição é feita na atividade fiscalizada utilizando um dos três métodos anteriores (percentual completo, marcos ponderados ou fórmula fixa). A atividade fiscalizadora assume o mesmo percentual de avanço físico

5. Nível de esforço

Utilizado para medir o avanço de trabalhos indiretos realizados no projeto. É aplicado tipicamente ao trabalho de gerenciamento do projeto, que não pode ser isolado como contribuinte de uma parte específica da geração do produto do projeto. Por convenção, adota-se que o valor agregado dessas atividades será sempre igual ao seu valor planejado.

A definição de que método de medição será utilizado para cada atividade do projeto deve ser feita durante o planejamento e documentada no dicionário da EAP. A figura a seguir contém uma orientação geral para a escolha de que método de medição utilizar, dependendo de características específicas de cada atividade do projeto.

Produto do Trabalho	Duração da Atividade	
	1 ou 2 Ciclos de Controle	Mais de 2 Ciclos de Controle
Tangível	Fórmula Fixa	Percentual Completo Marcos Ponderados
Intangível	Esforço Associado Nível de Esforço	

Figura 4.15 – Aplicação do método de medição de acordo com características da atividade

Governança do projeto

A governança do projeto é uma função de supervisão, exercida durante todo o ciclo de vida do projeto, alinhada com o modelo de governança da organização. A estrutura de governança do projeto fornece ao gerente e à equipe do projeto processos, modelos de tomada de decisão e ferramentas para gerenciar o projeto, ao mesmo tempo apoiando e controlando o projeto a fim de obter uma entrega final bem-sucedida. Pode ser composta pelo patrocinador do projeto, por membros de um escritório de gerenciamento de projetos e pelo cliente.

Além dos membros integrantes da governança, sua estrutura inclui todo o conjunto de regras de operação às quais o projeto estará submetido, tais como:

- Regras de aprovações de mudanças no projeto (procedimentos, limites e alçadas).
- Processo de encaminhamento de questões que surjam durante o projeto (escalonamento na hierarquia da organização executora).
- Regras para a distribuição de informações do projeto.
- Orientações quanto à forma de gerenciamento das partes interessadas do projeto.
- Regras do processo decisório do projeto de modo geral.

Uma estrutura de governança bem definida transmite à gerência do projeto tranquilidade para dar foco às atividades necessárias ao gerenciamento do projeto.

RELATÓRIO DE DESEMPENHO DO PROJETO

Os principais parâmetros do desempenho do projeto devem ser periodicamente informados às principais partes interessadas do projeto. A boa prática recomenda que relatórios de desempenho, também denominados relatórios de status, sejam sintéticos e objetivos, pois o principal público-alvo é a governança do projeto.

A fim de permitir que a equipe avalie o desempenho do projeto e possa produzir o relatório, é necessário coletar os dados de desempenho do projeto.

Reunir os dados de desempenho de forma organizada, conforme ilustrado na Figura 4.16, pode facilitar o trabalho da equipe em análises e servir de base para o relatório de desempenho.

O relatório de desempenho do projeto deve ser tratado sob duas perspectivas: a situação atual do projeto (status) e as recomendações de providências a serem tomadas para que o projeto volte a cumprir seus objetivos de escopo, prazo, custo, qualidade etc.

A situação atual é uma constatação do desempenho do projeto até a data do ponto de controle em que foram realizadas as medições de avanço físico e do custo real do projeto.

Após a coleta de dados, a equipe do projeto pode traduzir o status utilizando os indicadores de desempenho do gerenciamento do valor agregado.

Um recurso prático para relatórios de status é utilizar sinalizadores coloridos do tipo painel de controle que seguem a convenção "vermelho", "amarelo" e "verde" de acordo com a condição do indicador.

DADOS DE DESEMPENHO DO PROJETO				
Projeto	Data |||| Número	
Treinamento dos Novos Projetistas	30/01/09 |||| 1	
Principais entregas realizadas				
- Plano do projeto	% completo do projeto PLANEJADO			34%
- Definição do local	% completo do projeto REALIZADO			15%
	Valor Planejado (VP)			25.420,00
	Custo Real (CR)			16.970,00
	Valor Agregado (VA)			17.290,00
	Orçamento do Projeto (ONT)			43.660,00
	Data de término prevista			26/03/09
Indicadores	Status anterior	Status atual		Sinalizador
Variação de Custo (VC)	–	320		OK
Variação de Prazo (VPR)	–	(8.130)		Crise
Índice de Desempenho de Custo (IDC)	1,00	1,02		OK
Índice de Desempenho de Prazo (IDP)	1,00	0,68		Crise
Estimativa de Custo no Término (ENT)	43.660,00	43.340,00		OK
Estimativa de Prazo no Término (ENT)	26/03/09	30/03/09		Crise
Resumo do Status				
1. A atividade de "Desenvolver o Plano do Projeto" começou um dia após a data programada, porém foi concluída na data programada. Portanto, a duração desta atividade foi de um dia a menos. 2. A atividade "Definir data do evento" durou três dias em vez de um dia como programado. 3. A atividade "Comunicar ao RH" não começou. 4. O atraso na atividade "Definir data do evento" e o fato de a atividade "Comunicar ao RH" não ter iniciado, por estarem no caminho crítico, causaram atraso no início do evento, deslocando-o do dia 09/03 para o dia 17/03, e o término do projeto, do dia 26/03 para 03/04. 5. As atividades da entrega "PowerPoint" não começaram nas datas programadas, mas por não pertencerem ao caminho crítico não transmitiram atrasos ao projeto.				
Ações corretivas				
1. Negociar com o RH um menor prazo de confirmação para os participantes de trinta para 24 dias, a fim de recuperar os seis dias de atraso.				

Figura 4.16 – Tabela para coleta de dados de desempenho do projeto

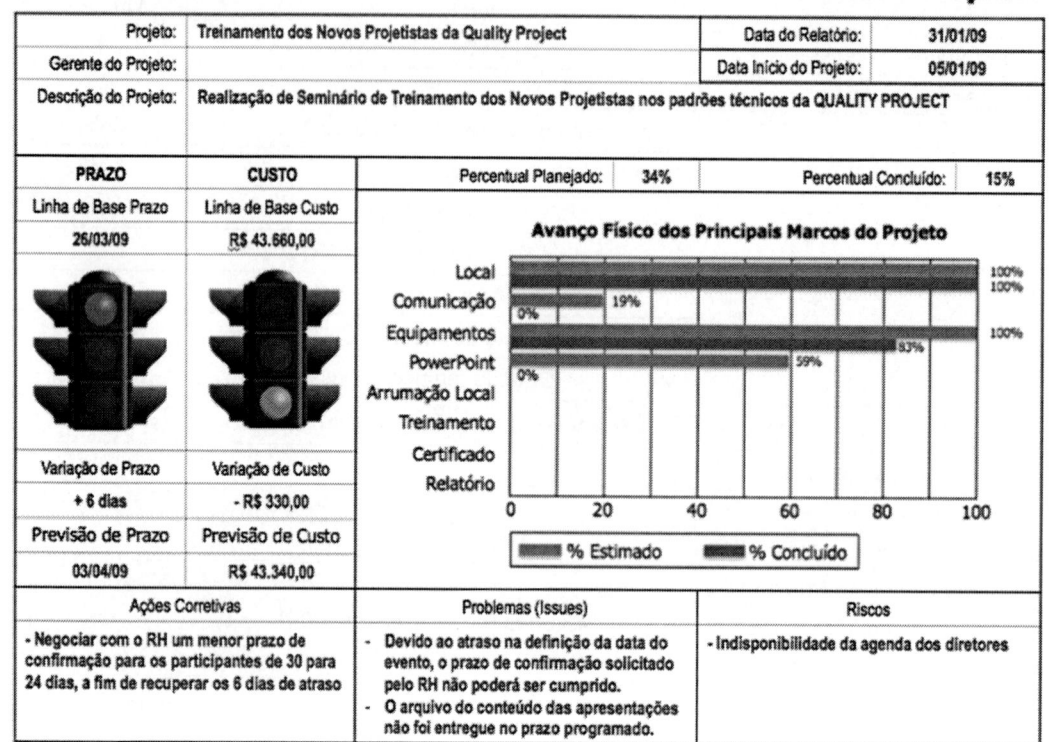

Figura 4.17 – Modelo de relatório de desempenho de um projeto

Para os indicadores cujo sinalizador esteja amarelo ou vermelho, ações corretivas devem ser propostas e submetidas à aprovação, sendo tratadas no âmbito do controle integrado de mudanças.

CONTROLE INTEGRADO DE MUDANÇAS

A natureza de elaboração progressiva, o fato de que o planejamento envolve a projeção de cenários futuros incertos e a volatilidade do ambiente onde o projeto ocorre fazem com que este esteja sujeito a mudanças. Diferentemente do monitoramento, que deve ser sistemático, solicitações de mudança no projeto podem surgir a qualquer momento durante a execução do projeto.

A partir da aprovação da primeira versão do plano de gerenciamento do projeto passam a existir as linhas de base do projeto, que em uma visão mais ampla podem ser interpretadas como a formalização de um acordo entre a gerência e a governança do projeto. A partir do estabelecimento das linhas de base, nenhuma das partes poderá fazer qualquer alteração nelas sem a concordância da outra parte.

O principal instrumento para regulamentação dessa importante regra de governança é o que o *PMBOK® Guide* denomina de **controle integrado de mudanças**.

Mudanças em projetos podem ter origem em diversas razões. O termo "mudança", nesse contexto, deve ser entendido como quaisquer dos seguintes tipos de alterações:

1. Mudanças nos requisitos do projeto.
2. Mudanças no escopo, no prazo ou no custo do projeto.
3. Modificações na documentação do projeto.
4. Ações corretivas.
5. Ações preventivas.
6. Reparos de defeitos.

Seja qual for o tipo da mudança solicitada, esta deverá seguir duas regras de governança:

- Deve ser solicitada formalmente por meio de um documento.
- Deve ser submetida ao processo formal de aprovação.

1. Mudanças nos requisitos do projeto

Considerando que requisitos são necessidades que precisam ser atendidas pelo projeto, qualquer solicitação de alteração em alguma necessidade documentada e já traduzida em escopo (solução para atender às necessidades) devidamente aprovado deve ser processada pelo controle integrado de mudanças.

A princípio, qualquer parte interessada do projeto pode solicitar uma mudança neste. Porém, com relação à mudança nos requisitos do produto, o cliente formal do projeto, mesmo que não seja o demandante do requisito, deve ser uma primeira instância de validação dessa solicitação, antes que seja submetida ao processo do controle integrado de mudanças.

Mudanças nos requisitos podem também se dar por uma mudança no ambiente no qual o projeto está inserido, que faça com que a estratégia que deu origem ao projeto mude.

2. Mudanças no escopo, no prazo ou no custo do projeto

Uma alteração em uma solução do projeto, seja porque a técnica especificada já não é mais viável ou possível (alteração no escopo), seja porque as bases de estimativas de prazo já não são mais válidas (alteração no cronograma), seja porque houve um aumento nos preços nos insumos que seriam utilizados por atividades do projeto (alteração no custo), levará à necessidade de uma solicitação de mudança.

Riscos que se materializem, restrições que se acentuem ou que deixem de existir e/ou premissas que se mostrem falsas podem levar à necessidade de revisão nas dimensões primárias do projeto.

Em projetos onde esteja sendo realizado o planejamento em ondas sucessivas, mudanças podem ser fruto de uma maior compreensão do produto a ser entregue em razão do progresso de partes do projeto que permitam uma especificação mais adequada para o produto.

3. Modificações na documentação do projeto

Alterações em contratos celebrados pelo projeto, em qualquer plano subsidiário do projeto, enfim, qualquer modificação na documentação do projeto deve ser avaliada quanto à necessidade de passar pelo controle integrado de mudanças.

4. Ações corretivas

A técnica do gerenciamento do valor agregado, como vimos, permite uma avaliação do desempenho do projeto com certo grau de precisão. Porém, uma vez que tenham sido identificados desvios no plano de gerenciamento do projeto será necessário tomar ações corretivas que façam o projeto voltar às suas linhas de base de desempenho.

Quando um projeto apresenta desvios desfavoráveis entre o planejado e o executado, algumas perguntas se colocam:

- Propor ações para melhorar o prazo alocando mais recursos?
- Propor ações para melhorar o custo retirando recursos?
- Propor redução do escopo?

As possíveis respostas devem levar em consideração o fator crítico de sucesso do projeto. Como vimos, o *driver* do projeto indica a prioridade entre as dimensões de escopo, tempo e custo do projeto. Essa prioridade deve ser identificada no início do projeto, pois direcionará todas as ações durante o ciclo de vida do projeto. Entretanto, se ela ainda não estiver clara, será explicitada no momento de necessidade de ação corretiva, pois a governança do projeto rejeitará quaisquer soluções para os desvios do projeto que contrariem a prioridade real deste.

No caso de um projeto cujo fator crítico de sucesso seja custo e que esteja com desvios de prazo e de custo, uma proposta do gerente do projeto para redução do atraso que implique em aumento de custos será certamente rejeitada pela governança do projeto. Portanto, o gerenciamento do projeto, considerando todo o processo desde seu início até o término, deve ser direcionado pelos reais interesses da organização executora, por suas reais prioridades, que permitam o melhor aproveitamento dos recursos limitados com os quais o gerente do projeto poderá contar para produzir a entrega final dentro dos parâmetros esperados por seus demandantes.

As regras de governança do projeto devem determinar critérios, limites e alçadas para necessidades de aprovações de acordo com os níveis de desvios ou variações. Se houver necessidade de aprovação, é indicado que seja seguido um processo formal como o representado na Figura 4.18.

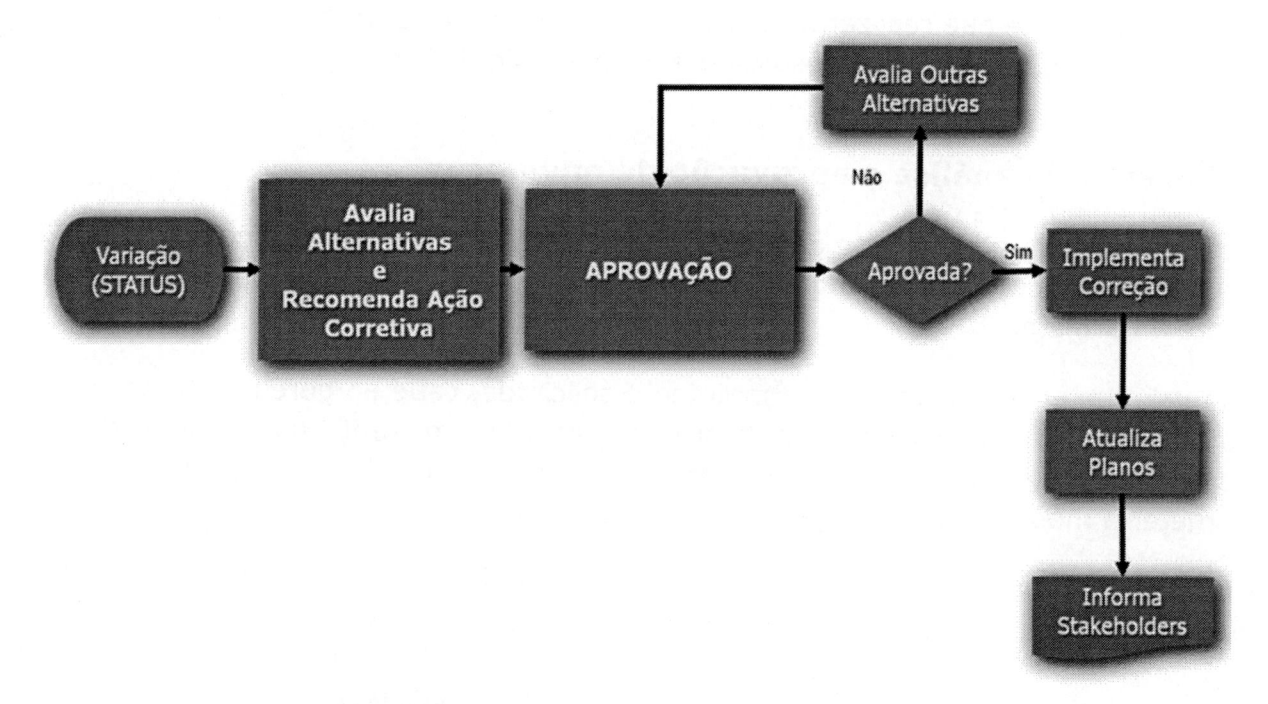

Figura 4.18 – Fluxo do processo de aprovação de ações corretivas do projeto

4. Ações preventivas

Os processos de gerenciamento dos riscos podem indicar ações proativas de respostas a riscos que precisem ser incorporadas ao projeto. Ações que pretendam evitar, mitigar ou transferir riscos identificados e classificados como importantes precisam fazer parte do escopo, do cronograma, do orçamento, de contratos etc.

Se uma primeira versão do plano do projeto já tiver sido aprovada, isto é, se já existir linhas de base, essas alterações precisam passar pelo processo do controle integrado de mudanças do projeto.

5. Reparos de defeitos

Segundo o *PMBOK® Guide*, um defeito é uma imperfeição ou deficiência em um componente do projeto que faz com que este componente não atenda aos requisitos ou especificações e precise ser reparado ou substituído. Quando entregas são concluídas, passam por dois processos previstos no *PMBOK® Guide*: o de controlar a qualidade e o de validar o escopo.

O processo de controlar a qualidade é realizado no âmbito da equipe do projeto e tem como objetivo avaliar a exatidão do cumprimento dos requisitos antes de entregar o trabalho ao cliente que realizará, com a equipe do projeto, o processo de validar o escopo. Ambos podem ter como resultado a necessidade de reparo de defeito.

O processo de análise e aprovação de mudanças

Antes de impedir mudanças, o gerente do projeto deve gerenciá-las, ou seja, tomar as providências necessárias para que sejam avaliadas, aprovadas e incorporadas devidamente ao projeto.

Uma vez que uma mudança foi formalmente solicitada, cabe ao gerente e à equipe do projeto identificar, analisar e quantificar os impactos da mudança nas diversas dimensões do projeto, tais como escopo, prazo, custo, qualidade, riscos etc., para só então submeter a mudança à aprovação pela governança do projeto.

A mudança aprovada será implantada e os documentos do projeto atualizados. Se a mudança não for aprovada, o solicitante deverá ser informado.

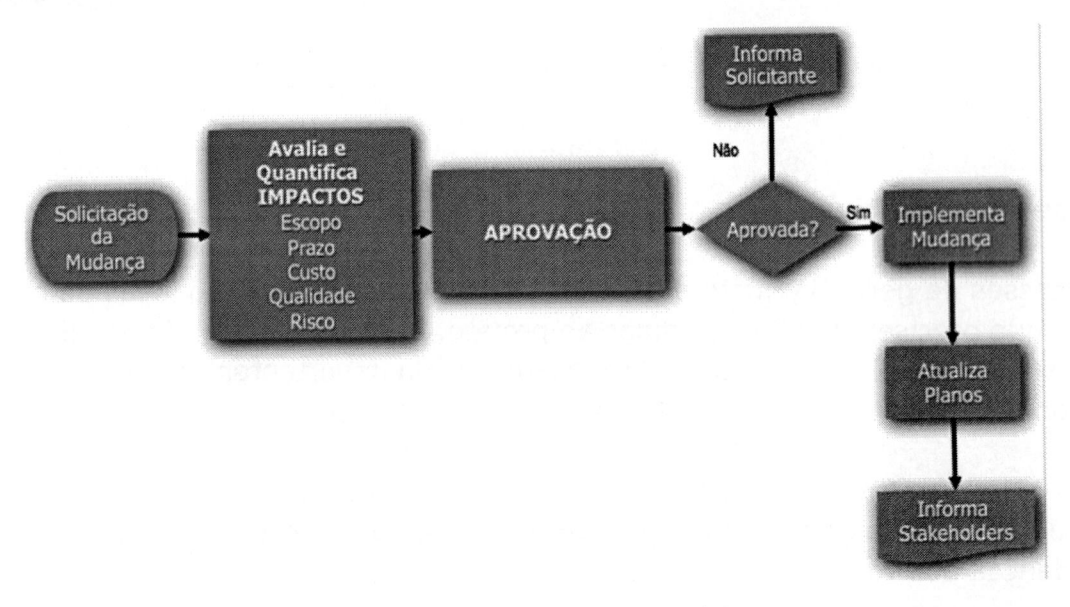

Figura 4.19 – Fluxo do processo de aprovação de mudanças no projeto

É altamente recomendável que as solicitações de mudança sejam formais, isto é, feitas por meio de documentos reconhecidos pela organização executora. Idealmente devem ser utilizados formulários padronizados como o da Figura 4.20.

FORMULÁRIO DE SOLICITAÇÃO DE MUDANÇA NO PROJETO		
Projeto	Data da solicitação	Número
Treinamento dos Novos Projetistas da Quality Project	30/01/09	1
Solicitante	Tipo de Mudança	
Sócrates de Athenas – Diretor de RH	Requisitos	
Descrição da mudança		
Aumento do número de projetistas que serão contratados de 50 para 80.		
Justificava para a mudança		
1. Houve uma reavaliação da taxa de crescimento da demanda da empresa que indicou uma maior necessidade de profissionais da área de projetos. 2. Concentrar a contratação para economia de escala do esforço de contratação e mobilização da estrutura organizacional.		
Impactos no projeto e medidas para mitigação dos impactos		
1. Escopo 1.1. Aumento da capacidade do local do evento de 50 para 80. 1.2. Entrega "Definição do Local" já realizada – necessidade de redefinição do local – rescindir o contrato realizado – medida de mitigação: verificar se o local comporta a nova capacidade ou o mesmo fornecedor possui outra instalação para que seja feita apenas uma alteração contratual.		
2. Tempo 2.1. A nova definição do local gera novas atividades de rescindir contrato anterior, prospectar novo local, selecionar novo local e contratar novo local – aumento de quatro dias. Medida de mitigação: reduzir a antecedência de convocação do RH.		
3. Custo 3.1. Aumento do custo do local – maior capacidade 50 para 80 – R$ 5.000,00 para R$ 8.000,00. 3.2. Novas atividades de definição do local: R$ 1.600,00. 3.3. Aumento total dos custos: R$ 1.600,00 + R$ 3.000,00 = R$ 4.600,00.		
4. Qualidade Sem impacto		
5. Riscos do projeto 5.1. Não conseguir um local com a capacidade solicitada.		
Aprovador	Data da aprovação	

Figura 4.20 – Documento padrão de solicitação de mudanças com espaço para avaliação dos impactos

A documentação adequada das solicitações de mudanças pode contribuir para uma base de referência histórica valiosa para a organização executora. Documentações históricas de projetos podem ser objeto de análises de lições aprendidas ou estatísticas. A frequência de ocorrência de determinado tipo de mudança pode direcionar ações de melhoria no ambiente de projetos. Se em determinado período a maior parte das mudanças nos projetos são de requisitos, isso indica que ações de melhoria devem começar por tratar o processo de coleta dos requisitos. Se, por outro lado, a maior frequência das mudanças é por dificuldades técnicas da equipe, a indicação será de melhoria no processo de definição do escopo.

Distribuição das informações do projeto

Uma das preocupações da equipe do projeto durante a execução deve ser a correta distribuição das informações do projeto. No plano de gerenciamento das comunicações, a essa altura já elaborado, deve ter sido determinado o que deve ser comunicado, para quais partes interessadas, em que momentos e por que meios. Essas indicações, organizadas na matriz de comunicações, devem servir de instrumento operacional para a correta distribuição das informações ao longo de todo o ciclo de vida do projeto.

Reuniões do projeto

Como instrumentos gerenciais valiosos e essenciais, as reuniões do projeto devem ser previstas no cronograma e divulgadas com antecedência suficiente para que os participantes possam se preparar. Cabe à gerência do projeto aplicar técnicas de coordenação de reuniões que garantam que o tempo e os recursos envolvidos sejam aproveitados da melhor forma possível, ou seja, que a reunião seja eficiente, e que esta atinja os objetivos esperados, isto é, que seja eficaz.

Para que uma reunião seja produtiva, as melhores práticas de coordenação de reuniões relacionam alguns pontos-chave que precisam ser definidos:

- **Objetivo da reunião.** Em um projeto pode haver diversos tipos de reuniões: reunião de *kick-off* (partida da execução), de avaliação de membros da equipe, de soluções técnicas, de lições aprendidas, de identificação de riscos, de definição do escopo, de monitoramento e controle etc. O objetivo da reunião define o que a reunião pretende alcançar. O objetivo de uma reunião de status, por exemplo, pode ser definido como: avaliar o progresso do projeto, fazer projeções e propor ações corretivas ou preventivas.

- **Coordenador da reunião.** Ter um responsável pela coordenação da reunião, definido previamente e reconhecido pelos participantes, é um elemento essencial para sua produtividade. Geralmente a maior parte das reuniões de um projeto será coordenada pelo gerente do projeto, que, como coordenador de reuniões, tem as seguintes atribuições:

- Preparar a pauta e distribuí-la previamente aos participantes.
- Convocar os participantes necessários e suficientes.
- Abrir a reunião fazendo a apresentação dos participantes, se necessário.
- Conduzir a pauta seguindo a agenda.
- Promover processos de tomada de decisões utilizando os métodos apropriados – por exemplo, votação.
- Administrar conflitos e disputas de poder.
- Fechar a reunião fazendo um resumo dos assuntos abordados.

Pauta da reunião. A pauta contém o conjunto de assuntos que serão tratados na reunião. Se fizermos uma analogia com o projeto, a pauta equivaleria ao escopo do projeto. Reuniões que por sua natureza devam ser periódicas, como no caso das reuniões de status, tendem a ter suas pautas aumentadas na medida em que a periodicidade não é cumprida, pois os assuntos, as questões e as providências tendem a se acumular. Portanto, é recomendável que o planejamento do ciclo de monitoramento e controle do projeto seja feito de tal forma que atenda às necessidades de controle, mas que ao mesmo tempo seja viável de ser cumprido dadas as particularidades do projeto. Uma prática que pode tornar reuniões periódicas mais eficientes é a adoção de um roteiro de pauta padronizado em formato de lista de verificação ou *checklist*.

Agenda. Mantendo a analogia com o projeto, a agenda seria o cronograma da reunião. Para criá-la, é preciso estimar os períodos de tempo específicos e necessários para cada assunto da pauta. Nos casos em que a duração da reunião seja padronizada, como acontece com as reuniões periódicas, essa limitação de tempo pode ser tratada como uma restrição. Isso pode levar à necessidade de revisão do tempo planejado a ser dedicado a cada item ou mesmo a uma revisão dos assuntos da pauta. A eliminação de um assunto pode ser uma alternativa se a prioridade for o cumprimento da duração padronizada. A agenda programada determinará os tempos limites de conclusão dos assuntos nos quais o coordenador da reunião deverá promover processos de tomada de decisão, se for o caso, e passar ao assunto seguinte. A dificuldade de estabelecer limites de tempo por assunto é análoga à que se tem ao dimensionar durações para realizações de atividades de um projeto. As lições aprendidas com reuniões passadas devem ser aproveitadas para melhorar a distribuição do tempo entre os assuntos.

Duração. Este é um fator crítico para o sucesso de uma reunião. A indefinição dos horários de início e término e, principalmente, o não cumprimento desses limites podem comprometer a credibilidade desse valioso instrumento gerencial. A má reputação de que reuniões costumam não ter hora para começar nem para acabar faz com que os participantes costumem chegar atrasados. Isso pode ocorrer, entre outras razões, porque os participantes ficam preocupados em não poder voltar aos seus postos de trabalho a tempo de concluir suas tarefas. Questões culturais contribuem para esse cenário. No Brasil, por exemplo, onde prevalece uma cultura do não confronto, um simples pedido de desculpas pelo atraso, inclusive atrapalhando a reunião já iniciada, costuma ser gentilmente aceito sem maiores constrangimentos. A maior responsabilidade pelo cumprimento dos horários é do coordenador da reunião, que deve seguir a agenda programada, monitorando e controlando os tempos dedicados aos assuntos. Um cuidado que pode antecipar problemas de cumprimento da duração da reunião é ter pautas e agendas realistas. Pautas com muitos tópicos e sem agenda são prenúncio de reuniões sem hora para acabar.

Periodicidade. Pode haver necessidade de reuniões extraordinárias ou emergenciais para solucionar problemas em um projeto, mas a princípio as reuniões de um projeto devem ser planejadas. Isto é, ao término da elaboração do plano de gerenciamento do projeto, o gerente do projeto já deve ter o calendário das reuniões programadas. Esse calendário deve ser divulgado com antecedência a fim de que os participantes convocados possam se programar, registrando os compromissos em suas agendas. Se essa boa prática for adotada, é importante que haja uma previsão de comunicação com antecedência de adiamentos e cancelamentos. Esses aspectos, aparentemente simples, colocam em jogo a reputação do gerente do projeto como um planejador competente.

Local de realização da reunião. Informar o local aos participantes e prepará-lo previamente evita atrasos no início programado da reunião. O local deve ser adequado em termos de espaço e conforto, respeitando-se o princípio da economicidade, isto é, evitando-se locais desproporcionalmente grandes para o número de pessoas, com grande consumo de energia.

Responsável pela ata. Ter um responsável pela ata da reunião permitirá que os participantes que precisem contribuir ativamente para a reunião possam se concentrar nos assuntos sem que se distraiam tendo que registrar o que é tratado na reunião. Em seguida, é recomendável que o responsável pela redação da ata a envie às partes interessadas determinadas na matriz de comunicações. O cuidado na aplicação dos pontos descritos pode contribuir significativamente para o aumento da produtividade das diversas reuniões necessárias durante um projeto. A reunião de status, por sua vez, vale a pena ser analisada mais detalhadamente.

Reuniões de status

As reuniões de status devem ser realizadas de acordo com a periodicidade prevista do plano de gerenciamento do projeto. Os objetivos principais dessas reuniões são:

- Avaliar o desempenho atual do projeto.
- Elaborar previsões de desempenho futuro.
- Fazer projeções de prazo e de custos.
- Propor ações corretivas ou preventivas.

O status de cada atividade em andamento deve ser coletado previamente e levado pelos participantes para a reunião para ser analisado. Não é boa prática utilizar a reunião de status para "levantar" a situação das atividades do projeto. Essa reunião deve ter como propósito a análise dos dados e a tomada de decisões.

Além dos objetivos já descritos, as reuniões de status podem ser uma oportunidade para analisar problemas (riscos que já se materializaram – algumas vezes denominados, mesmo no Brasil, pelo termo em inglês *issues*), dar baixa em riscos do projeto que não podem mais ocorrer, identificar novos riscos e ainda fazer uma sessão de lições aprendidas até o momento. Se a gerência do projeto optar pelo tratamento dos aspectos ligados aos riscos e às lições aprendidas na mesma reunião de status onde o desempenho do projeto é analisado, o que é especialmente útil em casos de projetos onde a equipe precise se deslocar fisicamente, é recomendável que a agenda seja detalhada claramente, dedicando períodos específicos para cada atividade.

O processo de controlar os riscos do projeto

Esse processo tem por objetivo garantir que tudo aquilo que foi feito em termos de gerenciamento de riscos durante o planejamento do projeto (identificação, análises e planejamento de respostas) seja efetivamente posto em prática ao longo de todo o ciclo de vida do projeto.

Além disso, é ao executar esse processo que ocorrerão:

- identificação de novos riscos, que por sua vez deverão ser analisados e ter respostas planejadas, se necessário;
- acompanhamento dos riscos identificados e de suas ações de resposta;
- reanálise dos riscos existentes;
- monitoramento das condições de acionamento de ações de contingência;
- monitoramento dos riscos residuais, que são aqueles que permanecem no projeto após a execução das ações de respostas;
- revisão da execução de respostas a riscos e avaliação de sua eficácia.

Os resultados dos processos de planejamento do gerenciamento de riscos, particularmente o plano de gerenciamento de riscos, que define as diretrizes do controle dos riscos, e o registro de riscos, que nesse momento já contém os riscos identificados e analisados e as respostas planejadas, devem ser levados em conta nesse processo.

Considerando que o trabalho anterior de identificação, análise e planejamento de respostas foi feito com base em determinadas definições do projeto, qualquer solicitação de mudança em relação àquelas definições precisa ser analisada quanto a riscos (ameaças ou oportunidades).

As informações sobre o desempenho do trabalho do projeto, conforme apresentadas nos relatórios de desempenho do projeto, também trarão insumos para o processo de controle dos riscos, ao revelar a ocorrência de riscos anteriormente previstos ou de eventos de disparo de alguma ação de contingência.

Para que se consiga tal controle, a atividade de gerenciamento de riscos deve ser incluída na vida do projeto. Periodicamente, a equipe de gerenciamento do projeto deverá reavaliar os riscos existentes e monitorar o aparecimento de novos riscos, utilizando para isso informações do projeto através de análises de tendências, de variações em índices de desempenho do projeto, de medições de desempenho técnico, preocupando-se também constantemente em analisar as reservas disponíveis no projeto para o caso da ocorrência de algum evento de risco.

Como abordado anteriormente sobre as reuniões do projeto, a equipe de gerenciamento poderá optar entre realizar reuniões periódicas específicas sobre o andamento do gerenciamento de riscos ou incluir o item "gerenciamento de riscos" na agenda das reuniões rotineiras de monitoramento e controle do projeto. Como resultado dessas reuniões, relatórios de acompanhamento do gerenciamento de riscos podem ser elaborados, servindo para divulgar para as partes interessadas como anda o gerenciamento de riscos do projeto. Um relatório desse tipo poderá incluir, entre outros itens:

- Quantidade de riscos por classificação (altos, médios, baixos).
- Evolução periódica da quantidade de riscos do projeto.
- Planos de ação colocados em andamento.
- Riscos concluídos no período.
- Riscos ocorridos no período.
- Análise probabilística atualizada do projeto.
- Evolução do grau geral de risco do projeto ao longo do tempo.

Periodicamente, a equipe de gerenciamento do projeto poderá realizar auditorias de riscos, com o objetivo de avaliar a execução do gerenciamento de riscos no projeto.

O processo de controlar os riscos do projeto manterá o registro de riscos e o plano de gerenciamento do projeto constantemente atualizados, além de disparar ações tanto corretivas quanto preventivas, seja através da execução de um plano de respostas ou devido à necessidade de lidar com a ocorrência de riscos não identificados anteriormente. Quando um risco não antecipado ocorre, é necessária a execução de uma solução de contorno, também chamada de *workaround*, para lidar com o evento inesperado. Essa solução de contorno deve ser registrada para que possa servir de referência para projetos futuros.

Cabe também ao processo de controlar os riscos a coleta e a consolidação das lições aprendidas com o gerenciamento de riscos de forma a contribuir com um banco de dados corporativo sobre gerenciamento de riscos, atualizando, por exemplo, a EAR e as listas de verificação de riscos utilizadas pelos projetos da organização.

O processo de aceitação formal das entregas do projeto

Antes de entregar um resultado do projeto ao cliente, a equipe do projeto deve realizar uma inspeção, isto é, uma comparação entre o que está prestes a ser entregue e os requisitos da qualidade definidos para aquela entrega. Se o resultado estiver dentro dos limites de tolerância estabelecidos, então a entrega poderá ser efetivada. Se o resultado não estiver conforme, correções devem ser realizadas (reparos de defeitos) até que os requisitos sejam atendidos para, só então, ser efetuada a entrega ao cliente.

A prática de inspecionar o resultado de um trabalho antes de entregá-lo ao cliente segue um princípio de administração geral que prega a economicidade de processo, ou seja, quanto mais distante no tempo é identificada uma não conformidade, mais custo ela gera. Dessa forma, se a não conformidade for identificada ainda no âmbito do projeto, sua correção gerará menos custo do que se for identificada "nas mãos" do cliente.

O cliente, por sua vez, ao receber o resultado do trabalho, deve verificar a conformidade com os parâmetros da qualidade acordados. Esses parâmetros são os **critérios de aceitação** da entrega. Esse processo, realizado pelo cliente, é denominado validação do escopo. Se o trabalho estiver dentro dos critérios de aceitação, isto é, em conformidade, o cliente deve dar o **aceite formal** no trabalho.

Outros termos podem ser utilizados para designar a validação do escopo, tais como: revisão de produto, comissionamento, *walkthrough*, homologação etc.

5 Processos de Encerramento do Projeto

O processo de encerramento de projetos, por diversas razões, não costuma ser conduzido com o devido cuidado que sua importância requer. Alguns membros da equipe já estão dividindo seu tempo com outro projeto, conflitos podem ter ocorrido e gerado desgaste emocional e cansaço físico, os gerentes funcionais que cederam seus subordinados podem estar pressionando para tê-los de volta, enfim, muitos fatores conspiram para que o projeto seja abandonado e não encerrado formalmente.

Um processo de encerramento mal realizado, porém, pode causar danos não só ao projeto em si, mas à organização executora, que perde a oportunidade valiosa de gerar dados, informações e conhecimentos para aplicação nos projetos subsequentes, além de ficar sujeita a eventuais ações judiciais movidas pelo cliente por descumprimento do contrato.

O encerramento do projeto consiste basicamente do encerramento administrativo e do encerramento dos contratos.

Se a administração dos contratos tiver sido realizada ao longo do projeto com a prática de acompanhamento por meio de uma planilha com as informações do contrato e as obrigações tiverem sido cumpridas, os procedimentos de encerramento dos contratos serão bastante facilitados. Deixar qualquer contrato do projeto em aberto gera risco para a organização executora do projeto.

O encerramento administrativo confirmará que o trabalho foi realizado de acordo com os requisitos e cuidará da obtenção da aceitação formal do projeto pelo cliente. Após a aceitação do projeto pelo cliente, podem ser tomadas as demais providências administrativas, tais como:

- Preparar o relatório de desempenho final do projeto.
- Arquivar os documentos do projeto.
- Realizar a reunião de balanço final de lições aprendidas.
- Desmobilizar os recursos do projeto.

LIÇÕES APRENDIDAS

O desenvolvimento de competências organizacionais no gerenciamento de projetos ocorre por processo histórico. Significa que a organização deve aprender com os projetos que realiza. Esse aprendizado transformado em conhecimento em gerenciamento de projetos é considerado pelo *PMBOK® Guide* como um ativo organizacional, um bem de valor, um recurso que pode gerar riquezas e, consequentemente, crescimento para a organização.

Lições aprendidas geralmente descrevem como dificuldades e problemas foram superados, como desvios foram corrigidos e como soluções técnicas foram encontradas.

Cinco passos são necessários para que esse processo de aprendizado aconteça:

a) Coleta

Apesar de ser recomendável que haja um balanço final de lições aprendidas, o tema "lições aprendidas" deve estar presente ao longo de todo o ciclo de vida do projeto. Entre os motivos para coletar lições aprendidas durante todo o projeto e não apenas no final, destacam-se:

1. Todos os profissionais envolvidos no projeto terão oportunidade de participar das sessões de lições aprendidas e dar sua contribuição. Há projetos em que determinados profissionais atuam apenas em fases iniciais e depois são transferidos para outros projetos. Realizar sessões de lições aprendidas ao longo do ciclo de vida do projeto permite contar com esses profissionais.

2. A memória dos fatos é melhor. Quanto mais próximas no tempo estiverem as ocorrências, mais facilmente serão lembradas. Ao deixar para tratar de lições aprendidas apenas ao final do projeto, corre-se o risco de lembrar apenas das situações que chamaram mais atenção.

3. Dependendo de sua natureza, algumas lições aprendidas já poderão ser aplicadas no próprio projeto e não apenas em projetos futuros.

4. A recorrência do tema em reuniões do projeto ajudará na criação de uma cultura de valorização das lições aprendidas na organização.

A coleta de lições aprendidas pode ser feita, por exemplo, durante determinadas reuniões do projeto, onde o assunto "lições aprendidas" seja incluído em pauta.

b) Análise

As lições aprendidas coletadas durante o projeto precisam ser analisadas, entre outros aspectos, quanto a sua pertinência, estilo de redação e duplicidade. Essa análise deve ocorrer ao final do projeto ou ao final de uma fase, em pelo menos dois momentos distintos:

- **Análise pela equipe de gerenciamento do projeto** – A equipe de gerenciamento do projeto precisa reunir todas as lições aprendidas coletadas e realizar uma análise prévia delas em preparação para uma reunião mais ampla, com o envolvimento de diversas partes interessadas do projeto.
- **Análise pelas partes interessadas em geral** – Uma reunião pode ser realizada com diversas partes interessadas do projeto onde as lições aprendidas coletadas e previamente analisadas pela equipe de gerenciamento do projeto sejam apresentadas e reanalisadas. Durante essa reunião, sugestões quanto à pertinência e à redação das lições aprendidas são colhidas e analisadas, e novas lições aprendidas podem ser identificadas pelos participantes.

c) Armazenamento

As lições aprendidas analisadas devem ser devidamente armazenadas, de forma a permitir uma consulta ágil por outros profissionais da organização. Um sistema de classificação que permita tal consulta é indispensável. Cada item de conhecimento pode ser classificado em relação a critérios variados, por exemplo:

- Uma lição aprendida com o gerenciamento de projetos pode ser classificada em relação à área de conhecimento de gerenciamento de projetos (escopo, tempo, custos, qualidade, recursos humanos, comunicações, partes interessadas, riscos, aquisições, integração) e/ou ao grupo de processos de gerenciamento (iniciação, planejamento, execução, monitoramento e controle, encerramento) a que se refere.
- Uma lição aprendida de caráter técnico pode ser classificada em relação à área técnica a que se refere, por exemplo: desenvolvimento de software, testes de sistemas, mapeamento de processos, construção civil, instalação de equipamentos, instalações eletromecânicas, instalações hidráulicas, automação industrial etc.

d) Disponibilização

A informação coletada, analisada e devidamente armazenada pela equipe do projeto precisa ser disponibilizada adequadamente para toda a organização. De nada adiantaria se o conhecimento adquirido ficasse restrito à equipe do projeto e inacessível aos demais profissionais da empresa.

A utilização de bancos de dados com possibilidade de acesso remoto, software de compartilhamento de informações ou intranet corporativa é fundamental para que o conhecimento esteja ao alcance da organização inteira.

e) Divulgação

Mesmo seguindo os passos anteriores de maneira eficiente, um grande desafio para o bom aproveitamento das lições aprendidas é fazer com que membros de equipes de outros projetos consultem o material gerado e disponibilizado pela organização.

Nesse sentido, a realização de campanhas periódicas de divulgação e sensibilização de participantes de equipes de projeto quanto à importância de consultar o banco de dados de lições aprendidas em preparação para a realização de um novo projeto ajudará a completar o processo eficazmente.

Maturidade em gerenciamento de projetos

A realização frequente de processos de lições aprendidas nos projetos tende a levar a organização executora a amadurecer no gerenciamento de projetos. Historicamente, o conceito de maturidade empresarial começou a ser utilizado no ambiente de tecnologia da informação e significa a conjunção de dois fatores: o quanto a organização possui de experiência e o quanto ela aplica as melhores práticas reconhecidas na atividade em questão.

Sendo o resultado de dois vetores, a experiência e a aplicação das melhores práticas, a maturidade organizacional pode ser medida e desenvolvida sistemicamente. Para a avaliação e o amadurecimento sistêmico no gerenciamento de projetos foram criados diversos modelos de maturidade. A maioria deles inspirou-se no CMM (*Capability Maturity Model*), modelo criado para a engenharia de software pelo SEI (*Software Engineering Institute*) de tipo sequencial, isto é, que propõe uma sequência no estilo passo a passo com estágios ou níveis para o amadurecimento. Normalmente esses modelos preveem cinco níveis, que vão desde a utilização de nomenclaturas padronizadas até o ponto de excelência ou de melhoria contínua.

Em 2004, o PMI (*Project Management Institute*) lançou o OPM3 (*Organizational Project Management Maturity Model*) como uma alternativa baseada nos padrões do próprio PMI para o amadurecimento sistemático em gerenciamento de projetos. A proposta do OPM3 é não sequencial e parte da ideia de que a organização pode, já em um primeiro momento, tratar questões que nos modelos sequenciais só seriam tratadas quando se chegasse em um determinado nível de maturidade.

Qualquer que seja o modelo adotado, a avaliação da maturidade em gerenciamento de projetos tem como objetivo a melhoria contínua das práticas e, consequentemente, do desempenho da organização. Portanto, o processo de avaliação da maturidade, que deve ser cíclico, deve ter como resultado a implantação das condições (capacidades – ou na linguagem dos modelos: *capabilities*) necessárias para que as práticas sejam incorporadas pela organização.

* * *

GERENCIAMENTO DE PROJETOS
APLICADO

GUIA PRÁTICO

CASO PRÁTICO

→ Projeto de Treinamento dos Novos Projetistas

Apresentação da empresa e do projeto

Atuando no mercado desde os anos 80, a Quality Project conseguiu se posicionar como uma empresa gerenciadora de projetos. Seus clientes são grandes empresas que contratam a Quality Project para materializar seus objetivos estratégicos que envolvem a implementação de grandes empreendimentos, a estruturação de novas unidades de negócios, a incorporação de aquisições, reestruturações organizacionais, melhoria de processos, o desenvolvimento de produtos para a indústria e até mesmo a realização de grandes eventos.

Os sócios fundadores, sr. Aristóteles Estagirita e sr. Arquimedes de Siracusa, fazem parte hoje do conselho de administração que apoia o atual presidente, sr. Immanuel Kant, nas decisões estratégicas.

Localizada na cidade do Rio de Janeiro, a Quality vem crescendo a taxas expressivas a cada ano em função da qualidade de seus serviços, que têm como diferencial a excelência no gerenciamento dos projetos. Por essa razão, um processo seletivo já foi aprovado para a contratação de cinquenta novos projetistas.

O sr. Blaise Pascal, Diretor de Projetos, solicitou um treinamento para os novos projetistas. O sr. Pitágoras de Samos, gerente de projetos de desenvolvimento da Quality Project, foi designado pelo Diretor de RH, sr. Sócrates de Atenas, como gerente desse projeto.

Informações sobre o projeto

1. O treinamento deve ser realizado na cidade do Rio de Janeiro e na modalidade de seminário, no qual os cinquenta novos projetistas serão treinados e orientados quanto aos padrões da empresa.
2. O projeto tem como objetivo garantir a qualidade da operação da Quality Project.
3. O treinamento deverá ter cinco dias úteis de duração, de segunda a sexta-feira.
4. Os cinquenta novos projetistas que passarem pelo processo seletivo deverão ser convocados a partir da programação deste treinamento. O RH deve ser comunicado com pelo menos um mês de antecedência para que faça as devidas convocações.
5. O conteúdo do treinamento será fornecido pela Diretoria Técnica em arquivo de texto que deverá ser convertido em apresentações de *slides* pela equipe do projeto. Não é esperada da equipe do projeto uma análise crítica em relação ao conteúdo do arquivo.

6. Os palestrantes – o Presidente da Quality Project, três gerentes técnicos (srs. Joseph Juran, René Descartes e Luca Paciolo) e o Diretor de Projetos (sr. Blaise Pascal) – devem receber a apresentação com pelo menos uma semana de antecedência para que possam estudá-la.

7. A expectativa é de que o seminário seja realizado o mais cedo possível.

8. Após o treinamento, a diretoria deseja receber um relatório com as impressões da equipe do projeto sobre as discussões ocorridas durante o evento.

9. A Quality adota o padrão descrito a seguir para estruturar o trabalho dedicado ao gerenciamento dos seus projetos:

    9.1. Plano do Projeto – Esta primeira entrega realizada pelo projeto corresponde à primeira versão do plano de gerenciamento do projeto que será aprovada. É realizada pelas atividades:

    9.1.1. Desenvolver plano do projeto – Esta atividade tem a finalidade de produzir os documentos necessários ao gerenciamento do projeto. Ela tem início imediatamente após a assinatura do Termo de Abertura do Projeto. O Gerente do Projeto conta com a participação do Analista de Planejamento e Controle para apoiá-lo neste trabalho.

    9.1.2. Aprovar plano de projeto – Atividade de apresentação do plano de projeto pela equipe do projeto e aprovação formal pelo patrocinador do projeto.

    9.2. Monitoramento e Controle – A equipe do projeto deve programar medições do desempenho do projeto, reuniões de progresso e emissão de relatórios de desempenho estabelecendo o ciclo de monitoramento e controle mais adequado ao projeto (semanal, a cada dois dias, quinzenal etc.).

    9.3. Encerramento do Projeto – Esta entrega é realizada pelas atividades "entregar o produto final do projeto", "obter aceite final" e "encerrar o projeto". Nesta última atividade são realizados todos os trabalhos administrativos necessários para o encerramento formal do projeto, inclusive os de documentação e arquivo.

10. Quadro de recursos internos da Quality Project disponíveis para trabalho no projeto:

Recurso	Quantidade	Custo
Gerente de Projeto	1	R$ 70,00/h
Analista de Planejamento e Controle	1	R$ 40,00/h
Projetista (Designer)	1	R$ 50,00/h
Auxiliar Administrativo	2	R$ 20,00/h

11. Organograma da Quality:

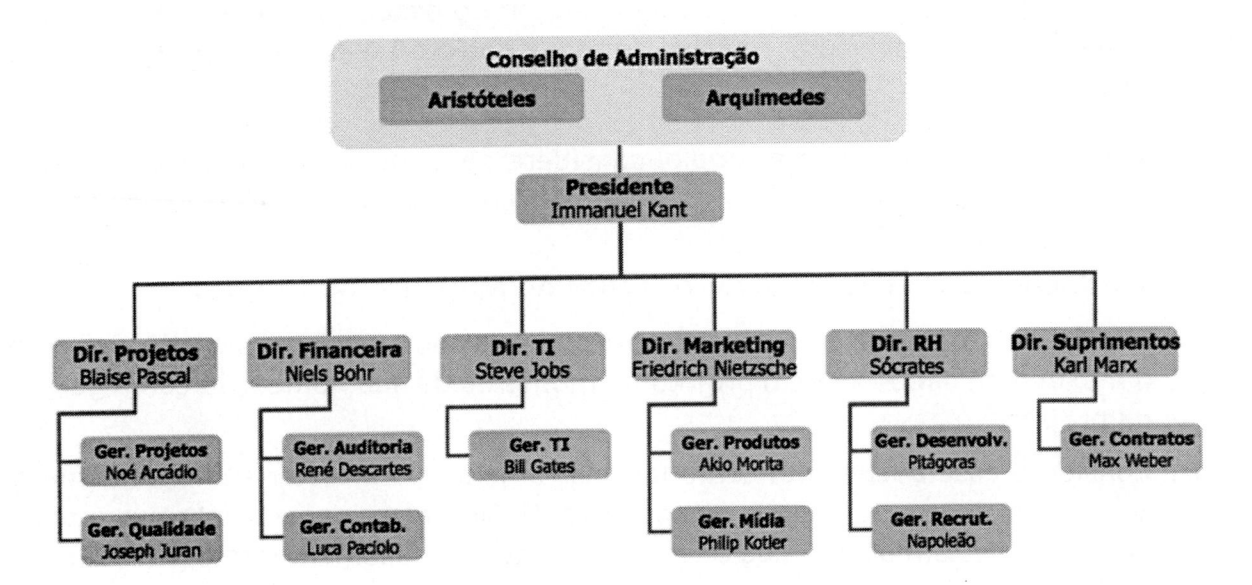

- **Conselho de Administração**: Aristóteles, Arquimedes
  - **Presidente**: Immanuel Kant
    - **Dir. Projetos**: Blaise Pascal
      - **Ger. Projetos**: Noé Arcádio
      - **Ger. Qualidade**: Joseph Juran
    - **Dir. Financeira**: Niels Bohr
      - **Ger. Auditoria**: René Descartes
      - **Ger. Contab.**: Luca Paciolo
    - **Dir. TI**: Steve Jobs
      - **Ger. TI**: Bill Gates
    - **Dir. Marketing**: Friedrich Nietzsche
      - **Ger. Produtos**: Akio Morita
      - **Ger. Mídia**: Philip Kotler
    - **Dir. RH**: Sócrates
      - **Ger. Desenvolv.**: Pitágoras
      - **Ger. Recrut.**: Napoleão
    - **Dir. Suprimentos**: Karl Marx
      - **Ger. Contratos**: Max Weber

APLICAÇÃO 1

→ Desenvolver o termo de abertura do projeto

Como vimos na parte conceitual, o termo de abertura do projeto é o documento que autoriza o início do trabalho e constitui formalmente o projeto.

O caso prático que servirá de exemplo para ilustrar este guia contém uma série de informações sobre o projeto que servirão de base para o desenvolvimento dos principais documentos (termo de abertura, registro de requisitos etc.) e artefatos (EAP, cronograma, orçamento etc.).

Para melhor aproveitamento do exemplo, considere-se na posição do gerente do projeto, sr. Pitágoras de Samos, que foi designado pelo Diretor de RH, sr. Sócrates de Atenas.

Recomendações para desenvolver o termo de abertura do projeto

a) Mesmo que tenha recebido informações iniciais como no exemplo, procure obter o máximo de dados sobre o projeto no momento de sua nomeação como gerente do projeto.

b) Considere esse documento como um instrumento para testar seu entendimento sobre o projeto e ao mesmo tempo permitir ao patrocinador confirmar o ponto de vista dele. Um objetivo do termo de abertura é documentar um entendimento inicial comum do projeto.

c) Cuidado com o texto. Seja o mais claro e objetivo possível na redação do documento. Mesmo quando procurar a síntese, não use linguagem telegráfica (palavras soltas, sem preposições nem pontuação), pois isso pode dificultar a compreensão do significado da frase. Não assuma que estará ao lado do leitor para explicar eventuais dúvidas do texto.

d) Em vez de utilizar parágrafos extensos utilize tópicos, porém em cada tópico o sentido da frase deve estar corretamente comunicado.

e) Procure personificar o cliente e o patrocinador do projeto. É importante identificar a pessoa de referência, nesses casos, de solicitante e autorizador do projeto. Preferencialmente documentar como: "Fulano de Tal – Diretor de RH" e não simplesmente: "Diretoria de RH". Fica mais genérico ainda referir-se à empresa. Por exemplo, patrocinador do projeto: "Quality Project". No caso de colegiados (comitês ou comissões), estes podem estar designados como tais no termo de abertura, pois servem de referência para decisões e possuem personalidade para exercer tais papéis no projeto.

f) Lembre-se de que o termo de abertura é apenas o primeiro documento do projeto e que, se o projeto for autorizado, serão elaborados outros documentos e artefatos com detalhes que, nesse momento, podem não ser essenciais para subsidiar a decisão do patrocinador de autorizar o início do trabalho no projeto.

Modelo de termo de abertura do projeto

Termo de Abertura do Projeto	
Nome do projeto	Cliente do projeto
Gerente do projeto	Patrocinador
Descrição do projeto	
Justificativa para realização do projeto	
Objetivos do projeto	
Produto do projeto	
Premissas	
Restrições	
Cronograma sumário de marcos (*milestones*)	Mês e ano de conclusão
Estimativa de custo	Estimativa de prazo
Autorização	Data da abertura

Observação: os modelos de documentos sugeridos neste guia são utilizados no dia a dia pelas equipes de projetos da DinsmoreCompass. Neste guia, a fim de facilitar a leitura e sem comprometer a demonstração da aplicação do conceito, em alguns deles foram suprimidos campos acessórios ou complementares. Nesses casos haverá a indicação de **"Resumido".**

Os modelos completos e os arquivos dos artefatos (EAP e cronograma) do projeto exemplo (Treinamento dos Novos Projetistas da Quality Project) podem ser obtidos no endereço eletrônico: www.dinsmorecompass.com.br.

Termo de Abertura do Projeto	
Campo	**Instrução de preenchimento**
Nome do projeto	Título (ou denominação) que será utilizado em referência ao projeto em sua documentação.
Cliente do projeto	<ul><li>Indivíduo ou grupo colegiado (Comitê, Diretoria).</li><li>Fornece ou autoriza que outros forneçam os requisitos para o projeto.</li><li>Dá o aceite formal no resultado ou produto do projeto.</li><li>Possui autoridade formal.</li><li>Diferente de usuário do produto, que é aquele que utilizará o produto.</li></ul>
Patrocinador do projeto	<ul><li>Indivíduo ou grupo colegiado (Comitê, Diretoria).</li><li>Autoriza a constituição do projeto.</li><li>Provê recursos financeiros para o projeto.</li><li>Dá suporte e cobertura política ao projeto.</li><li>Dá autoridade ao gerente do projeto.</li></ul>
Gerente do projeto	<ul><li>Indivíduo designado para gerenciar o projeto.</li></ul>
Descrição do projeto	<ul><li>Descrição sumária do projeto.</li><li>O que é o projeto.</li></ul>
Justificativa para a realização do projeto	<ul><li>O porquê do projeto.</li><li>A razão para a realização do projeto.</li><li>Apresentação de um problema a ser resolvido.</li><li>Apresentação de uma oportunidade a ser capturada.</li></ul>
Objetivos do projeto/Benefícios	<ul><li>Ganhos gerados pelo projeto para a organização.</li><li>Vantagens que o projeto trará.</li><li>Benefícios para a organização.</li></ul>
Produto do projeto	<ul><li>Resultado principal do projeto (sua principal entrega).</li><li>Pode ser um objeto, um serviço, um estado modificado ou uma nova configuração de algum item.</li><li>Deve ser passível de verificação ou avaliação.</li></ul>
Premissas	<ul><li>Condições futuras assumidas como verdadeiras para fins de planejamento.</li><li>Suposições ou hipóteses enunciadas pela equipe do projeto, consideradas necessárias para a realização do plano.</li><li>Condições necessárias à realização do projeto, mas que não estão "garantidas" formalmente.</li><li>Na documentação de projeto, o termo "premissa" possui o significado do equivalente em inglês *assumption* e não o que se encontra nos dicionários da língua portuguesa. Esse campo, portanto, não deve ser utilizado para documentar informações sobre o projeto que já estejam garantidas ou certas.</li></ul>
Restrições	<ul><li>Limitações ou obrigações prévias, impostas por agente externo (cliente, patrocinador, legislação) à equipe do projeto.</li><li>Limites do projeto.</li><li>A equipe do projeto não determina restrições ao projeto.</li></ul>
Cronograma sumário de marcos (*milestones*)	<ul><li>Sequência das fases do projeto no tempo.</li><li>Datas estimadas de término de cada fase do ciclo de vida do projeto.</li></ul>
Estimativas de custo e prazo	<ul><li>Estimativas iniciais do projeto baseadas em analogia com históricos de projetos anteriores ou outras referências.</li><li>Estimativas de ordem de grandeza.</li><li>Não devem ser apenas documentações de restrições.</li></ul>
Autorização	<ul><li>Assinatura do patrocinador do projeto.</li></ul>
Data de abertura	<ul><li>A data da assinatura da autorização do projeto.</li><li>Data de início formal do projeto.</li></ul>

Termo de Abertura do Projeto de Treinamento dos Novos Projetistas da Quality Project

Termo de Abertura do Projeto	
Nome do projeto	**Cliente do projeto**
Treinamento dos Novos Projetistas da Quality Project	Blaise Pascal – Diretor de Projetos
Gerente do projeto	**Patrocinador**
Pitágoras de Samos	Sócrates de Atenas – Diretor de RH
Descrição do projeto	
Preparação e realização de seminário para treinamento nos padrões da empresa dos novos projetistas que serão contratados.	
Justificativa para realização do projeto	
- Os novos projetistas que serão contratados precisam conhecer os padrões de trabalho da Quality.	
Objetivos do projeto	
- Habilitar os novos projetistas a utilizarem os padrões da Quality.	
- Garantir a qualidade da operação da Quality.	
Produto do projeto	
Seminário de treinamento dos novos projetistas nos padrões da Quality realizado.	
Premissas	
- Haverá disponibilidade na agenda dos palestrantes para realizar as palestras na data agendada.	
- A equipe do projeto receberá o arquivo de texto com o conteúdo em tempo hábil para a preparação das apresentações.	
- Na data programada para o seminário os cinquenta participantes já estarão contratados pelo RH.	
Restrições	
- O seminário deve ter cinco dias úteis de duração, de segunda a sexta-feira.	
- O RH precisa ser informado da data de realização do seminário com pelo menos um mês de antecedência para convocar os participantes.	
- Os palestrantes devem receber a apresentação com pelo menos uma semana de antecedência para que possam estudá-la.	
Cronograma sumário de marcos (*milestones*)	**Mês e ano de conclusão**
Plano do Projeto	jan-15
Definição do Local	jan-15
Comunicação para o RH	fev-15
Seminário	fev-15
Término do Projeto	fev-15
Estimativa de custo (ver cálculos preliminares)	**Estimativa de prazo**
R$ 30.000,00	27-fev-15
Autorização	**Data da abertura**
Assinatura do Patrocinador	05-jan-15

A assinatura do termo de abertura marca o início formal do projeto.

APLICAÇÃO 2

→ **Identificar as partes interessadas**

→ **Analisar e classificar as partes interessadas**

→ **Documentar seus principais interesses**

→ **Definir ações necessárias e informações a serem distribuídas**

A produção da documentação necessária ao gerenciamento das partes interessadas do projeto deve começar assim que o projeto for autorizado, mas não tem prazo determinado para terminar.

Deve ser uma preocupação do gerente e de sua equipe ao longo de todo o período de existência do projeto.

Recomendações para realização dos processos

a) Procure identificar o maior número possível de partes interessadas. A descoberta de uma parte interessada apenas quando ela interfere no projeto pode gerar grandes transtornos. Neste tema é preferível pecar por excesso.

b) Um grupo, colegiado ou entidade pode ser registrado como uma parte interessada do projeto, porém caso um ou mais membros do grupo tenham um relacionamento com o projeto que deva ser tratado de forma diferenciada, identifique-os separadamente.

c) O gerente do projeto não deve abrir mão da participação dos membros da equipe nesse processo. Porém, a análise de cada membro da equipe (influência, poder, interesses etc.) deve ser feita em documento à parte, por questões de confidencialidade.

d) O principal objetivo da análise e classificação das partes interessadas é permitir priorizar e direcionar ações que produzam o melhor efeito para o projeto, seja para fornecer informações, reverter um posicionamento contrário ou coletar requisitos. Portanto, devem feitas com o máximo de realidade e critério.

e) Procure fazer a análise, sempre que possível, com base em fatos e dados e não apenas em percepções.

f) Na primeira vez em que este processo for realizado, provavelmente ainda não deve ter havido contato da equipe do projeto com as partes interessadas. Portanto, as informações podem ser insuficientes para uma análise mais apurada, sendo necessários novos levantamentos.

g) Para o caso das partes interessadas que serão objeto de coleta de requisitos, como, por exemplo, o cliente e os usuários do produto do projeto, esse momento pode ser utilizado para formular perguntas que orientarão o levantamento dos requisitos.

h) A fim de melhor interpretar seus interesses, procure imaginar-se no lugar da parte interessada.

i) As ações e informações definidas nesse momento deverão ser transportadas para outros documentos do projeto, tais como a especificação do escopo e a matriz de comunicações.

Modelo de plano de gerenciamento das partes interessadas (resumido)

Plano de Gerenciamento das Partes Interessadas							
Id	Identificação da Parte Interessada	Papel no Projeto	Grade Interesse X Poder		Principais Interesses e/ou Questões	Ações Necessárias (se aplicáveis)	Informação a ser distribuída
			Interesse	Poder			
A							
B							
C							
D							
E							

Plano de Gerenciamento das Partes Interessadas	
Campo	Instrução de preenchimento
ID	Letra que identifica a parte interessada.
Identificação da parte interessada	• Indivíduo, grupo ou organização que pode afetar, ser afetado ou perceber-se afetado por uma decisão, atividade ou resultado do projeto. • Partes interessadas podem estar ativamente envolvidas no projeto ou ter interesses que possam ser afetados positiva ou negativamente pelo desempenho ou realização do projeto. • Podem exercer influência sobre o projeto, suas entregas e sobre a equipe do projeto de maneira a alcançar resultados que satisfaçam objetivos estratégicos do negócio ou outras necessidades.
Papel no projeto	Lista limitada às opções: • Gerente do projeto • Patrocinador do projeto • Cliente do projeto • Cliente e Patrocinador (caso seja o mesmo) • Fornecedor externo • Fornecedor interno • Membro da equipe do projeto • Funcionário da organização executora • Externo ao projeto (aplica-se a outras partes interessadas que não estejam na lista e não sejam membros da equipe do projeto)

Plano de Gerenciamento das Partes Interessadas	
Campo	Instrução de preenchimento
Grade de interesse x poder	▪ Critérios para a classificação da parte interessada considerando as informações sobre o interesse e o poder em relação ao projeto. ▪ Interesse: indica o grau de preocupação da parte interessada com o projeto. ▪ Poder: indica o nível de autoridade que a parte interessada tem para alterar o projeto. ▪ O preenchimento dos campos "interesse" e "poder" é feito através de uma lista limitada com quatro opções: muito baixo, baixo, alto e muito alto.
Principais interesses e/ou questões	▪ Qual é o interesse da parte interessada no projeto e, caso aplicável, que questões precisam ser resolvidas considerando o seu ponto de vista? ▪ Quais são seus requisitos?
Ações necessárias (se aplicáveis)	▪ Quais ações precisam ser realizadas para atender às necessidades da parte interessada? ▪ O que pode ser feito para modificar o nível de engajamento da parte interessada com o projeto?
Informação a ser distribuída	▪ Quais informações sobre o projeto a parte interessada precisa receber?

Plano de gerenciamento das partes interessadas para o projeto de Treinamento dos Novos Projetistas da Quality Project (resumido)

	Plano de Gerenciamento das Partes Interessadas						
Id	Identificação da Parte Interessada	Papel no Projeto	Grade Interesse x Poder		Principais Interesses e/ou Questões	Ações Necessárias (se aplicáveis)	Informação a ser distribuída
			Interesse	Poder			
A	Membros do Conselho de Administração	Externo ao projeto	Baixo	Alto	- Nível de preocupação superficial.	- Manter satisfeito. - Dar notícias sobre o projeto.	Notícias sobre o andamento do projeto.
B	Blaise Pascal	Cliente do projeto	Muito Alto	Alto	- Solicitante do Projeto; - Principal interessado no sucesso do projeto; - Responsável pelo fornecimento dos requisitos do projeto; - Responsável por aceitar as entregas e o produto final do projeto; - Precisa receber informações sobre o desempenho do projeto sistematicamente.	- Submeter o plano de projeto para aprovação; - Apresentar o status do projeto em reuniões de acompanhamento.	Relatório de Desempenho do Projeto
C	Sócrates de Atenas	Patrocinador do Projeto	Muito Alto	Muito Alto	- Autorizador do projeto; - Responsável pelas aprovações do plano do projeto e mudanças solicitadas; - Precisa receber informações sobre o desempenho do projeto sistematicamente.	- Submeter entregas a aceitação; - Submeter projeto a aceitação final.	Relatório de Desempenho do Projeto
D	Joseph Juran	Fornecedor Interno	Alto	Baixo	- Deve fornecer arquivos em texto e receber a apresentação com 1 semana de antecedência.	- Enviar apresentação com 1 semana de antecedência.	- Prazo limite para entrega do arquivo texto.
E	René Descartes	Fornecedor Interno	Alto	Baixo	- Deve fornecer arquivos em texto e receber a apresentação com 1 semana de antecedência.	- Enviar apresentação com 1 semana de antecedência.	- Prazo limite para entrega do arquivo texto.
F	Luca Paciolo	Fornecedor Interno	Alto	Baixo	- Deve fornecer arquivos em texto e receber a apresentação com 1 semana de antecedência.	- Enviar apresentação com 1 semana de antecedência.	- Prazo limite para entrega do arquivo texto.
G	Diretoria da Quality	Externo ao projeto	Alto	Alto	- Deseja receber um relatório com as impressões da equipe do projeto sobre as discussões ocorridas durante o evento.	- Elaborar relatório solicitado.	- Relatório no final do projeto.
H	Analista de Planejamento e Controle	Membro da equipe do projeto	Alto	Baixo	- Receber orientações quanto a realização do trabalho.	NA	NA
I	Projetista (Designer)	Membro da equipe do projeto	Alto	Baixo	- Receber arquivo de texto em tempo hábil para preparar as apresentações	NA	NA
J	Auxiliar Administrativo	Membro da equipe do projeto	Alto	Baixo	- Receber orientações quanto a realização do trabalho.	NA	NA
K	Novos Projetistas (contratados)	Externo ao projeto	Alto	Muito Baixo	- Público alvo do treinamento.	NA	NA
L	Demais funcionários da Quality	Externo ao projeto	Muito Baixo	Muito Baixo	- Saber da existência do projeto.	Divulgar o projeto no jornal interno da empresa.	Notícias sobre o projeto.
M	Fornecedor do Local do Seminário	Fornecedor Externo	Alto	Muito Baixo	- Fornecer proposta de preços em tempo.	- Solicitar cotação de preços.	- Relação cliente-fornecedor
N	Fornecedor dos Equipamentos	Fornecedor Externo	Alto	Muito Baixo	- Fornecer proposta de preços em tempo.	- Solicitar cotação de preços.	- Relação cliente-fornecedor

APLICAÇÃO 3

→ **Documentar os requisitos do projeto**
→ **Definir o escopo do produto e exclusões do escopo**
→ **Criar a Estrutura Analítica do Projeto (EAP)**

A documentação dos requisitos que precisarão ser atendidos pelo projeto pode ser feita em vários momentos ao longo deste. Requisitos iniciais, mesmo que incipientes, são passados no momento da constituição do projeto, mas, na maioria dos casos, é necessário programar ações para a coleta de mais requisitos.

Como requisitos são insumos para a equipe definir o escopo, a mesma lógica de progressividade se aplica à definição do escopo e à criação da EAP, ou seja, será feita, revisada e atualizada em vários momentos do projeto, sempre seguindo os devidos trâmites formais de aprovações.

→ Documentar os requisitos do projeto

a) Procure se preparar para coletar requisitos do projeto. Elabore uma lista de perguntas que ajudem a lembrar de requisitos que, eventualmente, o próprio cliente ou parte interessada possa esquecer de mencionar.

b) Faça uma pesquisa prévia, na internet, por exemplo, para obter mais informações sobre a parte interessada que irá fornecer os requisitos.

c) Caso tenha acesso, consulte históricos de projetos realizados. Eles podem ajudá-lo a lembrar de mais requisitos.

Modelo de registro de requisitos/Escopo (resumido)

Registro de Requisitos /Escopo							
ID	Requisito de:	Assunto	Descrição do Requisito	Status do Requisito	Confirma como Escopo?	Especificação do Escopo	Critério de Aceitação
1							
2							
3							
4							
5							
6							
7							
8							
9							
10							

Registro de Requisitos /Escopo	
Campo	**Instrução de preenchimento**
ID	Número do registro do requisito/escopo
Requisito do:	Tipo do requisito. Lista limitada: - **Requisito do produto.** Necessidade que será atendida por uma característica do produto do projeto. Em um projeto de uma residência, por exemplo, a necessidade de comportar todos os membros da família (casal com três filhos). Um requisito de produto gera especificações do escopo do produto, tais como: quantidade de quartos, quantidade de banheiros etc. - **Requisito do projeto.** Necessidade que precisa ser atendida relacionada à forma como o trabalho será realizado, ao processo do projeto, ao gerenciamento do projeto ou a parâmetros de desempenho do trabalho. Por exemplo, as contratações deverão seguir as políticas da organização executora, o projeto deverá estar concluído até determinada data, a equipe do projeto deverá respeitar as normas de segurança da organização executora etc.
Tópico	Cada tipo de projeto tende a apresentar um conjunto típico de tópicos que pode ser utilizado como um guia para conduzir a coleta de requisitos. Se esta lista de tópicos for elaborada previamente, pode ser usada como um *checklist* de perguntas para o levantamento dos requisitos. Por exemplo: um projeto de realização de um evento certamente terá um tópico "local do evento".
Descrição do requisito	Descrição da necessidade que precisa ser atendida. Responde à pergunta formulada no campo tópico. Por exemplo: Tópico: Local do Evento → Descrição: Rio de Janeiro. Tópico: Capacidade de público do local → Descrição: 50.
Status do requisito	Lista limitada: - **Novo:** coletado, porém ainda não validado*. - **Ativo:** coletado e já validado*. - **Cancelado:** não deve ser considerado como necessidade do projeto. * Requisitos coletados de diversas partes interessadas do projeto devem ser validados pela governança do projeto (cliente e patrocinador).
Confirma como escopo?	Se a descrição do escopo for a mesma que a descrição do requisito, será suficiente essa confirmação para a especificação do escopo. Lista limitada: SIM / NÃO.
Especificação do escopo	Se a descrição do escopo NÃO for a mesma que a descrição do requisito, isto é, se a descrição do requisito não for confirmada (resposta "NÃO" no campo anterior), será necessária a especificação do escopo.

Critério de aceitação	- Condições a serem satisfeitas para a aceitação do item.
	- É uma medida da qualidade.
	- Indica a tolerância para o atendimento ao requisito.
	- Se o requisito for atendido pelo escopo entregue, o item estará CONFORME. Do contrário, estará NÃO CONFORME.
	- De acordo com a característica do requisito ou item de escopo, o critério de aceitação pode ser:
	  - **De atributo:** sem tolerância, deve ser 100% cumprido. Ou atende ou não atende.
	  - **De variável:** indica uma faixa de valores entre limites (limite inferior e limite superior).

Documentação dos requisitos do projeto de Treinamento dos Novos Projetistas da Quality Project (resumido)

Registro de Requisitos /Escopo

ID	Requisito de:	Assunto	Descrição do Requisito	Status do Requisito	Confirma como Escopo?	Especificação do Escopo	Critério de Aceitação
1	Produto	Tema do Treinamento	Padrões da empresa (Quality)	Ativo	Sim		100% do treinamento dedicado aos padrões da Quality.
2	Produto	Público-alvo	Novos Projetistas que serão contratados	Ativo	Sim		Atributo
3	Produto	Capacidade de público do local	50	Ativo	Sim		Limite Inferior: 50. Limite Superior: 55.
4	Produto	Local do Treinamento	Cidade do Rio de Janeiro	Ativo	Não	Detalhar se será na própria Sede da Quality ou em local alugado.	Atributo
5	Produto	Modalidade do Treinamento	Seminário	Ativo	Sim		Atributo
6	Produto	Duração do Treinamento	5 dias, de segunda a sexta-feira	Ativo	Sim		Sem tolerância.
7	Projeto	Comunicação	A área de RH precisa ser comunicada da data de realização do seminário.	Ativo	Não	Definir atividade: comunicar o RH	Atributo
8	Projeto	Prazo para a comunicação	O RH deve ser comunicado com 30 dias de antecedência.	Ativo	Não	Representar a necessidade de antecedência no modelo do cronograma.	No mínimo 30 dias de antecedência.
9	Produto	Apresentações utilizadas no seminário	Deverão ser criadas apresentações a partir de arquivo texto que será fornecido pela Diretoria Técnica.	Ativo	Não	Preparação de 5 apresentações para o evento.	Sem tolerância.
10	Projeto	Prazo de entrega das apresentações	Deve ser entregue aos palestrantes com 1 semana de antecedência.	Ativo	Não	Representar a necessidade de antecedência no modelo do cronograma.	No mínimo 1 semana de antecedência.
11	Projeto	Prazo de realização do seminário	O mais cedo possível	Ativo	Não	Estimar prazo.	Não definido.
12	Produto	Pós-Treinamento	Após o treinamento, a diretoria deseja receber um relatório com as impressões da equipe do projeto sobre as discussões ocorridas durante o evento.	Ativo	Não	Relatório de discussões durante o seminário.	Atributo
13	Projeto	Padrões de Trabalho	Estrutura do Gerenciamento do Projeto (Conforme Item 9 do pedido do projeto - enunciado do case).	Ativo	Sim	Ver Item 9 do pedido do projeto.	Atributo

→ **Definir o escopo do produto e exclusões do escopo**

a) Para facilitar a definição do escopo, o modelo que utilizamos como exemplo para documentação dos requisitos permite que seja feita apenas uma confirmação de um requisito como escopo quando a especificação do escopo for exatamente a mesma que a descrição do requisito. Por isso, é necessário transportar para o documento de especificação do escopo as descrições dos requisitos que tenham sido apenas confirmadas como escopo e também as especificações do escopo que precisaram ser feitas, nos casos em que tenham sido diferentes das descrições dos requisitos.

b) Para a especificação do escopo do produto prefira descrever utilizando tópicos em vez de parágrafos extensos.

c) É possível organizar os itens do escopo do produto em uma estrutura hierárquica semelhante à EAP.

d) Pense nas exclusões do escopo como alertas para alinhar expectativas com o cliente do projeto. As exclusões do escopo definem os limites do projeto. Devem deixar claro o que não será feito ou entregue.

Modelo de especificação do escopo

Especificação do Escopo
Produto do Projeto
Escopo do Produto
Exclusões de Escopo - Itens NÃO INCLUÍDOS NO ESCOPO

Especificação do Escopo	
Campo	**Instrução de preenchimento**
Produto do projeto	Já enunciado no termo de abertura do projeto. Pode ser revisado neste documento.
Escopo do produto	Descrição das características, funções ou atributos do produto do projeto. O escopo do produto descreve as especificações do produto do projeto.
Exclusões de escopo – Itens não incluídos no escopo	Itens que não serão entregues pelo projeto. Limitações do escopo. Aquilo que não fará parte do projeto e que, portanto, o cliente não deve esperar receber.

Especificação do escopo do produto e exclusões de escopo do projeto de Treinamento dos Novos Projetistas da Quality Project

Especificação do Escopo
Produto do Projeto
Seminário de treinamento dos novos projetistas nos padrões da Quality realizado.
Escopo do Produto
1-Tema do Treinamento: Padrões da empresa (Quality). 2- Público Alvo: Novos Projetistas que serão contratados. 3- Número de Participantes: 50. 4- Local do Treinamento: Cidade do Rio de Janeiro - Espaço alugado com serviço de almoço e coffebreak. 5- Modalidade do Treinamento: Seminário. 6- Duração do Treinamento: 5 dias - De segunda a sexta-feira. 7- Horário do treinamento: a ser definido. 8- Apresentações utilizadas no seminário: 5 arquivos de apresentações sendo: 1 para utilização pelo presidente da Quality, 3 pelos gerentes técnicos e 1 pelo diretor técnico. 9- Infraestrutura de equipamentos: computador e datashow para as apresentações. 10- Pós-Treinamento: Relatório de discussões durante o seminário..
Exclusões de Escopo - Itens NÃO INCLUÍDOS NO ESCOPO
- Não é esperada da equipe do projeto uma análise crítica em relação ao conteúdo do arquivo. - Não haverá transporte para o local do seminário para os participantes, para os palestrantes nem para a equipe de apoio. - Não haverá material didático impresso para os participantes.

→ Criar a Estrutura Analítica do Projeto (EAP)

a) Se possível, utilize ferramentas especializadas em criação de EAP que permitam a representação em forma de árvore hierárquica e a exportação direta, sem necessidade de digitação, para o MS-Project. As principais opções atualmente são:

- **WBS Chart Pro** – Software proprietário integrado completamente ao MS-Project. A exportação da EAP é feita por meio de um botão que cria um vínculo entre os arquivos, a partir do qual o que for alterado em um é automaticamente atualizado no outro. Nossa recomendação é que essa integração bidirecional seja desfeita logo após a exportação por duas razões: porque os elementos do cronograma que serão incluídos no MS-Project, tais como as atividades, marcos etc., não devem ser representados na EAP e porque enquanto os arquivos estiverem vinculados estarão dependentes um do outro. Caso um dos arquivos se perca ou seja corrompido, o outro não abrirá mais.

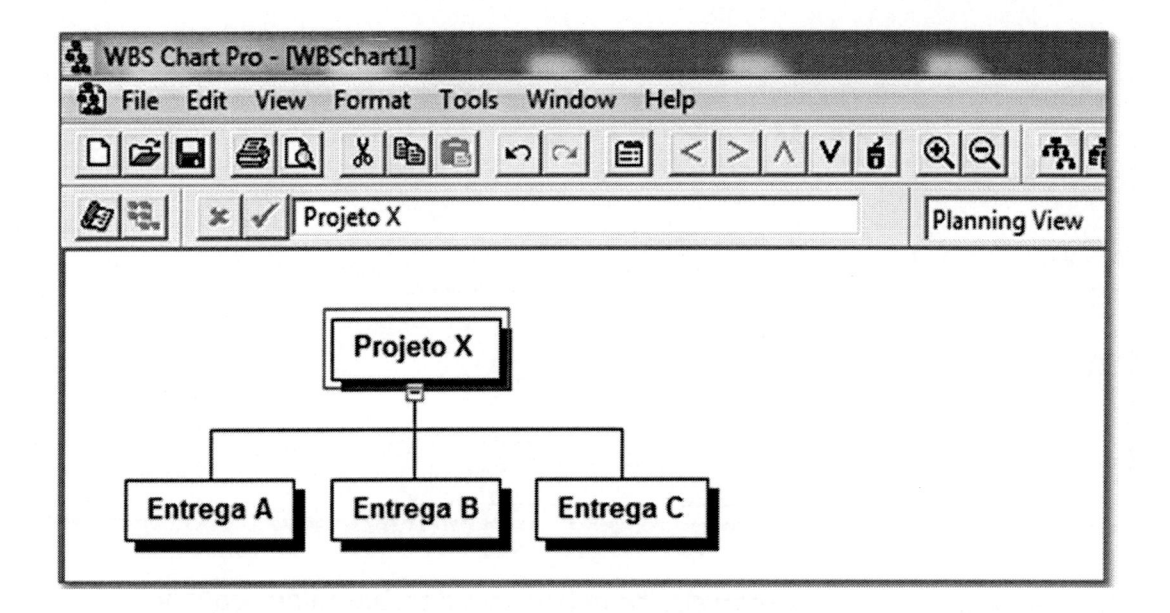

- **wbstool.com** – Site de acesso e uso gratuito que se integra com o MS-Project criando um arquivo no formato "xml". Seu uso não requer instalação no computador do usuário.

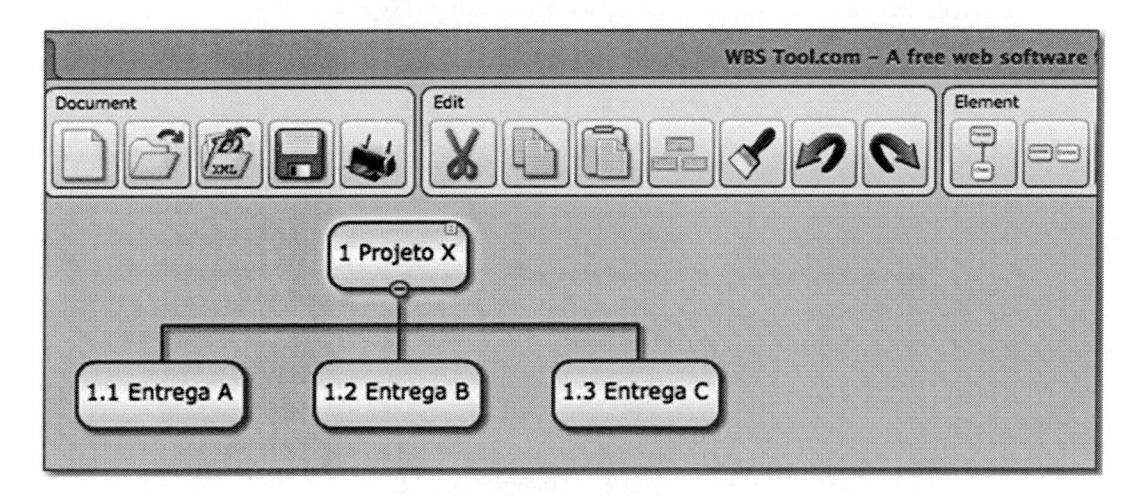

- **MS-Visio** – Software do pacote Office da Microsoft utilizado para criar fluxogramas que permite elaborar EAP desde que seja instalado um módulo (*WBS modeler*). Integra-se diretamente com o MS-Project.

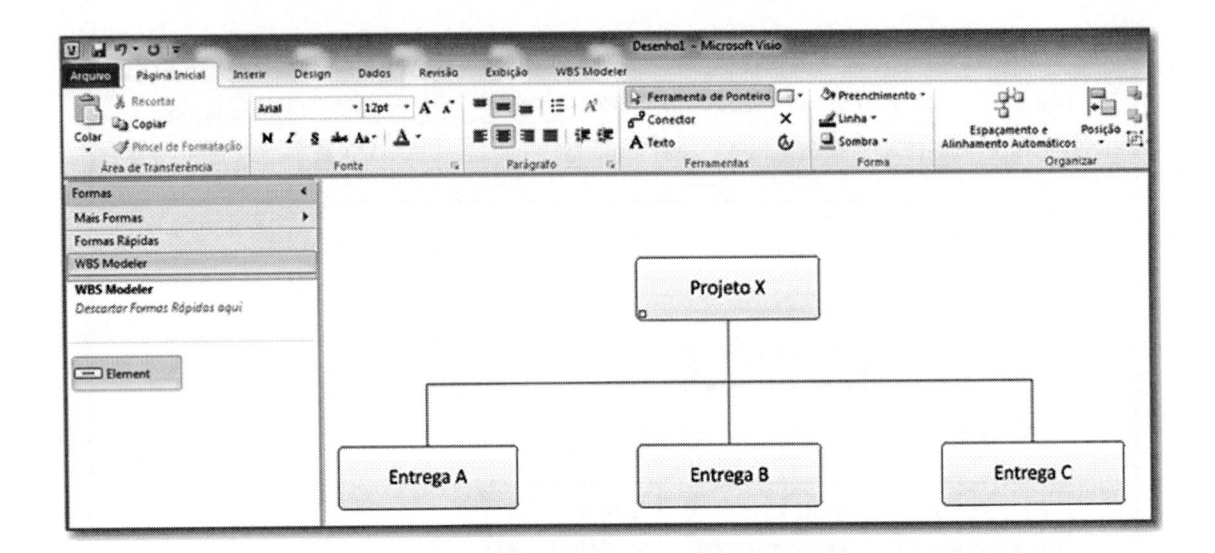

b) Não há uma única forma correta de estruturar o trabalho de realização do projeto que será representado na EAP. De acordo com as características do projeto, pode ser organizado de diversas formas:

- **Por fases.** Usada normalmente quando há uma sequência cronológica marcante. Por exemplo, em projetos de construção civil:

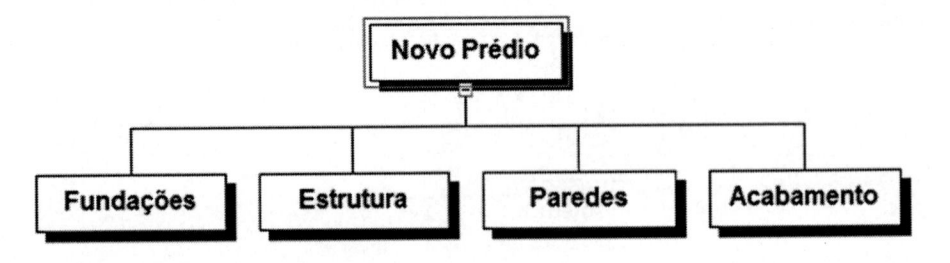

Em projetos de desenvolvimento de sistemas:

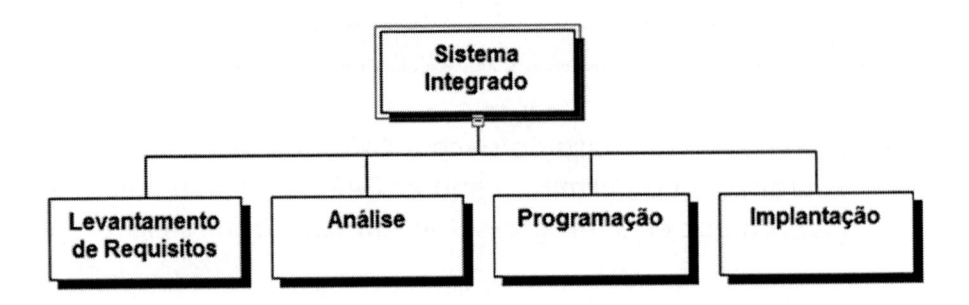

- **Por partes ou sistemas do produto do projeto.** Usada em projetos nos quais o trabalho será organizado em função dos componentes do produto. Por exemplo, em projetos de desenvolvimento de produtos:

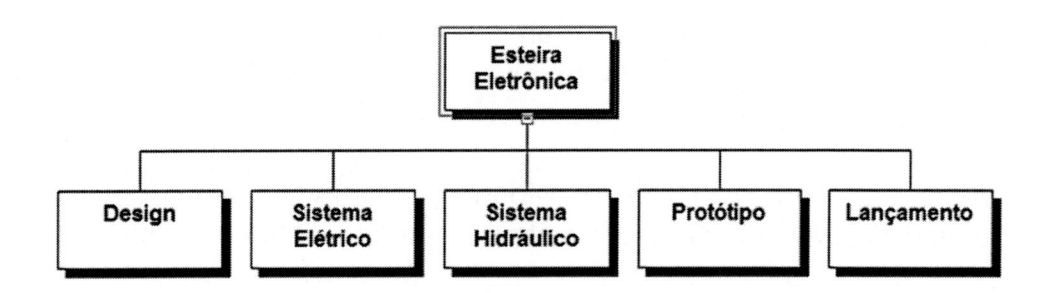

```
                    Esteira
                   Eletrônica
          ┌───────────┼───────────┬───────────┐
       Design     Sistema     Sistema    Protótipo   Lançamento
                  Elétrico    Hidráulico
```

É importante lembrar que na EAP são representadas entregas que serão realizadas pelo projeto e não uma organização do trabalho por área da empresa. Esta última é denominada Estrutura Analítica Organizacional (EAO), descrita na parte conceitual.

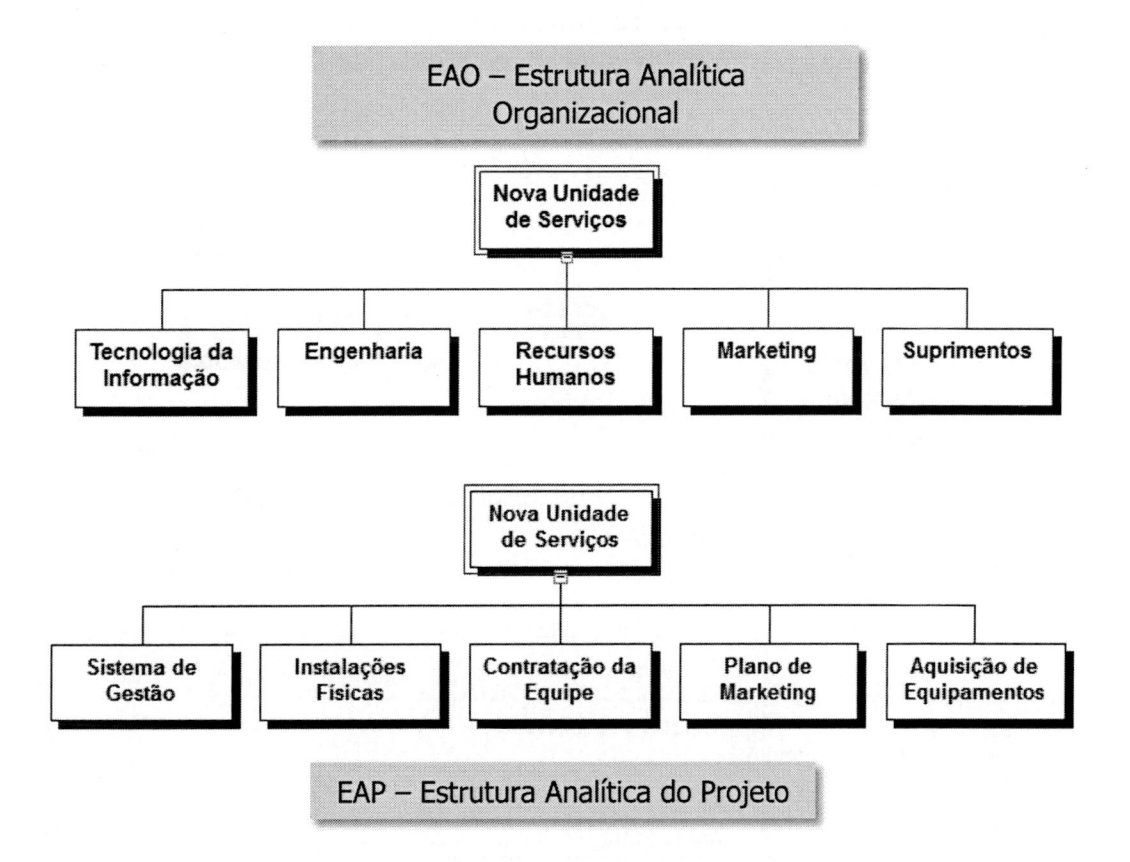

EAO – Estrutura Analítica Organizacional

```
                 Nova Unidade
                  de Serviços
     ┌──────────┬──────┴──────┬──────────┐
Tecnologia da  Engenharia  Recursos   Marketing  Suprimentos
 Informação                Humanos
```

```
                 Nova Unidade
                  de Serviços
     ┌──────────┬──────┴──────┬──────────┐
 Sistema de  Instalações  Contratação  Plano de   Aquisição de
  Gestão      Físicas     da Equipe   Marketing  Equipamentos
```

EAP – Estrutura Analítica do Projeto

Seja qual for a forma ou partido adotado, o primeiro nível de decomposição de cima para baixo (por isso em inglês: *breakdown*), a partir da caixa que representa o projeto, deve representar as entregas necessárias e suficientes para produzir o produto final do projeto.

As entregas desse primeiro nível de decomposição podem continuar sendo decompostas em tantos níveis quanto sejam necessários para a definição do escopo do projeto até as entregas do último nível, que são denominadas pacotes de trabalho, por serem as entregas que contêm o trabalho (atividades – que serão definidas na elaboração do cronograma).

A decisão de decompor ou detalhar mais ou menos níveis de entregas deve ser tomada considerando os prós e contras do maior ou menor detalhamento, cuja análise foi feita na parte conceitual sobre o processo de criar a EAP.

c) Utilize substantivos (Material Didático, Desenvolvimento do Material Didático, Realização da Obra, Obra etc.) para designar as entregas, a fim de indicar um resultado, uma conclusão de um trabalho. O trabalho em si será representado pelas atividades geradoras das entregas, mas estas somente serão definidas quando da elaboração do cronograma.

d) Decomponha um elemento da EAP em pelo menos duas partes componentes, já que decompor algo em uma única parte significa, na verdade, não decompor. Se analisarmos o exemplo a seguir, temos de fato apenas uma entrega. A decomposição foi feita apenas para tentar descrever a entrega "Plano de Marketing".

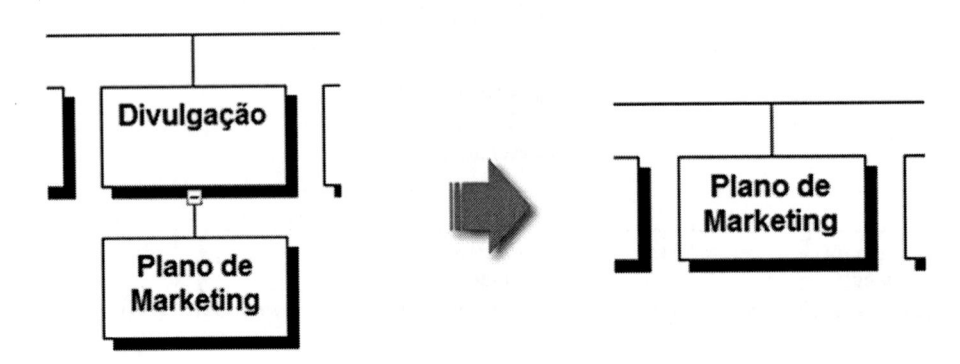

Para descrições, explicações e informações detalhadas sobre cada entrega, deve ser adotado o conceito de "Dicionário da EAP".

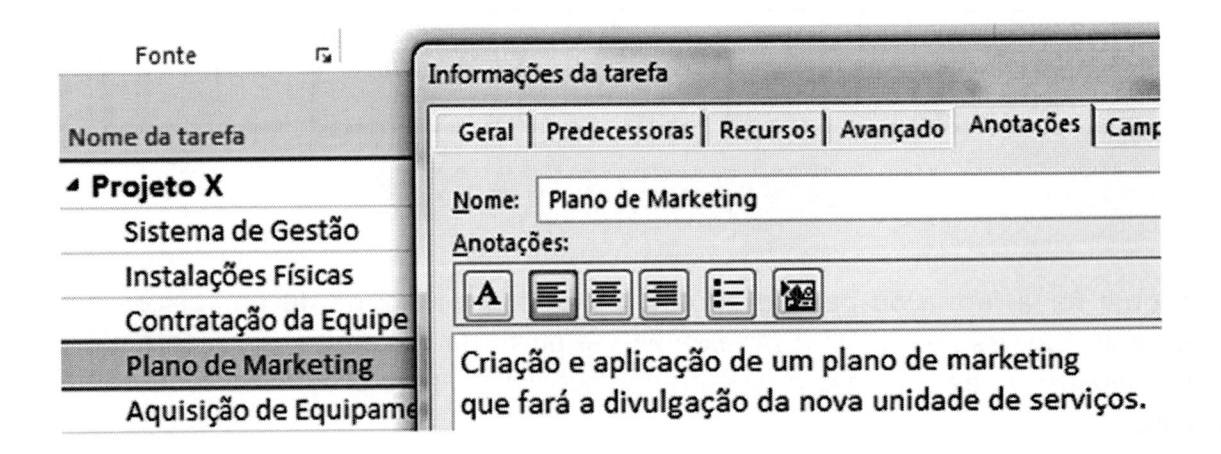

A decomposição no processo de criação da EAP só deve ser feita quando for necessária para representar entregas que serão de fato realizadas. É possível parar de decompor no segundo nível (considerando o nível do projeto como sendo o primeiro). Isso costuma acontecer quando a entrega é um serviço prestado por um terceiro interno (outra área da própria empresa) ou externo (outra empresa). Nesses casos, é recomendável que o terceiro faça sua EAP e apresente para validação pela gerência do projeto contratante. O serviço do terceiro pode ser considerado um subprojeto.

e) Siga estritamente a regra dos 100%: todo o trabalho necessário para concluir um elemento de nível superior precisa estar representado nos elementos de nível inferior que o compõe. Consideremos, por exemplo, uma entrega chamada "Relatório de Viabilidade Técnica", decomposta em três entregas de nível inferior. A figura a seguir parece representar adequadamente que, para que se elabore o relatório de viabilidade técnica, é necessário produzir o levantamento de dados, a pesquisa de fornecedores e os estudos técnicos.

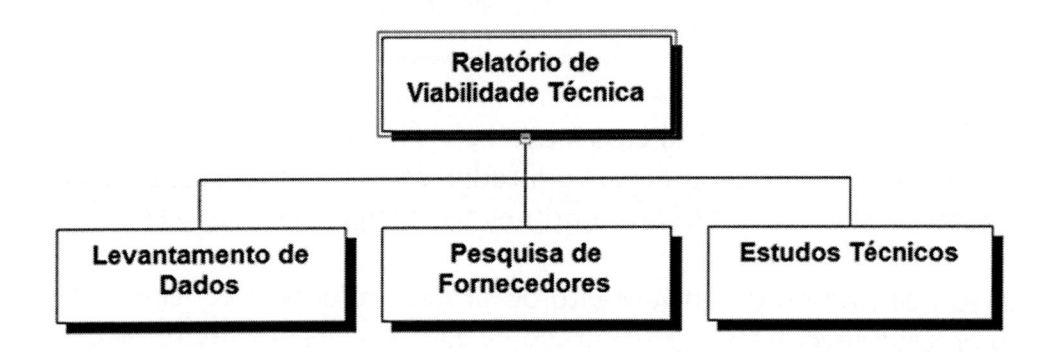

```
                 Relatório de
              Viabilidade Técnica
                      |
        ┌─────────────┼─────────────┐
  Levantamento de  Pesquisa de   Estudos Técnicos
      Dados        Fornecedores
```

Porém, neste ponto devemos perguntar: uma vez que as três entregas do nível inferior estejam concluídas, o relatório de viabilidade técnica estará concluído também ou ainda restará algum trabalho a ser feito para produzir o relatório? Em resposta a esta pergunta pode-se dizer que ainda será necessário fazer a consolidação dos resultados das três entregas em um único documento, que será o relatório propriamente dito. Assim sendo, a representação mais adequada seria:

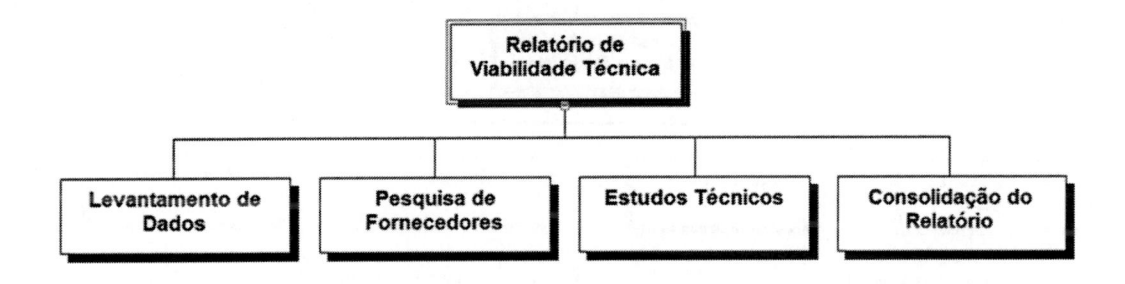

```
                    Relatório de
                 Viabilidade Técnica
                         |
       ┌────────────┬────┴─────┬────────────┐
  Levantamento  Pesquisa de  Estudos     Consolidação do
    de Dados    Fornecedores Técnicos       Relatório
```

f) Crie um "ramo" da EAP exclusivamente para representar as entregas do trabalho de gerenciamento do projeto, como o modelo a seguir:

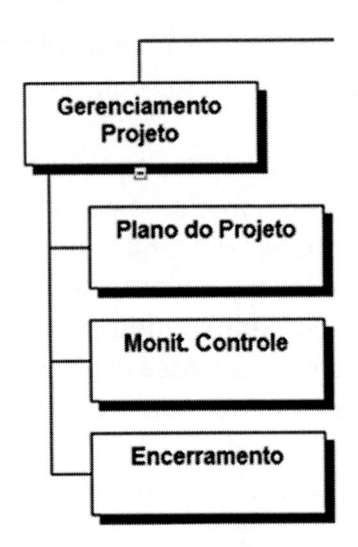

```
Gerenciamento Projeto
├── Plano do Projeto
├── Monit. Controle
└── Encerramento
```

Essa estrutura sugerida representa com a entrega "Plano de Projeto" o desenvolvimento da primeira versão do plano de projeto com todos seus documentos, artefatos e planos auxiliares; esta conceitualmente será a primeira entrega a ser realizada.

Representar o trabalho do gerenciamento do projeto reforça o conceito de que todo o trabalho do projeto deve estar representado na EAP e posteriormente facilita a estruturação desse tipo de trabalho no cronograma.

Uma boa prática é validar a EAP com a governança do projeto antes de começar a desenvolver o cronograma. Isso diminui a probabilidade de desperdiçar o trabalho de definição de atividades se houver a decisão de retirar alguma entrega.

EAP do projeto de Treinamento dos Novos Projetistas da Quality Project

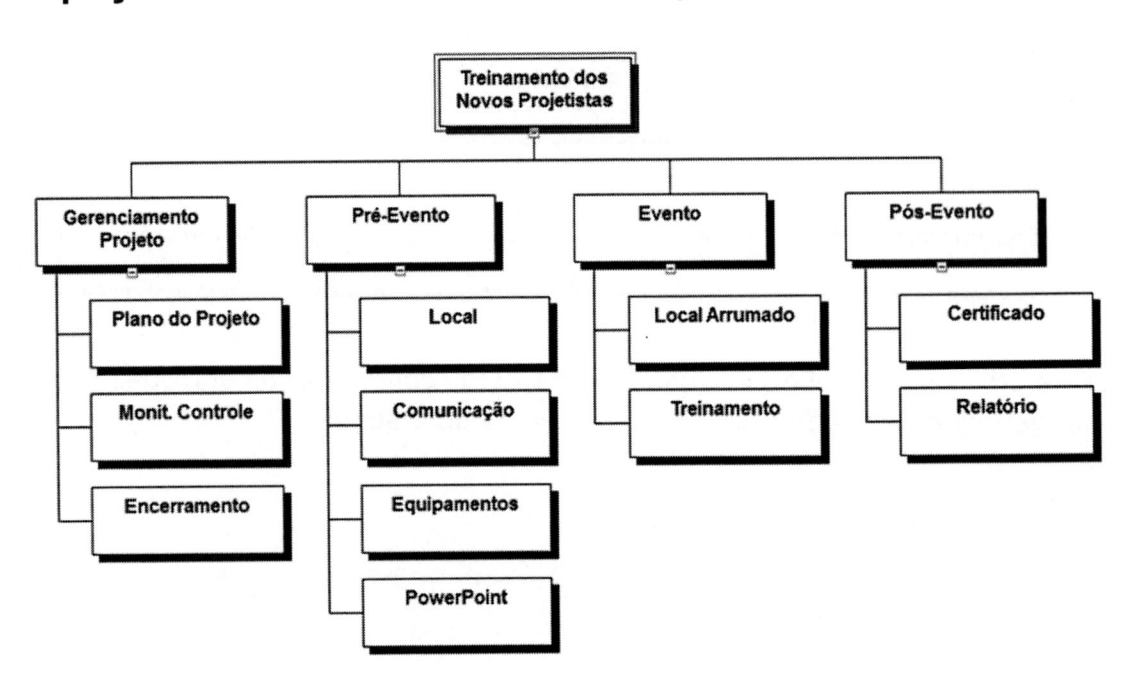

```
Treinamento dos Novos Projetistas
├── Gerenciamento Projeto
│   ├── Plano do Projeto
│   ├── Monit. Controle
│   └── Encerramento
├── Pré-Evento
│   ├── Local
│   ├── Comunicação
│   ├── Equipamentos
│   └── PowerPoint
├── Evento
│   ├── Local Arrumado
│   └── Treinamento
└── Pós-Evento
    ├── Certificado
    └── Relatório
```

APLICAÇÃO 4

→ **Desenvolver o cronograma do projeto**
→ **Definir as atividades**
→ **Sequenciar as atividades**
→ **Estimar os recursos das atividades (com custos)**
→ **Estimar as durações das atividades**
→ **Consolidar o cronograma do projeto**

Neste ponto será necessário utilizar um software específico para elaboração de cronogramas de projetos: o MS-Project.

Como a EAP foi criada em um software integrado ao MS-Project, como por exemplo o WBS Chart Pro, é possível transferir diretamente a EAP para o MS-Project. Antes, porém, será necessário configurar o MS-Project.

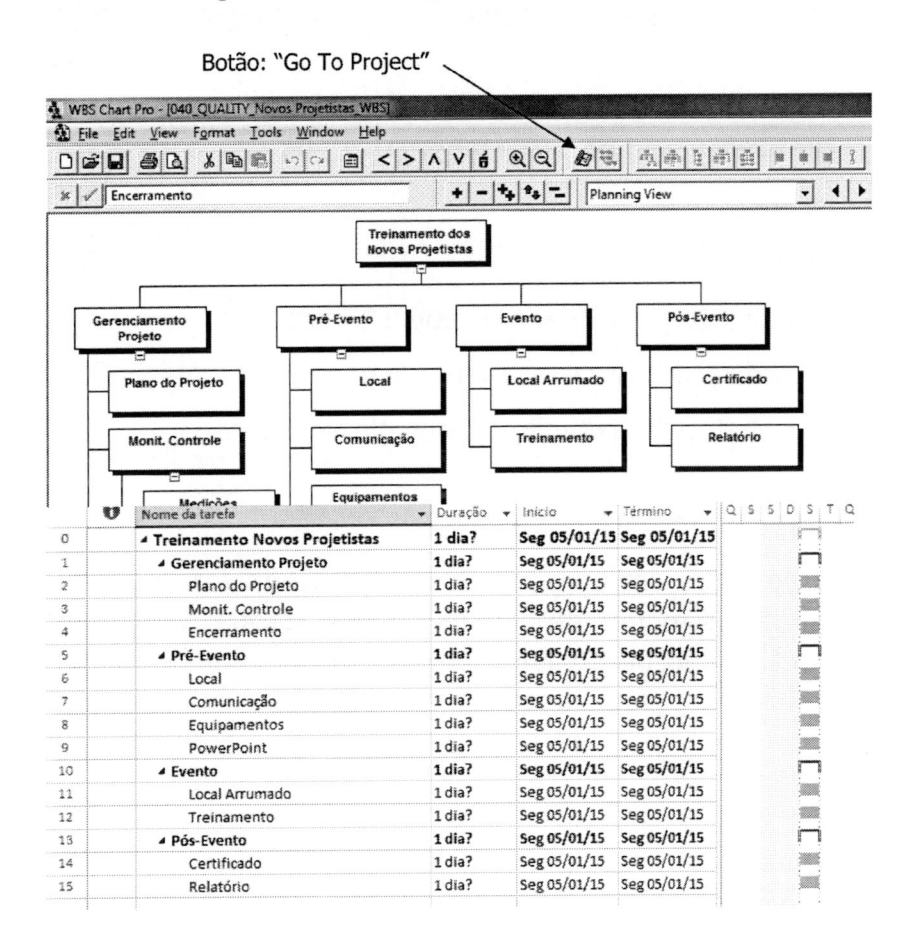

Visão geral do MS-Project

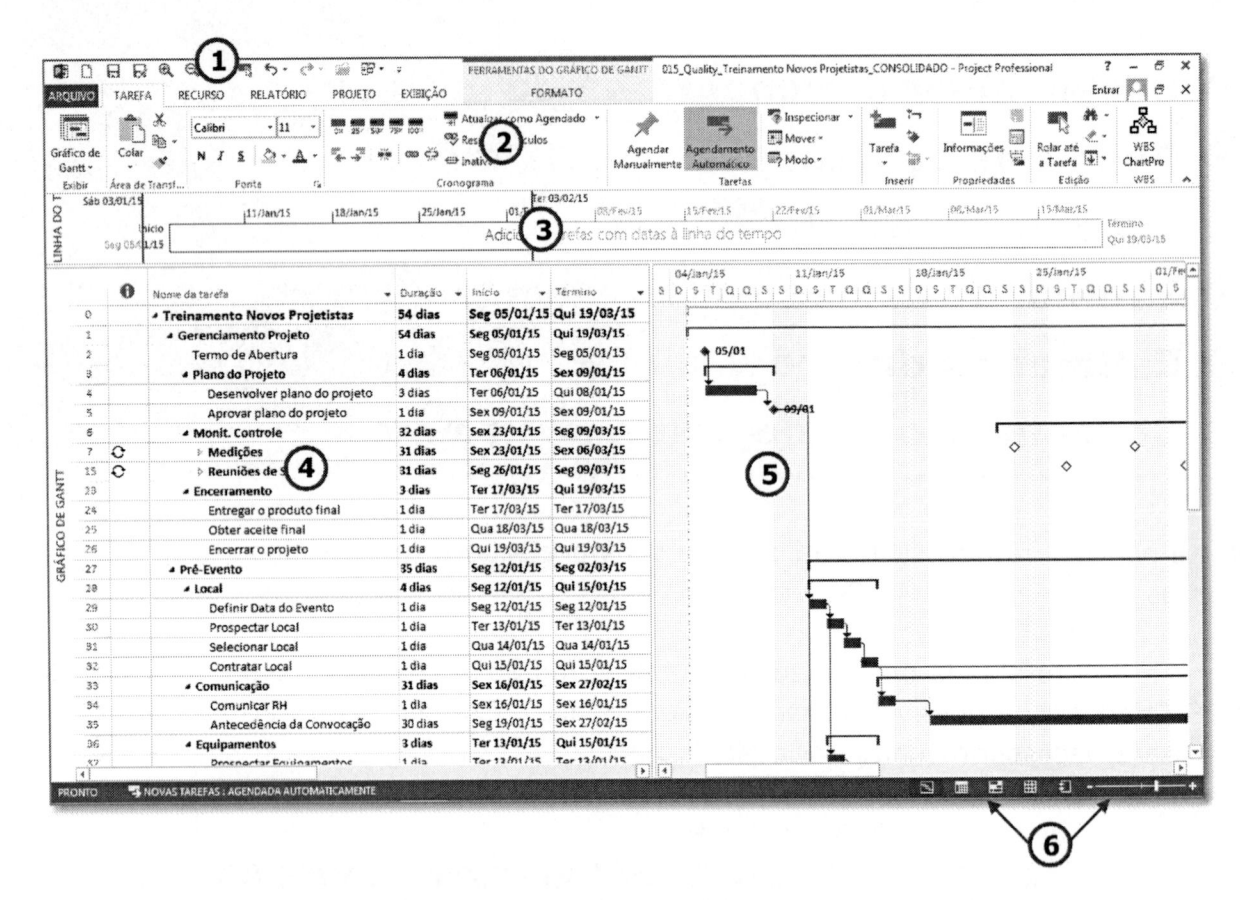

1. Barra de Ferramentas de Acesso Rápido
2. Faixa de Opções
3. Linha do Tempo
4. Tabela (na figura é apresentada a tabela "Entrada")
5. Modo de Exibição (na figura é apresentado o modo de exibição "Gráfico de Gantt").
6. Atalhos para Modos de Exibição e Controle de Zoom.

Modos de exibição

Um modo de exibição exibe um conjunto de informações sobre o projeto em um formato específico. Há vários modos de exibição padronizados: Calendário, Diagrama de Rede, Gráfico de Gantt, Gantt de Controle, Uso da Tarefa, Planilha de Recursos, Uso dos Recursos etc. De modo geral, um modo de exibição apresenta do lado esquerdo uma **tabela** (com colunas, ou campos, para armazenar dados) e do lado direito um **gráfico** (representando os dados graficamente).

Ao entrar no programa, este automaticamente se posiciona no modo de exibição Gráfico de Gantt. Esse modo de exibição é o mais indicado para a entrada de dados.

Campos e tabelas do MS-Project

O MS-Project possui vários campos de dados, que são utilizados para a configuração e acompanhamento do projeto. Esses campos são exibidos em colunas que formam uma "tabela". O software possui várias tabelas pré-formatadas, como, por exemplo, a tabela "Entrada", composta por campos recomendados para a entrada inicial de dados, tais como o nome do projeto e seus componentes, a duração prevista das atividades, as datas previstas de início e término de cada atividade etc. Já a tabela "Controle" apresenta campos com informações úteis para o acompanhamento do projeto, tais como: data de início e término real de cada atividade, percentual concluído de cada atividade, duração real etc. Na verdade, qualquer um dos campos disponíveis no software pode ser inserido ou ocultado a qualquer momento de qualquer tabela que esteja em uso.

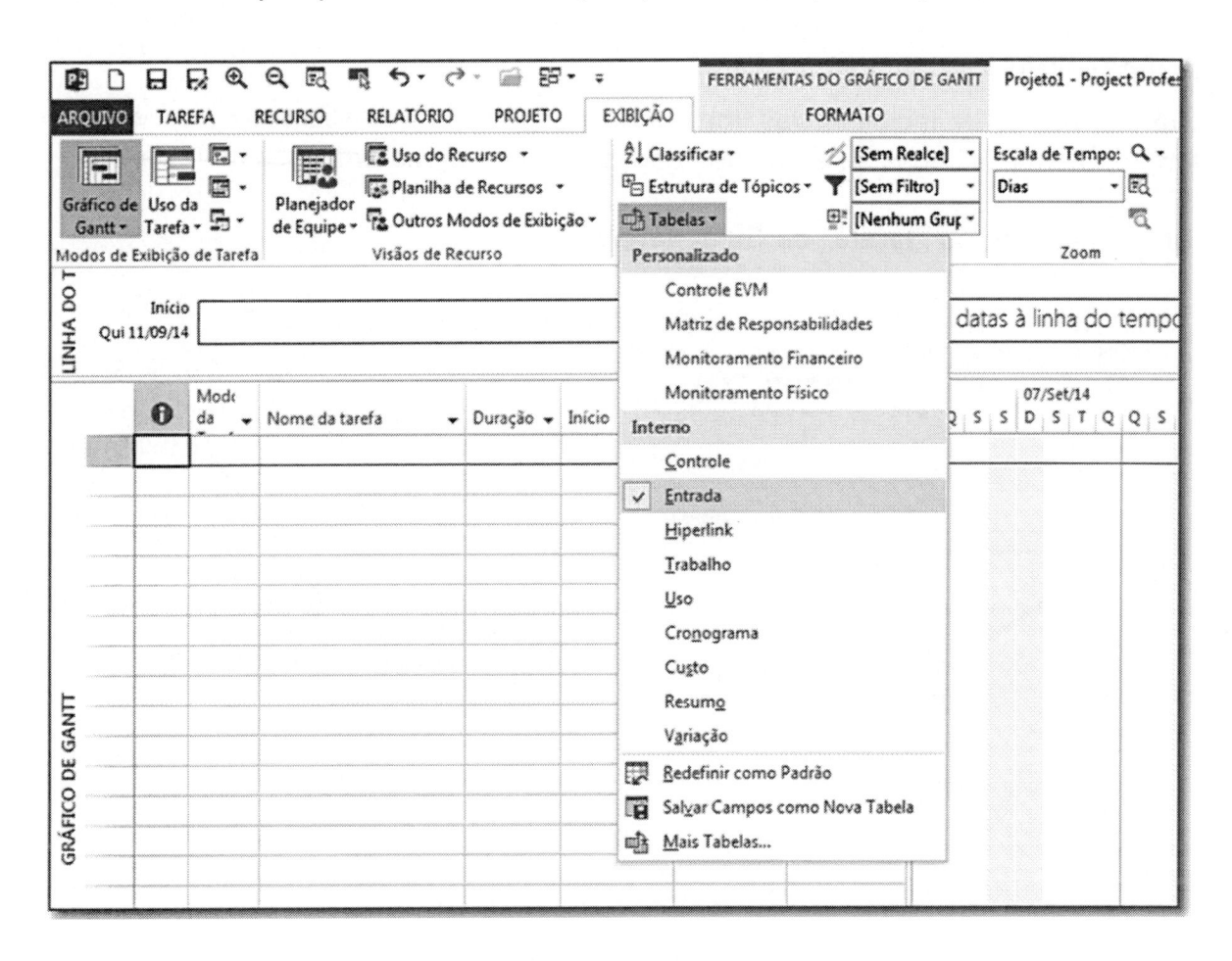

Entrada de dados

No MS-Project deve-se ter atenção à necessidade de adaptação à nomenclatura do *PMBOK® Guide*. Na coluna "Nome da tarefa", por exemplo, são exibidos o nome do projeto, as entregas e as atividades geradoras das entregas. O MS-Project não utiliza os termos "Entrega" e "Atividade". De modo geral, refere-se aos elementos do projeto como "Tarefa". Na tela do exemplo a seguir, foram incluídos o nome do projeto e três de suas entregas.

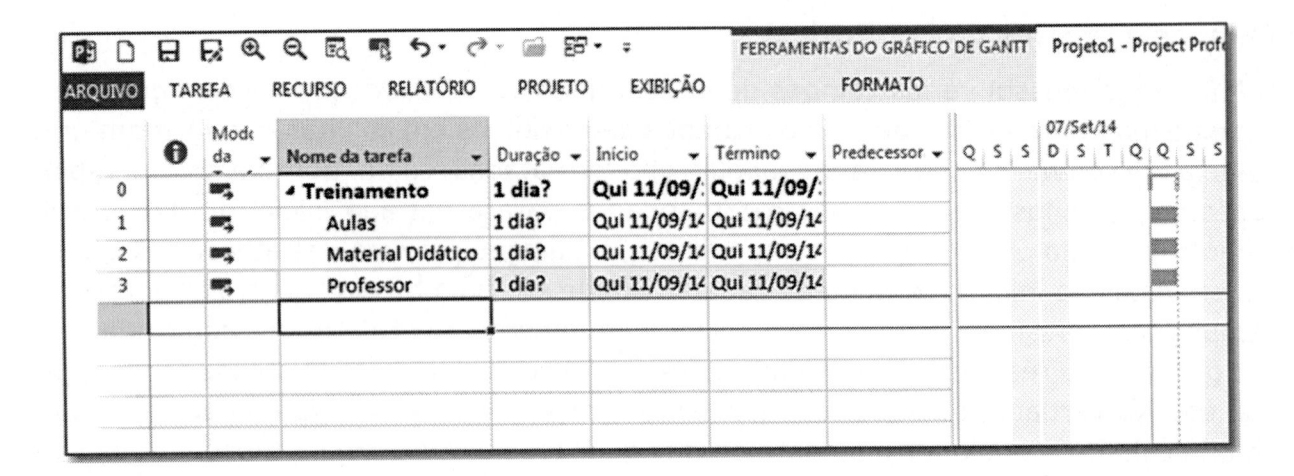

Adicionar linhas

Há várias formas de incluir novas linhas entre as linhas já existentes na tabela. Neste exemplo, as novas linhas serão as atividades geradoras das entregas do projeto.

a) Utilizando o botão "Tarefa" da Guia "Tarefa":

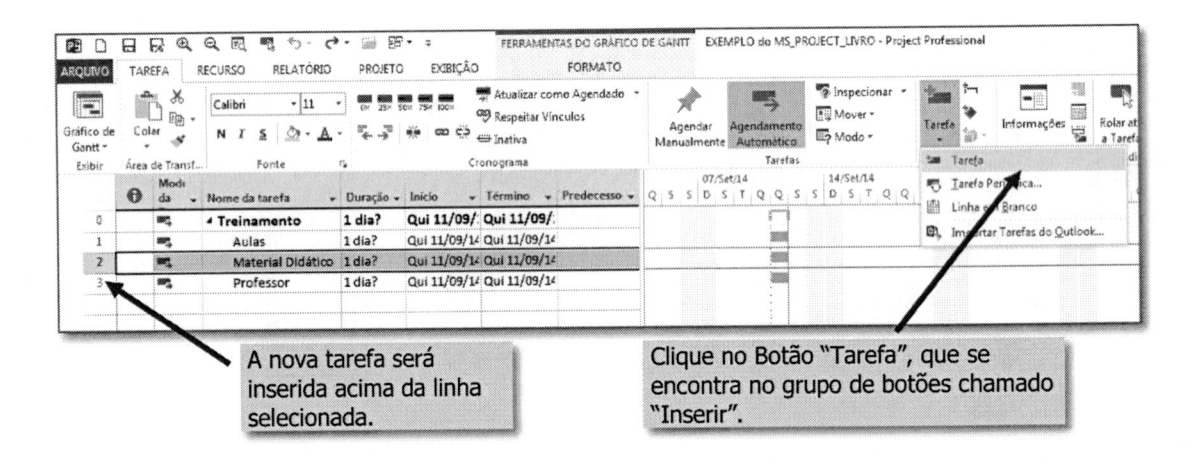

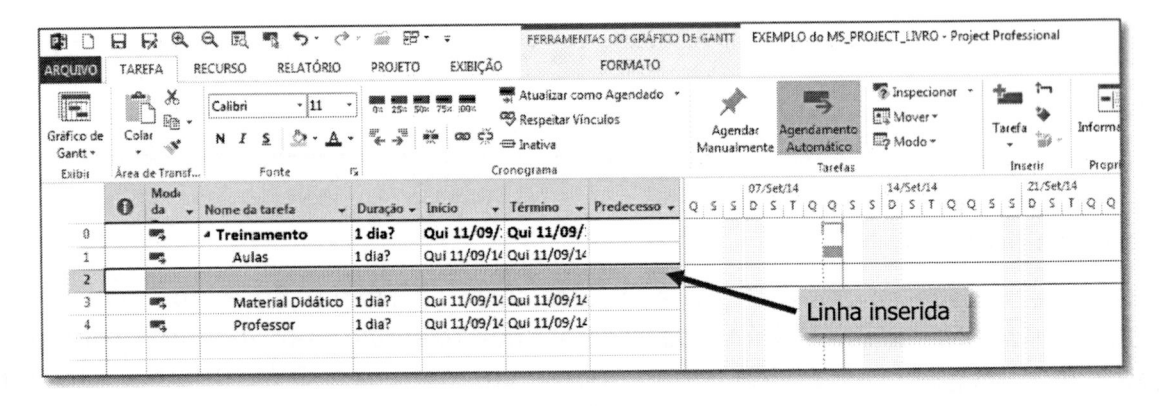

A nova tarefa será inserida acima da linha selecionada.

Clique no Botão "Tarefa", que se encontra no grupo de botões chamado "Inserir".

Linha inserida

b) Clicando com o botão direito do mouse:

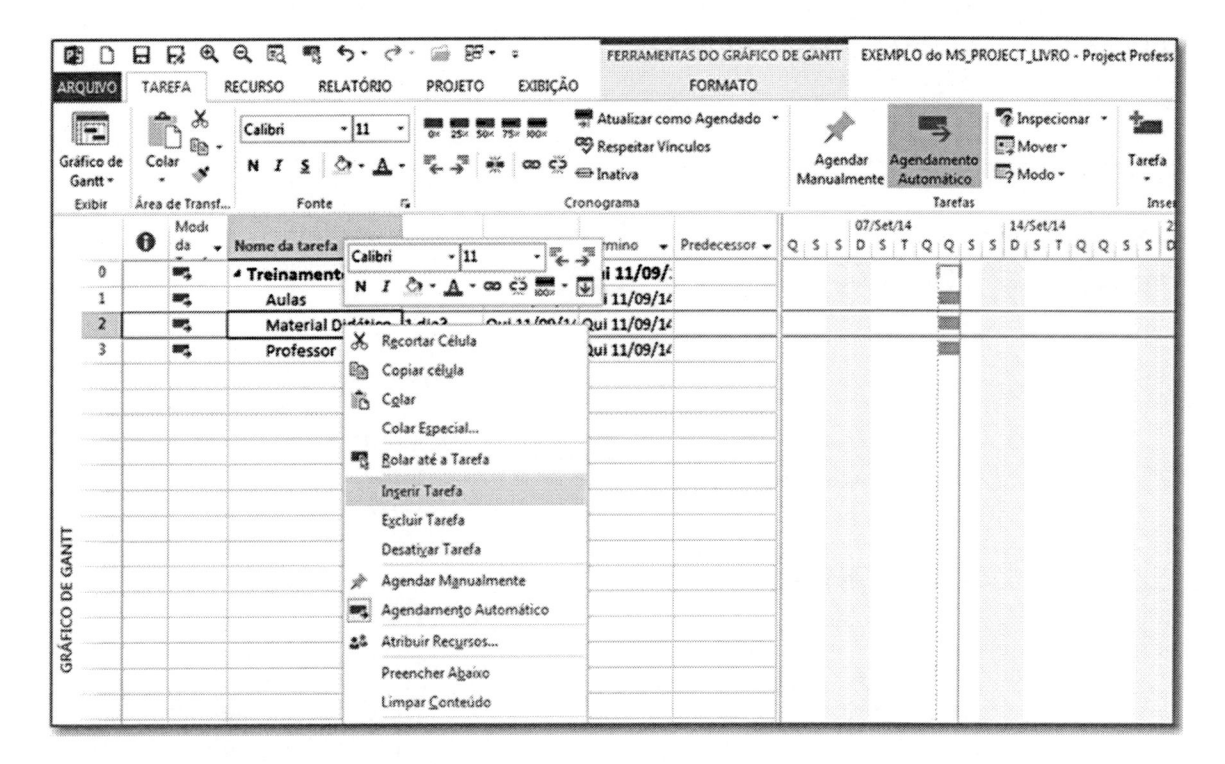

c) Digitando a tecla "Insert" do teclado.

Determinação do nível hierárquico da linha inserida

Cada linha inserida assume, por padrão, o nível hierárquico da linha superior.

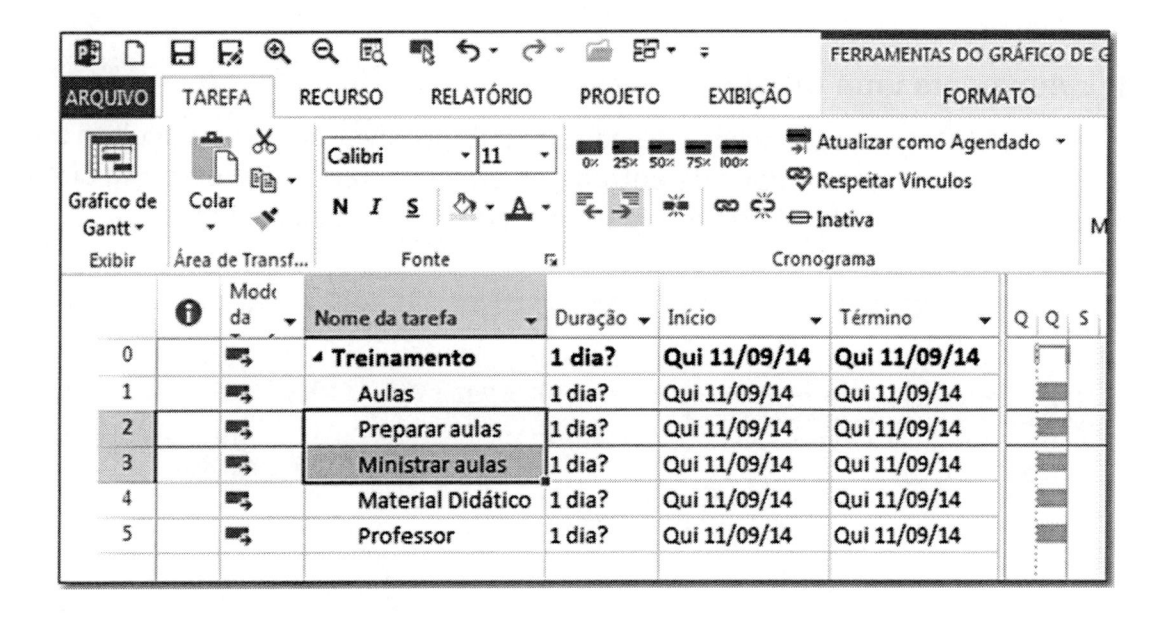

Depois de inseridas novas linhas, que no exemplo representam as atividades geradoras das entregas, é necessário recuá-las um nível à direita para representar a diferença de hierarquia entre a entrega e as atividades.

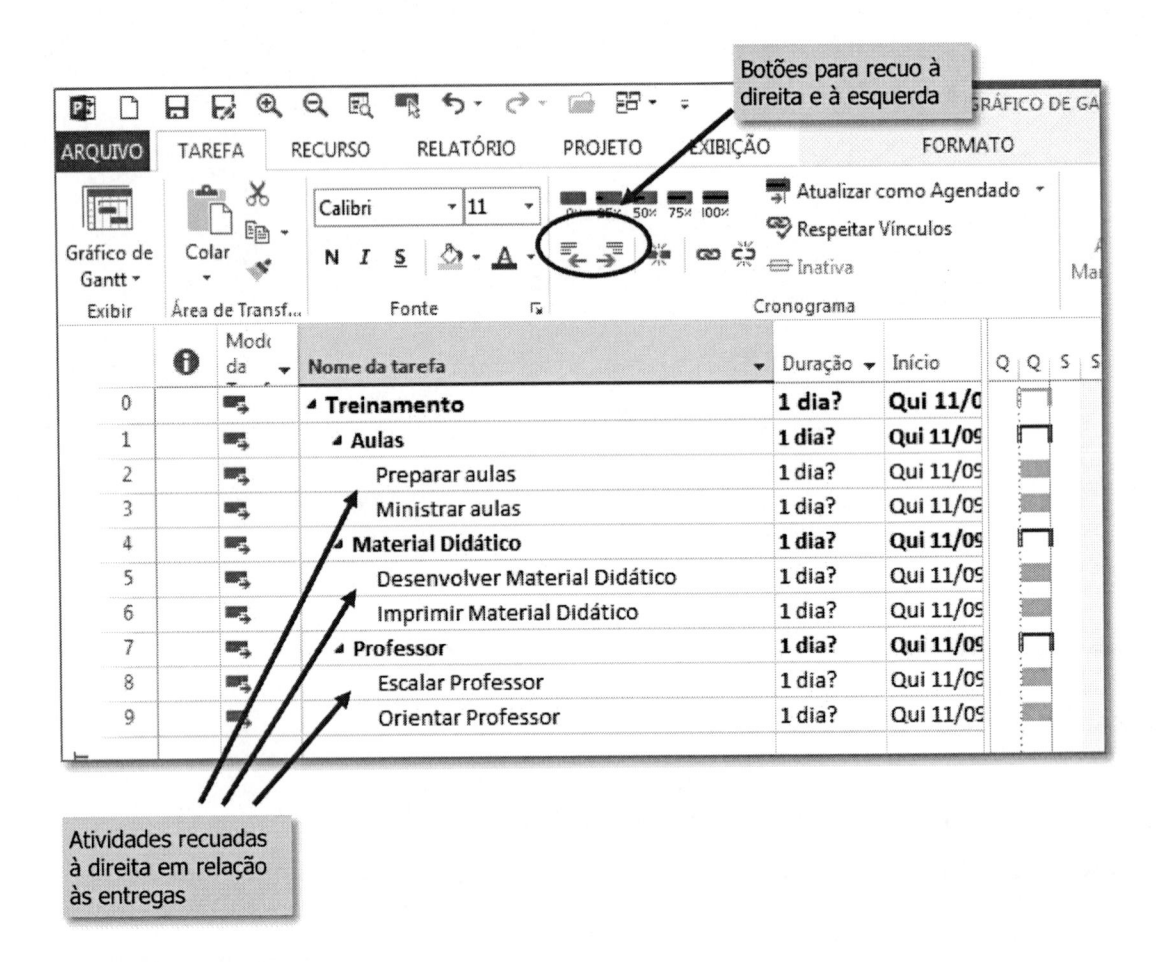

Inserir colunas em uma tabela

As tabelas do MS-Project são facilmente editáveis. É possível inserir ou ocultar colunas que representem os vários campos de entrada ou saída de dados. Na extrema direita de cada tabela existe uma coluna preparada para a adição de novas colunas.

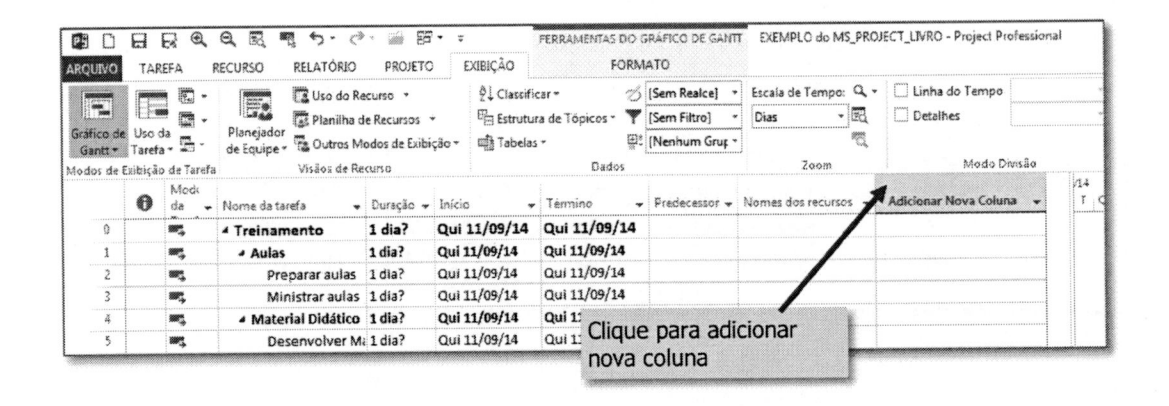

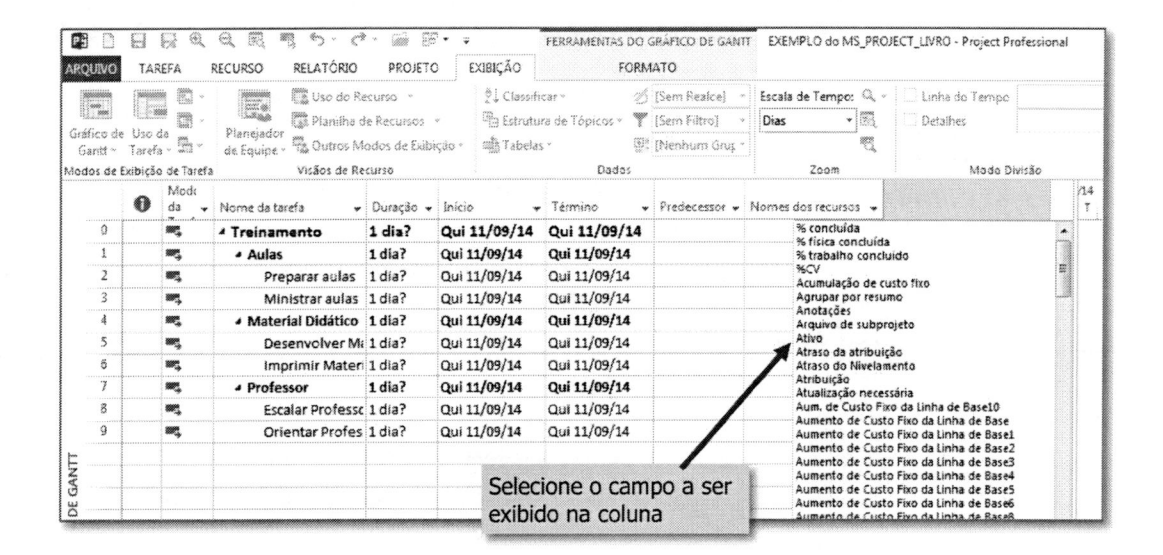

Reposicionar colunas em uma tabela

Clicando no título de uma coluna é possível "arrastá-la" para outra posição na tabela.

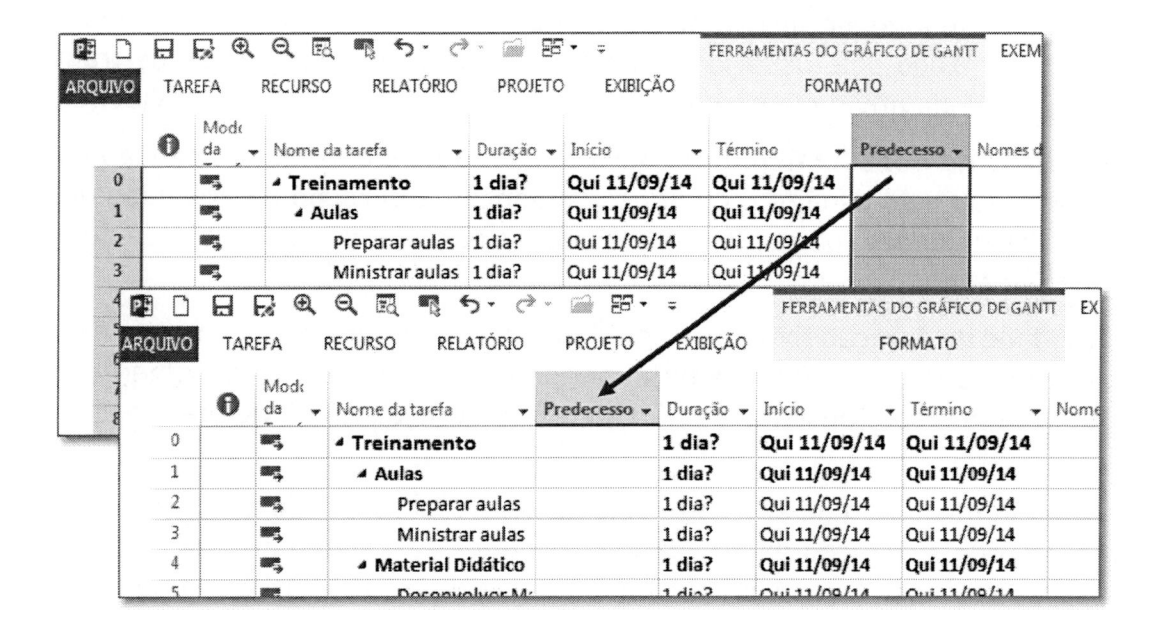

Configuração do MS-Project

Configurar o tipo de atividade

O MS-Project estabelece uma relação entre três elementos de cada atividade do projeto:

- Duração da atividade.
- Trabalho da atividade.
- Unidade de recurso da atividade.

A equação utilizada pelo MS-Project para relacionar esses três elementos é a seguinte:

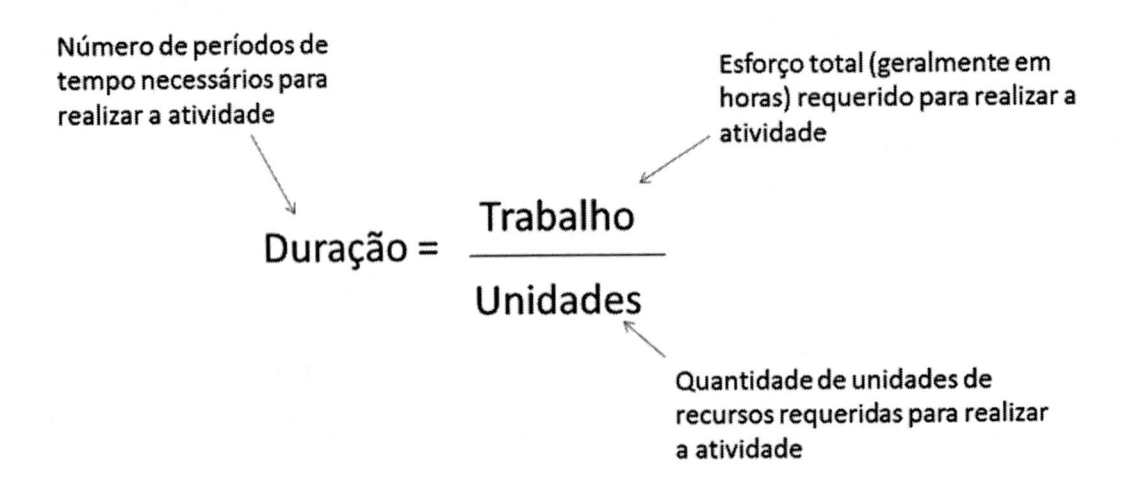

Número de períodos de tempo necessários para realizar a atividade → Duração

Esforço total (geralmente em horas) requerido para realizar a atividade → Trabalho

Quantidade de unidades de recursos requeridas para realizar a atividade → Unidades

$$\text{Duração} = \frac{\text{Trabalho}}{\text{Unidades}}$$

Dependendo de qual dos três elementos o MS-Project manterá fixo durante a elaboração do cronograma, são definidos três "tipos de atividade":

- **Atividade de unidade fixa:** uma atividade na qual as unidades (ou recursos) são um valor fixado pelo usuário e qualquer mudança na quantidade de trabalho ou na duração da atividade não afetará as unidades de recurso da atividade.

- **Atividade de trabalho fixo:** uma atividade na qual a quantidade de trabalho é um valor fixado pelo usuário e qualquer mudança na duração da atividade ou no número de unidades (ou recursos) designadas não afetará a quantidade de trabalho da atividade.

- **Atividade de duração fixa:** uma atividade na qual a duração é um valor fixado pelo usuário e qualquer mudança na quantidade de trabalho ou no número de unidades (ou recursos) designadas não afetará a duração da atividade.

Recomenda-se que o tipo de atividade seja configurado como "duração fixa". Dessa forma, uma vez que a duração da atividade seja definida, o sistema a manterá constante mesmo se as unidades (recursos) ou a quantidade de trabalho forem modificadas.

Na Guia Arquivo/Opções selecione "Cronograma":

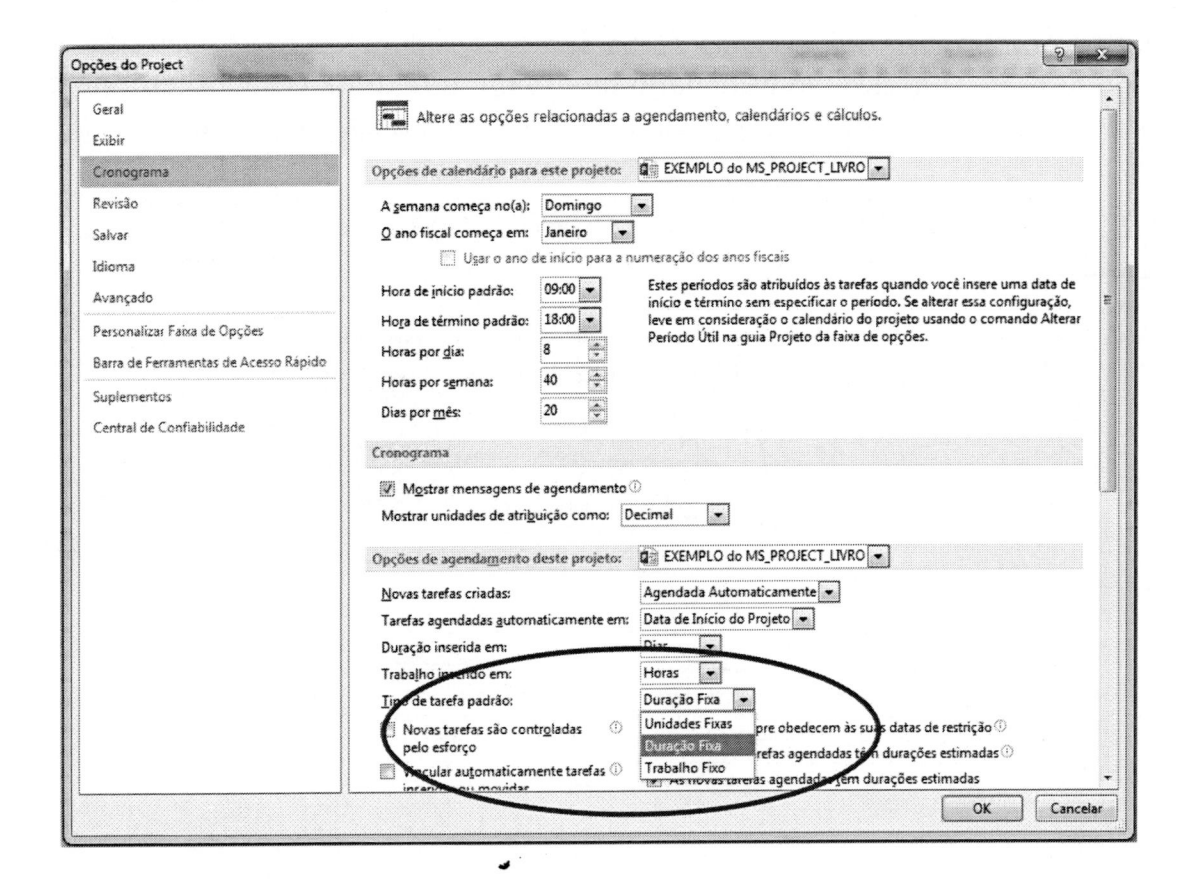

Opções de agendamento

Na mesma caixa de diálogo, indique em "opções de agendamento" que as novas tarefas criadas devem ser **agendadas automaticamente**.

Configurar parâmetros de cálculos

Na mesma caixa de diálogo:

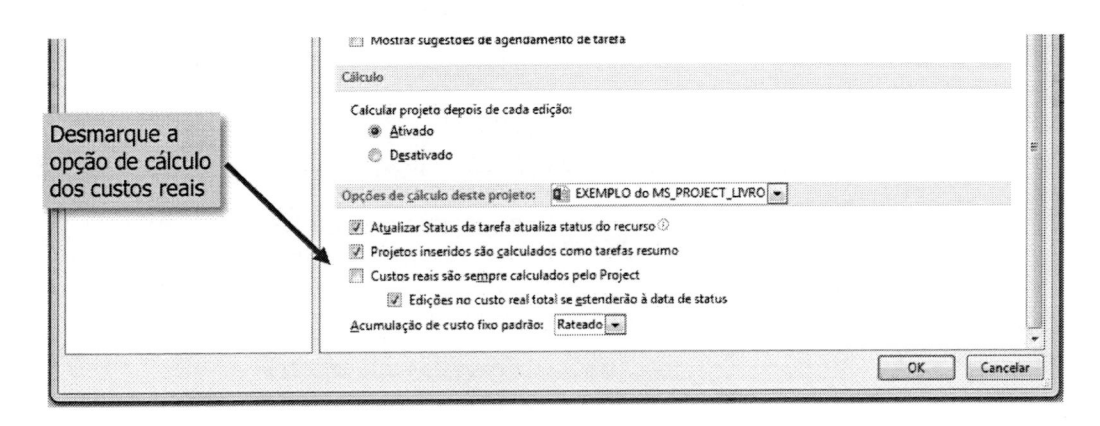

Alterar o período de trabalho para o projeto

O calendário do projeto define quais datas serão consideradas como dias não trabalhados no projeto. O acesso ao calendário de projeto é feito na Guia Projeto, no botão "Alterar Período de Trabalho". A caixa de diálogo a seguir será apresentada:

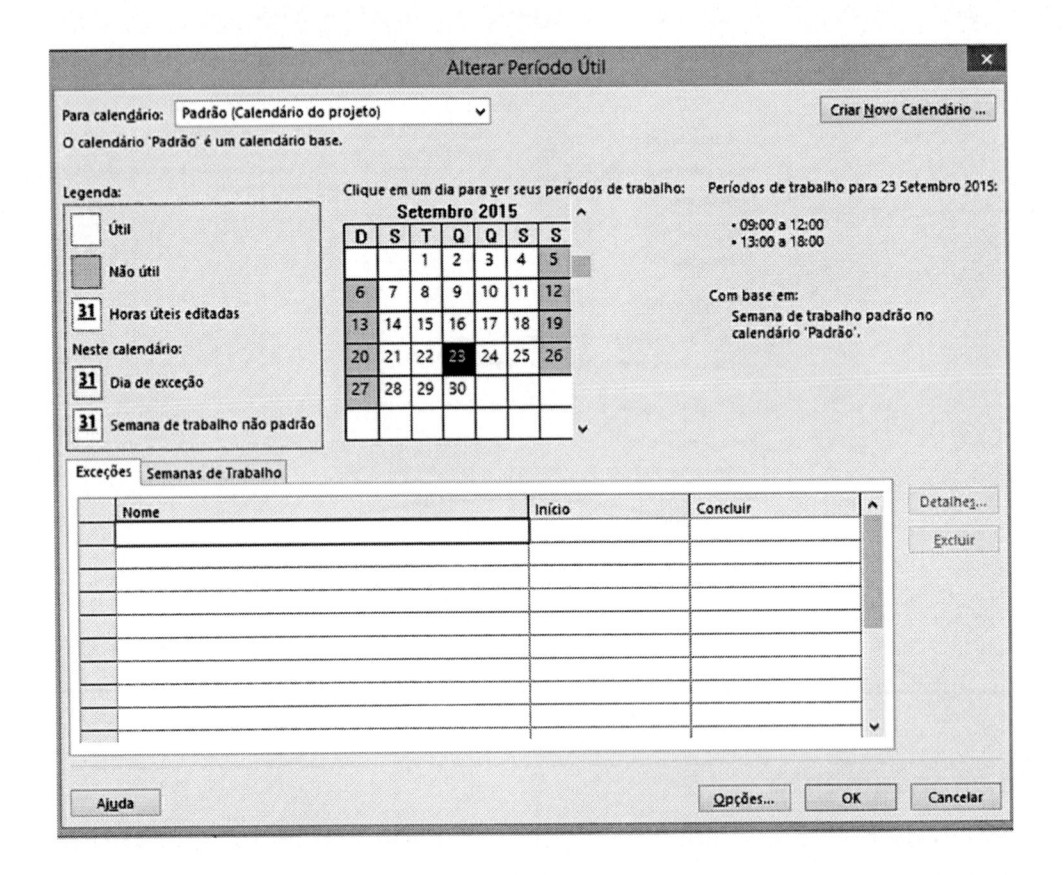

Para criar um calendário específico para o projeto, na caixa de diálogo "Alterar Período Útil":

1. Pressione o botão "Criar Novo Calendário".
2. Escolha "Criar uma cópia do calendário Padrão".
3. Digite o nome do calendário.

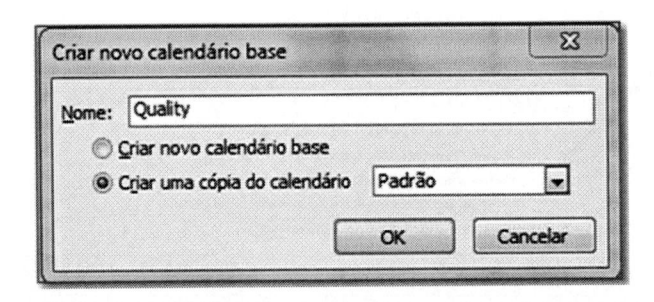

Em seguida podem ser definidos os dias não trabalhados no calendário criado.

Definir parâmetros gerais para o projeto

Na Guia "Projeto", em "Informações do Projeto", definir:

1. Data de início do projeto.
2. Calendário: o calendário que foi criado (este será o calendário de referência para todo o projeto).

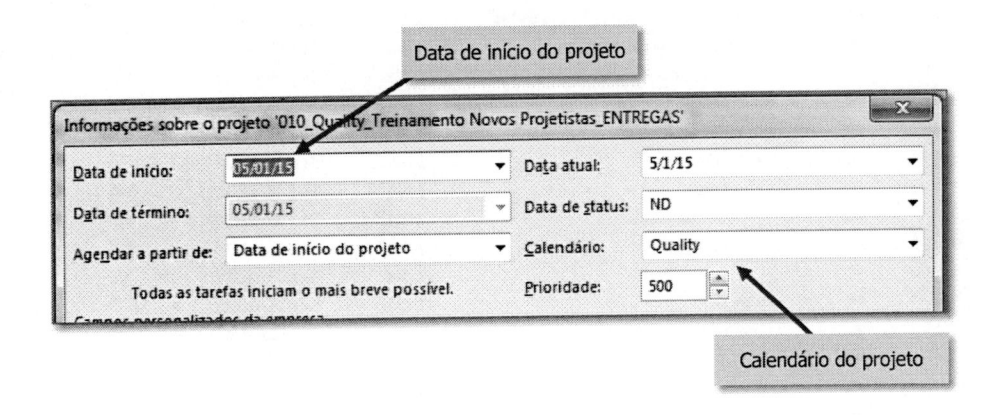

Desenvolvimento do Cronograma do Projeto

→ Definir as atividades

O processo de definir as atividades consiste na decomposição dos pacotes de trabalho, ou seja, das últimas entregas da EAP.

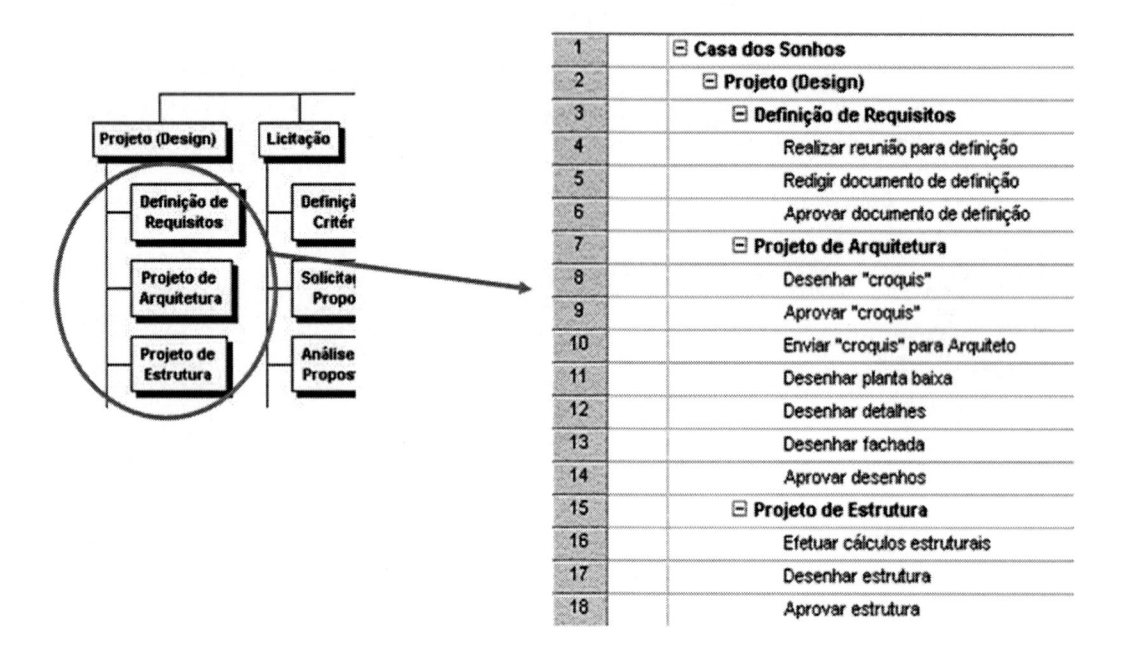

1	⊟ Casa dos Sonhos
2	⊟ Projeto (Design)
3	⊟ Definição de Requisitos
4	Realizar reunião para definição
5	Redigir documento de definição
6	Aprovar documento de definição
7	⊟ Projeto de Arquitetura
8	Desenhar "croquis"
9	Aprovar "croquis"
10	Enviar "croquis" para Arquiteto
11	Desenhar planta baixa
12	Desenhar detalhes
13	Desenhar fachada
14	Aprovar desenhos
15	⊟ Projeto de Estrutura
16	Efetuar cálculos estruturais
17	Desenhar estrutura
18	Aprovar estrutura

A figura a seguir mostra as entregas da EAP transportadas para o MS-Project para que seja realizado o processo de **definir as atividades**.

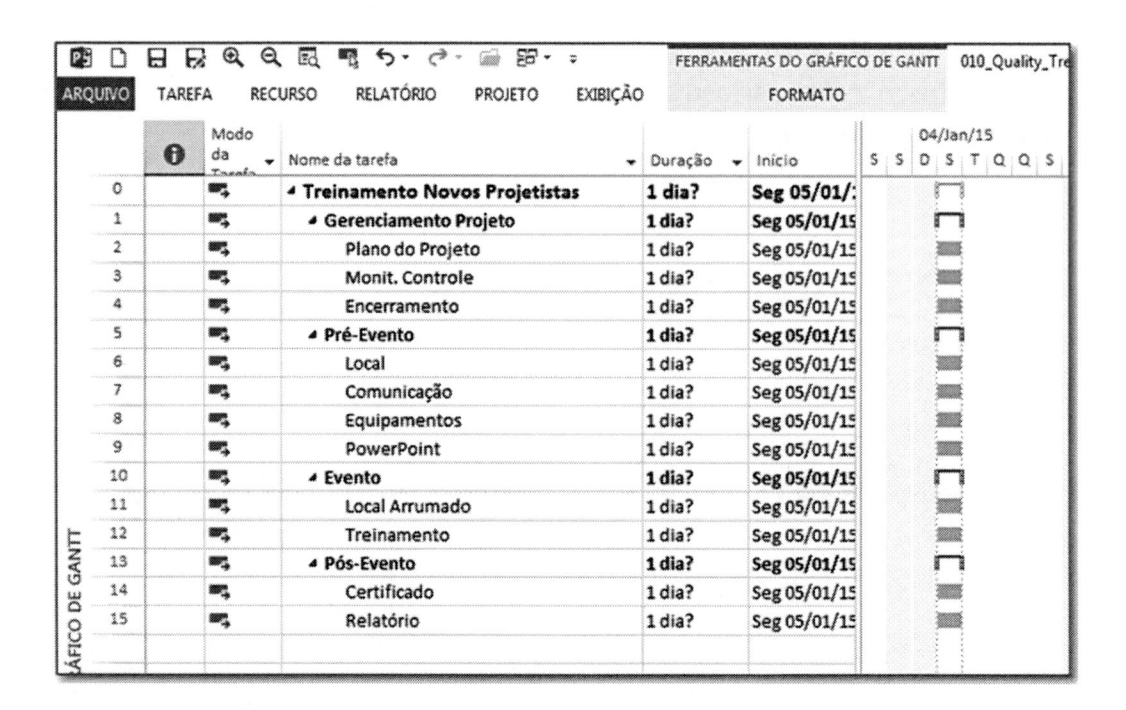

#	Nome da tarefa	Duração	Início
0	▲ Treinamento Novos Projetistas	1 dia?	Seg 05/01/
1	▲ Gerenciamento Projeto	1 dia?	Seg 05/01/15
2	Plano do Projeto	1 dia?	Seg 05/01/15
3	Monit. Controle	1 dia?	Seg 05/01/15
4	Encerramento	1 dia?	Seg 05/01/15
5	▲ Pré-Evento	1 dia?	Seg 05/01/15
6	Local	1 dia?	Seg 05/01/15
7	Comunicação	1 dia?	Seg 05/01/15
8	Equipamentos	1 dia?	Seg 05/01/15
9	PowerPoint	1 dia?	Seg 05/01/15
10	▲ Evento	1 dia?	Seg 05/01/15
11	Local Arrumado	1 dia?	Seg 05/01/15
12	Treinamento	1 dia?	Seg 05/01/15
13	▲ Pós-Evento	1 dia?	Seg 05/01/15
14	Certificado	1 dia?	Seg 05/01/15
15	Relatório	1 dia?	Seg 05/01/15

Recomendações para realização do processo de definir as atividades

a) Inclua uma linha acima da entrega "Plano do Projeto" para representar o marco "Termo de Abertura do Projeto", como referência para a data de autorização do projeto.

b) Defina as seguintes atividades para a entrega "Plano do Projeto":

- Desenvolver plano do projeto.
- Aprovar plano do projeto.

A atividade "Desenvolver plano do projeto" inclui todo o trabalho de elaboração da primeira versão do plano do projeto. Considerando que essa é uma atividade de natureza iterativa – isto é, os documentos e artefatos (EAP, cronograma, orçamento etc.) são elaborados de forma integrada e estão constantemente sujeitos a ajustes que obrigam o gerente do projeto a voltar e alterar partes que já pareciam estar prontas –, não é produtivo decompô-la em atividades menores. O detalhamento do trabalho que será realizado por essa atividade pode ser feito sob a forma de uma anotação na caixa de diálogo "Informações da tarefa" (ver exemplo na figura ao lado). Para acessar a caixa de diálogo "Informações da tarefa" basta dar um duplo clique com o cursor do mouse posicionado sobre a atividade para a qual se quer registrar uma anotação.

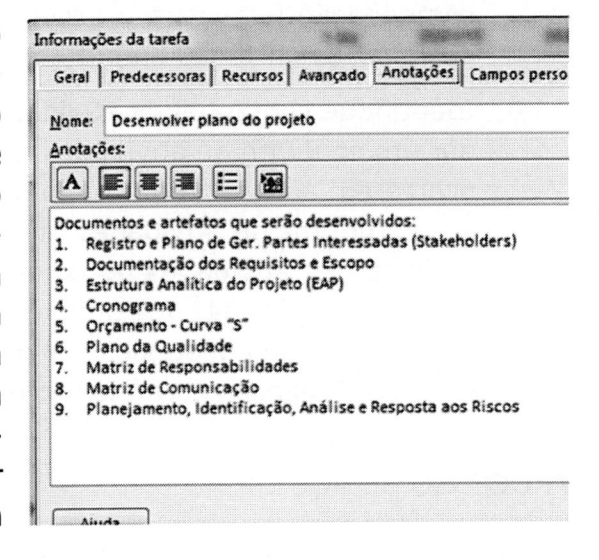

A atividade "Aprovar o plano do projeto" inclui o trabalho da equipe do projeto de submeter a primeira versão do plano à aprovação pela governança do projeto.

c) Não decomponha a entrega "Monitoramento e Controle" nesse momento. Isso será feito depois que o cronograma já estiver com sua duração total definida, utilizando a funcionalidade automática do MS-Project de "Tarefa periódica", na qual o MS-Project calcula a quantidade de pontos de monitoramento e controle de acordo com o período de tempo total do projeto.

d) Decomponha a entrega "Encerramento" de forma simplificada, definindo as seguintes atividades:

- Entregar produto final do projeto
- Obter aceite final do projeto
- Encerrar o projeto

Nesta última atividade ("Encerrar o projeto") podem ser considerados todos os procedimentos administrativos necessários ao encerramento formal do projeto.

Naturalmente, a entrega "Encerramento" poderia ser decomposta em mais atividades, como por exemplo "Realizar balanço final de lições aprendidas".

e) Defina todas as atividades das últimas entregas da EAP, isto é, realize o processo de "definir as atividades" de uma única vez. Esse procedimento facilitará o processo seguinte ("sequenciar as atividades"), pois permitirá analisar a dependência de cada atividade em relação a todas as outras.

f) Utilize verbos no infinitivo para indicar ação. Esta orientação complementa a recomendação feita para o processo de criar a EAP, de utilizar substantivos para designar as entregas do projeto.

g) Identifique conjuntos de atividades repetitivas. Algumas entregas são realizadas por um conjunto de atividades que tendem a se repetir se entregas semelhantes ocorrerem ao longo do projeto ou em projetos semelhantes. A identificação desses conjuntos de atividades típicas pode reduzir consideravelmente o tempo de definição de atividades do cronograma. Os exemplos a seguir apresentam conjuntos de atividades que podem se repetir sempre que um processo de aquisição, a realização de um serviço por parte de um fornecedor ou um processo de coleta de requisitos ocorrerem no projeto.

PROCESSO DE AQUISIÇÃO

▲ Contratação do Serviço X
Pesquisar fornecedores do Serviço X
Selecionar fornecedores do Serviço X
Contratar fornecedor do Serviço X

REALIZAÇÃO DE SERVIÇO POR FORNECEDOR

▲ Realização do Serviço X
Fornecer requisitos do Serviço X
Plano de trabalho do Serviço X
Aprovar plano de trabalho do Serviço X
Realização do Serviço X (Entrega do fornecedor)
Fiscalizar Serviço X
Aceitar Serviço X

Observação: na modelagem anterior estão sendo representados dois tipos de trabalho: o do fornecedor, que sob o ponto de vista do projeto (contratante) é uma entrega, e o trabalho da equipe do projeto, que envolve tipicamente: fornecer requisitos (por ser cliente), fiscalizar ou acompanhar o trabalho do fornecedor e, por fim, aceitar a entrega.

Se quiséssemos ser rigorosos com o conceito de que pacotes de trabalho são decompostos em atividades, teríamos que representar de outra forma, por exemplo:

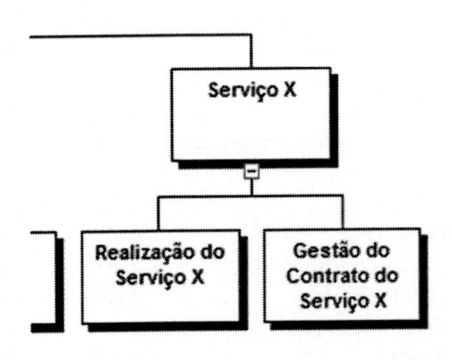

- **Serviço X**
  - Realização do Serviço X
  - **Gestão do Contrato do Serviço X**
    - Fornecer requisitos do Serviço X
    - Aprovar plano de trabalho do Serviço X
    - Fiscalizar Serviço X
    - Aceitar Serviço X

PROCESSO DE COLETA DE REQUISITOS

- **Requisitos de Arquitetura (por exemplo)**
  - Coletar Requisitos de Arquitetura
  - Consolidar Requisitos de Arquitetura
  - Validar Requisitos de Arquitetura

A lista de atividades do projeto de Treinamento dos Novos Projetistas é apresentada a seguir.

ID	Nome da tarefa	Duração	Início
0	**Treinamento Novos Projetistas**	1 dia?	Seg 05/01/15
1	**Gerenciamento Projeto**	1 dia?	Seg 05/01/15
2	Termo de Abertura	1 dia?	Seg 05/01/15
3	**Plano do Projeto**	1 dia?	Seg 05/01/15
4	Desenvolver plano do projeto	1 dia?	Seg 05/01/15
5	Aprovar plano do projeto	1 dia?	Seg 05/01/15
6	Monit. Controle	1 dia?	Seg 05/01/15
7	**Encerramento**	1 dia?	Seg 05/01/15
8	Entregar o produto final	1 dia?	Seg 05/01/15
9	Obter aceite final	1 dia?	Seg 05/01/15
10	Encerrar o projeto	1 dia?	Seg 05/01/15
11	**Pré-Evento**	1 dia?	Seg 05/01/15
12	**Local**	1 dia?	Seg 05/01/15
13	Definir Data do Evento	1 dia?	Seg 05/01/15
14	Prospectar Local	1 dia?	Seg 05/01/15
15	Selecionar Local	1 dia?	Seg 05/01/15
16	Contratar Local	1 dia?	Seg 05/01/15
17	**Comunicação**	1 dia?	Seg 05/01/15
18	Comunicar RH	1 dia?	Seg 05/01/15
19	Antecedência da Convocação	1 dia?	Seg 05/01/15
20	**Equipamentos**	1 dia?	Seg 05/01/15
21	Prospectar Equipamentos	1 dia?	Seg 05/01/15
22	Selecionar Equipamentos	1 dia?	Seg 05/01/15
23	Contratar Equipamentos	1 dia?	Seg 05/01/15
24	**PowerPoint**	1 dia?	Seg 05/01/15
25	Receber Word	1 dia?	Seg 05/01/15
26	Preparar PowerPoint	1 dia?	Seg 05/01/15
27	Enviar aos Palestrantes	1 dia?	Seg 05/01/15
28	Antecedência de Envio	1 dia?	Seg 05/01/15
29	**Evento**	1 dia?	Seg 05/01/15
30	**Local Arrumado**	1 dia?	Seg 05/01/15
31	Arrumar Auditório	1 dia?	Seg 05/01/15
32	Arrumar Recepção	1 dia?	Seg 05/01/15
33	**Treinamento**	1 dia?	Seg 05/01/15
34	Abrir Seminário	1 dia?	Seg 05/01/15
35	Realizar Palestras	1 dia?	Seg 05/01/15
36	Fechar Seminário	1 dia?	Seg 05/01/15
37	**Pós-Evento**	1 dia?	Seg 05/01/15
38	**Certificado**	1 dia?	Seg 05/01/15
39	Editorar Certificado	1 dia?	Seg 05/01/15
40	Imprimir Certificado	1 dia?	Seg 05/01/15
41	**Relatório**	1 dia?	Seg 05/01/15
42	Elaborar Relatório	1 dia?	Seg 05/01/15
43	Imprimir Relatório	1 dia?	Seg 05/01/15

→ Sequenciar as atividades

Elabore o diagrama de rede de atividades do projeto informando as atividades predecessoras e/ou sucessoras de cada atividade.

Recomendações para realização do processo de sequenciar as atividades

a) O sequenciamento deve ser feito no nível das atividades e não em níveis superiores (entregas).

b) O ponto de início do projeto deve ser o "termo de abertura do projeto" e o de término do projeto, a atividade "encerrar o projeto".

c) O sequenciamento das atividades deve partir de um único início e convergir para um único término, a fim de garantir a correta identificação do caminho crítico.

d) A atividade de aprovar o plano do projeto precede qualquer atividade de produção do produto do projeto, uma vez que nenhuma atividade deve ser iniciada antes de o plano do projeto ser aprovado.

e) Cada atividade deve possuir pelo menos uma atividade predecessora e uma atividade sucessora. Atividades que, considerando a lógica da rede, não possuírem predecessoras devem utilizar a atividade "Aprovar o Plano do Projeto" como predecessora. Atividades que, considerando a lógica da rede, não possuírem sucessoras, devem utilizar a atividade "Encerrar o Projeto" como sucessora.

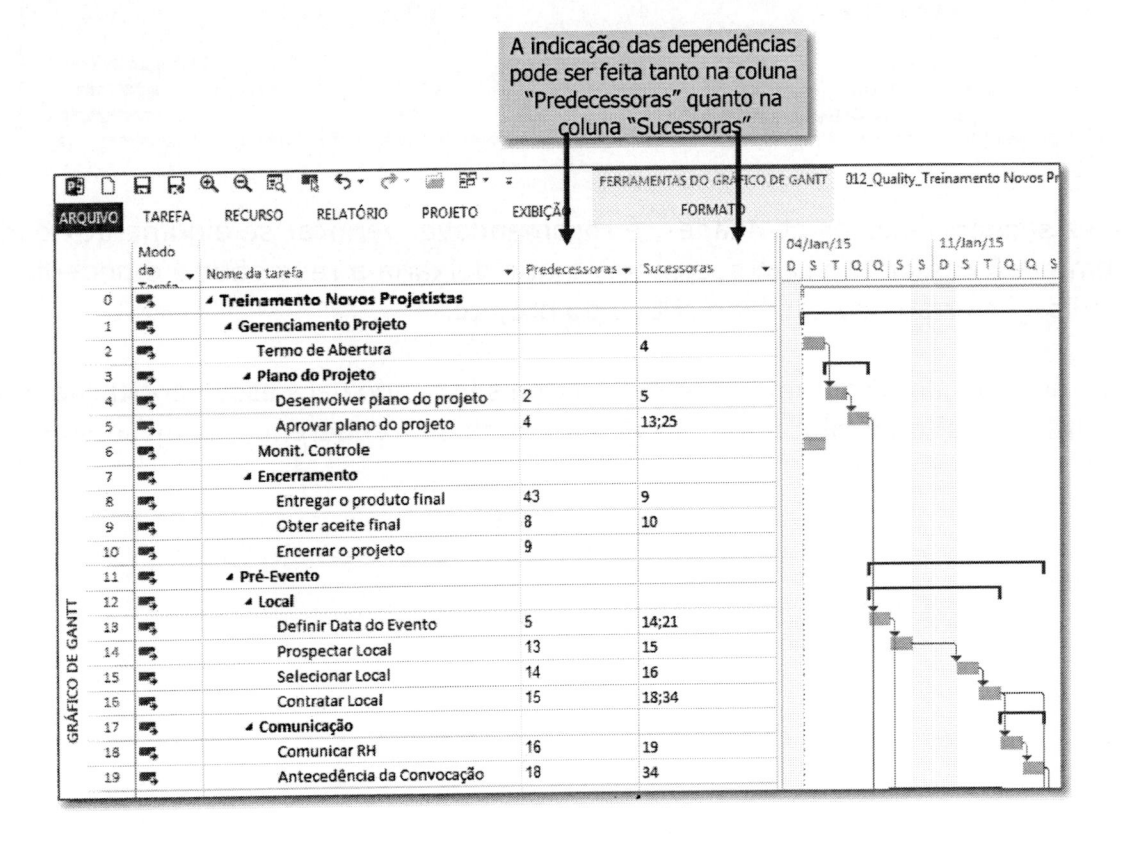

A indicação das dependências pode ser feita tanto na coluna "Predecessoras" quanto na coluna "Sucessoras"

#	Nome da tarefa	Predecessoras	Sucessoras
0	⊿ Treinamento Novos Projetistas		
1	⊿ Gerenciamento Projeto		
2	Termo de Abertura		4
3	⊿ Plano do Projeto		
4	Desenvolver plano do projeto	2	5
5	Aprovar plano do projeto	4	13;25
6	Monit. Controle		
7	⊿ Encerramento		
8	Entregar o produto final	43	9
9	Obter aceite final	8	10
10	Encerrar o projeto	9	
11	⊿ Pré-Evento		
12	⊿ Local		
13	Definir Data do Evento	5	14;21
14	Prospectar Local	13	15
15	Selecionar Local	14	16
16	Contratar Local	15	18;34
17	⊿ Comunicação		
18	Comunicar RH	16	19
19	Antecedência da Convocação	18	34

f) Não devem ser inseridas datas de início ou de término para as atividades do cronograma, pois o sistema trata datas determinadas como restrições a serem seguidas. Isso torna o cronograma rígido e faz com que a rede do projeto não seja uma cadeia lógica e dinâmica como deve ser. O cronograma deve ser um modelo dinâmico capaz de demonstrar adequadamente os efeitos de modificações realizadas em qualquer ponto da cadeia de atividades.

A principal técnica usada no sequenciamento das atividades do projeto, o método do diagrama de precedência, permite a utilização de quatro formas de relacionamento de dependência entre atividades. O MS-Project permite especificar cada um desses tipos de dependência.

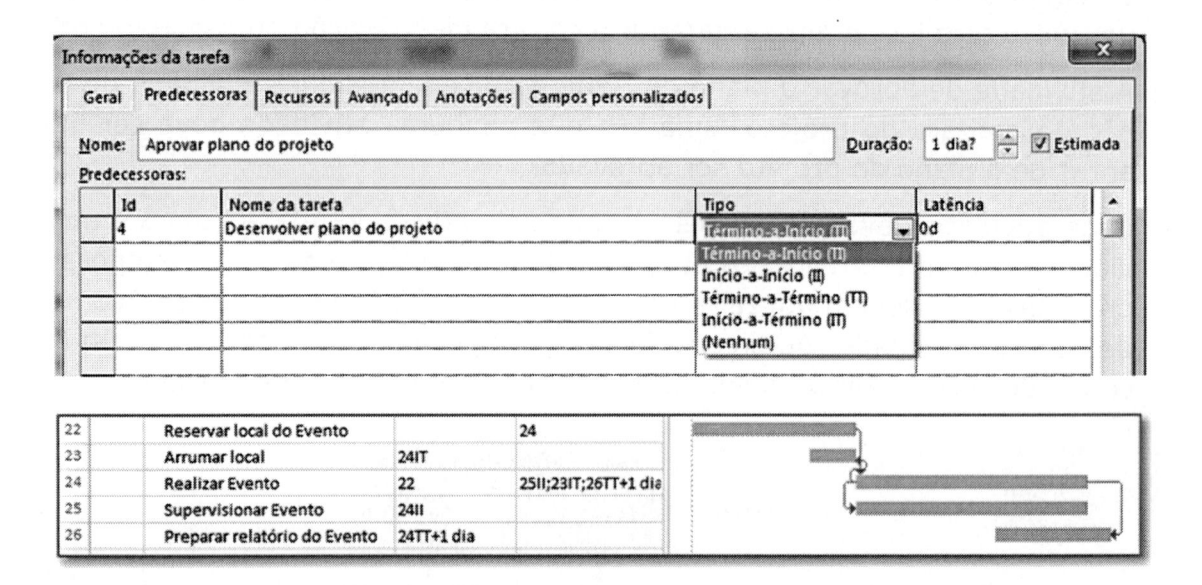

Uma vez sequenciadas as atividades, é recomendável verificar se alguma atividade ficou sem predecessora ou sem sucessora, o que deixaria a rede aberta e poderia gerar uma indicação errada do caminho crítico do projeto.

O modo de exibição "Diagrama de Rede" é o mais indicado para essa verificação, porém seu padrão visual original é um tanto quanto confuso, requerendo os ajustes descritos a seguir:

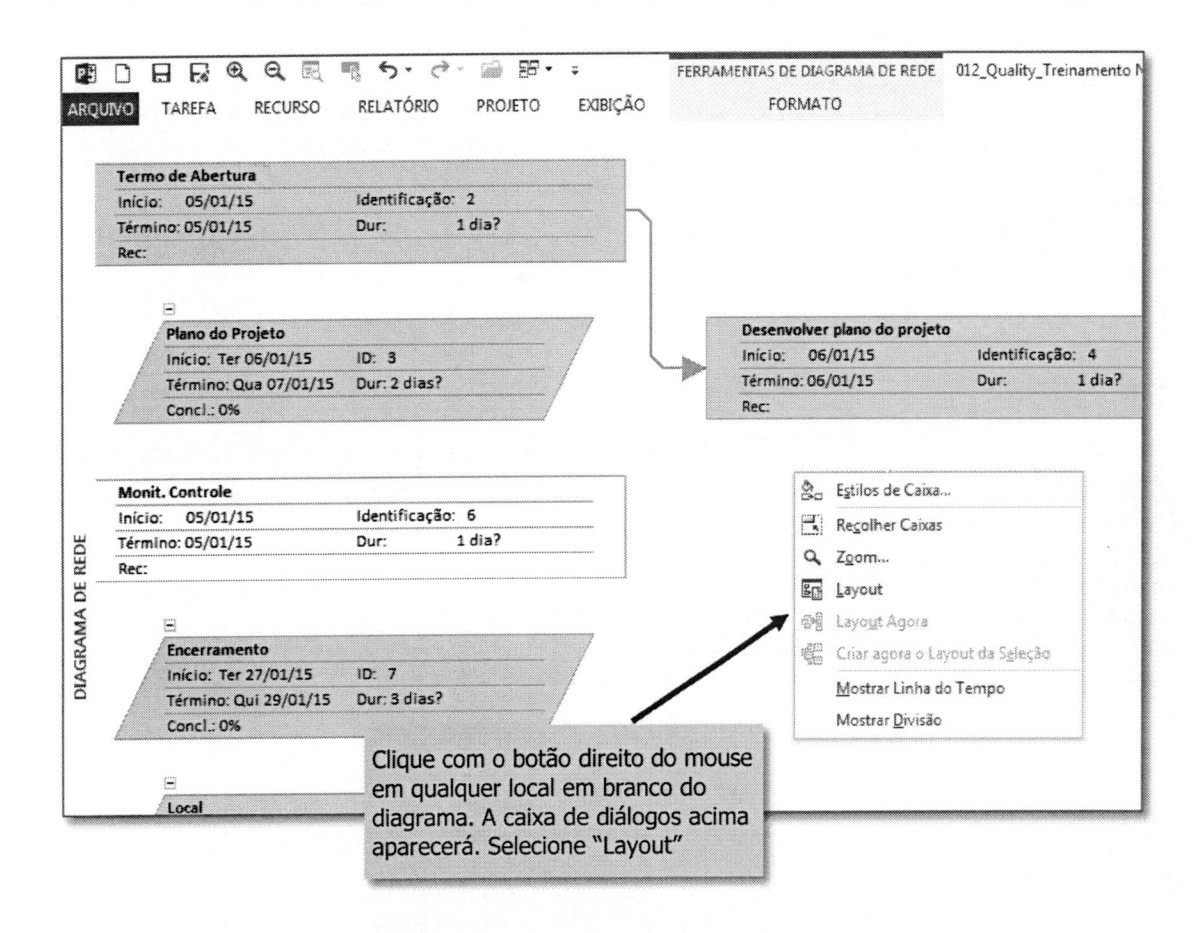

Clique com o botão direito do mouse em qualquer local em branco do diagrama. A caixa de diálogos acima aparecerá. Selecione "Layout"

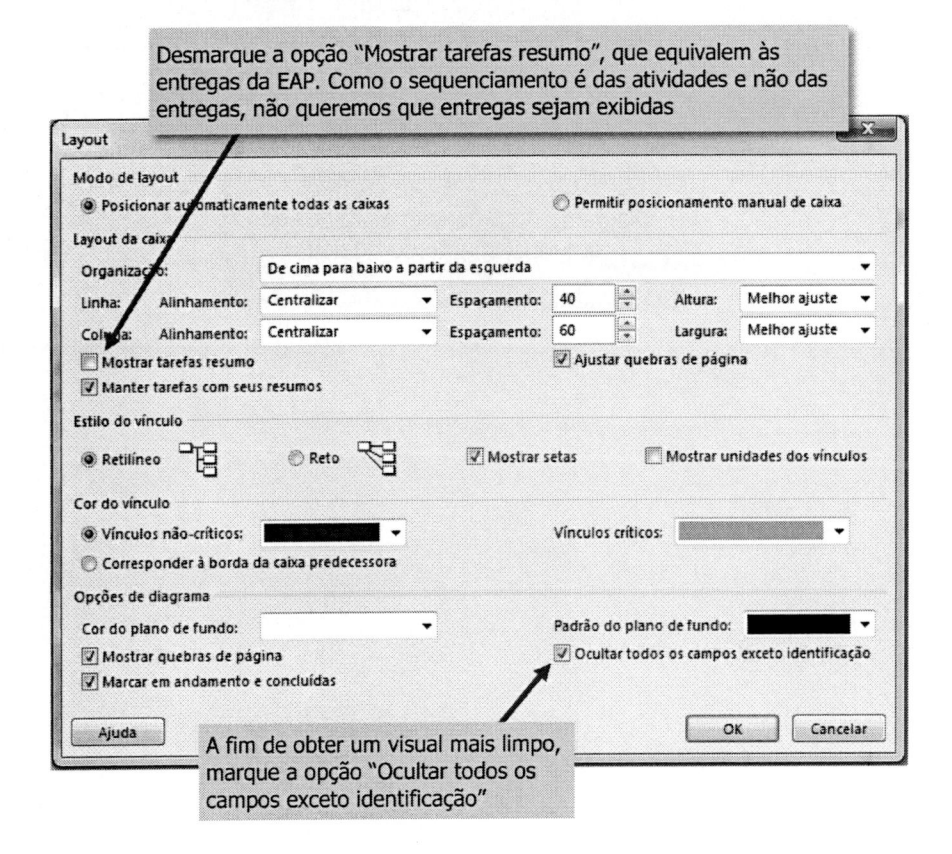

Desmarque a opção "Mostrar tarefas resumo", que equivalem às entregas da EAP. Como o sequenciamento é das atividades e não das entregas, não queremos que entregas sejam exibidas

A fim de obter um visual mais limpo, marque a opção "Ocultar todos os campos exceto identificação"

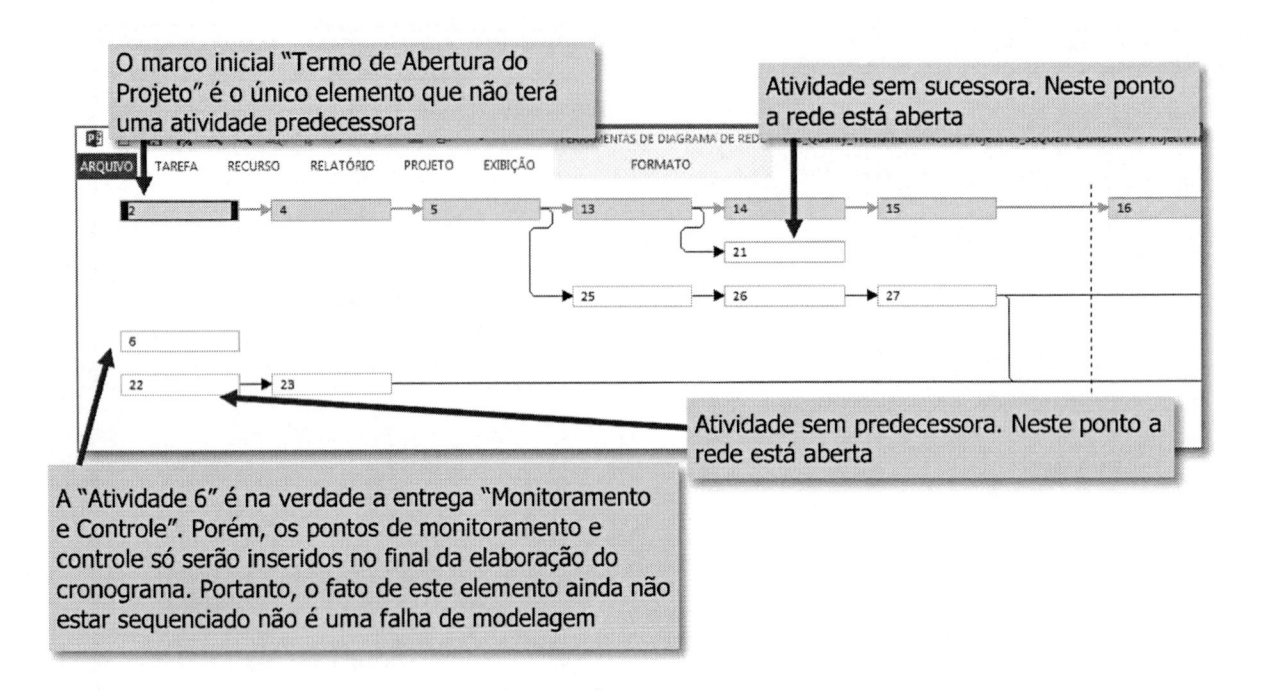

O marco inicial "Termo de Abertura do Projeto" é o único elemento que não terá uma atividade predecessora

Atividade sem sucessora. Neste ponto a rede está aberta

Atividade sem predecessora. Neste ponto a rede está aberta

A "Atividade 6" é na verdade a entrega "Monitoramento e Controle". Porém, os pontos de monitoramento e controle só serão inseridos no final da elaboração do cronograma. Portanto, o fato de este elemento ainda não estar sequenciado não é uma falha de modelagem

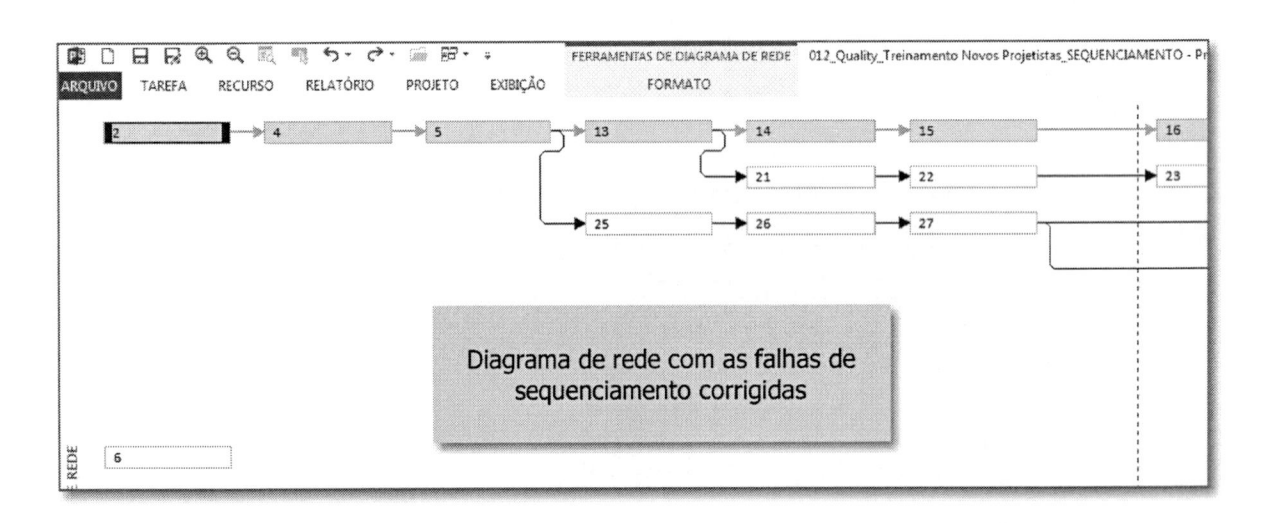

Diagrama de rede com as falhas de sequenciamento corrigidas

O sequenciamento das atividades do projeto de Treinamento dos Novos Projetistas é apresentado a seguir.

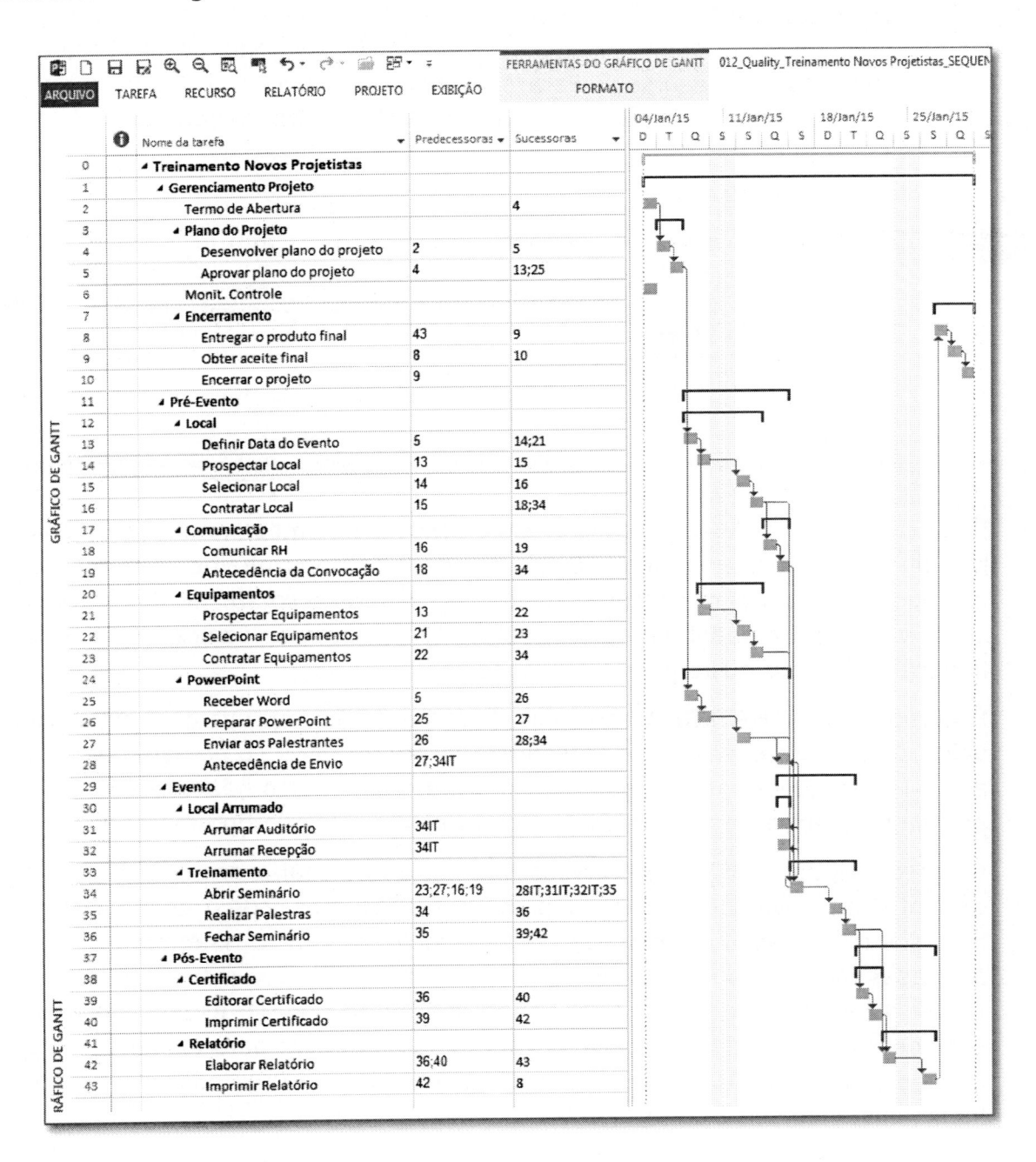

ID	Nome da tarefa	Predecessoras	Sucessoras
0	▲ Treinamento Novos Projetistas		
1	▲ Gerenciamento Projeto		
2	Termo de Abertura		4
3	▲ Plano do Projeto		
4	Desenvolver plano do projeto	2	5
5	Aprovar plano do projeto	4	13;25
6	Monit. Controle		
7	▲ Encerramento		
8	Entregar o produto final	43	9
9	Obter aceite final	8	10
10	Encerrar o projeto	9	
11	▲ Pré-Evento		
12	▲ Local		
13	Definir Data do Evento	5	14;21
14	Prospectar Local	13	15
15	Selecionar Local	14	16
16	Contratar Local	15	18;34
17	▲ Comunicação		
18	Comunicar RH	16	19
19	Antecedência da Convocação	18	34
20	▲ Equipamentos		
21	Prospectar Equipamentos	13	22
22	Selecionar Equipamentos	21	23
23	Contratar Equipamentos	22	34
24	▲ PowerPoint		
25	Receber Word	5	26
26	Preparar PowerPoint	25	27
27	Enviar aos Palestrantes	26	28;34
28	Antecedência de Envio	27;34IT	
29	▲ Evento		
30	▲ Local Arrumado		
31	Arrumar Auditório	34IT	
32	Arrumar Recepção	34IT	
33	▲ Treinamento		
34	Abrir Seminário	23;27;16;19	28IT;31IT;32IT;35
35	Realizar Palestras	34	36
36	Fechar Seminário	35	39;42
37	▲ Pós-Evento		
38	▲ Certificado		
39	Editar Certificado	36	40
40	Imprimir Certificado	39	42
41	▲ Relatório		
42	Elaborar Relatório	36;40	43
43	Imprimir Relatório	42	8

→ Estimar os recursos das atividades (com custos)

A estimativa dos recursos deve ser feita antes da estimativa de durações das atividades, pois o conhecimento dos recursos necessários para a realização das atividades será um insumo para essa estimativa. As atividades do projeto serão realizadas por pessoas da própria organização executora ou por terceiros contratados. Algumas precisarão de insumos e matérias-primas, pagarão taxas ou utilizarão equipamentos para sua realização.

Cadastro dos recursos

Antes da alocação dos recursos às atividades é preciso cadastrá-los no MS-Project. O cadastro dos recursos deve ser realizado na Planilha de Recursos do MS-Project, na Guia "Exibição/Planilha de Recursos". Para cada recurso é necessário determinar seu **"Tipo"**. Esse campo indica se o recurso é do tipo trabalho, material ou custo.

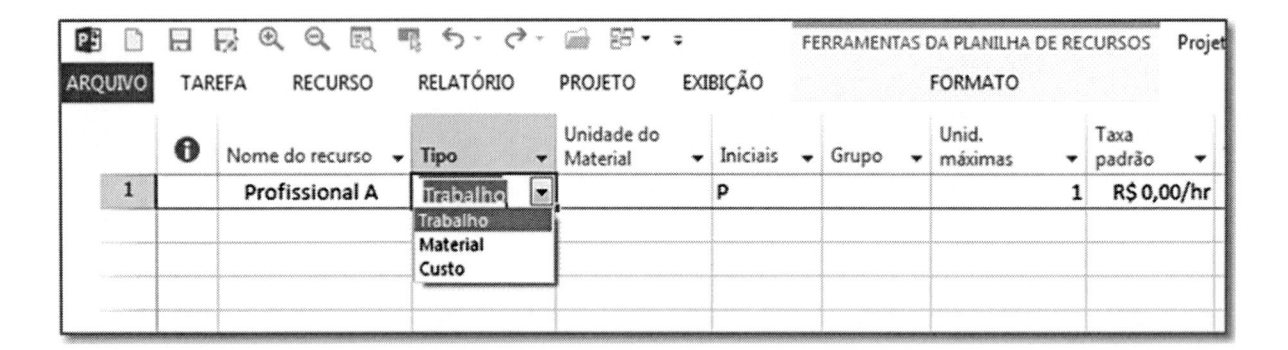

- Recursos de tipo **TRABALHO** aplicam-se a pessoas ou equipamentos que realizam trabalho para executar uma atividade. Recursos de tipo trabalho consomem tempo (horas ou dias) para executar atividades. Para os recursos de tipo trabalho, o custo varia com a quantidade de trabalho. Ter mais horas dedicadas ao trabalho implicará em mais custo para a atividade.

- Recursos de tipo **MATERIAL** são itens de fornecimento ou outros itens consumíveis usados para executar as atividades do projeto, tais como aço, concreto ou areia. Fornecedores de serviços para o projeto cujo custo não varie por hora ou por dia também devem ser cadastrados como recursos do tipo material.

- Recursos de tipo **CUSTO** são usados quando é necessário designar custos diretamente nas atividades e não na planilha de recursos, como acontece com os recursos tipos trabalho e material. Por exemplo, o item "passagem aérea" pode ser cadastrado como recurso tipo custo. Isso permitirá que o custo de cada passagem aérea seja indicado na atividade onde esse recurso estiver alocado. Em uma determinada atividade será alocada uma passagem para Manaus, custando cerca de R$ 2.000,00. Em outra atividade será alocada uma passagem para São Paulo, custando cerca de R$ 300,00.

Essa tipologia de recursos no MS-Project está relacionada à forma como o sistema apropriará os custos nas atividades e não quanto à natureza do recurso. Por exemplo, um equipamento poderá ser cadastrado como tipo trabalho ou tipo material, dependendo da forma como seu custo será apropriado ao projeto. Se o equipamento for alugado com o custo apropriado de acordo com as horas de utilização, deverá ser cadastrado como tipo trabalho. Se, de outra forma, o equipamento for contratado por um valor fixo, sem variar com o número de horas utilizadas, deverá ser cadastrado como tipo material.

Como padrão, o MS-Project considera que cada novo recurso criado é do tipo trabalho.

Na planilha de recursos do MS-Project, Guia "Exibição/Planilha de recursos", cadastre o nome do recurso e indique o tipo: trabalho, material ou custo.

Para os recursos do tipo trabalho o MS-Project permite especificar, no campo "Unid. Máximas", a quantidade máxima de recursos que poderá ser utilizada no projeto. Se tais recursos forem alocados em diferentes atividades que exijam no total uma dedicação maior do que a disponível para determinado período (padrão de oito horas por dia), o sistema indicará uma superalocação.

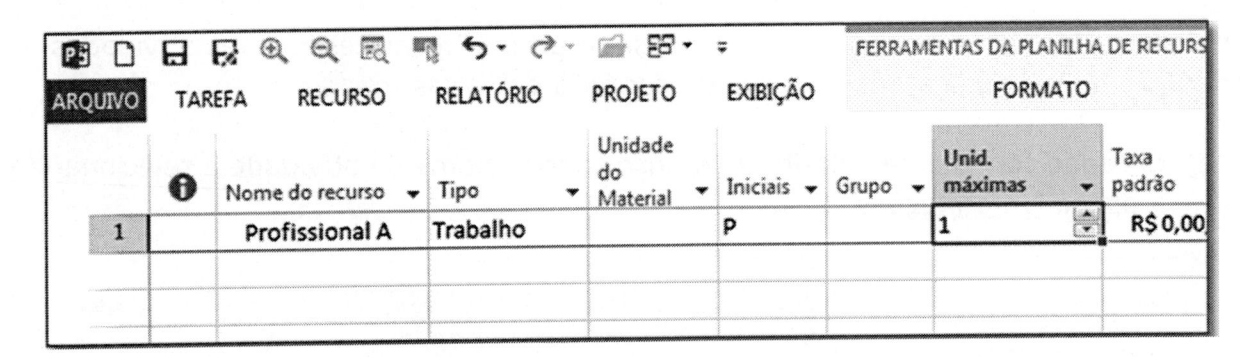

Se houver disponibilidade de apenas um recurso de trabalho com determinadas características (por exemplo, um engenheiro), as unidades máximas desse tipo de recurso serão 100% ou 1. Por outro lado, se o projeto dispuser de três engenheiros, as unidades máximas deverão ser alteradas para 300% ou 3. Isso significa que o projeto poderá alocar até três recursos do tipo engenheiro trabalhando oito horas cada um em um mesmo dia, sem haver superalocação.

O usuário pode escolher a forma de exibição das unidades máximas dos recursos alterando a configuração na Guia Arquivo/Opções/Cronograma:

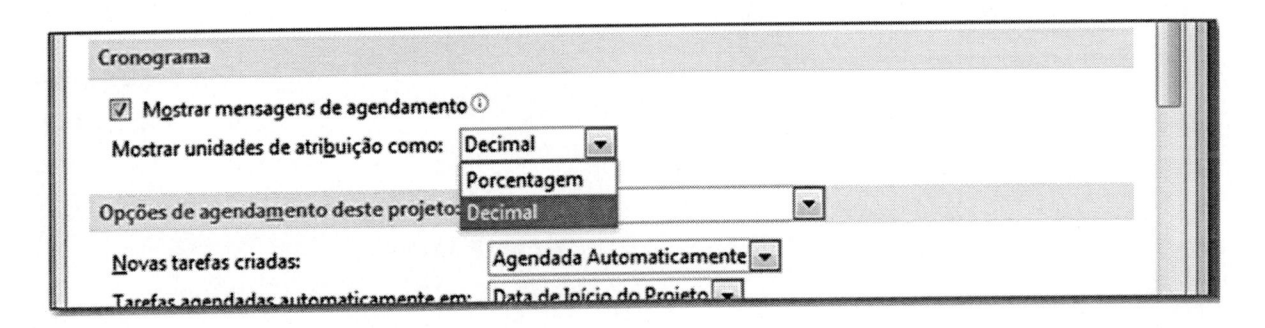

Depois de indicado o tipo do recurso, informe a taxa padrão (custo unitário) de cada recurso, utilizando como referência a tabela de recursos e custos fornecida no estudo de caso e os custos estimados de cada material ou serviço que será contratado pelo projeto.

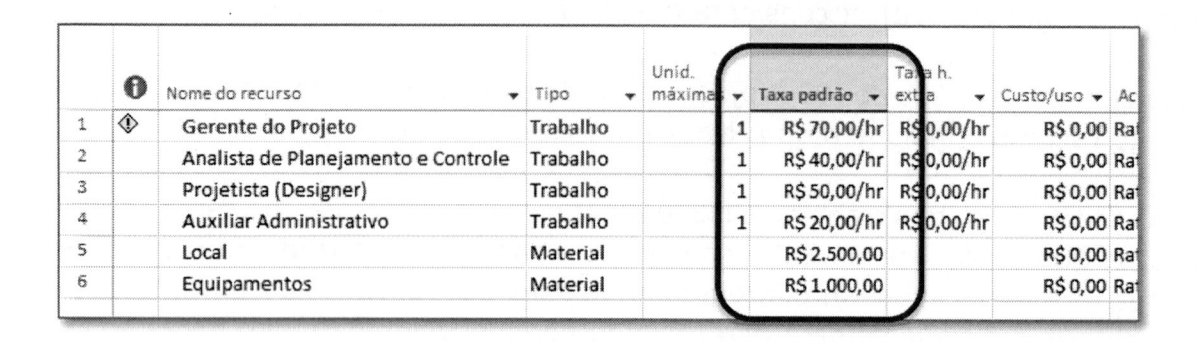

		Nome do recurso	Tipo	Unid. máxima	Taxa padrão	Taxa h. extra	Custo/uso	Ac
1	◆	Gerente do Projeto	Trabalho	1	R$ 70,00/hr	R$ 0,00/hr	R$ 0,00	Ra
2		Analista de Planejamento e Controle	Trabalho	1	R$ 40,00/hr	R$ 0,00/hr	R$ 0,00	Ra
3		Projetista (Designer)	Trabalho	1	R$ 50,00/hr	R$ 0,00/hr	R$ 0,00	Ra
4		Auxiliar Administrativo	Trabalho	1	R$ 20,00/hr	R$ 0,00/hr	R$ 0,00	Ra
5		Local	Material		R$ 2.500,00		R$ 0,00	Ra
6		Equipamentos	Material		R$ 1.000,00		R$ 0,00	Ra

Alocação de recursos às atividades

Uma vez cadastrados os recursos, é necessário atribuí-los às respectivas atividades. A atribuição de recursos a atividades pode ser feita de várias maneiras:

a) Clicando com o botão direito do mouse sobre o nome da atividade e selecionando a opção "Informações":

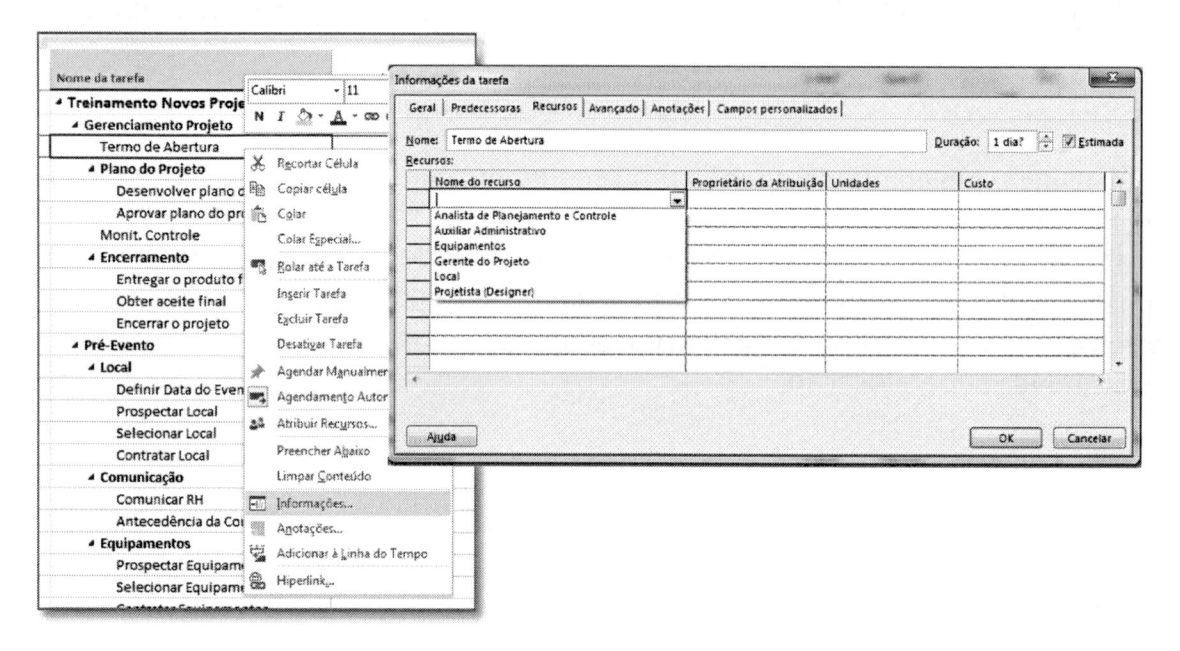

b) Clicando na guia "Recurso/Atribuir recursos":

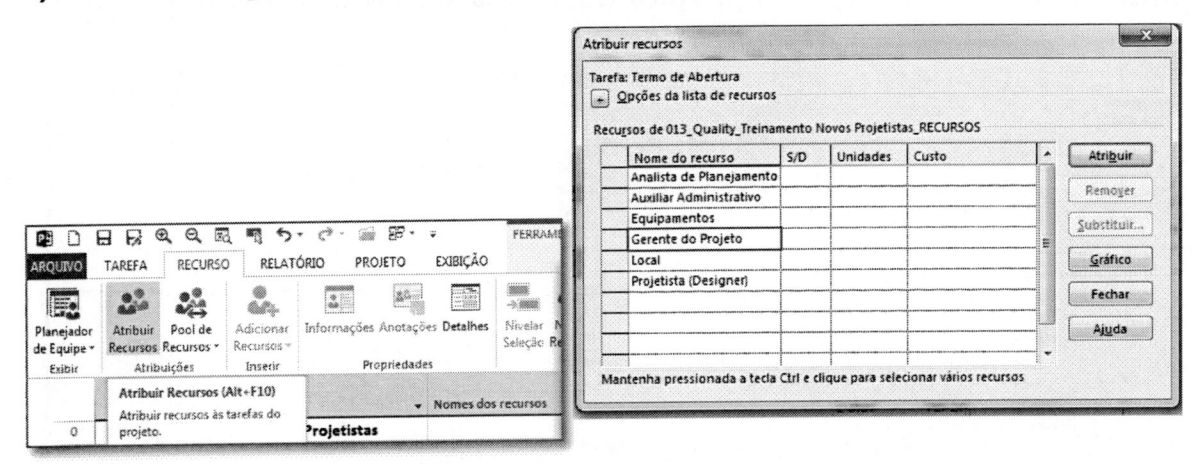

c) Diretamente na coluna "Nomes dos recursos", disponível na tabela "Entrada":

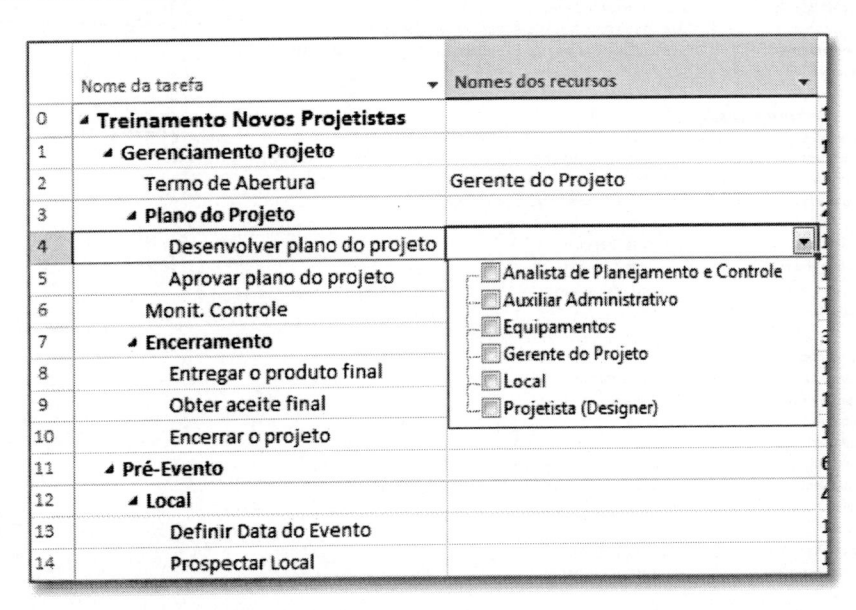

Selecione o recurso da lista que aparecerá na coluna "Nomes dos recursos". Isso evitará que o sistema crie outro recurso por engano, em caso de digitação errada.

Estimativa de recursos para o projeto de Treinamento dos Novos Projetistas

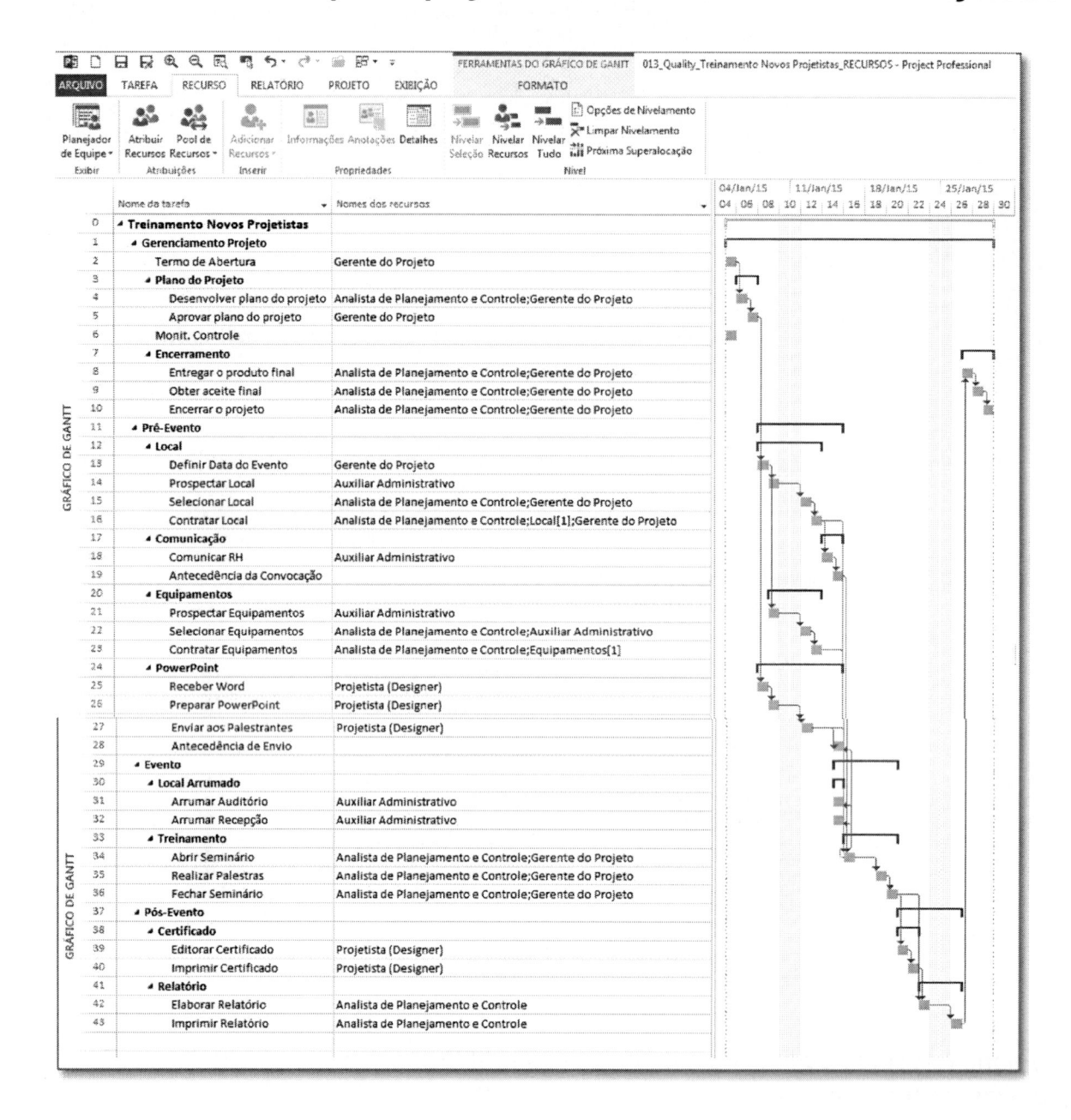

ID	Nome da tarefa	Nomes dos recursos
0	▲ Treinamento Novos Projetistas	
1	▲ Gerenciamento Projeto	
2	Termo de Abertura	Gerente do Projeto
3	▲ Plano do Projeto	
4	Desenvolver plano do projeto	Analista de Planejamento e Controle;Gerente do Projeto
5	Aprovar plano do projeto	Gerente do Projeto
6	Monit. Controle	
7	▲ Encerramento	
8	Entregar o produto final	Analista de Planejamento e Controle;Gerente do Projeto
9	Obter aceite final	Analista de Planejamento e Controle;Gerente do Projeto
10	Encerrar o projeto	Analista de Planejamento e Controle;Gerente do Projeto
11	▲ Pré-Evento	
12	▲ Local	
13	Definir Data do Evento	Gerente do Projeto
14	Prospectar Local	Auxiliar Administrativo
15	Selecionar Local	Analista de Planejamento e Controle;Gerente do Projeto
16	Contratar Local	Analista de Planejamento e Controle;Local[1];Gerente do Projeto
17	▲ Comunicação	
18	Comunicar RH	Auxiliar Administrativo
19	Antecedência da Convocação	
20	▲ Equipamentos	
21	Prospectar Equipamentos	Auxiliar Administrativo
22	Selecionar Equipamentos	Analista de Planejamento e Controle;Auxiliar Administrativo
23	Contratar Equipamentos	Analista de Planejamento e Controle;Equipamentos[1]
24	▲ PowerPoint	
25	Receber Word	Projetista (Designer)
26	Preparar PowerPoint	Projetista (Designer)
27	Enviar aos Palestrantes	Projetista (Designer)
28	Antecedência de Envio	
29	▲ Evento	
30	▲ Local Arrumado	
31	Arrumar Auditório	Auxiliar Administrativo
32	Arrumar Recepção	Auxiliar Administrativo
33	▲ Treinamento	
34	Abrir Seminário	Analista de Planejamento e Controle;Gerente do Projeto
35	Realizar Palestras	Analista de Planejamento e Controle;Gerente do Projeto
36	Fechar Seminário	Analista de Planejamento e Controle;Gerente do Projeto
37	▲ Pós-Evento	
38	▲ Certificado	
39	Editorar Certificado	Projetista (Designer)
40	Imprimir Certificado	Projetista (Designer)
41	▲ Relatório	
42	Elaborar Relatório	Analista de Planejamento e Controle
43	Imprimir Relatório	Analista de Planejamento e Controle

→ Estimar as durações das atividades

Estime as durações, em dias úteis, necessárias para realização de cada atividade que será executada por recursos internos da empresa.

As durações de atividades que serão contratadas de fornecedores externos deverão ser estimadas em conjunto com cada fornecedor, preferencialmente entrando em detalhes sobre o trabalho de tal maneira que seja permitido determinar pontos de controle para uma fiscalização efetiva.

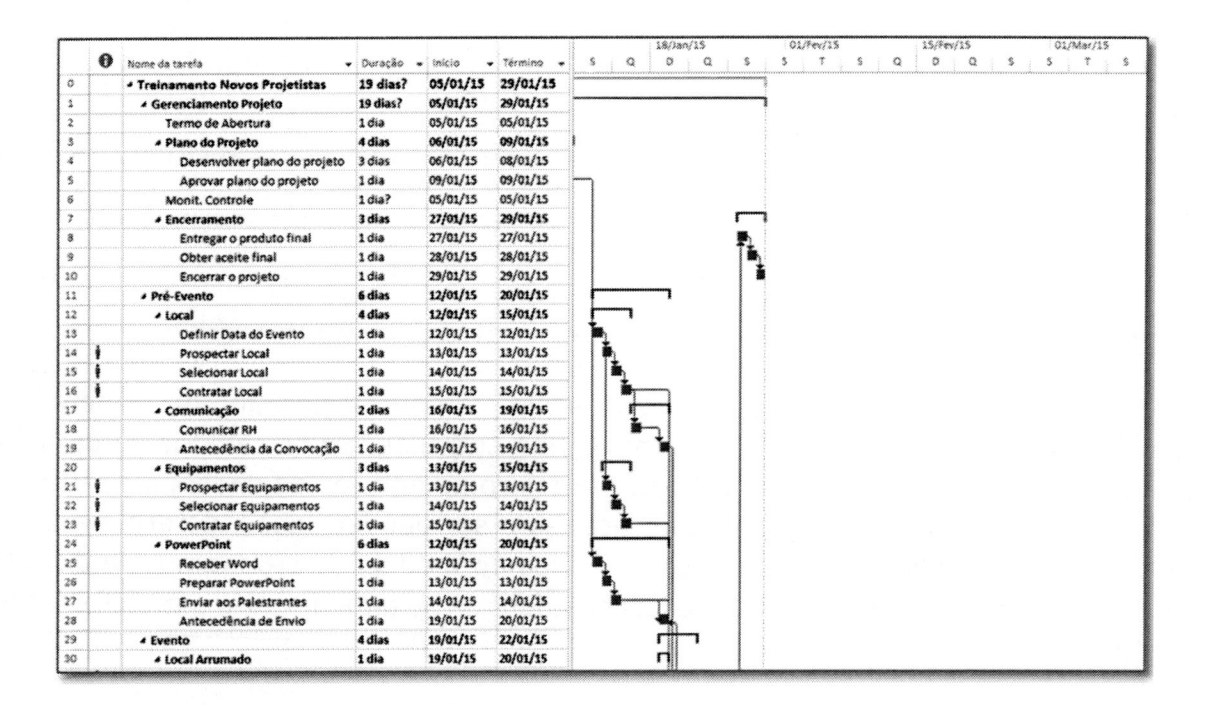

Assim como no sequenciamento, deve-se **evitar** inserir datas de início e término, mas, sim, indicar a duração da atividade.

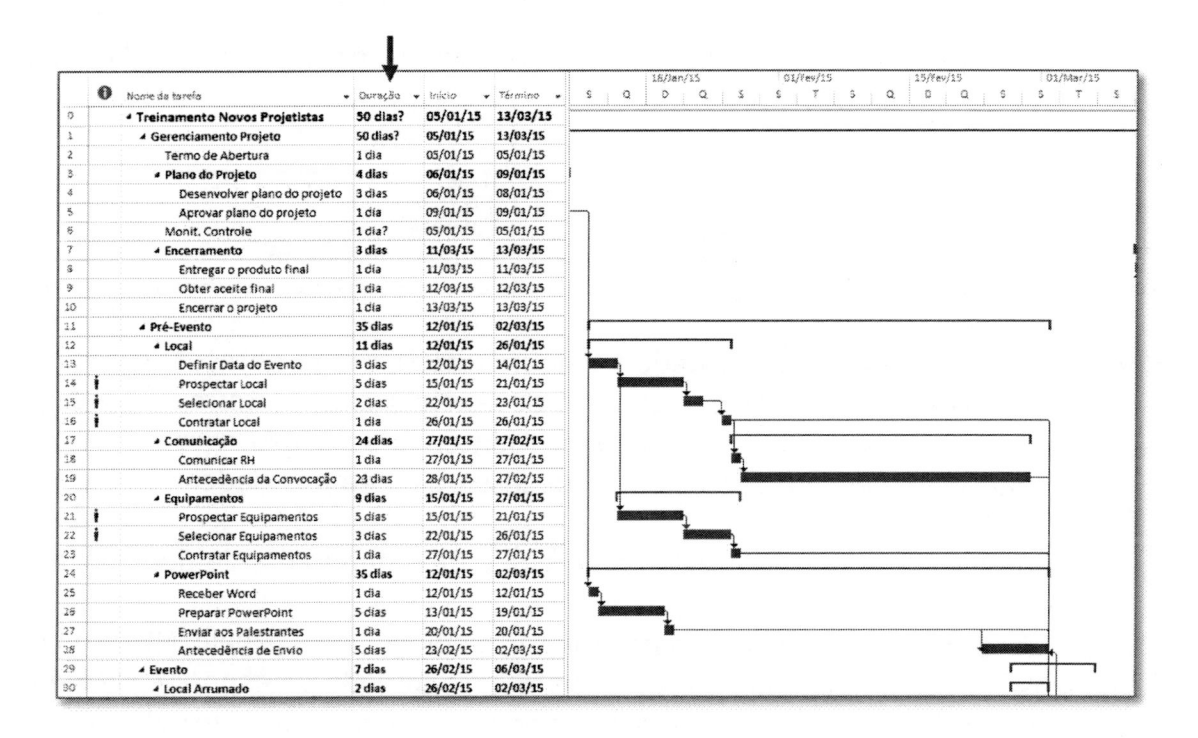

Uma vez que a data de início do projeto tenha sido inserida (Guia "Projeto", em "Informações do Projeto...") e o sequenciamento tenha sido realizado adequadamente, ao serem determinadas as durações das atividades o sistema modelará a rede do projeto "empurrando" as sucessoras de acordo com as durações das predecessoras.

	Nome da tarefa	Duração	Início	Término	Predecessor
1	Atividade A	1 dia?	15/09/14	15/09/14	
2	Atividade B	1 dia?	16/09/14	16/09/14	1

	Nome da tarefa	Duração	Início	Término	Predecessor
1	Atividade A	4 dias	15/09/14	18/09/14	
2	Atividade B	3 dias	19/09/14	23/09/14	1

As datas de início e término das atividades, assim como a de término do projeto, são saídas do modelo dinâmico do cronograma, e não entradas. Se os campos de datas de início ou de término de atividades forem utilizados como entrada de dados, o MS-Project as entenderá como sendo restrições que precisam ser obedecidas. A determinação de restrições leva à perda da característica dinâmica do modelo do cronograma e dificulta tanto na programação quanto nas atualizações do cronograma durante o monitoramento e controle.

Mesmo que haja restrições, como de fato costuma haver em muitos projetos, há maneiras de modelar o cronograma sem torná-lo rígido. Podemos considerar duas situações típicas:

Caso 1. Uma atividade só pode começar em determinada data e não imediatamente após o término de sua predecessora.

	Nome da tarefa	Duração	Início	Término	Predecessor
1	Atividade A	4 dias	15/09/14	18/09/14	
2	Atividade B	3 dias	19/09/14	23/09/14	1

Imaginemos que no modelo apresentado na figura anterior seja necessário posicionar o início da "Atividade B" em determinada data posterior à data de término de sua atividade predecessora. Isso pode ser resolvido, mantendo-se o cronograma dinâmico, incluindo um período de espera depois da predecessora desta atividade.

Esse período de espera pode ser inserido no modelo de cronograma de duas formas:

1a. Utilizar um período de latência (esta é a terminologia usada pelo MS-Project. O termo mais usado nos ambientes de projeto para esse período de espera é **retardo** ou, em inglês, *lag*). A determinação da latência pode ser feita na guia "Tarefa", em "Informações da Tarefa":

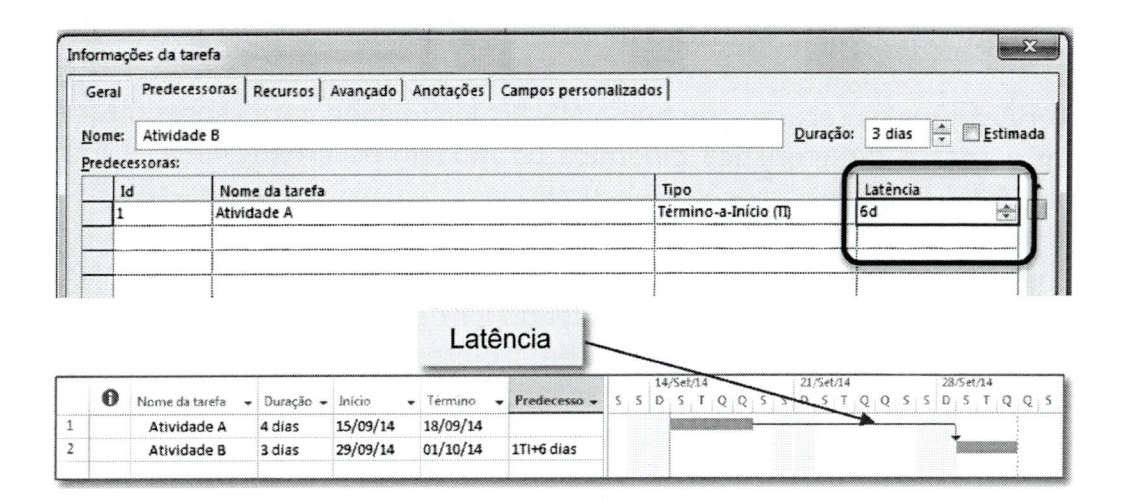

1b. Utilizar uma atividade para representar o período de espera. Esta atividade não deverá conter recursos nem custos associados.

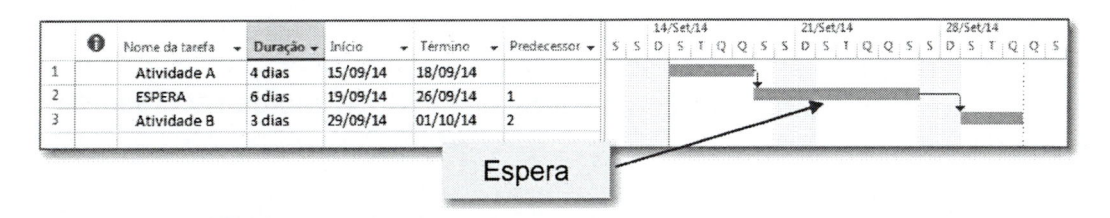

Esta última forma permite uma melhor visualização do tempo de espera entre a predecessora e a atividade a ser posicionada em determinada data, pois a barra que representa a atividade de espera pode ser destacada com outra cor, por exemplo.

Se, em vez de utilizar uma das duas formas apresentadas aqui, se decidir pela definição da data de início da atividade inserindo essa data diretamente na coluna "Início", o MS-Project criará uma restrição e ainda indicará erroneamente o caminho crítico do projeto, como pode ser observado a seguir.

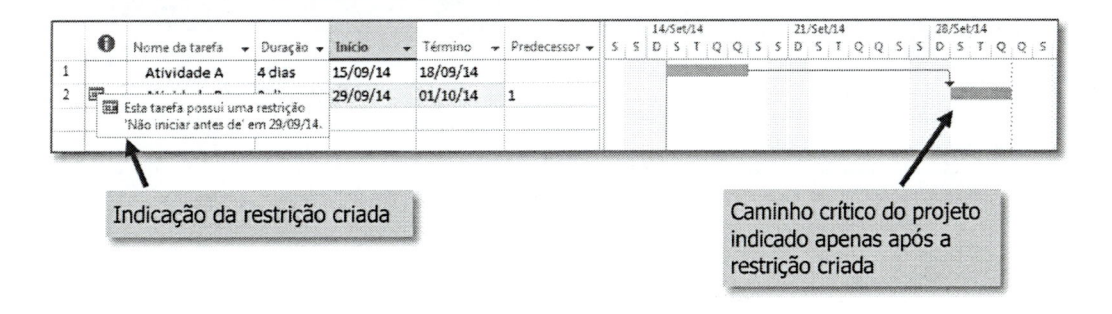

Caso 2. O projeto possui uma restrição de data de término.

Antes de verificarmos os recursos de que o MS-Project dispõe para representarmos restrições sem perder a característica dinâmica do modelo do cronograma, é importante lembrar da diferença entre restrições e estimativas.

Como vimos na parte conceitual, restrições são imposições prévias determinadas por um agente externo à equipe do projeto, podendo vir de necessidades da governança do projeto (cliente, patrocinador ou escritório de projetos). Estimativas, por sua vez, são previsões feitas pela equipe do projeto baseadas em cálculos, parâmetros ou opinião especializada.

Portanto, restrições não devem ser assumidas como estimativas. O indicado é que a equipe do projeto identifique e documente as restrições impostas ao projeto, faça suas estimativas de forma mais realista possível e depois analise se as restrições estarão sendo atendidas.

Se restrições de prazo não estiverem sendo atendidas, a equipe poderá aplicar técnicas de compressão de cronograma, tais como: paralelismo, inclusão de recursos etc., vistas na parte conceitual.

Vamos considerar, então, que há uma restrição de data para o término do projeto, que a equipe precisou comprimir o cronograma e chegou a uma estimativa que atende à data imposta. Neste caso, a recomendação é indicar ou documentar a restrição da forma mais visível possível, mas sem "engessar" o cronograma. Vejamos três formas de indicar a restrição do cronograma mantendo-o dinâmico.

Consideremos que o projeto tem uma restrição de término na data de **23/09**.

2a. Utilizar uma indicação de *deadline* para a atividade.

O MS-Project permite indicar uma "Data limite" para uma atividade sem criar uma restrição no cronograma. Para isso, clique no quadro "Informações sobre a tarefa" e em seguida na guia "Avançado":

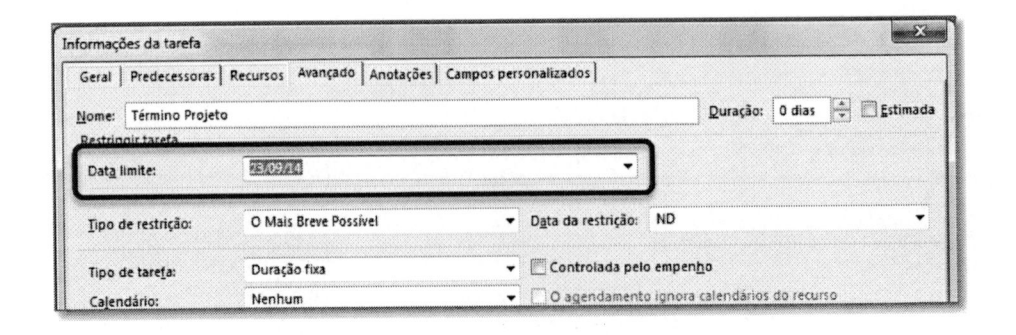

Uma vez indicada a "Data limite", o MS-Project passa a exibir no gráfico de barras uma seta cheia indicando a data.

Note que a data de término da última atividade não coincide necessariamente com a data de restrição de término do projeto.

Caso o projeto atrase e a data do projeto seja deslocada, o MS-Project manterá a indicação da data limite com a seta e exibirá um alerta na coluna "Indicadores".

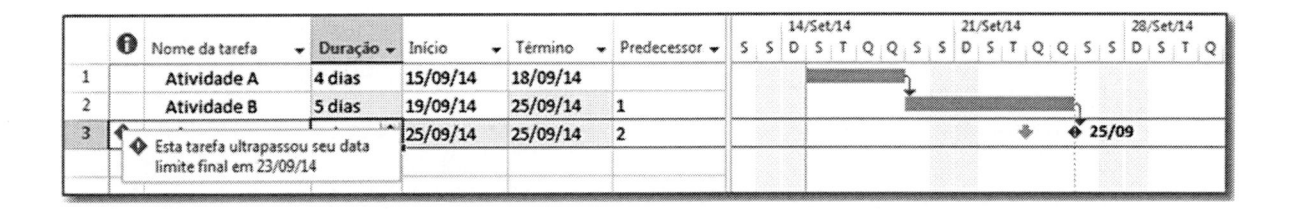

2b. Utilizar uma anotação na atividade para indicar a restrição.

O MS-Project permite documentar uma anotação na atividade e exibe um ícone na coluna de indicadores alertando sobre a anotação.

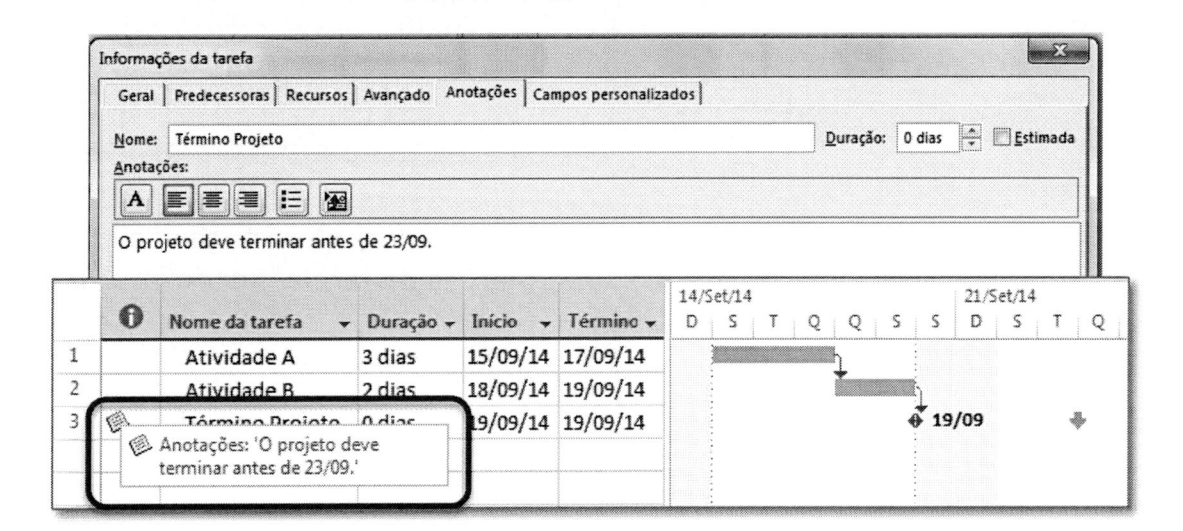

2c. Utilizar uma figura (uma seta, por exemplo) e um texto explicativo para indicar a restrição.

O MS-Project permite incluir uma figura no gráfico de Gantt e vinculá-la a uma determinada data. Clique na Guia Formato, depois em "Desenho" e escolha "Seta".

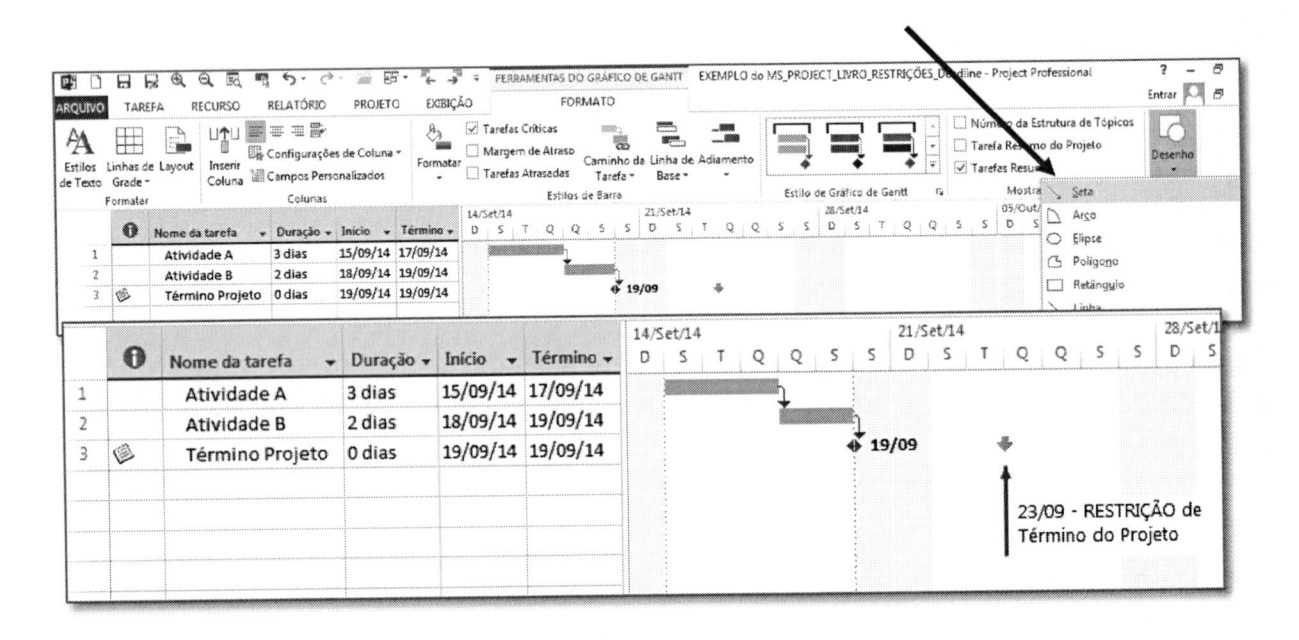

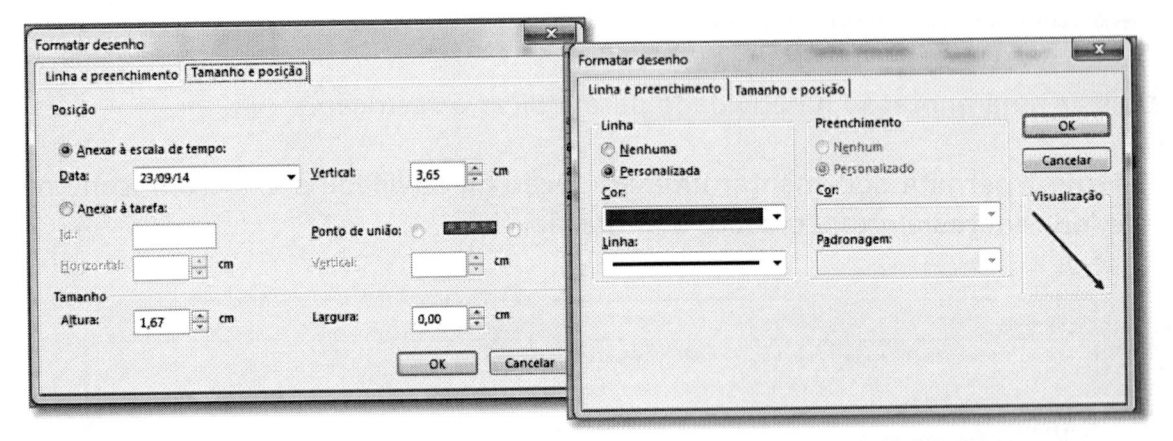

A inclusão de uma data de término com a determinação de uma restrição do tipo "Deve terminar em" (especificada no quadro de "Informações da tarefa") pode levar a inconsistências no cronograma.

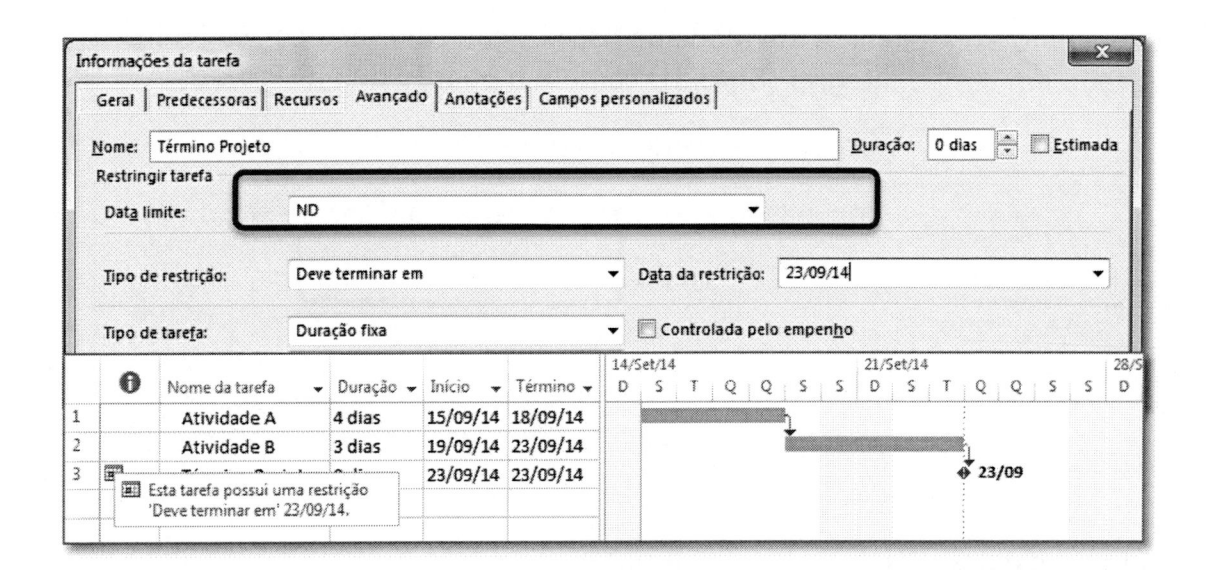

A indicação de uma duração maior para a Atividade A, de seis dias, por exemplo, gera a mensagem de conflito ao lado.

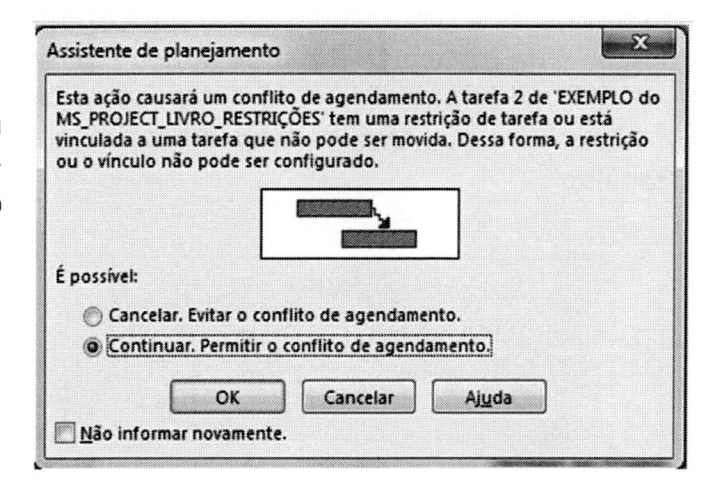

A aceitação do conflito gera inconsistências no cronograma:

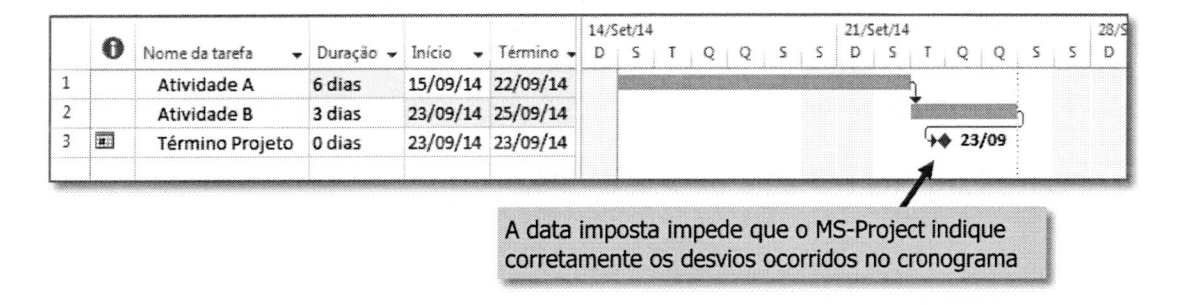

A data imposta impede que o MS-Project indique corretamente os desvios ocorridos no cronograma

Estimativa do esforço dos recursos

Na guia "Exibição/Uso da tarefa", estime o esforço (trabalho) que será empreendido por cada recurso interno da empresa. O MS-Project terá calculado um valor de trabalho para cada recurso baseado na duração de cada atividade, mas é necessário rever esse valor e, se necessário, ajustá-lo.

Considere como exemplo uma atividade de fiscalização cujo recurso "Engenheiro" tenha sido alocado em tempo integral (8h/dia), como é o padrão do MS-Project.

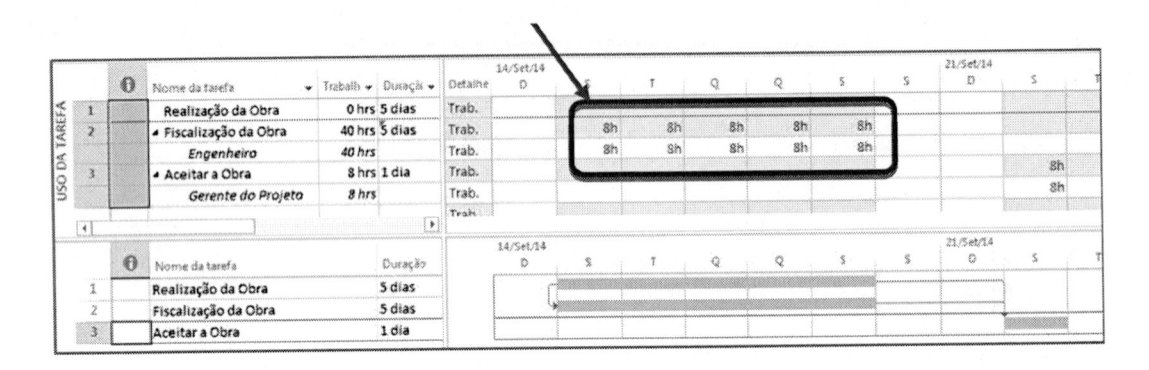

No modo de exibição "Uso da tarefa" é possível ajustar a carga de trabalho do Engenheiro que está alocado em tempo integral (8h/dia) à atividade de fiscalização, cuja duração é de cinco dias (total de 40h). Vejamos duas formas de fazer esse ajuste.

a) Calcular a carga total de trabalho do recurso e editar o valor diretamente na coluna "Trabalho".

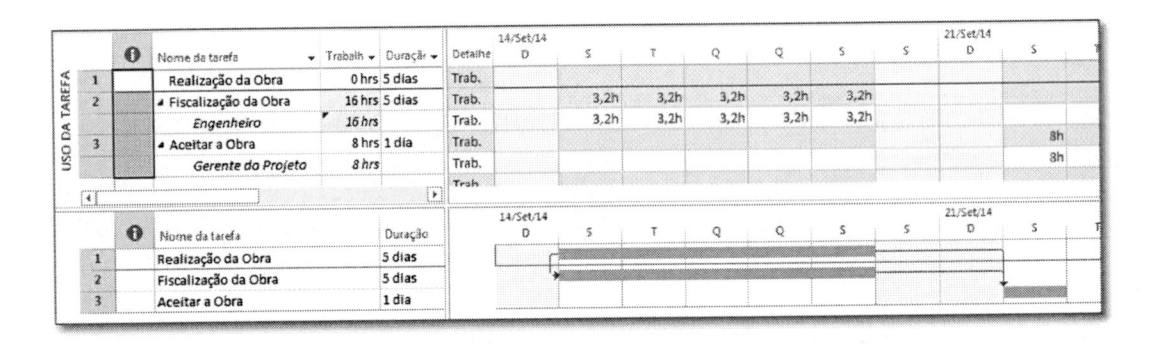

Nesta modelagem, foi considerado que ao longo dos cinco dias de duração da atividade "Realização da Obra" o Engenheiro empregará 16 horas de fiscalização. O MS-Project distribuiu essa quantidade de trabalho ao longo da duração da atividade.

b) Especificar a carga de trabalho para cada dia.

Nesta modelagem, foi determinado que o engenheiro fiscalizará a obra em três dias específicos: no primeiro, terceiro e último dia da obra. A edição foi feita diretamente na tabela de horários, no lado direito da tela.

As estimativas de durações de atividades do projeto de Treinamento dos Novos Projetistas são apresentadas a seguir.

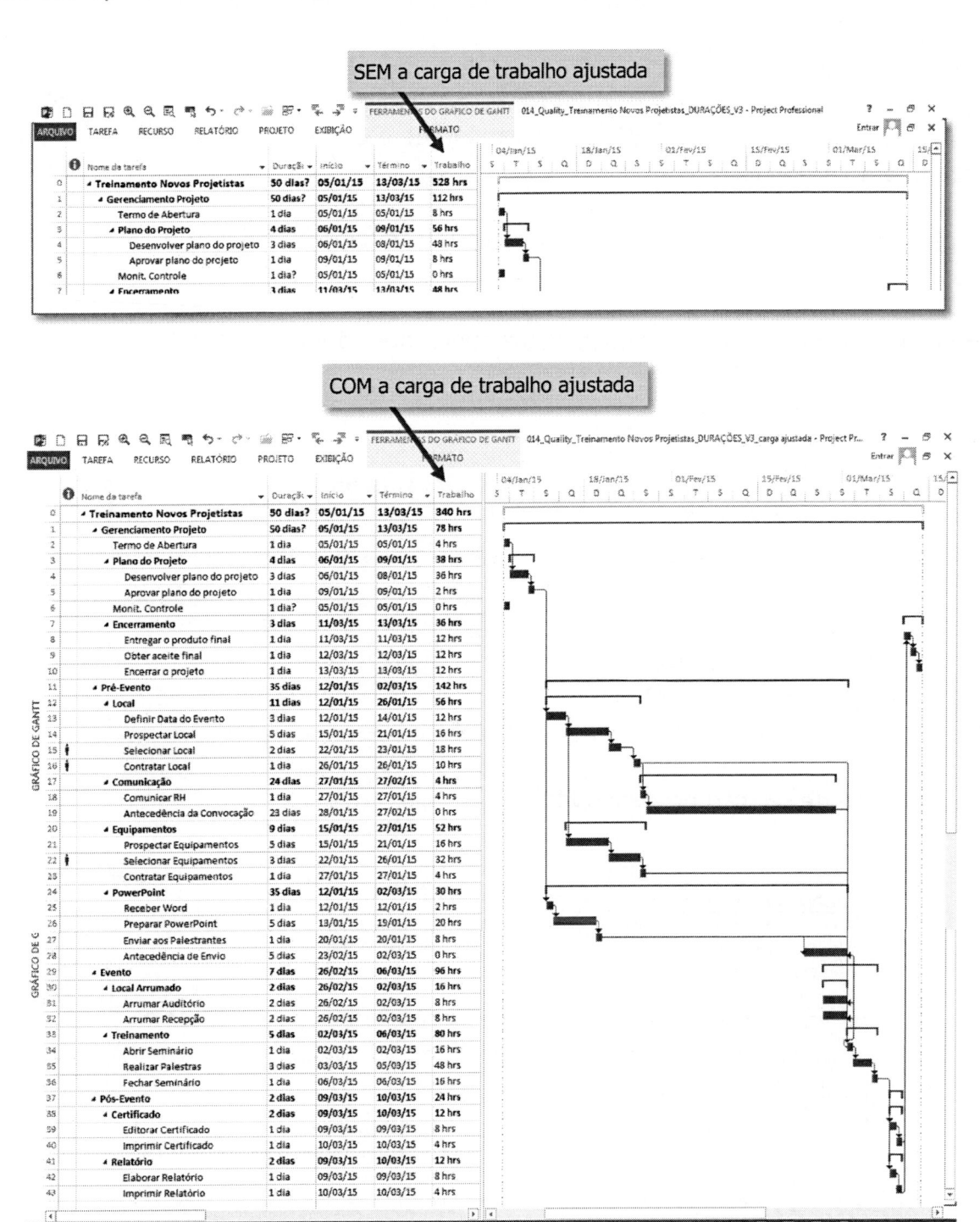

→ Consolidar o cronograma do projeto

Restrições de datas

Analise o cronograma atual em relação às restrições de datas do projeto. Caso alguma restrição de data não esteja sendo respeitada, verifique as alternativas de compressão (*crashing*) ou paralelismo (*fast tracking*) e faça uma revisão no cronograma.

Caso seja necessário reduzir a duração total do projeto, é preciso que a duração do caminho crítico do projeto seja reduzida. Na guia "Exibição/Gantt de controle" o MS-Project fornecerá a visão de um gráfico de barras onde o caminho crítico do projeto estará sinalizado em vermelho.

O paralelismo de atividades (*fast tracking*) pode ser feito no MS-Project das seguintes formas:

a) Remover relações de dependência entre atividades (dependências facultativas).

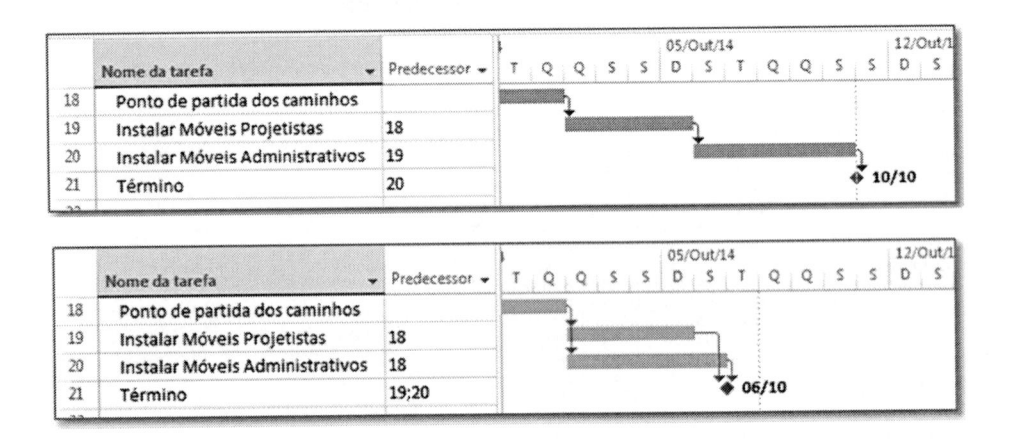

b) Rever o tipo de relação de dependência.

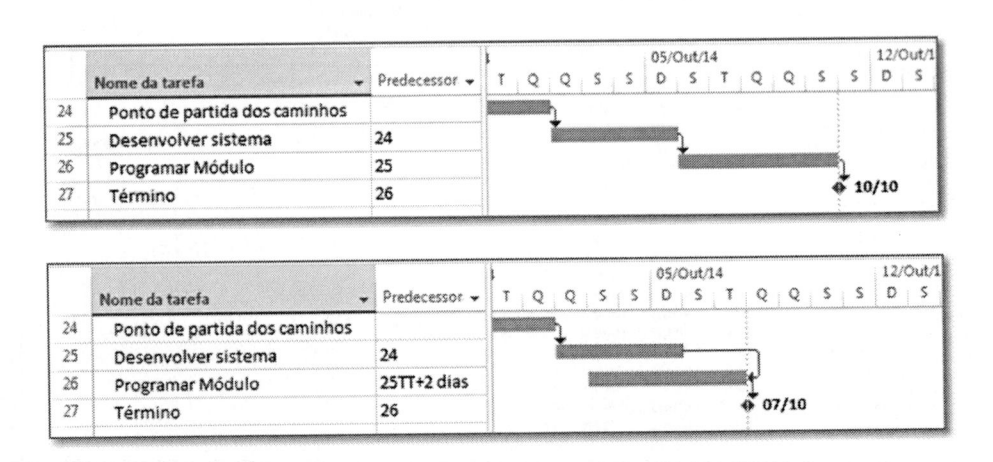

c) Realizar uma antecipação (*lead*) em relação ao término da predecessora.

Programação de atividades de monitoramento

Uma vez que o tempo total já foi calculado, é necessário programar as "Medições" e "Reuniões de status" que ocorrerão ao longo do projeto. Essa programação pode ser feita manualmente, mas o MS-Project possui uma funcionalidade que permite automatizá-la.

Posicionando-se o cursor do mouse no ponto em que deseja inserir as atividades de controle, na guia "Tarefa", em "Tarefa Periódica...", especificam-se os parâmetros da primeira programação de controle: as medições do desempenho do projeto.

No projeto-exemplo foram determinadas medições semanais ocorrendo às sextas-feiras.

O MS-Project estabelece por padrão que a primeira medição ocorrerá imediatamente após o início do projeto (no exemplo a seguir, 05/01) e a última em uma data imediatamente anterior ao término (no exemplo, 13/03).

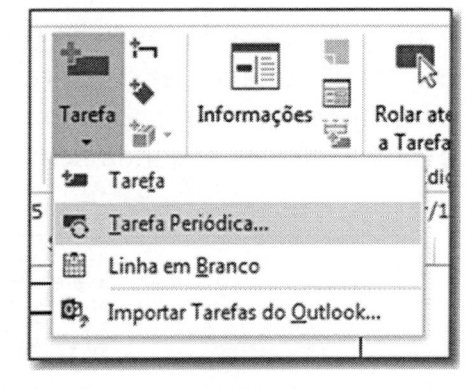

Essa configuração de programação nem sempre é adequada, pois as medições do trabalho realizado no projeto só deveriam começar após a aprovação do plano do projeto e não precisam se estender necessariamente até o último dia do projeto. Por isso, é necessário ajustar essas datas, conforme demonstrado no exemplo a seguir.

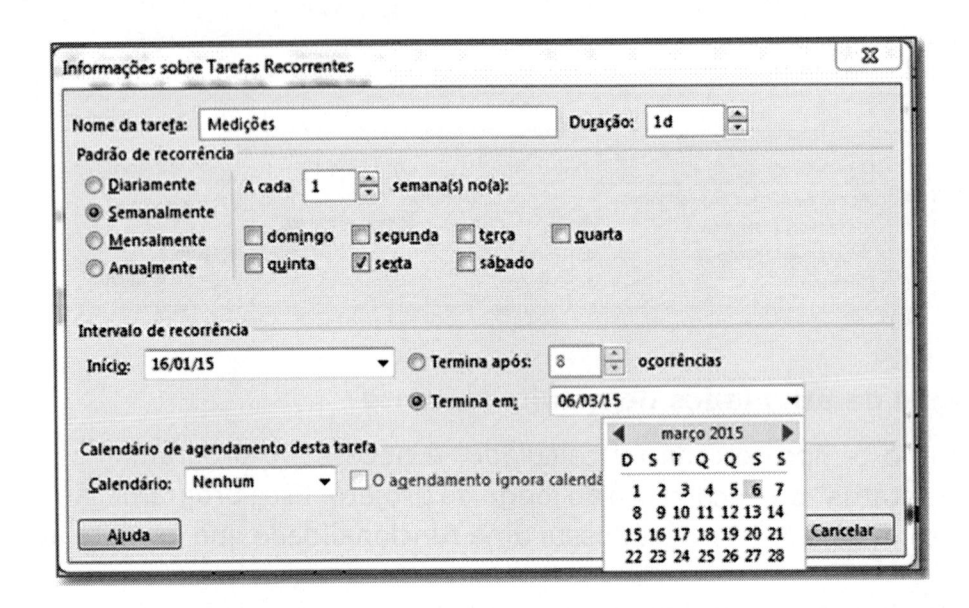

A primeira data de medição (início do intervalo de recorrência) foi programada para o dia 16/01, que é a sexta-feira da primeira semana após a data de aprovação do plano do projeto (09/01), e a última data de medição foi programada para o dia 06/03, que é a sexta-feira da segunda semana anterior à data de término do projeto (13/03).

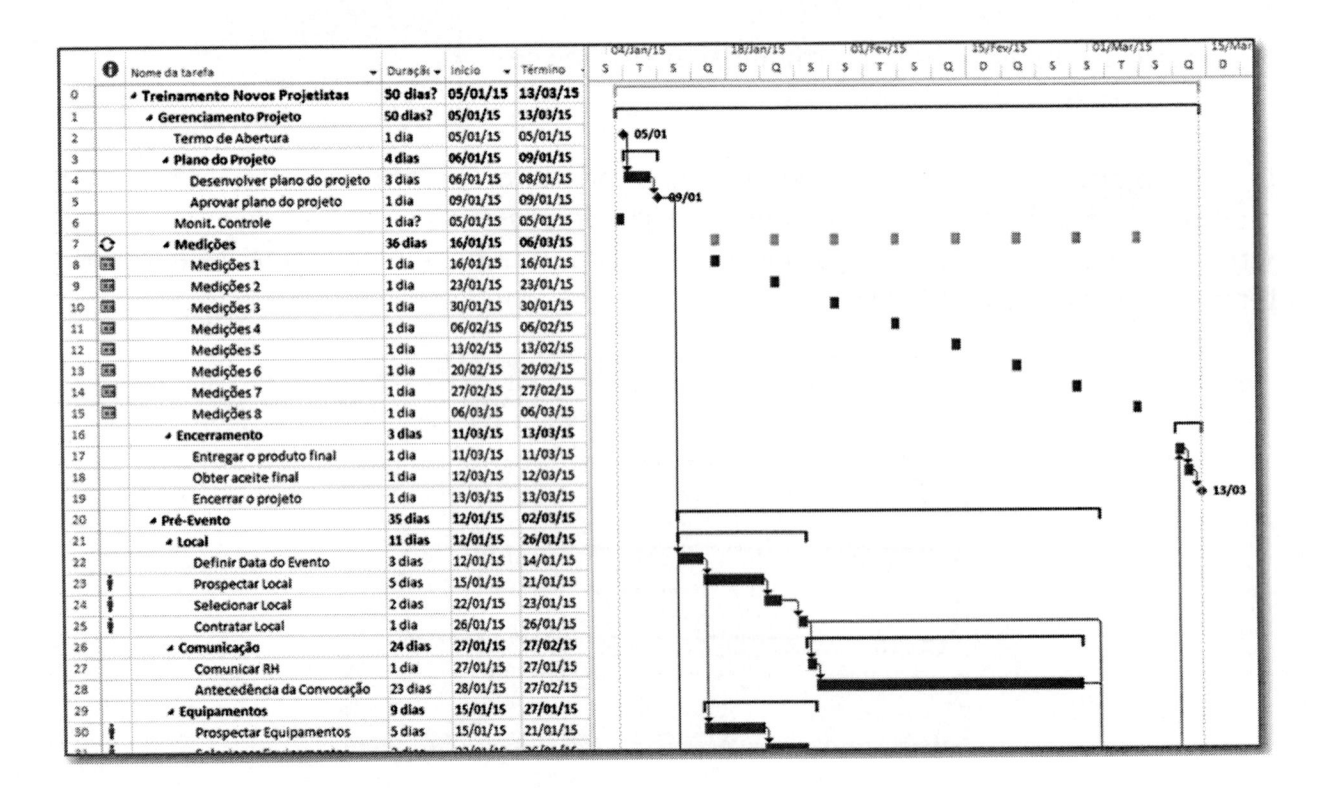

O mesmo pode ser feito para a programação das reuniões de status, com a observação de que deve haver um tempo mínimo entre a medição e a análise dos dados de desempenho e esta reunião para que os dados das medições sejam consolidados.

A fim de facilitar a visualização, é possível configurar a exibição dos pontos de controle como marcos (*milestones*).

7		⁂ Medições	36 dias	16/01/15	06/03/15	◇
8		Medições 1	1 dia	16/01/15	16/01/15	◆ 16/01
9		Medições 2	1 dia	23/01/15	23/01/15	

Há duas formas de determinar essa exibição no MS-Project. A primeira e mais rápida é determinar uma duração zero para a atividade. Ao zerar a duração, porém, o trabalho e os custos da atividade também são zerados pelo sistema. A segunda forma é exibir o quadro "Informações da tarefa", aba "Avançado", e selecionar o item "Marcar tarefa como marco". Dessa forma a atividade é sinalizada como marco, mas o sistema permite a alocação de recursos com suas cargas de trabalho e custos associados.

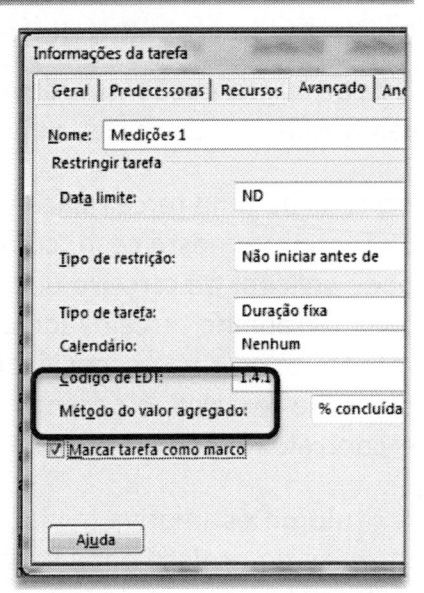

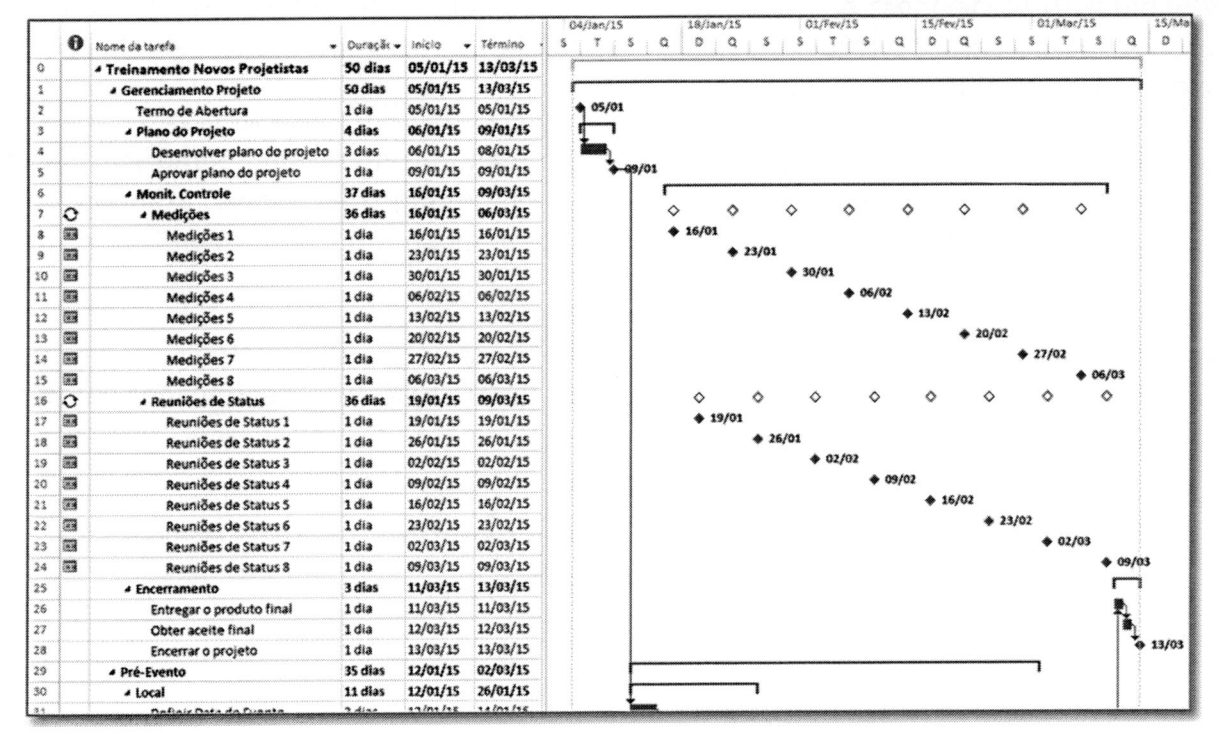

Após a alocação dos recursos nas atividades de medição e reuniões de status, é necessário ajustar suas respectivas cargas de trabalho, a exemplo do que foi feito para as demais atividades do projeto.

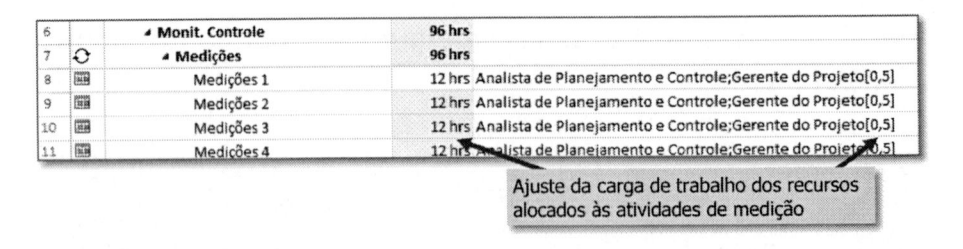

6		▲ Monit. Controle	96 hrs	
7	↻	▲ Medições	96 hrs	
8		Medições 1	12 hrs	Analista de Planejamento e Controle;Gerente do Projeto[0,5]
9		Medições 2	12 hrs	Analista de Planejamento e Controle;Gerente do Projeto[0,5]
10		Medições 3	12 hrs	Analista de Planejamento e Controle;Gerente do Projeto[0,5]
11		Medições 4	12 hrs	Analista de Planejamento e Controle;Gerente do Projeto[0,5]

Ajuste da carga de trabalho dos recursos alocados às atividades de medição

Controle do trabalho de terceiros

Outra programação que deve ser feita é a do monitoramento e controle de trabalhos realizados por terceiros, sejam estes internos ou externos à organização executora.

No caso de uma terceirização, interna ou externa, o gerente do projeto atua como cliente do terceiro – neste caso, como cliente "especializado" no gerenciamento de projetos – e pode solicitar ao terceiro que elabore, para sua análise e aprovação, um plano de projeto para o trabalho terceirizado com os documentos mínimos necessários ao bom gerenciamento, tais como: especificação do escopo, EAP, cronograma etc. Após ter aprovado o plano do terceiro, o gerente do projeto poderá programar os pontos de monitoramento e controle no seu cronograma.

A título de estimativa inicial, ainda sem o plano do projeto do terceiro desenvolvido, o gerente do projeto pode estimar pontos de controle provisórios que depois poderão ser redefinidos. A modelagem para essa programação pode ser feita de diversas maneiras, dependendo do perfil de trabalho e da necessidade de maior ou menor controle sobre o trabalho do terceiro.

Considerando um exemplo de elaboração de um plano de marketing como entrega de um determinado projeto, realizada pela área de marketing (neste caso, atuando como terceiro para o projeto), analisemos três possibilidades de modelagem:

1. Pontos de monitoramento determinados

Esta modelagem segue o mesmo princípio do monitoramento do projeto como um todo. Ou seja, são determinados pontos específicos de fiscalização (F), identificados como F1, F2 e F3 na figura a seguir.

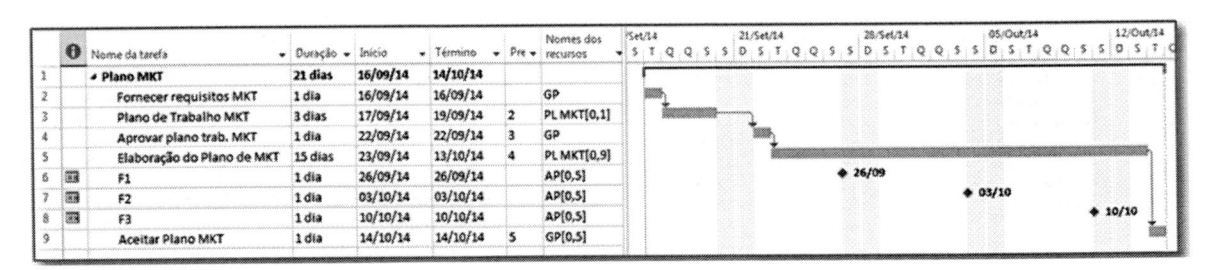

	❶	Nome da tarefa	Duração	Início	Término	Pre	Nomes dos recursos
1		▲ Plano MKT	21 dias	16/09/14	14/10/14		
2		Fornecer requisitos MKT	1 dia	16/09/14	16/09/14		GP
3		Plano de Trabalho MKT	3 dias	17/09/14	19/09/14	2	PL MKT[0,1]
4		Aprovar plano trab. MKT	1 dia	22/09/14	22/09/14	3	GP
5		Elaboração do Plano de MKT	15 dias	23/09/14	13/10/14	4	PL MKT[0,9]
6		F1	1 dia	26/09/14	26/09/14		AP[0,5]
7		F2	1 dia	03/10/14	03/10/14		AP[0,5]
8		F3	1 dia	10/10/14	10/10/14		AP[0,5]
9		Aceitar Plano MKT	1 dia	14/10/14	14/10/14	5	GP[0,5]

2. Monitoramento distribuído

Nesta modelagem o monitoramento é programado para ser realizado ao longo do período de trabalho do terceiro com a alocação de um recurso da equipe do projeto. Neste exemplo, o próprio gerente do projeto foi alocado na mesma linha da entrega do terceiro.

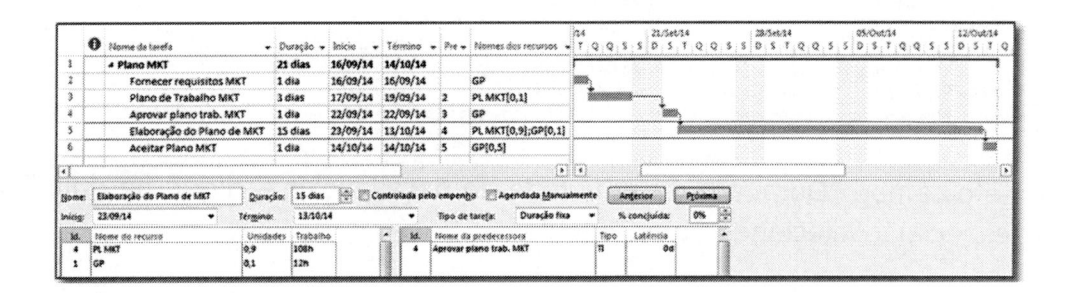

Esta modelagem pode ser usada quando não for necessário fixar pontos específicos para a fiscalização. Permite maior flexibilidade, mas é necessário estabelecer a carga total de trabalho que será dedicada à fiscalização e fazer esse ajuste, pois o sistema considerará por padrão oito horas de trabalho por dia ao longo de todo o período do trabalho do terceiro. Neste exemplo, serão dedicados 10% do tempo total, ou seja, 12 horas de trabalho em 15 dias de duração.

3. Esforço associado

Assim como na modelagem anterior, o monitoramento é programado para ser realizado ao longo do período de trabalho do terceiro, porém utilizando uma atividade específica para este fim, que deverá seguir o mesmo período de realização da entrega do terceiro. Ou seja, ambas deverão ter a mesma duração, e se uma for modificada a outra também o será.

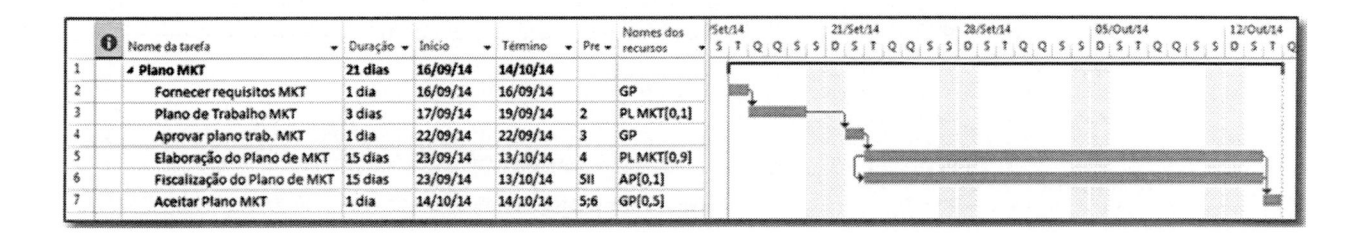

O MS-Project permite que atributos de uma atividade sejam vinculados a atributos de outra. Para tornar o modelo ainda mais dinâmico, vincularemos a duração da atividade fiscalizada à duração da atividade de fiscalização. Dessa forma, se a atividade fiscalizada terminar mais cedo, a atividade de fiscalização terá sua duração reduzida automaticamente para terminar junto com aquela, e se a atividade fiscalizada terminar mais tarde a duração da atividade de fiscalização também será estendida automaticamente. Para vincular as durações das atividades, siga os passos:

a) Copie a informação do campo "Duração" da atividade do terceiro. Isso pode ser feito na guia "Tarefa", bloco "Área de Transferência" ou simplesmente com o atalho "Ctrl + C".

b) Selecione o campo "Duração" da atividade de fiscalização e clique na guia "Tarefa", em "Colar especial". Selecione "Colar vínculo".

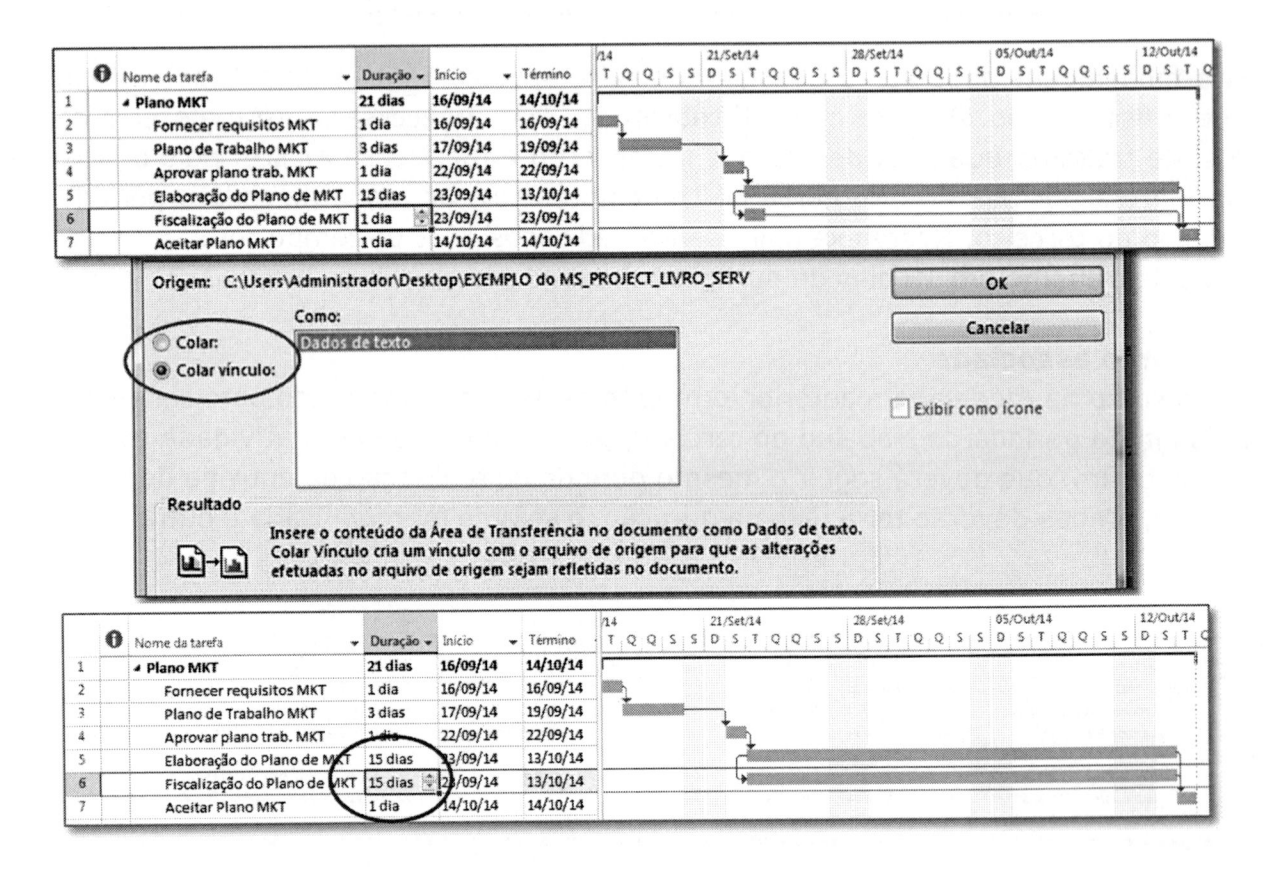

Depois dessa operação a atividade de fiscalização assumirá a mesma duração que for determinada para a atividade fiscalizada.

Nessa modelagem ainda continua sendo necessário ajustar a carga total de trabalho que será dedicada à fiscalização. Nesse exemplo também serão dedicados 10% do tempo total, ou seja, 12 horas de trabalho em 15 dias de duração, porém o recurso que realizará o monitoramento deve ser alocado na atividade de fiscalização.

	Nome da tarefa	Trabalh	Duração	Detalhe	S	T	Q	Q	S	S	28/Set/14 D	S	T	Q	Q	S
1	▲ Plano MKT	142,4 hrs	21 dias	Trab.	8h	8h	8h	8h	8h			8h	8h	8h	8h	8
2	▲ Fornecer requisito	8 hrs	1 dia	Trab.												
	GP	8 hrs		Trab.												
3	▲ Plano de Trabalho	2,4 hrs	3 dias	Trab.												
	PL MKT	2,4 hrs		Trab.												
4	▲ Aprovar plano trab	8 hrs	1 dia	Trab.	8h											
	GP	8 hrs		Trab.	8h											
5	▲ Elaboração do Plar	108 hrs	15 dias	Trab.		7,2h	7,2h	7,2h	7,2h			7,2h	7,2h	7,2h	7,2h	7,2
	PL MKT	108 hrs		Trab.		7,2h	7,2h	7,2h	7,2h			7,2h	7,2h	7,2h	7,2h	7,2
6	▲ Fiscalização do Pla	12 hrs	15 dias	Trab.		0,8h	0,8h	0,8h	0,8h			0,8h	0,8h	0,8h	0,8h	0,8
	AP	12 hrs		Trab.		0,8h	0,8h	0,8h	0,8h			0,8h	0,8h	0,8h	0,8h	0,8
7	▲ Aceitar Plano MKT	4 hrs	1 dia	Trab.												
	GP	4 hrs		Trab.												

Utilização de recursos (superalocações)

A programação dos recursos do tipo trabalho deve respeitar o limite de suas disponibilidades indicadas na "Planilha de Recursos", no campo "Unidades máximas". Se um recurso estiver alocado mais do que o total de suas horas disponíveis por período, o MS-Project alertará que há uma "superalocação".

De modo geral, um recurso de trabalho dispõe de no máximo oito horas por dia para se dedicar ao projeto. Portanto, se ele estiver alocado em duas atividades que ocorram em um mesmo dia e que exijam alocação em tempo integral, terá uma alocação de 16 horas naquele dia, ou seja, estará superalocado.

O MS-Project indica de várias formas a superalocação de recursos do tipo trabalho. Na "Planilha de recursos" e no modo "Uso dos Recursos" os nomes dos recursos superalocados são mostrados em vermelho. No "Gráfico de Gantt", o sistema exibe um ícone vermelho no formato de uma pessoa nas linhas das atividades que possuam recursos superalocados.

38		▲ Equipar
39	👤	Prosp
40	👤	Selec
41		Cont
42		▲ PowerP

Situações de superalocação de recursos devem ser localizadas e resolvidas. O modo de exibição "Uso dos Recursos" permite localizar os dias específicos nos quais os recursos estão superalocados.

No modo "Uso dos Recursos" deve-se localizar a data de início do projeto, selecionar no lado direito da tela (no gráfico) uma data imediatamente anterior a esse início e clicar no botão, na guia "Recursos", "Próxima Superalocação".

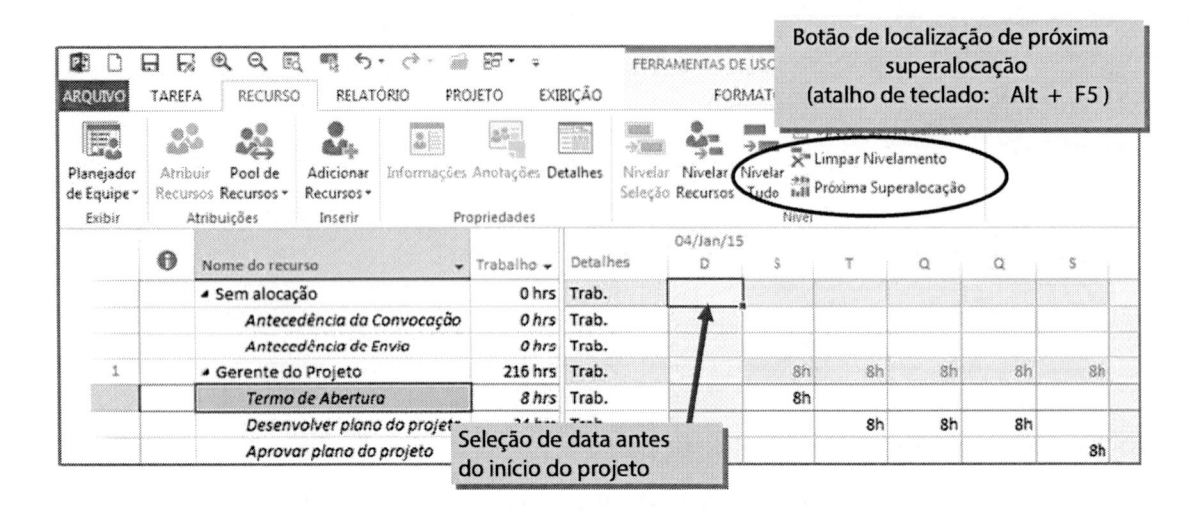

O sistema localizará a próxima data do projeto em que há uma superalocação de recursos.

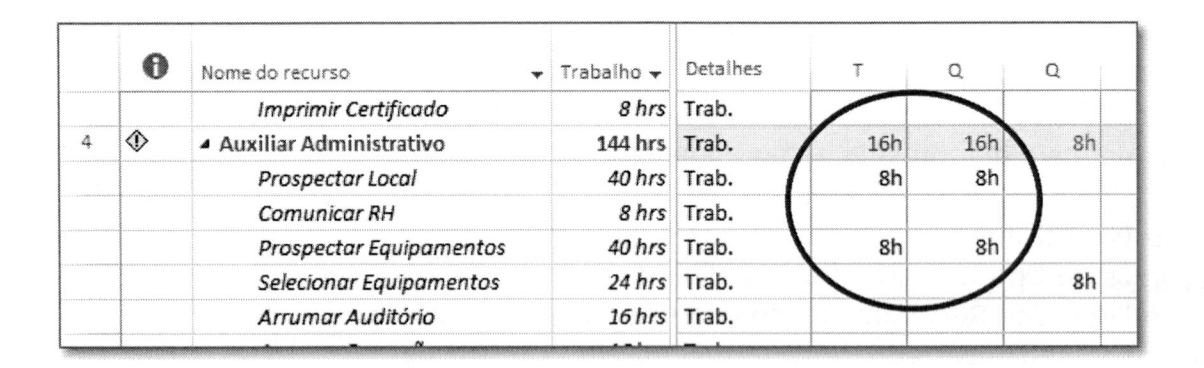

Há basicamente três formas de resolver uma superalocação de recursos.

1. Reavaliar as cargas de trabalho necessárias às atividades e ajustar.

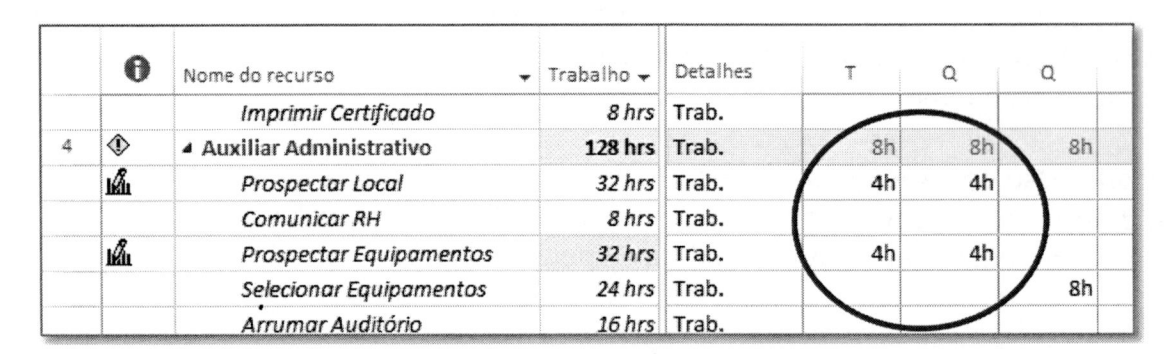

No exemplo anterior, foi feito um ajuste na carga de trabalho das atividades.

2. Adicionar recursos capazes de realizar o trabalho de recursos superalocados.

   A adição de recursos pode ser feita na "Planilha de recursos".

		Nome do recurso	Tipo	Unid. máximas
1		Gerente do Projeto	Trabalho	1
2	◈	Analista de Planejamento e Controle	Trabalho	1
3		Projetista (Designer)	Trabalho	1
4	◈	Auxiliar Administrativo	Trabalho	1
5		Local	Material	
6		Equipamentos	Material	

		Nome do recurso	Tipo	Unid. máximas
1		Gerente do Projeto	Trabalho	1
2	◈	Analista de Planejamento e Controle	Trabalho	1
3		Projetista (Designer)	Trabalho	1
4		Auxiliar Administrativo	Trabalho	2
5		Local	Material	
6		Equipamentos	Material	

> Acréscimo de mais um recurso capaz de realizar o trabalho

3. Deslocar a programação das atividades utilizando a técnica de nivelamento de recursos.

Há duas maneiras de fazer o **NIVELAMENTO DE RECURSOS**:

a) O deslocamento das atividades por meio da inclusão de dependências facultativas:

a.1) Verificar a folga das atividades nas quais o recurso está superalocado:

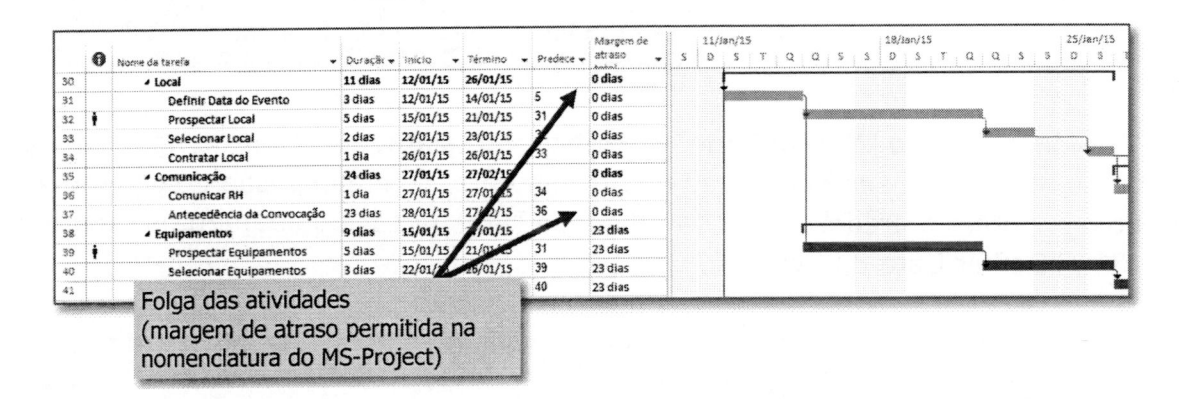

	Nome da tarefa	Duração	Início	Término	Predec.	Margem de atraso
30	▲ Local	11 dias	12/01/15	26/01/15		0 dias
31	Definir Data do Evento	3 dias	12/01/15	14/01/15	5	0 dias
32	Prospectar Local	5 dias	15/01/15	21/01/15	31	0 dias
33	Selecionar Local	2 dias	22/01/15	23/01/15		0 dias
34	Contratar Local	1 dia	26/01/15	26/01/15	33	0 dias
35	▲ Comunicação	24 dias	27/01/15	27/02/15		0 dias
36	Comunicar RH	1 dia	27/01/15	27/01/15	34	0 dias
37	Antecedência da Convocação	23 dias	28/01/15	27/02/15	36	0 dias
38	▲ Equipamentos	9 dias	15/01/15	27/01/15		23 dias
39	Prospectar Equipamentos	5 dias	15/01/15	21/01/15	31	23 dias
40	Selecionar Equipamentos	3 dias	22/01/15	26/01/15	39	23 dias
41					40	23 dias

> Folga das atividades (margem de atraso permitida na nomenclatura do MS-Project)

A atividade "Prospectar Local" não possui folga (**pertence ao caminho crítico**), porém a atividade "Prospectar Equipamentos" possui 23 dias de folga.

a.2) Incluir uma dependência facultativa deslocando a atividade "Prospectar Equipamentos" e eliminando a superalocação do recurso, conforme exibido na figura a seguir:

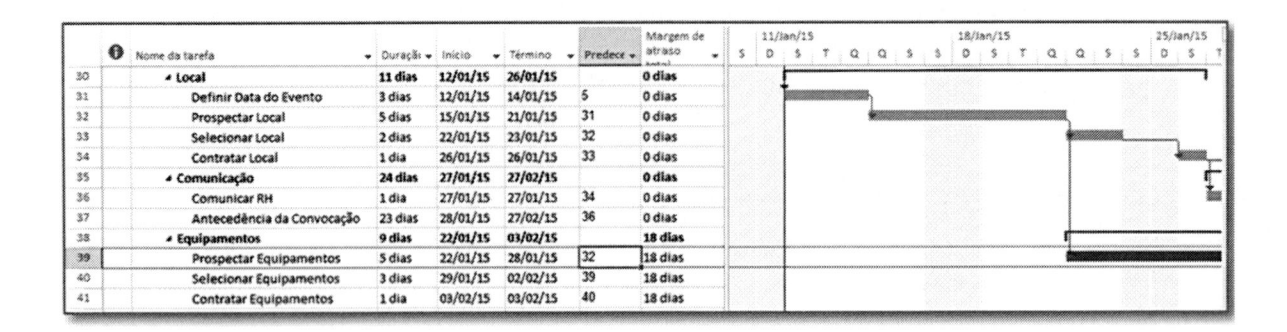

	Nome da tarefa	Duração	Início	Término	Predec	Margem de atraso total
30	▲ Local	11 dias	12/01/15	26/01/15		0 dias
31	Definir Data do Evento	3 dias	12/01/15	14/01/15	5	0 dias
32	Prospectar Local	5 dias	15/01/15	21/01/15	31	0 dias
33	Selecionar Local	2 dias	22/01/15	23/01/15	32	0 dias
34	Contratar Local	1 dia	26/01/15	26/01/15	33	0 dias
35	▲ Comunicação	24 dias	27/01/15	27/02/15		0 dias
36	Comunicar RH	1 dia	27/01/15	27/01/15	34	0 dias
37	Antecedência da Convocação	23 dias	28/01/15	27/02/15	36	0 dias
38	▲ Equipamentos	9 dias	22/01/15	03/02/15		18 dias
39	Prospectar Equipamentos	5 dias	22/01/15	28/01/15	32	18 dias
40	Selecionar Equipamentos	3 dias	29/01/15	02/02/15	39	18 dias
41	Contratar Equipamentos	1 dia	03/02/15	03/02/15	40	18 dias

b) Utilizando a função de nivelamento de recursos do MS-Project:

b.1) Definir as opções de nivelamento do MS-Project (aba "Recursos/Opções de Nivelamento") conforme quadro a seguir:

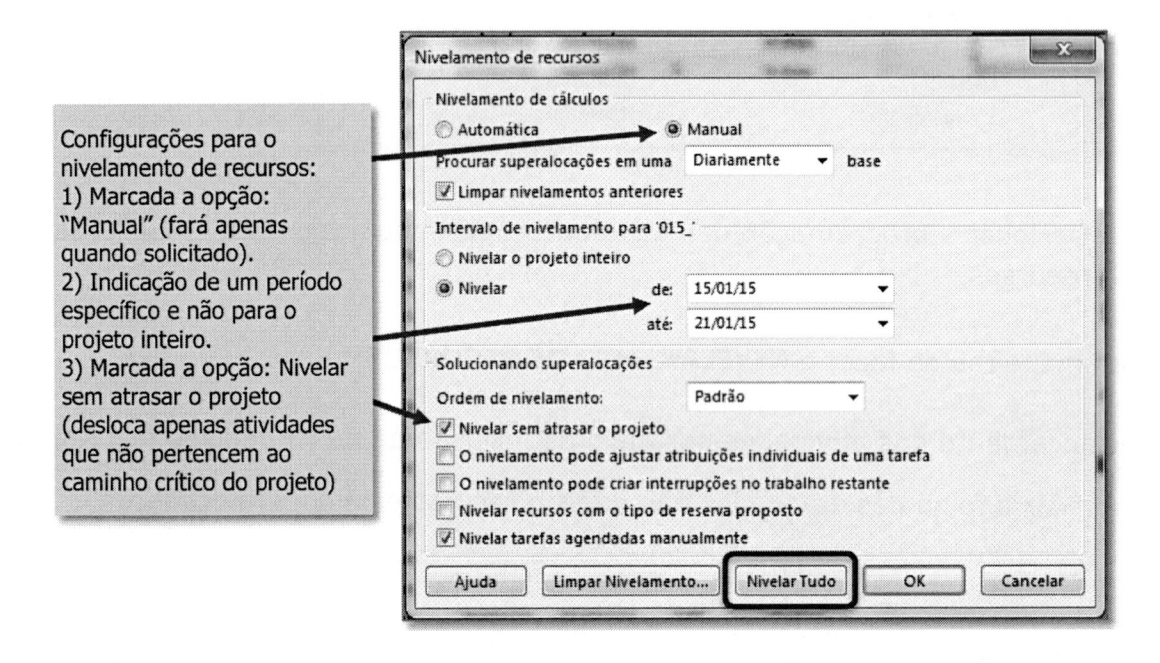

Configurações para o nivelamento de recursos:
1) Marcada a opção: "Manual" (fará apenas quando solicitado).
2) Indicação de um período específico e não para o projeto inteiro.
3) Marcada a opção: Nivelar sem atrasar o projeto (desloca apenas atividades que não pertencem ao caminho crítico do projeto)

b.2) Pressionar o botão "Nivelar Tudo" e verificar o resultado, conforme figura a seguir. Note que o resultado é semelhante ao do nivelamento, com a inclusão de dependências facultativas, porém a predecessora da atividade "Prospectar Equipamentos" continua a linha "31", "Definir Data do Evento".

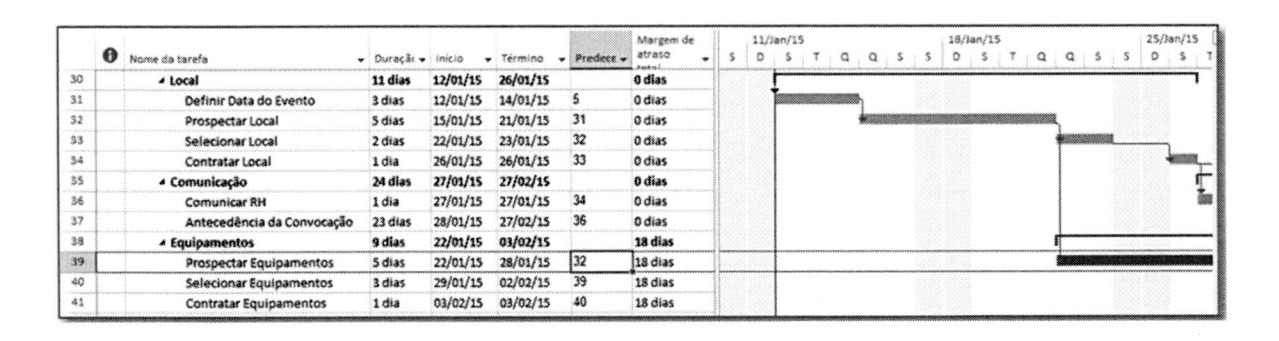

	Nome da tarefa	Duração	Início	Término	Predec	Margem de atraso total
30	▲ Local	11 dias	12/01/15	26/01/15		0 dias
31	Definir Data do Evento	3 dias	12/01/15	14/01/15	5	0 dias
32	Prospectar Local	5 dias	15/01/15	21/01/15	31	0 dias
33	Selecionar Local	2 dias	22/01/15	23/01/15	32	0 dias
34	Contratar Local	1 dia	26/01/15	26/01/15	33	0 dias
35	▲ Comunicação	24 dias	27/01/15	27/02/15		0 dias
36	Comunicar RH	1 dia	27/01/15	27/01/15	34	0 dias
37	Antecedência da Convocação	23 dias	28/01/15	27/02/15	36	0 dias
38	▲ Equipamentos	9 dias	22/01/15	03/02/15		18 dias
39	Prospectar Equipamentos	5 dias	22/01/15	28/01/15	32	18 dias
40	Selecionar Equipamentos	3 dias	29/01/15	02/02/15	39	18 dias
41	Contratar Equipamentos	1 dia	03/02/15	03/02/15	40	18 dias

A seguir é apresentado o cronograma consolidado do projeto de Treinamento dos Novos Projetistas.

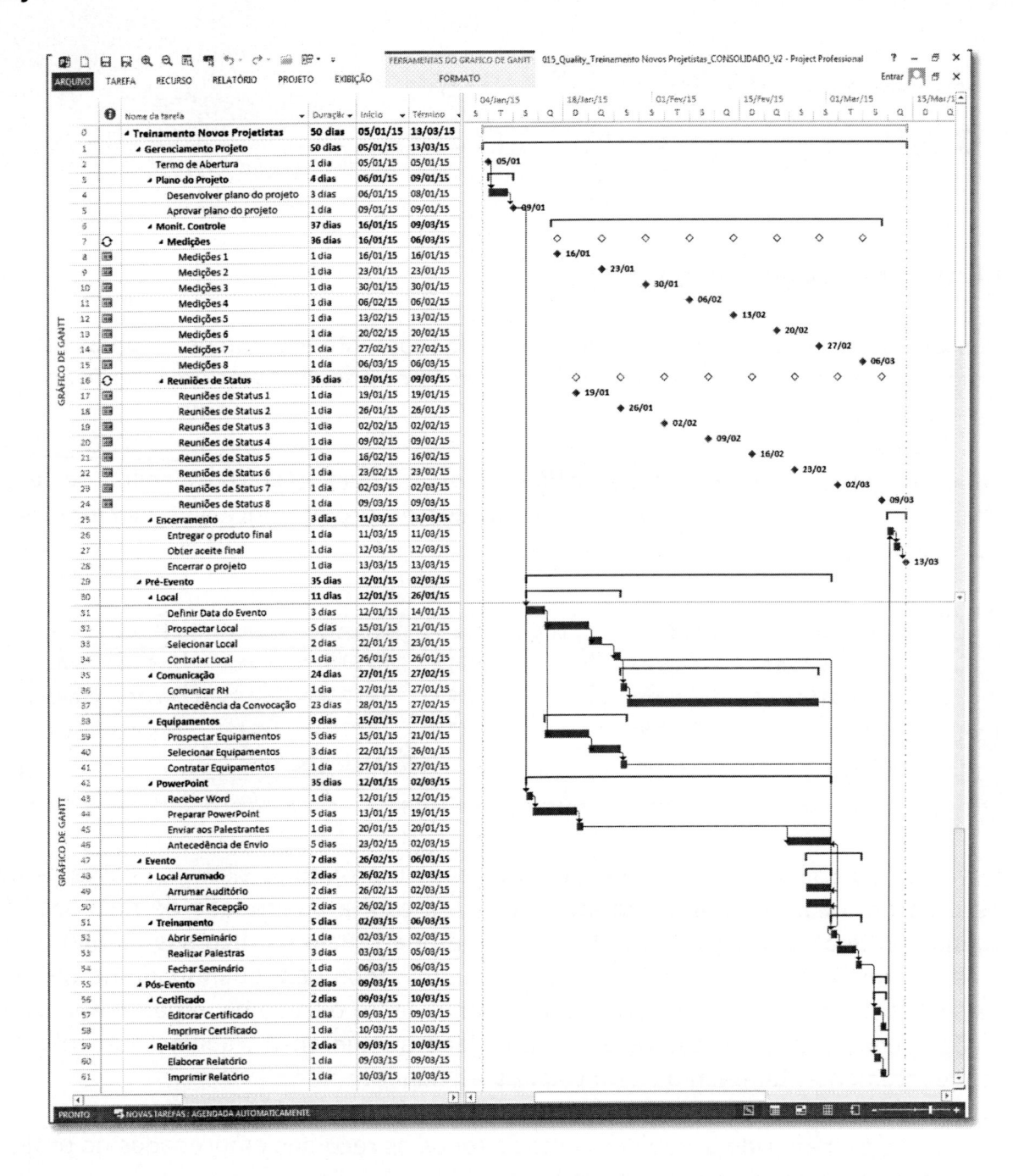

#	Nome da tarefa	Duração	Início	Término
0	**Treinamento Novos Projetistas**	50 dias	05/01/15	13/03/15
1	**Gerenciamento Projeto**	50 dias	05/01/15	13/03/15
2	Termo de Abertura	1 dia	05/01/15	05/01/15
3	**Plano do Projeto**	4 dias	06/01/15	09/01/15
4	Desenvolver plano do projeto	3 dias	06/01/15	08/01/15
5	Aprovar plano do projeto	1 dia	09/01/15	09/01/15
6	**Monit. Controle**	37 dias	16/01/15	09/03/15
7	**Medições**	36 dias	16/01/15	06/03/15
8	Medições 1	1 dia	16/01/15	16/01/15
9	Medições 2	1 dia	23/01/15	23/01/15
10	Medições 3	1 dia	30/01/15	30/01/15
11	Medições 4	1 dia	06/02/15	06/02/15
12	Medições 5	1 dia	13/02/15	13/02/15
13	Medições 6	1 dia	20/02/15	20/02/15
14	Medições 7	1 dia	27/02/15	27/02/15
15	Medições 8	1 dia	06/03/15	06/03/15
16	**Reuniões de Status**	36 dias	19/01/15	09/03/15
17	Reuniões de Status 1	1 dia	19/01/15	19/01/15
18	Reuniões de Status 2	1 dia	26/01/15	26/01/15
19	Reuniões de Status 3	1 dia	02/02/15	02/02/15
20	Reuniões de Status 4	1 dia	09/02/15	09/02/15
21	Reuniões de Status 5	1 dia	16/02/15	16/02/15
22	Reuniões de Status 6	1 dia	23/02/15	23/02/15
23	Reuniões de Status 7	1 dia	02/03/15	02/03/15
24	Reuniões de Status 8	1 dia	09/03/15	09/03/15
25	**Encerramento**	3 dias	11/03/15	13/03/15
26	Entregar o produto final	1 dia	11/03/15	11/03/15
27	Obter aceite final	1 dia	12/03/15	12/03/15
28	Encerrar o projeto	1 dia	13/03/15	13/03/15
29	**Pré-Evento**	35 dias	12/01/15	02/03/15
30	**Local**	11 dias	12/01/15	26/01/15
31	Definir Data do Evento	3 dias	12/01/15	14/01/15
32	Prospectar Local	5 dias	15/01/15	21/01/15
33	Selecionar Local	2 dias	22/01/15	23/01/15
34	Contratar Local	1 dia	26/01/15	26/01/15
35	**Comunicação**	24 dias	27/01/15	27/02/15
36	Comunicar RH	1 dia	27/01/15	27/01/15
37	Antecedência da Convocação	23 dias	28/01/15	27/02/15
38	**Equipamentos**	9 dias	15/01/15	27/01/15
39	Prospectar Equipamentos	5 dias	15/01/15	21/01/15
40	Selecionar Equipamentos	3 dias	22/01/15	26/01/15
41	Contratar Equipamentos	1 dia	27/01/15	27/01/15
42	**PowerPoint**	35 dias	12/01/15	02/03/15
43	Receber Word	1 dia	12/01/15	12/01/15
44	Preparar PowerPoint	5 dias	13/01/15	19/01/15
45	Enviar aos Palestrantes	1 dia	20/01/15	20/01/15
46	Antecedência de Envio	5 dias	23/02/15	02/03/15
47	**Evento**	7 dias	26/02/15	06/03/15
48	**Local Arrumado**	2 dias	26/02/15	02/03/15
49	Arrumar Auditório	2 dias	26/02/15	02/03/15
50	Arrumar Recepção	2 dias	26/02/15	02/03/15
51	**Treinamento**	5 dias	02/03/15	06/03/15
52	Abrir Seminário	1 dia	02/03/15	02/03/15
53	Realizar Palestras	3 dias	03/03/15	05/03/15
54	Fechar Seminário	1 dia	06/03/15	06/03/15
55	**Pós-Evento**	2 dias	09/03/15	10/03/15
56	**Certificado**	2 dias	09/03/15	10/03/15
57	Editorar Certificado	1 dia	09/03/15	09/03/15
58	Imprimir Certificado	1 dia	10/03/15	10/03/15
59	**Relatório**	2 dias	09/03/15	10/03/15
60	Elaborar Relatório	1 dia	09/03/15	09/03/15
61	Imprimir Relatório	1 dia	10/03/15	10/03/15

APLICAÇÃO 5

→ **Configurar os custos do projeto**

→ **Configurar a curva "S" do projeto**

→ Configurar os custos do projeto

Os custos do projeto podem ser especificados no momento em que os recursos são cadastrados. Se este procedimento for adotado, restará apenas fazer uma verificação de alguma omissão.

Se os custos ainda não tiverem sido cadastrados, na guia "Exibição/Planilha de recursos" atribua custos a todos os recursos utilizados no projeto, inclusive os serviços de terceiros e materiais.

	Nome do recurso	Tipo	Unid. máximas	Taxa padrão	Acumular	Calendário base
1	Gerente de Projetos	Trabalho	100%	R$ 80,00/hr	Rateado	Mudança Quality
2	Membro da Equipe 1	Trabalho	100%	R$ 0,00/hr	Rateado	Mudança Quality
3	Arquiteto	Trabalho	100%	R$ 0,00/hr	Rateado	Mudança Quality
4	Fornecedor A	Material		R$ 300.000,00	Rateado	

Uma vez atribuídos os custos a todos os recursos do projeto, o sistema realiza os cálculos de acordo com a duração da atividade e/ou com a quantidade de recursos, dependendo do tipo de recurso (se trabalho ou material). Para os recursos do tipo trabalho, os valores unitários (custo/hora) serão multiplicados pela quantidade de trabalho necessária para a realização da atividade. Normalmente o trabalho varia em função da duração. Sendo assim, se a duração da atividade aumentar, o trabalho aumentará e, consequentemente, também o custo total da atividade.

Uma vez que tenham sido atribuídos custos a todos os recursos empregados no projeto, o software terá calculado o custo de cada atividade e totalizado o custo total do projeto.

A figura a seguir, extraída do modo de exibição "Uso dos Recursos", apresenta a visão de custos totalizada por recurso do projeto.

Nome do recurso	Trabalho	Custo
▲ Tipo: Trabalho	604 hrs	R$ 29.060,00
▷ Gerente do Projeto	200 hrs	R$ 14.000,00
▷ Analista de Planejamento e Controle	250 hrs	R$ 10.000,00
▷ Projetista (Designer)	66 hrs	R$ 3.300,00
▷ Auxiliar Administrativo	88 hrs	R$ 1.760,00
▷ Sem alocação	0 hrs	R$ 0,00
▲ Tipo: Material		R$ 3.500,00
▷ Local	1	R$ 2.500,00
▷ Equipamentos	1	R$ 1.000,00

A seguir é apresentado o orçamento do projeto de Treinamento dos Novos Projetistas.

	Nome da tarefa	Custo	Trabalho	Nomes dos recursos
0	▲ Treinamento Novos Projetistas	R$ 32.560,00	604 hrs	
1	▲ Gerenciamento Projeto	R$ 15.840,00	300 hrs	
2	Termo de Abertura	R$ 560,00	8 hrs	Gerente do Projeto
3	▲ Plano do Projeto	R$ 3.200,00	56 hrs	
4	Desenvolver plano do projeto	R$ 2.640,00	48 hrs	Analista de Planejamento e Controle;Gerente do Projeto
5	Aprovar plano do projeto	R$ 560,00	8 hrs	Gerente do Projeto
6	▲ Monit. Controle	R$ 9.440,00	188 hrs	
7	▷ Medições	R$ 4.800,00	96 hrs	
16	▷ Reuniões de Status	R$ 4.640,00	92 hrs	
25	▲ Encerramento	R$ 2.640,00	48 hrs	
26	Entregar o produto final	R$ 880,00	16 hrs	Analista de Planejamento e Controle;Gerente do Projeto
27	Obter aceite final	R$ 880,00	16 hrs	Analista de Planejamento e Controle;Gerente do Projeto
28	Encerrar o projeto	R$ 880,00	16 hrs	Analista de Planejamento e Controle;Gerente do Projeto
29	▲ Pré-Evento	R$ 11.100,00	188 hrs	
30	▲ Local	R$ 5.540,00	62 hrs	
31	Definir Data do Evento	R$ 560,00	8 hrs	Gerente do Projeto
32	Prospectar Local	R$ 400,00	20 hrs	Auxiliar Administrativo
33	Selecionar Local	R$ 1.440,00	24 hrs	Analista de Planejamento e Controle;Gerente do Projeto
34	Contratar Local	R$ 3.140,00	10 hrs	Analista de Planejamento e Controle;Local[1];Gerente do Projeto
35	▲ Comunicação	R$ 160,00	8 hrs	
36	Comunicar RH	R$ 160,00	8 hrs	Auxiliar Administrativo
37	Antecedência da Convocação	R$ 0,00	0 hrs	
38	▲ Equipamentos	R$ 2.600,00	62 hrs	
39	Prospectar Equipamentos	R$ 400,00	20 hrs	Auxiliar Administrativo
40	Selecionar Equipamentos	R$ 880,00	34 hrs	Analista de Planejamento e Controle;Auxiliar Administrativo
41	Contratar Equipamentos	R$ 1.320,00	8 hrs	Analista de Planejamento e Controle;Equipamentos[1]
42	▲ PowerPoint	R$ 2.800,00	56 hrs	
43	Receber Word	R$ 400,00	8 hrs	Projetista (Designer)
44	Preparar PowerPoint	R$ 2.000,00	40 hrs	Projetista (Designer)
45	Enviar aos Palestrantes	R$ 400,00	8 hrs	Projetista (Designer)
46	Antecedência de Envio	R$ 0,00	0 hrs	
47	▲ Evento	R$ 4.720,00	96 hrs	
48	▲ Local Arrumado	R$ 320,00	16 hrs	
49	Arrumar Auditório	R$ 160,00	8 hrs	Auxiliar Administrativo
50	Arrumar Recepção	R$ 160,00	8 hrs	Auxiliar Administrativo
51	▲ Treinamento	R$ 4.400,00	80 hrs	
52	Abrir Seminário	R$ 880,00	16 hrs	Analista de Planejamento e Controle;Gerente do Projeto
53	Realizar Palestras	R$ 2.640,00	48 hrs	Analista de Planejamento e Controle;Gerente do Projeto
54	Fechar Seminário	R$ 880,00	16 hrs	Analista de Planejamento e Controle;Gerente do Projeto
55	▲ Pós-Evento	R$ 900,00	20 hrs	
56	▲ Certificado	R$ 500,00	10 hrs	
57	Editorar Certificado	R$ 400,00	8 hrs	Projetista (Designer)
58	Imprimir Certificado	R$ 100,00	2 hrs	Projetista (Designer)
59	▲ Relatório	R$ 400,00	10 hrs	
60	Elaborar Relatório	R$ 320,00	8 hrs	Analista de Planejamento e Controle
61	Imprimir Relatório	R$ 80,00	2 hrs	Analista de Planejamento e Controle

→ Configurar a curva "S" do projeto

Um elemento importante para a configuração de um projeto é o gráfico que representa a curva de custos acumulados, conhecida como curva "S" do projeto.

Na guia "Exibição/Planilha de recursos" selecione o método de acumulação de custos que será utilizado em cada recurso. Os custos podem ser acumulados basicamente de três formas: integralmente no início da atividade à qual o recurso será alocado, integralmente no final da atividade ou distribuído (rateado) ao longo da duração da atividade à qual o recurso será alocado.

	Nome do recurso	Tipo	Unid. máximas	Taxa padrão	Acumular	Calendário base
1	Gerente de Projetos	Trabalho	100%	R$ 80,00/hr	Rateado	Mudança Quality
2	Membro da Equipe 1	Trabalho	100%	R$ 0,00/hr	Rateado	Mudança Quality
3	Arquiteto	Trabalho	100%	R$ 0,00/hr	Rateado	Mudança Quality
4	Fornecedor A	Material		R$ 300.000,00	Rateado	

Início
Rateado
Fim

Na guia "Exibição/Uso da tarefa" e "Tabela: Custo", posicione o cursor sobre a coluna "Detalhes". Com o botão direito do mouse, selecione "Estilos de detalhe".

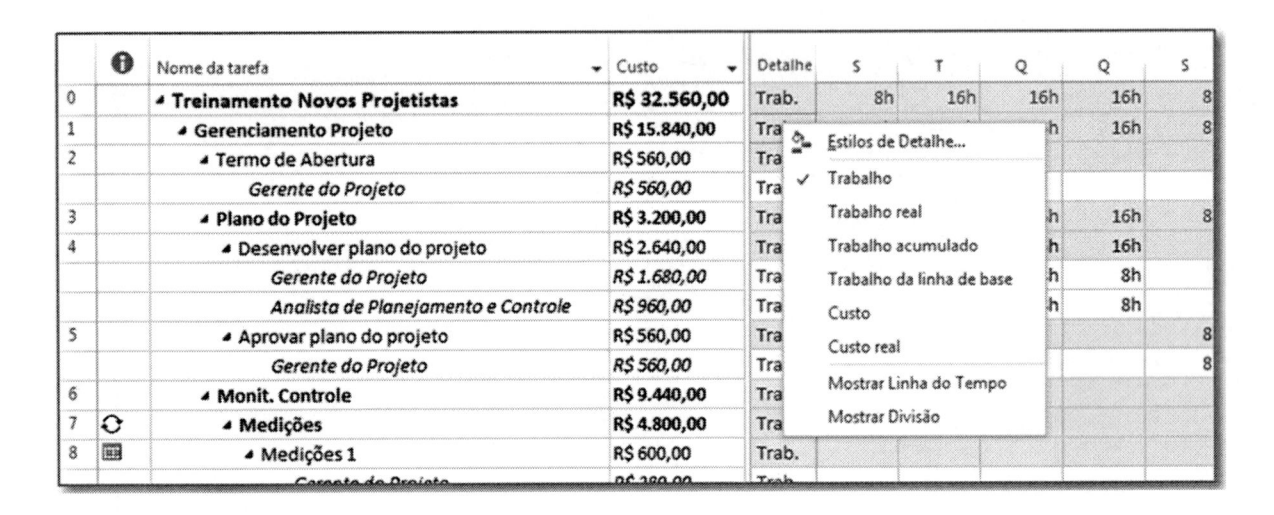

		Nome da tarefa	Custo	Detalhe	S	T	Q	Q	S
0		**Treinamento Novos Projetistas**	R$ 32.560,00	Trab.	8h	16h	16h	16h	8
1		Gerenciamento Projeto	R$ 15.840,00	Tra				16h	8
2		Termo de Abertura	R$ 560,00	Tra	Estilos de Detalhe...				
		Gerente do Projeto	R$ 560,00	Tra	✓ Trabalho				
3		Plano do Projeto	R$ 3.200,00	Tra	Trabalho real			16h	8
4		Desenvolver plano do projeto	R$ 2.640,00	Tra	Trabalho acumulado			16h	
		Gerente do Projeto	R$ 1.680,00	Tra	Trabalho da linha de base			8h	
		Analista de Planejamento e Controle	R$ 960,00	Tra	Custo			8h	
5		Aprovar plano do projeto	R$ 560,00	Tra	Custo real				8
		Gerente do Projeto	R$ 560,00	Tra	Mostrar Linha do Tempo				8
6		Monit. Controle	R$ 9.440,00	Tra	Mostrar Divisão				
7	○	Medições	R$ 4.800,00	Tra					
8		Medições 1	R$ 600,00	Trab.					

Na caixa de diálogo "Estilos de detalhe", selecione o campo "Custo acumulado" entre os campos disponíveis e escolha "Mostrar".

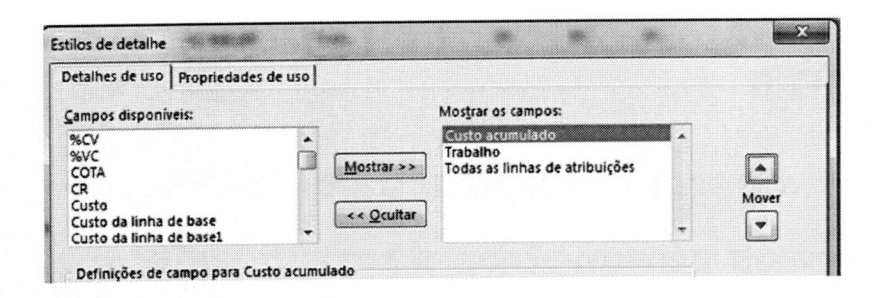

A curva "S" será composta por valores de custos acumulados em pontos determinados de acordo com a periodicidade selecionada para o monitoramento e controle do projeto (diária, semanal, quinzenal, mensal etc.).

Os valores acumulados podem ser copiados do MS-Project e colados em uma planilha MS-Excel que gerará o gráfico da curva "S".

Custos Acumulados do Projeto (Curva "S")

	I	M1	M2	M3	M4	M5	M6	M7	M8	Término
Valor Planejado	0	7.240	11.800	17.700	18.900	20.100	21.300	22.820	28.420	32.560
	05/jan	16/jan	23/jan	30/jan	06/fev	13/fev	20/fev	27/fev	06/mar	13/mar

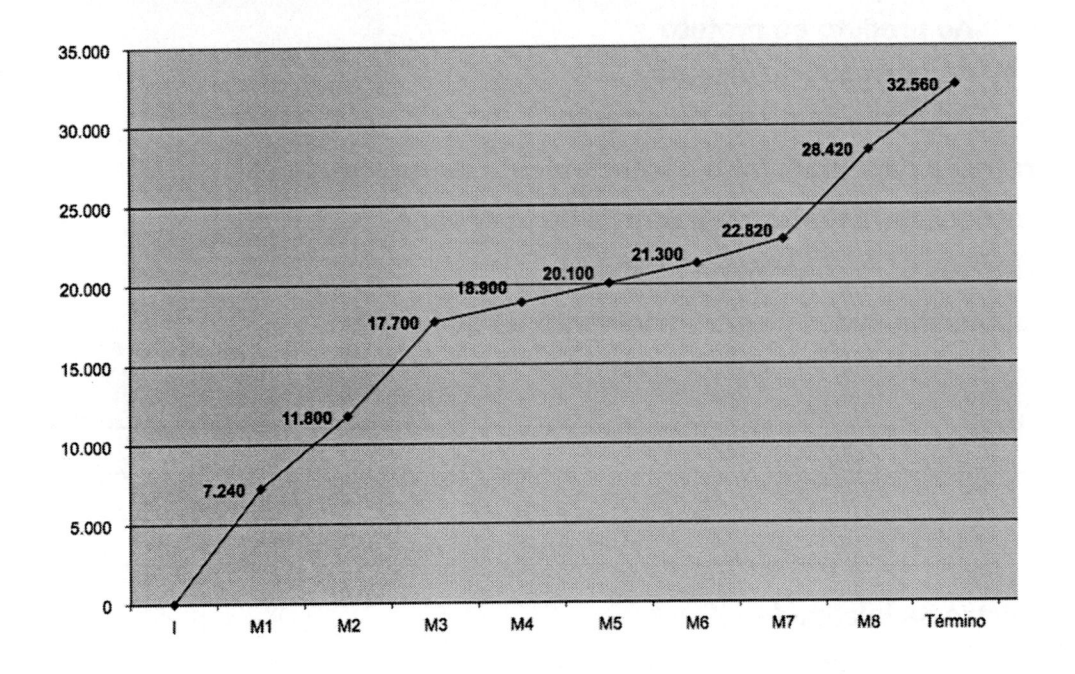

APLICAÇÃO 6

→ **Planejar o gerenciamento da qualidade**

→ **Registrar os parâmetros da qualidade**

→ **Definir os critérios de aceitação do produto do projeto**

→ **Definir os critérios de aceitação das principais entregas do projeto**

→ **Planejar o gerenciamento da qualidade**

As definições do planejamento do gerenciamento da qualidade devem ser documentadas em um plano de gerenciamento da qualidade, que pode conter os itens apresentados no modelo a seguir.

Modelo de Plano de Gerenciamento da Qualidade

1. **Objetivo**
2. **Definições**
3. **Políticas, normas e padrões da qualidade aplicáveis**
   - Ao projeto como um todo
   - Ao produto do projeto
   - Às entregas do projeto
   - Ao gerenciamento do projeto
4. **Diretrizes para planejar o gerenciamento da qualidade**
5. **Diretrizes para realizar a garantia da qualidade**
6. **Diretrizes para controlar a qualidade**
7. **Responsabilidades no gerenciamento da qualidade**

Atividade	Responsabilidade

8. **Registro da qualidade**

* * *

Instruções de preenchimento do plano de gerenciamento da qualidade

Plano de Gerenciamento da Qualidade	
Item	**Instrução de preenchimento**
Objetivo	Descrever o objetivo do plano de gerenciamento da qualidade.
Definições	Listar termos próprios de gerenciamento de projetos, de gerenciamento da qualidade ou de uso técnico com suas respectivas definições. Geralmente este item é preenchido após os demais itens do plano. O elaborador do plano deve avaliar que termos utilizados no plano merecem uma definição, para evitar ambiguidades ou dúvidas entre as pessoas que lerão o plano.
Políticas, normas e padrões da qualidade aplicáveis	Indicar políticas, normas e padrões de qualidade que serão aplicáveis ao projeto como um todo e em particular ao produto do projeto, às entregas do projeto e ao gerenciamento do projeto.
Diretrizes para planejar o gerenciamento da qualidade	Descrever como o processo de planejar o gerenciamento da qualidade será executado e que documentos ou formulários serão utilizados nesse processo.
Diretrizes para realizar a garantia da qualidade	Descrever como o processo de realizar a garantia da qualidade será executado e que documentos ou formulários serão utilizados nesse processo. Descrever como as auditorias de qualidade serão realizadas.
Diretrizes para controlar a qualidade	Descrever como o processo de controlar a qualidade será executado e que documentos ou formulários serão utilizados nesse processo. Descrever como as inspeções de qualidade serão realizadas.
Responsabilidades no gerenciamento da qualidade	Indicar as principais atividades de gerenciamento da qualidade e os responsáveis pela sua execução.
Registro da qualidade	Informar que instrumento será utilizado para documentar os itens da qualidade e procedimentos para seu gerenciamento.

Plano de gerenciamento da qualidade do projeto de Treinamento dos Novos Projetistas da Quality Project

1. Objetivo

Definir padrões, parâmetros e processos para o gerenciamento da qualidade do projeto e do produto do projeto "**Treinamento dos Novos Projetistas da Quality Project**".

2. Definições

Qualidade: grau no qual um conjunto de características inerentes satisfaz aos requisitos.

Planejar o gerenciamento da qualidade: processo de identificação dos requisitos e/ou padrões de qualidade do projeto e do produto, além da documentação de como o projeto demonstrará a conformidade.

Realizar a garantia da qualidade: processo de auditoria dos requisitos de qualidade e dos resultados das medições de controle da qualidade para garantir que sejam usados os padrões de qualidade e definições operacionais apropriados.

Controlar a qualidade: processo de monitoramento e registro dos resultados da execução das atividades de qualidade para avaliar o desempenho e recomendar mudanças necessárias.

Auditoria da qualidade: revisões estruturadas e independentes para determinar se as atividades do projeto estão cumprindo as políticas e os processos.

Inspeção: exame de um resultado do trabalho para determinar se está em conformidade com o padrão estabelecido.

Atributo: uma característica da qualidade que é classificada como "conforme" ou "não conforme" às especificações ou requisitos.

Variável: uma característica da qualidade que é medida em uma escala contínua que afere o grau de conformidade.

Não conformidade: não atendimento a um requisito específico documentado e aprovado.

Requisito: uma condição ou capacidade que deve ser atendida ou possuída por um sistema, produto, serviço, resultado ou componente para satisfazer um contrato, uma norma, uma especificação ou outros documentos impostos formalmente. Os requisitos incluem necessidades, desejos e expectativas quantificados e documentados do patrocinador, do cliente e de outras partes interessadas.

Critérios de aceitação: os critérios, inclusive requisitos de desempenho e condições essenciais, que devem ser atendidos para que as entregas do projeto sejam aceitas.

Organização executora: a empresa cujos funcionários estão mais diretamente envolvidos na execução do trabalho do projeto.

Referências utilizadas para as definições:

- International Organization Standardization. 2008. ISO 9000:2008. Quality Management Systems – Fundamentals and Vocabulary. Genebra, Suíça.
- Project Management Institute – PMI. Um Guia do Conjunto de Conhecimentos em Gerenciamento de Projetos (*Guia PMBOK®*), 5ª Edição. Pennsylvania, PMI, 2013.

3. Políticas, normas e padrões da qualidade aplicáveis

Ao projeto como um todo:

- Política da qualidade da Quality Project.
- Normas ISO Série 9000:2000.
- Padrão Six Sigma.

Ao produto do projeto: o padrão de referência para a qualidade do produto do projeto será definido de acordo com os requisitos estabelecidos pelo cliente do projeto e traduzidos nos critérios de aceitação do produto do projeto.

Para características da qualidade do tipo variável, os critérios de aceitação representarão as variações toleradas pelo cliente. Os limites a essas variações formarão os limites inferiores e superiores de especificação (requisitos do cliente) e de controle (da equipe do projeto).

Às entregas do projeto: o padrão de referência para a qualidade das entregas do projeto será definido de acordo com os requisitos estabelecidos pelo cliente do projeto ou por responsáveis pela validação de entregas intermediárias e traduzido em termos de critérios de aceitação de cada entrega do projeto.

Ao gerenciamento do projeto: as referências para a qualidade dos processos de gerenciamento do projeto serão:

- Metodologia de gerenciamento de projetos adotada pela Quality Project.
- *PMBOK® Guide*.

4. Diretrizes para planejar o gerenciamento da qualidade

Os parâmetros da qualidade serão definidos em reuniões realizadas com o cliente, o patrocinador do projeto e demais partes interessadas chaves, entre as quais representantes da área de qualidade da Quality Project.

As definições resultantes do processo de planejar a qualidade serão documentadas nesse plano e no documento "registro da qualidade" (ver modelo anexo a este plano).

5. Diretrizes para realizar a garantia da qualidade

As auditorias da qualidade serão realizadas em reuniões específicas que devem ser programadas em periodicidade ou em datas específicas.

Os resultados das reuniões devem ser registrados em ata e as solicitações de mudanças encaminhadas ao gerente do projeto para as devidas providências.

As programações das auditorias devem estar registradas no cronograma do projeto.

6. Diretrizes para controlar a qualidade

As inspeções da qualidade serão programadas de acordo com a previsão das entregas do projeto.

Nas inspeções deverão ser aplicados os padrões de desempenho de acordo com os critérios de aceitação definidos para cada entrega do projeto.

Os resultados das inspeções serão documentados no registro da qualidade.

7. Responsabilidades no gerenciamento da qualidade

Atividade	Responsabilidade
Definir os padrões da qualidade aplicáveis ao projeto	Gerente do projeto e equipe
Manter o processo de gerenciamento da qualidade integrado com os demais processos de gerenciamento do projeto	Gerente do projeto
Aprovar o plano de gerenciamento da qualidade	Patrocinador do projeto
Realizar auditorias da qualidade	Escritório de gerenciamento de projetos (PMO – *Project Management Office*)/Área da qualidade da Quality Project
Realizar inspeções	Gerente do projeto ou membro da equipe

8. Registro da qualidade

Os itens da qualidade e o procedimento para seu gerenciamento serão registrados em planilha Excel própria, desenvolvida especificamente para este fim (resumido).

ID	Entrega	Item Inspecionado	Atributo/ Variável	Procedimentos	Padrão/ Critério de Aceitação	Responsável
1						
2						
3						
4						
5						
6						
7						
8						
9						
10						

Documento de Registro da Qualidade	
Campo	**Instrução de preenchimento**
ID	Número do registro
Entrega	Descrever a entrega do projeto que será inspecionada. Deve se referir ao produto final do projeto e às entregas intermediárias.
Item inspecionado	Apontar o elemento ou item da entrega que será objeto da inspeção.
Atributo/Variável	Informar a característica do requisito da qualidade a partir de uma lista limitada: • **Atributo:** sem tolerância: deve ser 100% cumprido. Atende ou não atende. • **Variável:** indica uma faixa de valores aceitáveis entre limites (limite inferior e limite superior).
Procedimentos	Definir como será realizada a inspeção do item.
Critério de aceitação	Descrever as condições a serem satisfeitas para a aceitação do item inspecionado. O critério de aceitação é uma medida da qualidade e indica a tolerância para o atendimento ao requisito. Se o requisito for atendido pelo escopo entregue, o item estará CONFORME; caso contrário estará NÃO CONFORME. De acordo com a característica do item de escopo, o critério de aceitação pode ser: • **De atributo:** sem tolerância, devendo ser 100% cumprido. Atende ou não atende. • **De variável:** indica uma faixa de valores entre limites (limite inferior e limite superior).
Responsável	Membro da equipe do projeto que atestará a realização da inspeção.
Validador da entrega	Responsável pelo aceite formal da entrega. Pode ser um membro da equipe do projeto, o cliente ou mesmo o patrocinador.
Resultado	Escolher o valor da lista limitada: • **Conforme:** o item inspecionado atende ao requisito, atendendo aos critérios de aceitação. • **Não conforme:** o item inspecionado não atende ao requisito, não atendendo aos critérios de aceitação.
Data da inspeção	Informar a data de realização da inspeção.
Data da correção (se aplicável)	Caso o item esteja não conforme e tenha havido uma correção, informar a data em que a correção foi inspecionada.
Data do aceite	Informar a data do aceite formal dado pelo validador da entrega.

* * *

→ Registrar os parâmetros da qualidade

Os parâmetros da qualidade do produto e das entregas do projeto serão documentados em um "Documento de Registro da Qualidade", apresentado a seguir.

**Documento de registro da qualidade do Projeto
de Treinamento dos Novos Projetistas da Quality Project (resumido)**

Registro da Qualidade						
ID	Entrega	Item Inspecionado	Atributo/ Variável	Procedimentos	Padrão/ Critério de Aceitação	Responsável
1	Produto do Projeto	Treinamento realizado	Variável	Verificar se todas as palestras foram realizadas	100%	Analista de Plan. e Controle
2	Local (Reservado)	Local reservado	Atributo	Confirmação da reserva	OK	Analista de Plan. e Controle
3	Local (para 50 part.)	Local reservado para 50 participantes	Variável	Confirmar se o espaço comporta 50 participantes	Limite inferior 50 Sem limite superior	Analista de Plan. e Controle
4	Comunicação	RH informado	Atributo	Receber confirmação do RH	OK	Analista de Plan. e Controle
5	Equip. Data Show	Equip. instalado e testado.	Atributo	Testar funcionamento	OK	Analista de Plan. e Controle
6	Equip. Computador	Equip. instalado e testado.	Atributo	Testar funcionamento	OK	Analista de Plan. e Controle
7	PowerPoint (Apresent.)	5 Apresentações prontas	Variável	Abrir os arquivos	100%	Analista de Plan. e Controle
8	Local Arrumado	Local arrumado	Atributo	Verificar local	OK	Assistente Adm.
9	Certificado	Certificado entregue aos 50 participantes	Variável	Receber confirmação de todos os participantes	100%	Assistente Adm.
10	Relatório	Relatório entregue à Diretoria	Atributo	Receber confirmação da Diretoria.	OK	Assistente Adm.

APLICAÇÃO 7

→ Elaborar a matriz de responsabilidades

Uma maneira prática de criar uma matriz de responsabilidades é criar uma tabela personalizada no MS-Project na qual as entregas e atividades do projeto, já definidas no cronograma, aparecerão nas linhas e os indivíduos e grupos que terão papéis ou responsabilidades no projeto aparecerão nas colunas. Os tipos de responsabilidade serão inseridos nas células da matriz.

Para criar uma tabela personalizada no MS-Project, siga os passos seguintes.

1. Escolha uma tabela qualquer do MS-Project e salve-a com outro nome, clicando na guia "Exibição", botão "Tabelas" e "Salvar Campos como Nova Tabela". A nova tabela será salva com o nome "Matriz de Responsabilidades".

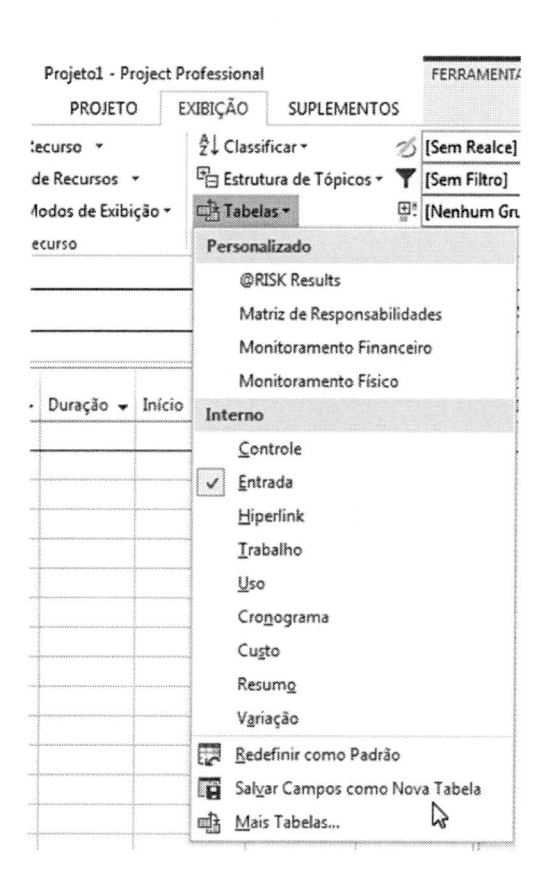

2. Insira colunas tipo texto (Texto 1, Texto 2, Texto 3 etc.), que serão utilizadas para identificar os papéis que terão alguma responsabilidade pelas entregas e ou atividades do projeto (por exemplo: patrocinador, cliente, gerente do projeto e outros membros

da equipe). No exemplo a seguir, foi incluída, a título de orientação, uma coluna com a legenda a ser utilizada para identificar o tipo de responsabilidade que cada papel terá em relação a cada entrega ou atividade do projeto.

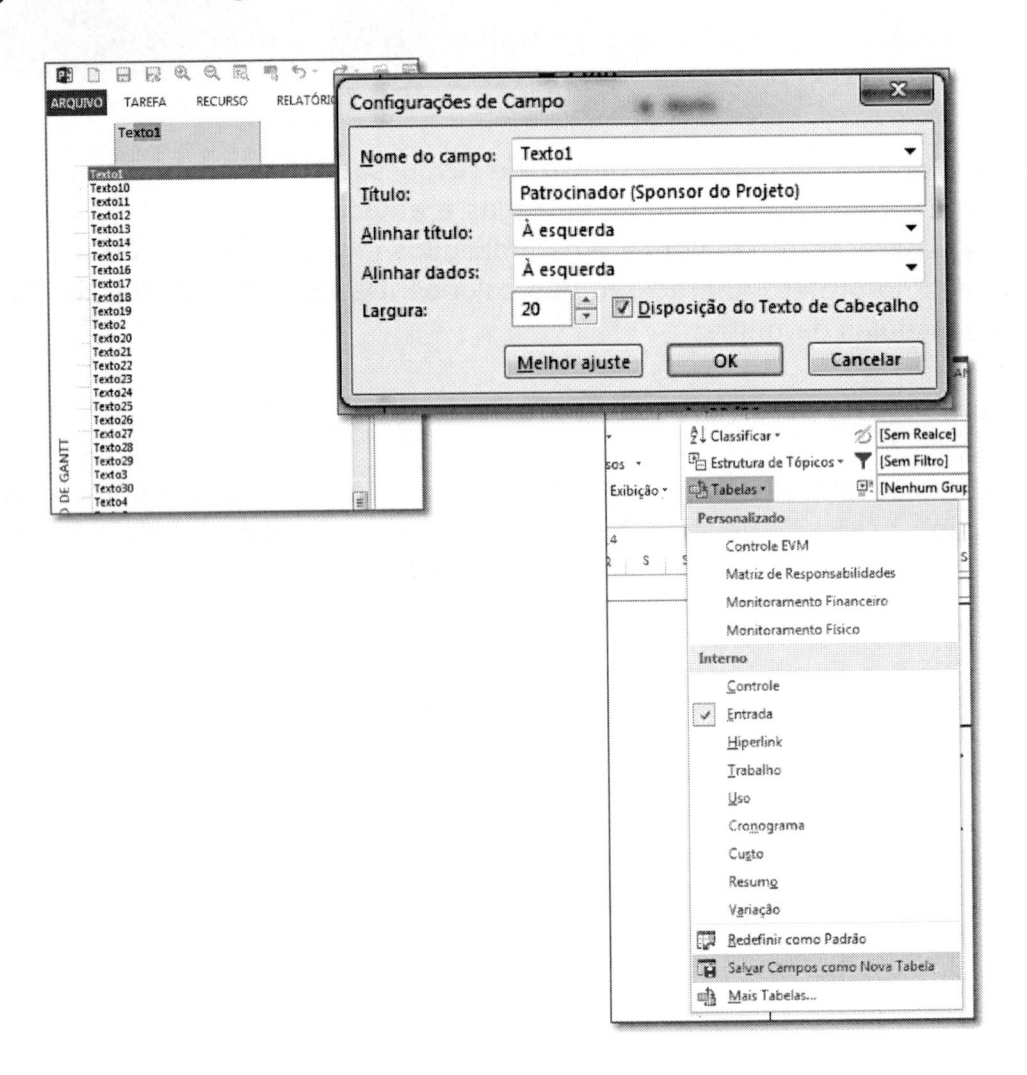

3. Oculte as colunas da tabela original cuja utilização não seja necessária na matriz de responsabilidades.

Matriz de responsabilidades preparada no MS-Project

O modelo de matriz de responsabilidades utilizado no exemplo é o RECI (R – Responsável, E – Executante, C – Consultado, I – Informado), cujas instruções de preenchimento encontram-se na tabela a seguir.

Instruções de preenchimento para a matriz de responsabilidades

Matriz de Responsabilidades – Modelo RECI	
Campo	Instrução de preenchimento
R (Responsável)	Aquele que é primariamente responsável pela conclusão completa e correta da atividade e que delega o trabalho para o executante (E). Pode haver **apenas um** responsável para cada atividade.
E (Executante)	Aquele que faz o trabalho necessário para concluir a atividade. Para cada atividade, deve haver **pelo menos um** executante, embora mais de uma pessoa possa ser indicada como executante para uma mesma atividade.
C (Consultado)	Aqueles cujas opiniões ou ideias são necessárias para realizar a atividade. Por exemplo, é o caso de especialistas técnicos com quem deve haver comunicação durante a execução da atividade.
I (Informado)	Aqueles que precisam ser mantidos informados sobre o progresso da atividade ou sobre sua conclusão.

Matriz de responsabilidades do Projeto de Treinamento dos Novos Projetistas da Quality Project

	Nome da tarefa	Patrocinador (Sponsor do Projeto)	Cliente do Projeto	Gerente do Projeto	Analista Planej.	Projetista	Auxiliar Adm.	R-Responsável E-Executor C-Consultado I-Informado
0	▲ Treinamento Novos Projetistas							
1	▲ Gerenciamento Projeto							
2	Termo de Abertura	R	C	E				
3	▷ Plano do Projeto	R	C	E	E			
6	▲ Monit. Controle							
7	▷ Medições			R	E			
16	▷ Reuniões de Status	R	C	E	E			
25	▷ Encerramento	R	C	E	E			
29	▲ Pré-Evento							
30	▷ Local	R	C	E	E		E	
35	▷ Comunicação			R			E	
38	▷ Equipamentos			R	E		E	
42	▷ PowerPoint			R		E		
47	▲ Evento							
48	▷ Local Arrumado			R			E	
51	▷ Treinamento	R	C	E	E			
55	▲ Pós-Evento							
56	▷ Certificado							
59	▷ Relatório			R	R			

Além das responsabilidades pelas entregas e/ou atividades do projeto, devem ser definidas responsabilidades pelas atividades de gerenciamento do projeto. Essas responsabilidades devem ser indicadas nos planos de gerenciamento auxiliares. Por exemplo, as responsabilidades pelas atividades de gerenciamento da qualidade devem constar no plano de gerenciamento da qualidade, as responsabilidades pelas atividades de gerenciamento de riscos, no plano de gerenciamento de riscos, e assim por diante.

APLICAÇÃO 8

→ Planejar o gerenciamento das comunicações

→ Planejar o gerenciamento das comunicações

As definições do planejamento do gerenciamento das comunicações devem ser documentadas em um plano de gerenciamento das comunicações, que pode conter os itens apresentados no modelo a seguir.

Modelo de plano de gerenciamento das comunicações

1. Objetivo
2. Matriz de comunicação
3. Planejamento de reuniões
4. Processo de escalonamento de autoridade

Instruções de preenchimento do plano de gerenciamento das comunicações

Plano de Gerenciamento das Comunicações	
Item	Instrução de preenchimento
Objetivo	Descrever o objetivo do plano de gerenciamento das comunicações.
Matriz de comunicação	Preencher a matriz de comunicação, detalhando os principais eventos de comunicação do projeto. **Documento/Informação:** documento componente do projeto ou informação específica que deve ser comunicada. **Público-alvo (parte interessada):** indivíduo ou grupo que precisa receber a comunicação. **Periodicidade/Marco:** indicação se a comunicação seguirá uma frequência regular ou se será feita em pontos específicos do projeto (marcos do projeto). **Meio/Forma:** formato, instrumento ou recurso que será utilizado para realizar a comunicação. **Responsável pela comunicação:** indivíduo que enviará a informação.
Planejamento de reuniões	Apresentar o calendário de reuniões predefinidas do projeto, indicando a realização das reuniões semanais, quinzenais e mensais. Anexar ao plano o modelo de ata de reunião que deve ser utilizado.
Escalonamento de autoridade	Definir quem deve ser procurado em caso de ausência de partes interessadas chaves.

Plano de gerenciamento das comunicações do Projeto de Treinamento dos Novos Projetistas da Quality Project

1. Objetivo

Documentar os elementos necessários para o gerenciamento das comunicações no projeto de Treinamento dos Novos Projetistas da Quality Project.

2. Matriz de comunicação

Matriz de Comunicação do Projeto				
ID	Documento/ Informação	Público-Alvo (Parte Interessada - Stakeholder)	Periodicidade/ Marco	Meio/ Forma	Responsável pela comunicação
1	Plano do Projeto	Patrocinador, Cliente e Equipe do Projeto	Depois de aprovado	Site do projeto (EPM)	Gerente do Projeto
2	Relatório de Status	Patrocinador	Nas datas programadas para reuniões de status	Apresentação de slides na reunião	Gerente do Projeto
2	Relatório de Status	Cliente	Nas datas programadas para reuniões de status	e-mail com arquivo anexo (ou site do projeto)	Gerente do Projeto
3	Novos Riscos identificados	Patrocinador, Cliente e Gestor de Riscos, Responsável por Ações de Resposta	No momento da identificação	e-mail de comunicação	Gestor de Riscos (se não houver será o GP)
4	Problemas indentificados	Patrocinador e Parte Interessada afetada	No momento da identificação	e-mail ou telefone em primeira instância	Gerente do Projeto

3. Planejamento de reuniões

3.1. Calendário de reuniões predefinidas

Item	Tema	Data ou periodicidade	Local	Duração estimada
1	Reunião de *kick-off*	10-jan-15	Sala 3 – Sede	90 min
2	Coleta de informações de desempenho	Semanalmente às terças-feiras (14:00h)	Sala 3 – Sede	60 min
3	Apresentação do projeto para o patrocinador	Quinzenalmente às sextas-feiras (10:00h)	Sala da diretoria	30 min

3.2. Ata de reunião

Utilizar o modelo corporativo de ata de reunião disponível no SGD (Sistema de Gestão de Documentação) da Quality Project.

4. Processo de escalonamento de autoridade

Em caso de ausência de	Falar com	Telefone	E-mail
Joseph Juran	Niels Bohr	3338-4456	bohr@qp.com.br
René Descartes	Blaise Pascal	3338-4467	pascal@qp.com.br
Eric Voegelin	Sócrates de Atenas	3338-4458	atenas@qp.com.br

APLICAÇÃO 9

→ **Planejar o gerenciamento dos riscos**
→ **Identificar, analisar e planejar respostas aos riscos**

→ Planejar o gerenciamento dos riscos

As definições do planejamento do gerenciamento dos riscos devem ser documentadas em um plano de gerenciamento dos riscos, que pode conter os itens apresentados no modelo a seguir.

Modelo de plano de gerenciamento dos riscos

1. **Objetivo**
2. **Descrição geral do processo de gerenciamento de riscos**
3. **Funções e responsabilidades no gerenciamento de riscos**
4. **Diretrizes para identificar riscos**
5. **Diretrizes para realizar a análise qualitativa de riscos**
6. **Diretrizes para planejar respostas a riscos**
7. **Diretrizes para controlar riscos**
8. **Registro de riscos**
9. **Relatórios de gerenciamento de riscos**

Plano de Gerenciamento dos Riscos	
Item	**Instrução de preenchimento**
Objetivo	Descrever o objetivo do plano de gerenciamento dos riscos.
Descrição geral do processo de gerenciamento de riscos	Indicar quais processos de gerenciamento de riscos serão executados no projeto.
Funções e responsabilidades no gerenciamento de riscos	Identificar as responsabilidades que as diversas funções (gerente do projeto, patrocinador, membros da equipe etc.) terão no gerenciamento de riscos.
Diretrizes para identificação de riscos	Listar as técnicas que serão utilizadas para identificar riscos do projeto. Técnicas possíveis (a lista não esgota todas as possibilidades): 1) Reuniões de *brainstorming* com toda a equipe do projeto 2) Reuniões de *brainstorming* com grupos separados por especialidade 3) Entrevistas individuais com especialistas das diversas áreas técnicas do projeto 4) Entrevistas coletivas com grupos de especialistas das diversas áreas técnicas do projeto 5) Utilização de técnica Delphi com especialistas selecionados 6) Aplicação da técnica *Crawford Slip* com consolidação dos resultados em planilha 7) Aplicação da técnica *Crawford Slip* seguida de diagrama de afinidade, com consolidação dos resultados em planilha 8) Utilização de diagramas de Ishikawa (causa e efeito) para relacionar fontes de risco, eventos de risco e impactos comuns 9) Utilização de diagramas de influência para descobrir causas raízes de riscos 10) Utilização de *checklists* de riscos 11) Realização de análise SWOT para o projeto inteiro 12) Realização de análise SWOT para as grandes entregas do projeto Definir a EAR (Estrutura Analítica de Riscos), que será utilizada como auxílio na identificação de riscos.
Diretrizes para realizar a análise qualitativa de riscos	Definir as técnicas a serem utilizadas para priorizar riscos, incluindo, sem se limitar a: - Tabela de probabilidades - Tabela de impactos - Matriz de probabilidade x impacto
Diretrizes para planejar respostas aos riscos	Perguntas que podem ser respondidas neste tópico: - Riscos com qual severidade terão de passar pelo processo de planejamento de respostas? Apenas os riscos altos? Os riscos altos e médios? - Quem será responsável por desenvolver as ações de resposta para cada risco? - É necessário que haja aprovação dos planos de resposta elaborados? Quem os aprovará?

Plano de Gerenciamento dos Riscos	
Item	**Instrução de preenchimento**
Diretrizes para controlar riscos	Perguntas que podem ser respondidas neste tópico: - Qual será a periodicidade do monitoramento dos riscos? - Como será feito esse monitoramento? Em reuniões específicas? Como parte da pauta de reuniões de acompanhamento do projeto? Individualmente, com os responsáveis pelos riscos? - Quem participará das reuniões de monitoramento de riscos? - Que aspectos do gerenciamento de risco serão tratados nas reuniões de monitoramento de riscos? - Com qual periodicidade serão conduzidas auditorias de gerenciamento de riscos para se verificar a consistência do processo de gerenciamento de riscos? Quem participará dessas auditorias? Como serão conduzidas? - O que será feito para capturar devidamente as lições aprendidas com o gerenciamento de riscos?
Registro dos riscos	Informar que instrumento será utilizado para documentar os riscos identificados e seus planos de resposta.
Relatórios de gerenciamento de riscos	Definir qual será a periodicidade de emissão do relatório de acompanhamento do gerenciamento de riscos, quem o emitirá e quem serão os destinatários. Em linhas gerais, qual será o conteúdo dos relatórios?

Plano de gerenciamento dos riscos do Projeto de Treinamento dos Novos Projetistas da Quality Project

1. Objetivo

Descrever como o processo de gerenciamento de riscos do projeto "Treinamentos dos Novos Projetistas da Quality Project" será estruturado e conduzido durante todo o ciclo de vida do mesmo.

O plano de gerenciamento de riscos busca garantir coerência e uniformidade na identificação, na análise, na resposta e no controle dos riscos a que está sujeito o projeto, contribuindo para a melhoria do seu desempenho em relação a seus objetivos de escopo, cronograma e custo.

2. Descrição geral do processo de gerenciamento de riscos

O processo de gerenciamento de riscos será conduzido através das seguintes etapas, que serão detalhadas ao longo deste documento:

1. Identificação de riscos.
2. Análise qualitativa de riscos.
3. Planejamento de respostas a riscos.
4. Monitoramento e controle de riscos.

3. Funções e responsabilidades no gerenciamento de riscos

Função*	Responsabilidade
Patrocinador do projeto	• Aprovar o plano de gerenciamento de riscos.
Gerente do projeto	• Manter o processo de gerenciamento de riscos integrado com os demais processos de gerenciamento do projeto. • Participar na identificação, na análise qualitativa e no planejamento de respostas a riscos. • Aprovar a documentação de riscos no registro de riscos.
Gestor de riscos	• Organizar e liderar o processo de gerenciamento de riscos. • Participar na identificação, na análise qualitativa e no planejamento de respostas a riscos. • Manter o registro de riscos do projeto atualizado através de um contínuo monitoramento e controle de riscos. • Gerar relatórios periódicos de acompanhamento do gerenciamento de riscos do projeto.
Equipe do projeto	• Participar na identificação, na análise qualitativa e no planejamento de respostas a riscos.
Responsável por ações de resposta	• Participar do planejamento de respostas a riscos. • Executar as ações de resposta sob sua responsabilidade. • Manter atualizadas as informações das ações de resposta sob sua responsabilidade.

* Uma mesma pessoa poderá exercer mais de uma função.

4. Diretrizes para identificação de riscos

Os riscos serão inicialmente identificados em reunião da equipe de gerenciamento do projeto. Os riscos identificados deverão ser registrados no registro de riscos do projeto.

Nesta reunião de identificação de riscos, o seguinte roteiro será utilizado:

a) Durante os primeiros dez minutos, cada participante do grupo deve refletir em silêncio sobre o projeto (utilizando EAP/cronograma) e sobre as fontes potenciais de risco (utilizando a EAR – Estrutura Analítica de Riscos), anotando suas ideias sobre riscos em um bloco de notas ou em *post-its*®.

b) É recomendável que os riscos sejam descritos utilizando a seguinte estrutura de frase: "Devido a **<causa>** poderá ocorrer **<risco>**, o que levará a **<um ou mais efeitos (impactos)>**".

c) Após os primeiros vinte minutos, o facilitador da reunião pede ao primeiro participante à sua esquerda para ler/explicar o primeiro item de sua lista de riscos.

d) O facilitador deve incentivar a discussão sobre o <u>entendimento</u> do evento de risco identificado. **Não se deve fazer análise do risco nesse momento**, isto é, não se deve avaliar ainda se o evento é muito ou pouco provável e em que extensão os objetivos do projeto podem ser impactados.

e) O facilitador anota o evento de risco, buscando distingui-lo de suas causas e consequências.

f) O facilitador pede ao próximo participante à esquerda para ler/explicar o primeiro item de sua lista de riscos.

g) Os passos "b" a "e" se repetem até que todos os participantes tenham esgotado suas listas de riscos. Caso, durante as discussões, alguém se lembre de outro risco, o facilitador deve incentivar tal pessoa a anotar o risco em seu bloco de notas ou em *post-it*®, para depois apresentá-lo ao grupo.

Como suporte à identificação de riscos, será utilizada a EAR (Estrutura Analítica de Riscos) a seguir. A EAR apresenta as fontes potenciais de risco para o projeto.

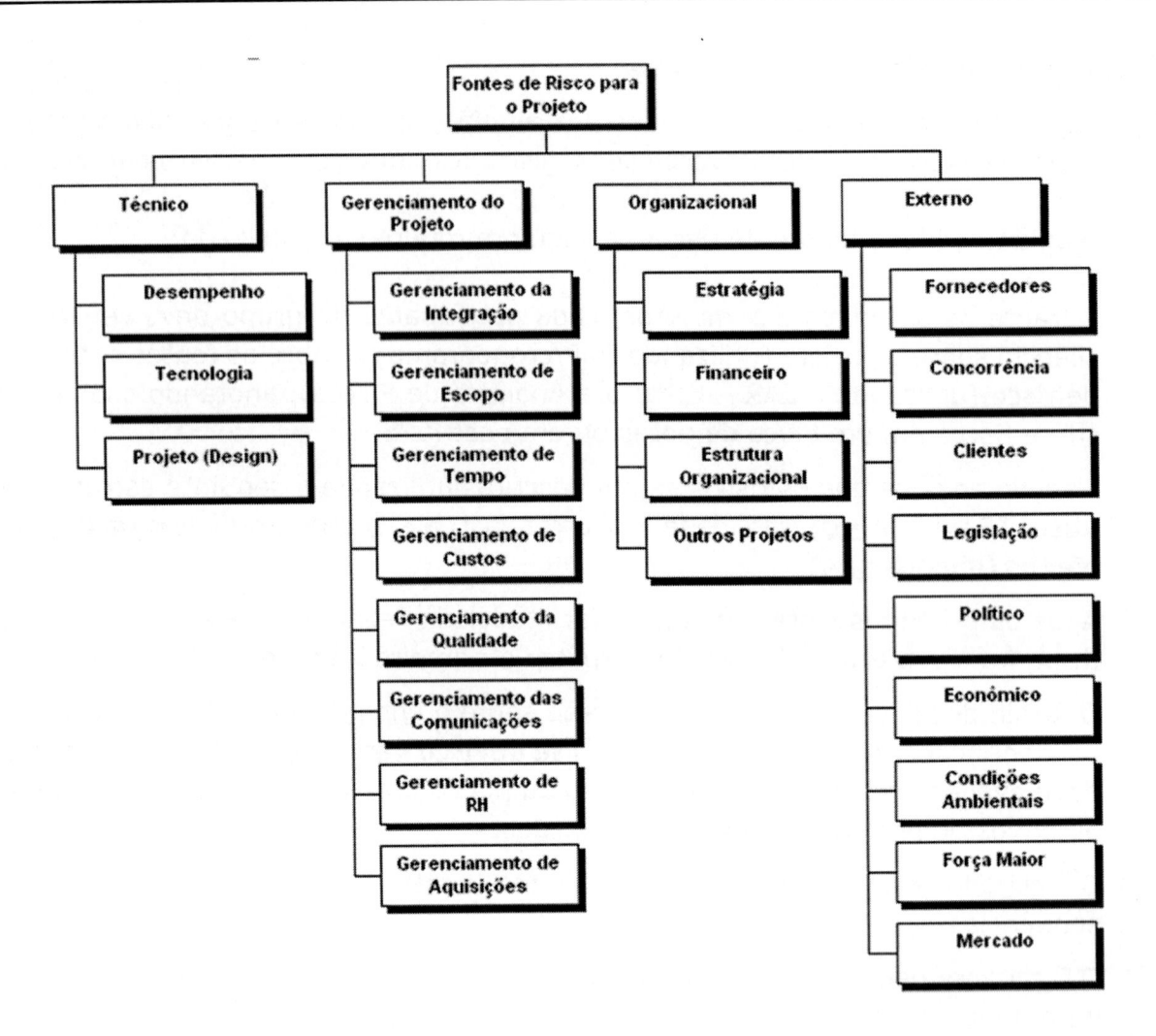

```
Fontes de Risco para o Projeto
├── Técnico
│   ├── Desempenho
│   ├── Tecnologia
│   └── Projeto (Design)
├── Gerenciamento do Projeto
│   ├── Gerenciamento da Integração
│   ├── Gerenciamento de Escopo
│   ├── Gerenciamento de Tempo
│   ├── Gerenciamento de Custos
│   ├── Gerenciamento da Qualidade
│   ├── Gerenciamento das Comunicações
│   ├── Gerenciamento de RH
│   └── Gerenciamento de Aquisições
├── Organizacional
│   ├── Estratégia
│   ├── Financeiro
│   ├── Estrutura Organizacional
│   └── Outros Projetos
└── Externo
    ├── Fornecedores
    ├── Concorrência
    ├── Clientes
    ├── Legislação
    ├── Político
    ├── Econômico
    ├── Condições Ambientais
    ├── Força Maior
    └── Mercado
```

5. Diretrizes para análise qualitativa de riscos

Todos os riscos identificados serão analisados qualitativamente a partir da estimativa de sua probabilidade e de seus impactos sobre os objetivos do projeto, utilizando as definições da tabela a seguir.

Tabela de probabilidades e impactos

Descrição da probabilidade		Valor a ser utilizado
Grande chance de ocorrer	Muito alta	0,9
Provavelmente ocorrerá	Alta	0,7
Igual chance de ocorrer ou não	Média	0,5
Baixa chance de ocorrer	Baixa	0,3
Pouca chance de ocorrer	Muito baixa	0,1

Impacto **PRAZO**	Impacto **CUSTO**	Referência	**Valor a ser utilizado**
Até 5 dias	Até 1%	Muito baixo	0,05
Entre 5 e 10 dias	Entre 1% e 5%	Baixo	0,10
Entre 10 e 20 dias	Entre 5% e 10%	Médio	0,20
Entre 20 e 30 dias	Entre 10% e 20%	Alto	0,40
Maior que 30 dias	Maior que 20%	Muito alto	0,80

A prioridade no tratamento dos riscos será definida através do uso da matriz de probabilidade x impacto da tabela a seguir.

Matriz probabilidade x impacto

Probabilidade	Grau de Risco (Ameaças)					Grau de Risco (Oportunidades)				
0,9	0,045	0,09	0,18	0,36	0,72	0,72	0,36	0,18	0,09	0,045
0,7	0,035	0,07	0,14	0,28	0,56	0,56	0,28	0,14	0,07	0,035
0,5	0,025	0,05	0,10	0,20	0,40	0,40	0,20	0,10	0,05	0,025
0,3	0,015	0,03	0,06	0,12	0,24	0,24	0,12	0,06	0,03	0,015
0,1	0,005	0,01	0,02	0,04	0,08	0,08	0,04	0,02	0,01	0,005
	0,05	0,1	0,2	0,4	0,8	0,8	0,4	0,2	0,1	0,05
	Impacto nos objetivos do projeto									

Risco Baixo   Risco Médio   Risco Alto

O resultado da análise qualitativa será utilizado para:

- Selecionar os eventos de risco (positivos e negativos) que serão insumos para os processos de análise quantitativa e de planejamento de respostas.
- Identificar áreas do projeto com maior exposição a riscos, utilizando como referência os códigos da Estrutura Analítica do Projeto.
- Identificar fontes de risco com maior potencial de ameaça ou oportunidade para o projeto, utilizando as categorias definidas na EAR utilizada.

6. Diretrizes para planejamento de resposta a riscos

Os riscos classificados qualitativamente como **ALTOS** e **MÉDIOS** deverão passar pelo processo de planejamento de respostas, estando sujeitos a uma ou mais estratégias.

Um mesmo plano de respostas poderá utilizar estratégias combinadas para responder ao risco. Por exemplo, pode-se adotar uma ação para mitigar o risco e, ao mesmo tempo, cadastrar um plano de contingência para o caso de a mitigação não ser efetiva.

Ao planejar respostas a riscos do projeto, deve-se observar a possibilidade de aparecimento de riscos secundários, que são eventos de risco originados em virtude da execução de ações de resposta. Esses riscos secundários deverão, por sua vez, seguir os processos de gerenciamento de riscos definidos para o projeto.

Independentemente da estratégia selecionada, respostas a riscos devem ser:

- adequadas à severidade do risco;
- oportunas para ter sucesso;
- efetivas em termos de custo;
- realistas dentro do contexto do projeto;
- designadas a um responsável por sua execução.

Em função dos resultados do processo de planejamento de respostas, poderá haver necessidade de revisão de documentos de planejamento do projeto. Deve ser avaliada a necessidade de incorporar ao cronograma do projeto determinadas atividades planejadas como respostas a riscos identificados – por exemplo, a contratação de um seguro. Despesas planejadas com ações de resposta também devem realimentar a composição dos custos do projeto.

7. Diretrizes para controle de riscos

Semanalmente, durante a reunião de acompanhamento do projeto, será avaliado o andamento dos riscos identificados e registrados. Os seguintes aspectos, em relação a riscos, devem ser considerados na reunião acompanhamento:

- Verificar se houve mudança nas características de algum risco, alterando suas informações no registro de riscos.
- Verificar se houve mudança na situação de alguma ação planejada de resposta a risco, alterando suas informações no registro de riscos.
- Verificar se algum novo risco foi identificado. Em caso positivo, este deve ser documentado no registro de riscos. Solicitações de mudanças no projeto são fontes potenciais de novos riscos e devem ser avaliadas na reunião de acompanhamento.

A incorporação de informações de riscos também pode ser realizada no dia a dia do projeto pelos responsáveis por cada risco. A reunião de acompanhamento é o momento oportuno para que essas revisões em riscos sejam comunicadas ao responsável pelo projeto para que a sua documentação seja feita no registro de riscos.

Caso, durante o projeto, seja observada a ocorrência de algum risco que não tenha sido identificado previamente, soluções alternativas deverão ser criadas para respondê-lo. Esses riscos, que não eram conhecidos antes de sua ocorrência, assim como as soluções encaminhadas, deverão ser incluídos no registro de riscos para subsidiar o estudo das lições aprendidas de gerenciamento de riscos para outras fases do projeto ou para projetos futuros.

8. Registro de riscos

Os riscos do projeto serão registrados em planilha Excel própria, desenvolvida especificamente para este fim. As informações a serem preenchidas para cada evento de risco ou ação de resposta estão definidas nas tabelas a seguir, juntamente com as respectivas instruções de preenchimento.

Modelo de registro de riscos (resumido)

REGISTRO DE RISCOS									
Código do Risco	Status do Risco	Descrição do Risco	Categoria	Probabilidade		Impactos			
						Prazo		Custo	
				Descrição	%	Aumento ou Redução	Faixa	Aumento ou Redução	Faixa
R-01					0%				
R-02					0%				
R-03					0%				
R-04					0%				
R-05					0%				
R-06					0%				
R-07					0%				
R-08					0%				
R-09					0%				
R-10					0%				

Planilha Riscos – Identificação e Análise	
Campo	**Instrução de preenchimento**
Código do risco	Código alfanumérico, gerado pela planilha, que identifica univocamente cada risco registrado.
Status do risco	Situação do risco em determinado momento do projeto. Selecionar o status a partir da lista fornecida: - **Novo**: risco registrado ainda sem aprovação do gerente do projeto. - **Ativo**: risco registrado com aprovação do gerente do projeto. - **Concluído**: risco que já ocorreu, ou que não pode mais ocorrer.
Descrição do risco	Descrever o evento ou condição de risco. Recomenda-se que a descrição do risco seja feita de maneira estruturada, utilizando-se uma descrição em três partes: "Devido a <uma ou mais causas>, <risco> poderá ocorrer, o que levaria a <um ou mais efeitos>."
Responsável pelo risco	Informar o nome da pessoa que acompanhará a evolução do risco através de um monitoramento e um controle contínuos.
Categoria	Selecionar a categoria do risco a partir da lista fornecida pela planilha, que reflete o último nível da EAR do projeto.
Área técnica	Informar a área técnica responsável pelo risco registrado.
Código EAP	Indicar o código do pacote de trabalho ou atividade a que se refere o risco. Esse código deve ser obtido da EAP (Estrutura Analítica do Projeto).
Probabilidade/Descrição	Selecionar a probabilidade estimada de ocorrência do risco, a partir da lista fornecida pela planilha, de acordo com a tabela de probabilidades do projeto.
Probabilidade/%	Valor a ser informado pela planilha em função da descrição de probabilidade selecionada no campo anterior.
Impactos (prazo e custo)/Aumento ou redução	Caso haja impactos em prazo ou custo do projeto, informar se o impacto é positivo (redução de prazo ou custo) ou negativo (aumento de prazo ou custo). Os valores devem ser selecionados da lista fornecida pela planilha.
Impactos/Faixa	Selecionar o impacto do risco em um ou mais objetivos do projeto a partir da lista fornecida pela planilha, de acordo com a tabela de impactos do projeto.
Grau do risco	Índice que representa o grau ou severidade do risco, a ser calculado pela planilha.

Planilha Riscos – Identificação e Análise	
Campo	**Instrução de preenchimento**
Classificação do risco	Classificação do risco, a ser calculada pela planilha, de acordo com a matriz de probabilidade x impacto do projeto.
Data de inclusão	Informar a data em que o risco foi incluído no registro de riscos.
Data da última modificação	Informar a data da última modificação de qualquer informação referente ao risco, se houver.
Data de conclusão	Informar a data de conclusão do risco no registro de riscos, se for o caso.
Justificativa de conclusão	Selecionar a justificativa de conclusão do risco a partir da lista fornecida pela planilha: - **Risco ocorrido:** o risco ocorreu no projeto. - **Risco evitado:** o risco foi evitado por uma ação de resposta planejada. - **Risco vencido:** o risco não poderá mais ocorrer no projeto por motivo diverso de ação de resposta planejada. Por exemplo, por decurso de tempo.

Planilha "Planos de Resposta"	
Campo	**Instrução de preenchimento**
Código do risco	Informar o código do risco a que se referem as ações de resposta.
Número da ação	Número de identificação de cada ação de resposta dentro de um plano de respostas para determinado risco. Esse número é gerado pela planilha.
Status da ação	Situação da ação de resposta em determinado momento do projeto. Selecionar o status da ação a partir da lista fornecida pela planilha: - **Nova:** ação de resposta registrada ainda sem aprovação do responsável pelo risco. - **Não iniciada:** ação de resposta registrada, aprovada pelo responsável pelo risco, mas que ainda não foi iniciada pelo responsável pela ação. - **Em andamento:** ação de resposta já iniciada pelo responsável pela ação. - **Atrasada:** ação de resposta ainda não concluída, com prazo de término vencido. - **Concluída:** ação de resposta já concluída pelo responsável pela ação.
Estratégia de resposta	Selecionar, da lista fornecida pela planilha, a estratégia de resposta a que se refere a ação (ver item 7 deste plano).
Descrição da ação	Descrever a ação de resposta para o risco em questão.
Responsável pela ação	Informar o nome da pessoa que será responsável pela ação de resposta.
Evento de disparo da ação (se aplicável)	Descrever, se aplicável, o evento de disparo ou alerta que será utilizado como referência para dar início à ação de resposta.
Prazo da ação (se aplicável)	Informar, se aplicável, o prazo para término da ação de resposta.
Estimativa de custo da ação	Informar, caso haja, o custo de implementação da ação de resposta. Essa informação deverá realimentar o orçamento do projeto.
Data de criação	Informar a data de registro da ação de resposta.
Data da última atualização	Informar a data da última atualização da ação, se for o caso.
Data de conclusão	Informar a data de conclusão da ação de resposta.

* * *

→ Identificar, analisar e planejar respostas aos riscos

Os riscos identificados e analisados, assim como as respostas aos riscos prioritários, devem ser documentados no registro de riscos do projeto.

Registro dos riscos do Projeto de Treinamento dos Novos Projetistas da Quality Project (resumido)

REGISTRO DE RISCOS										
Código do Risco	Status do Risco	Descrição do Risco	Probabilidade		Impactos				Grau do Risco	Classificação do Risco
					Prazo		Custo			
			Descrição	%	Aumento ou Redução	Faixa	Aumento ou Redução	Faixa		
R-01	Ativo	Devido à agenda sobrecarregada dos diretores, poderá ocorrer uma indisponibilidade de data, o que levará a remarcação do evento	Alta	70%	Aumento	Alto			0,28	Alto
R-03	Ativo	Devido a características tecnológicas, poderá ocorrer defeito no projetor de slides, o que levaria a interrupção do treinamento.	Baixa	30%	Aumento	Muito Alto			0,24	Alto
R-04	Ativo	Devido ao período previsto para o evento ser alta temporada de eventos na cidade, poderá ocorrer um preço de contratação do local maior do que o estimado, o que levaria ao aumento do custo do projeto.	Média	50%			Aumento	Moderado	0,1	Médio
R-02	Ativo	Devido à agenda sobrecarregada dos diretores, poderá ocorrer demora na preparação das apresentações, o que levaria a atraso na entrega do arquivo do Word.	Alta	70%	Aumento	Muito Baixo			0,035	Baixo
R-05	Ativo	Devido à Quality contratar locais de treinamento com frequência, poderá ocorrer um preço menor do que o estimado, o que levaria à redução no custo do projeto	Alta	70%			Redução	Moderado	-0,14	Oportunidade Média

PLANO DE RESPOSTAS

Código do Risco	Número da Ação	Status da Ação	Estratégia de Resposta	Descrição da Ação	Responsável pela Ação	Evento de Disparo da Ação (Se Aplicável)
R-01	1	Nova	Mitigar	Solicitar ao presidente que determine formalmente aos diretores o treinamento dos novos projetistas como prioritário.	Gerente do Projeto	NA
R-01	2	Nova	Mitigar	Solicitar ao presidente que determine que os diretores bloqueiem suas agendas para as datas do treinamento.	Gerente do Projeto	NA
R-01	3	Nova	Aceitar	Preparar plano de contingência com substituto, caso um diretor não possa fazer sua apresentação no treinamento.	Gerente do Projeto	Confirmação da não participação de um diretor.
R-03	1	Nova	Aceitar	Solicitar ao fornecedor um projetor reserva.	Analista de Planejamento	NA
R-04	1	Nova	Mitigar	Programar a contratação do local o mais cedo possível.	Gerente do Projeto	NA
R-04	2	Nova	Mitigar	Pesquisar locais alternativos para a realização do treinamento.	Analista de Planejamento	NA
R-04	3	Nova	Mitigar	Verificar com o RH da Quality se há algum convênio com fornecedores de locais para treinamento.	Analista de Planejamento	NA
R-05	1	Nova	Melhorar	Verificar com o RH da Quality se há algum convênio com fornecedores de locais para treinamento.	Analista de Planejamento	NA

APLICAÇÃO 10

→ Aprovar o plano do projeto
→ Definir a linha de base do projeto

→ Aprovar o plano do projeto

As aplicações realizadas até este ponto demonstraram como a gerência e a equipe do projeto podem produzir os principais documentos e artefatos que formarão um plano que será o instrumento para alcançar os objetivos do projeto.

As três principais partes envolvidas em um projeto – o solicitante, denominado cliente do projeto, o patrocinador, autorizador do projeto, e o gerente do projeto com sua equipe de trabalho – precisam estar de comum acordo sobre como o projeto será realizado. A celebração desse acordo ocorre no processo de aprovação do plano do projeto.

Portanto, o processo de aprovação do plano do projeto não deve ser uma mera formalidade, mas uma oportunidade para que a gerência do projeto possa apresentar, explicar e compartilhar as escolhas feitas pela equipe do projeto, alertar sobre riscos, sinalizar pontos de atenção, justificar critérios utilizados em estimativas, enfim, alinhar o entendimento sobre o que está sendo previsto.

Apesar de na prática do dia a dia o tempo dos aprovadores estar cada vez mais escasso, a gerência do projeto deve solicitar a reserva de um tempo suficiente para o processo de apresentação e aprovação do plano do projeto. Como já foi ressaltado na parte conceitual, a aprovação do plano do projeto deve ser vista mais como um direito do gerente do projeto do que como uma obrigação.

→ Definir a linha de base do projeto

Uma vez submetido o plano à aprovação, eventuais ajustes em algum de seus componentes devem ser feitos e novamente apresentados para aprovação.

Se a equipe do projeto estiver utilizando um software especializado para elaboração do cronograma e orçamento do projeto tal como o MS-Project, utilizado neste guia prático, depois de o plano ter sido aprovado é possível registrar como linha de base os parâmetros de escopo (estrutura de entregas exibidas no cronograma), tempo e custos do projeto.

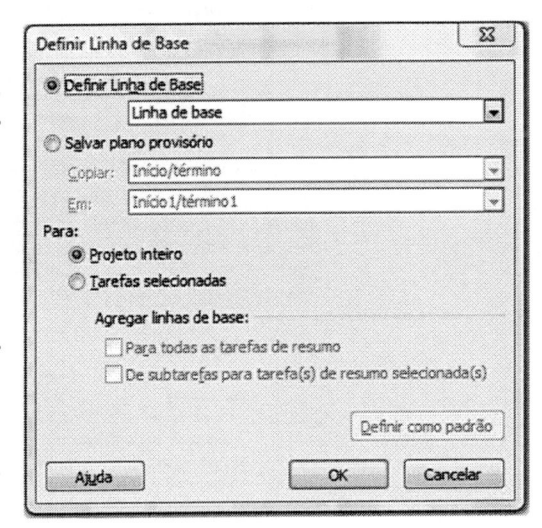

O registro da linha de base pode ser feito na guia "Projeto/Definir Linha de Base".

Linhas de base do Projeto de Treinamentos dos Novos Projetistas da Quality Project:

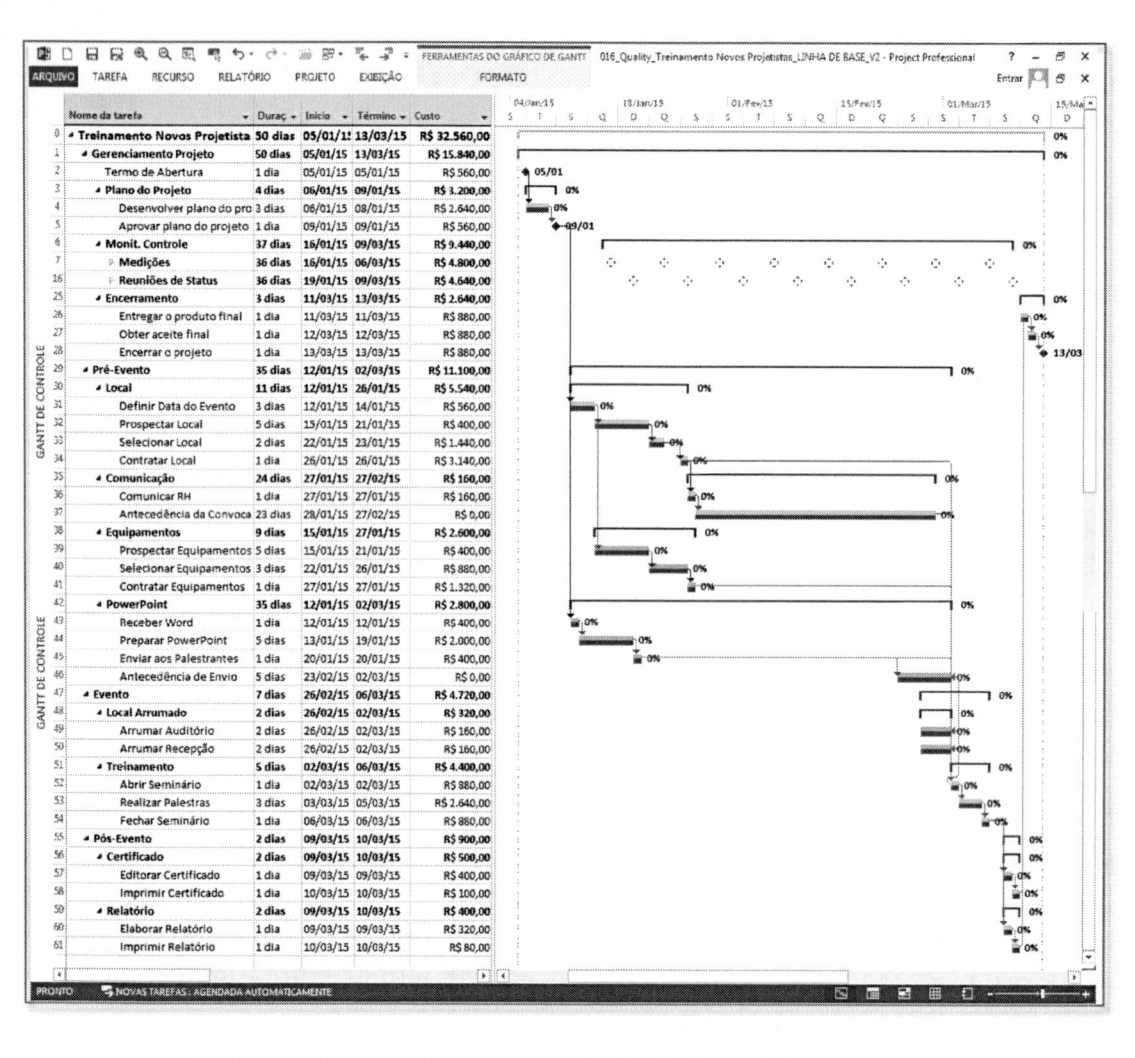

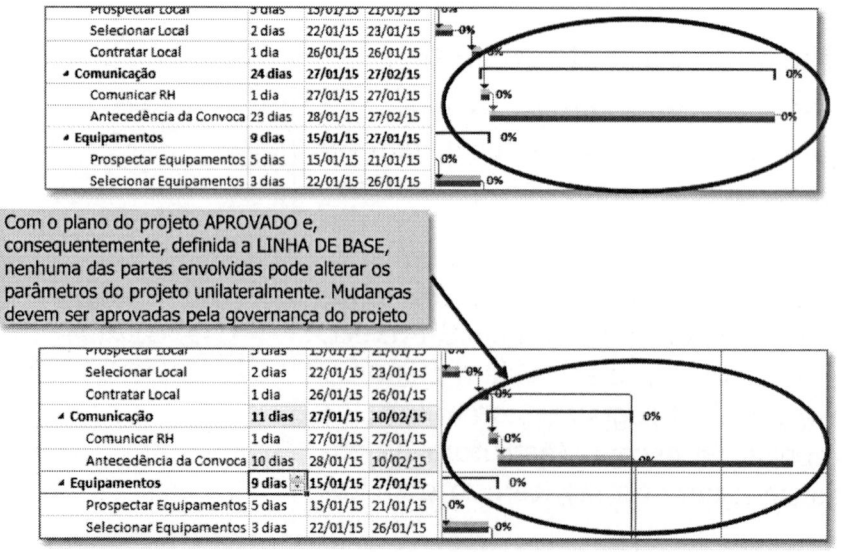

> Com o plano do projeto APROVADO e, consequentemente, definida a LINHA DE BASE, nenhuma das partes envolvidas pode alterar os parâmetros do projeto unilateralmente. Mudanças devem ser aprovadas pela governança do projeto

> Guia Prático 327

> **APLICAÇÃO 11**
>
> → **Preparar o MS-Project para o monitoramento e controle**
>
> → **Registrar o progresso do projeto**
>
> → **Coletar informações de desempenho**
>
> → **Preparar o relatório de desempenho do projeto**
>
> → **Aprovar ações corretivas**

→ **Preparar o MS-Project para o monitoramento e controle**

Utilização da tabela "Controle" e "Gantt de Controle"

Selecione a guia "Exibição", escolha "Gantt de Controle" e em seguida a tabela "Controle".

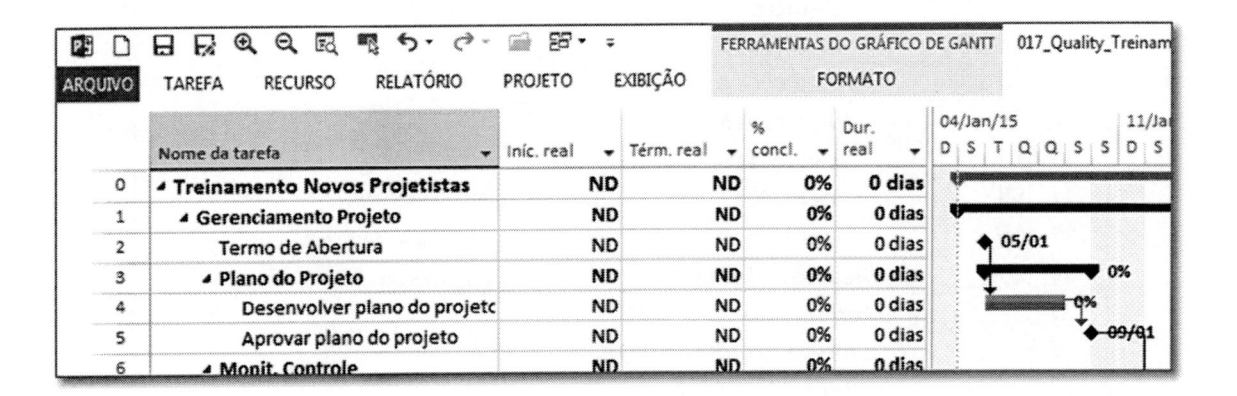

Definição e visualização da data de status

Informe a data de status para efeito de monitoramento do projeto, na guia "Projeto/ Informações sobre o projeto". Esta é a data de medição do trabalho realizado, tecnicamente denominada "Data dos Dados".

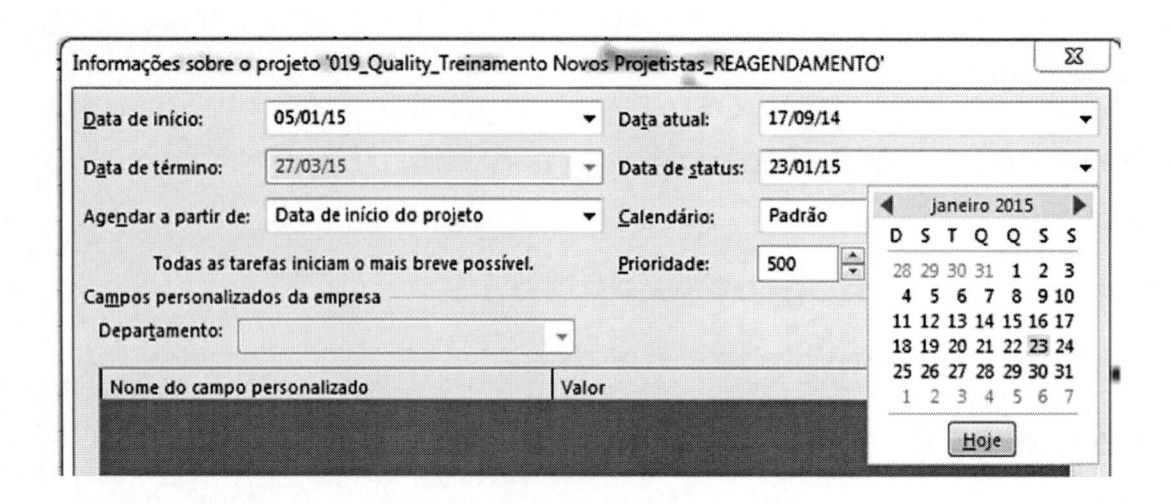

Para configurar uma melhor visualização gráfica da data de status no Gráfico de Gantt:

- Clique com o botão direito do mouse na área em branco do gráfico de Gantt (lado direito da tela) e selecione a opção "Linhas de Grade".

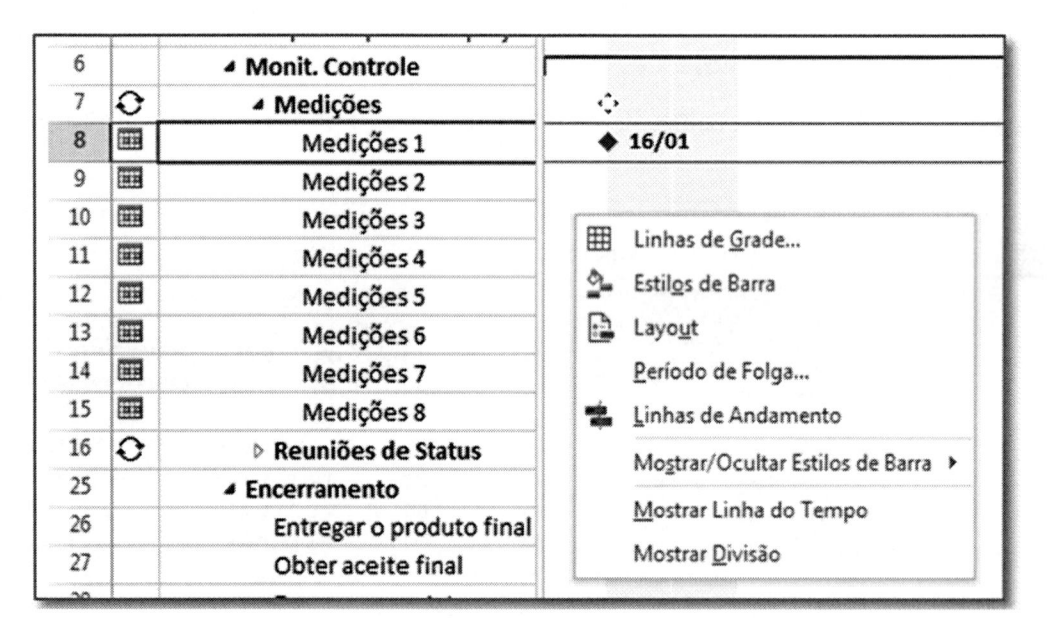

- Em seguida localize na caixa de diálogo a data de status, configure o tipo como linha cheia e escolha uma cor para a linha.

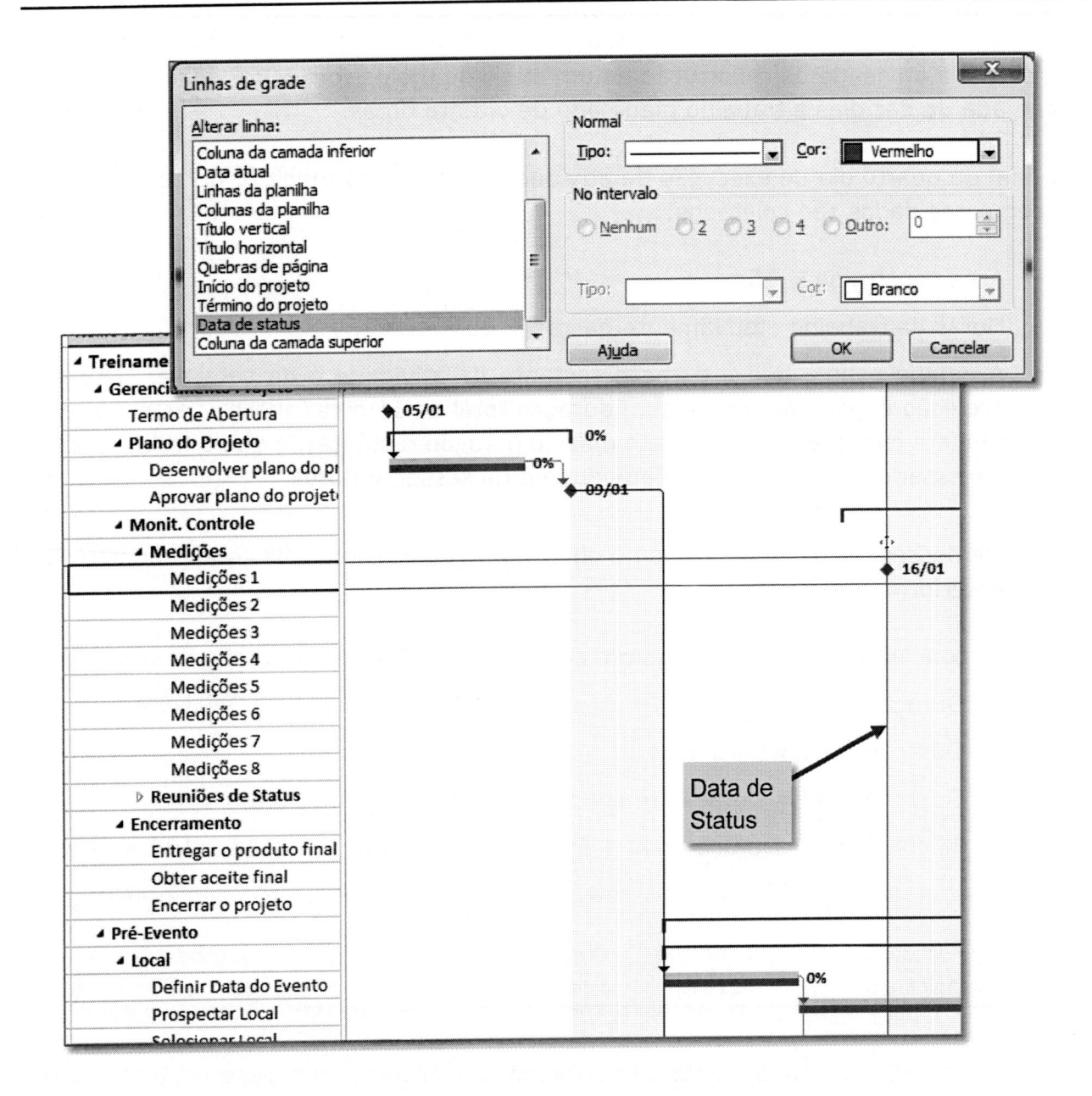

Informações de porcentagem concluída do projeto

O MS-Project possui três campos para informação de porcentagem concluída do projeto:

- % concluída
- % trabalho concluído
- % física concluída

É importante reconhecer o funcionamento de cada um deles para evitar interpretações equivocadas sobre o progresso do projeto. O exemplo a seguir ilustra a utilização das três informações de porcentagem concluída para uma mesma atividade de um projeto.

Considere a atividade de construção de um muro de tijolos com 50m² de área, duração planejada de dez dias e trabalho planejado de oitenta horas.

Ao final do quarto dia de execução da atividade, é feita uma medição do seu avanço, e os seguintes dados são coletados:

- Área construída = 10m²
- Horas de trabalho efetivamente gastas = 20h
- A equipe estima que a duração restante da atividade é de sete dias, isto é, a previsão é que ela termine com duração total de 11 dias (quatro dias de duração real até o momento e mais sete dias de duração restante), e que o trabalho ainda necessário para completar a atividade é de sessenta horas.

De posse desses dados, vejamos como obter os três percentuais de conclusão apresentados anteriormente.

- **% concluída.** Esta porcentagem é calculada com base na duração da atividade:
    - Duração real = 4 dias
    - Duração restante = 7 dias
    - Duração total = Duração real + Duração restante = 11 dias
    - % concluída = Duração real ÷ Duração total x 100 = 4 ÷ 11 x 100 ≈ 36%

Nome da tarefa	Duração	Duração real	Duração restante	% concluída
Construir Muro	11 dias	4 dias	7 dias	36%

- **% trabalho concluído.** Esta porcentagem é calculada com base no trabalho em horas para realizar a atividade:
    - Trabalho real = 20 horas
    - Trabalho restante = 60 horas
    - Trabalho total = Trabalho real + Trabalho restante = 80 horas
    - % trabalho concluído = Trabalho real ÷ Trabalho total x 100 = 20 ÷ 80 x 100 = 25%

Nome da tarefa	Trabalho	Trabalho real	Trabalho restante	% trabalho concluído
Construir Muro	80 hrs	20 hrs	60 hrs	25%

- **% física concluída.** Esta porcentagem deve ser calculada pela equipe de gerenciamento do projeto com base no progresso físico da atividade e independe das informações de duração e de trabalho realizado:
  - Área construída = 10 m²
  - Área total = 50 m²
  - % física concluída = Área construída ÷ Área total x 100 = 10 ÷ 50 x 100 = 20%

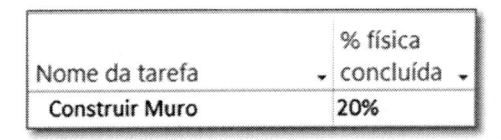

Nome da tarefa	% física concluída
Construir Muro	20%

A equipe de gerenciamento do projeto deve discernir sobre a conveniência de utilização de uma ou outra porcentagem de conclusão em seus relatórios de desempenho, dependendo das características do projeto. Em certos casos, pode-se mesmo apresentar as três informações acompanhadas dos devidos esclarecimentos sobre seus significados.

Totalização das informações de porcentagem concluída para o projeto

Após o registro da porcentagem concluída de cada atividade, a coluna "% concluída" totalizará a porcentagem concluída do projeto na primeira linha da tabela, conforme figura a seguir.

	Nome da tarefa	Iníc. real	Térm. real	% concl.	Dur. real
0	▲ Treinamento Novos Projetistas	05/01/15	ND	11%	5,48 dias
1	▲ Gerenciamento Projeto	05/01/15	ND	22%	11,09 dias
2	Termo de Abertura	05/01/15	05/01/15	100%	1 dia
3	▲ Plano do Projeto	07/01/15	09/01/15	100%	3 dias
4	Desenvolver plano do projeto	07/01/15	08/01/15	100%	2 dias
5	Aprovar plano do projeto	09/01/15	09/01/15	100%	1 dia
6	▲ Monit. Controle	16/01/15	ND	6%	2,31 dias

Todavia, devemos lembrar que a coluna "% concluída" refere-se à porcentagem concluída **da duração das atividades**. O MS-Project totaliza essa coluna fazendo uma ponderação das durações reais em relação às durações totais de todas as atividades do projeto. Essa ponderação pode levar a uma interpretação distorcida do desempenho do projeto, pois não considera as diferenças de esforço de trabalho em horas entre as atividades nem o seu progresso físico.

Como vimos, o MS-Project possui um campo chamado "% trabalho concluído". A totalização desse campo também fornece informações parciais de conclusão, pois pondera a porcentagem total do trabalho concluído com base apenas nas horas de recursos alocados às atividades. Se uma atividade é realizada por um recurso do tipo "material" (como no caso de atividades sendo executadas por prestadores de serviços), a sua conclusão não influenciará a totalização do campo "% trabalho concluído".

Para entendermos melhor essa situação, consideremos as atividades 1, 2 e 3 a seguir:

Nome da tarefa	Duração	Trabalho	Nomes dos recursos
▲ Projeto	**10 dias**	**160 hrs**	
Atividade 1	10 dias	80 hrs	Analista de TI
Atividade 2	10 dias	80 hrs	Analista de RH
Atividade 3	10 dias	0 hrs	Desenvolvedor de Software[1]

Observe que o recurso alocado à atividade 3 é do tipo "material" (desenvolvedor de software), enquanto os recursos alocados às atividades 1 e 2 são do tipo "trabalho". Em um cenário onde as atividades 1 e 2 estejam concluídas, mas a atividade 3 não tenha sido sequer iniciada, a coluna "% trabalho concluído" indicará o valor 100%. Isso não deve ser interpretado como se 100% do trabalho total do projeto estivesse concluído. Veja na figura a seguir que o campo "% concluída" indica que apenas 67% do projeto (ponderando pela duração) estão concluídos.

Nome da tarefa	Duração	Trabalho	% concluída	% trabalho concluído	Nomes dos recursos
▲ Projeto	**10 dias**	**160 hrs**	**67%**	**100%**	
Atividade 1	10 dias	80 hrs	100%	100%	Analista de TI
Atividade 2	10 dias	80 hrs	100%	100%	Analista de RH
Atividade 3	10 dias	0 hrs	0%	0%	Desenvolvedor de Software[1]

Para obter um indicador que leve em conta não apenas a duração ou o trabalho em horas das atividades, mas o progresso físico de cada atividade, deve-se utilizar o campo "% física concluída", que é calculado com base na **proporção do valor agregado** do projeto em relação a seu orçamento total.

Utilização dos indicadores de valor agregado

Para utilizar os indicadores do valor agregado do projeto é necessário realizar configurações adicionais no MS-Project.

Clique no menu "Arquivo/Avançado" e, em "Opções de Valor Agregado deste projeto", selecione "% Física Concluída".

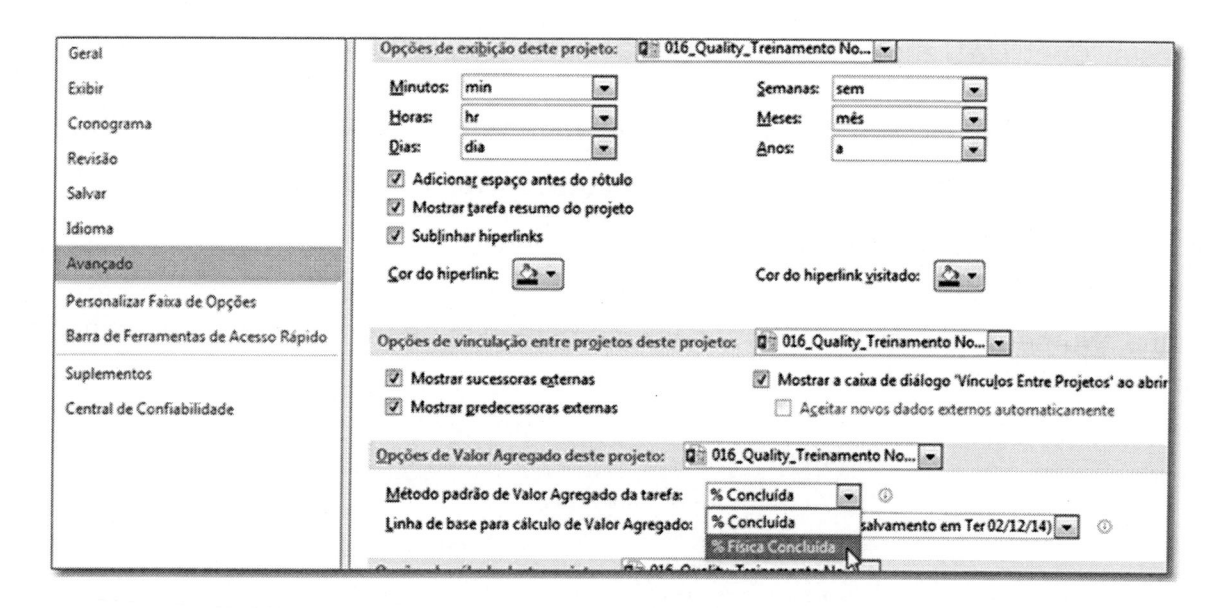

Na tabela "Controle", insira a coluna "Método do valor agregado" e selecione a opção "% física concluída" para todas as atividades do projeto.

Nome da tarefa	Método do valor agregado	Iníc. real	Térm. real
▲ **Treinamento Novos Projetistas**	**% física concluída**	**ND**	**ND**
▲ **Gerenciamento Projeto**	**% física concluída**	**ND**	**ND**
Termo de Abertura	% física concluída	ND	ND
▲ **Plano do Projeto**	**% física concluída**	**ND**	**ND**
Desenvolver plano do projeto	% física concluída	ND	ND
Aprovar plano do projeto	% física concluída	ND	ND
▲ **Monit. Controle**	**% física concluída**	**ND**	**ND**
▲ **Medições**	**% física concluída**	**ND**	**ND**
Medições 1	% física concluída	ND	ND
Medições 2	% física concluída	ND	ND
Medições 3	% física concluída	ND	ND
Medições 4	% física concluída	ND	ND
Medições 5	% física concluída	ND	ND
Medições 6	% física concluída	ND	ND
Medições 7	% concluída	ND	ND
▲ **Reuniões de Status**	**% física concluída**	**ND**	**ND**
Reuniões de Status 1	% concluída	ND	ND
Reuniões de Status 2	% concluída	ND	ND
Reuniões de Status 3	% concluída	ND	ND

Na tabela "Controle", após a coluna "Duração restante", insira as seguintes colunas:

- **COTA** – Custo Orçado do Trabalho Agendado (Valor Planejado)
- **COTE** – Custo Orçado do Trabalho Executado (Valor Agregado)
- **Número1** – Troque o título para "% física planejada"

A coluna "Número1" precisa ser personalizada para exibir a informação de porcentagem física planejada.

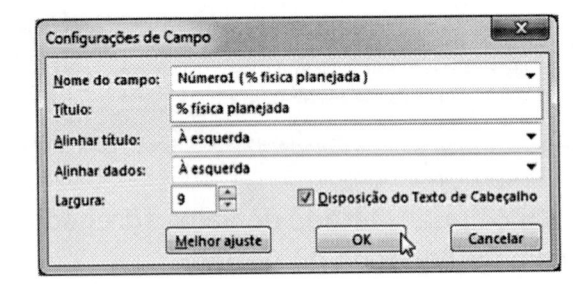

Selecione, utilizando o botão direito do mouse, a coluna "Número1", que teve o título trocado para "% física planejada", e clique em "Campos Personalizados".

Clique no botão "Fórmula..." para inserir uma fórmula no campo.

Na caixa de diálogo de edição de fórmula, clique no botão "Inserir: Campo".

Selecione o campo "Custo/COTA".

Divida o campo "COTA" pelo campo "Custo da linha de base" e multiplique por 100 para obter um valor percentual. A configuração final da fórmula está ilustrada a seguir.[4]

Clique no botão "OK" e o software alertará que, caso o campo "Número1" já contenha dados, estes serão excluídos e o campo será recalculado.

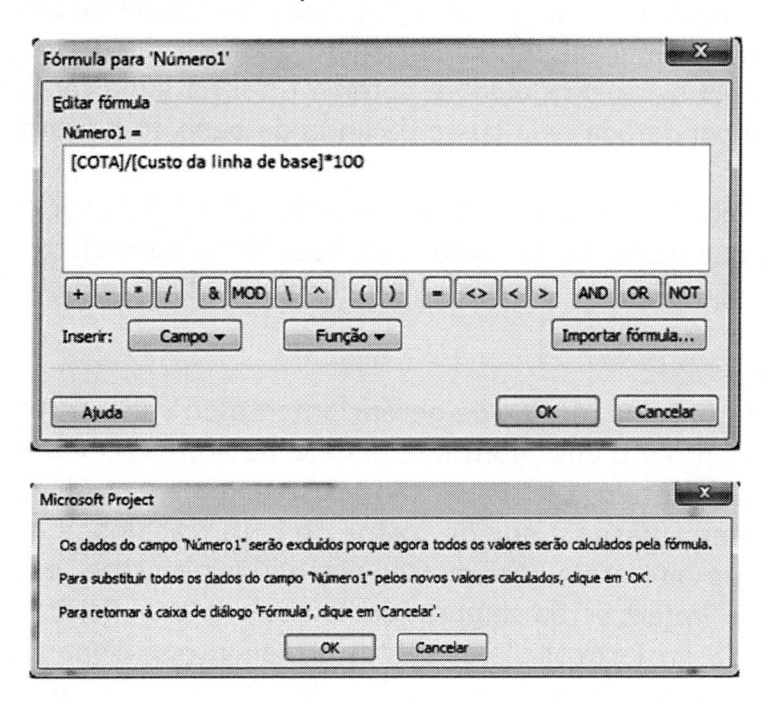

---

[4] Para obter um número inteiro, utilize a função "Fix". Pode-se também utilizar a função lógica "IIf" (Se) para que, quando o custo da linha de base de uma determinada linha for igual a zero, a fórmula retorne o valor zero (caso contrário, a fórmula retornará um valor de erro, pois haverá uma divisão por zero). Para obter um número inteiro e proteger a fórmula em caso de divisão por zero, utilize a seguinte fórmula: Fix(IIf([Custo da linha de base]=0;0;[COTA]/[Custo da linha de base]*100))

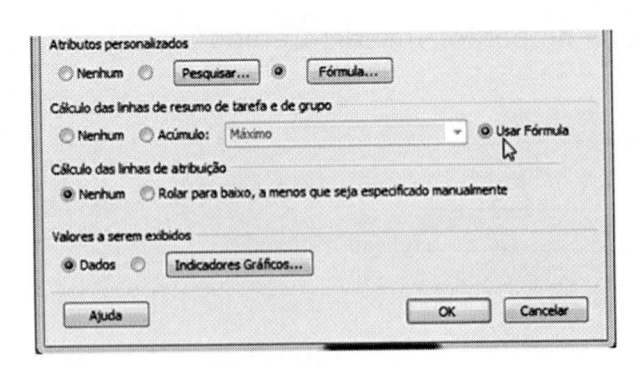

Ainda na janela "Campos Personalizados", informe que para os cálculos das linhas de resumo de tarefa e de grupo deve-se utilizar a fórmula que foi criada. Depois clique no botão "OK".

Com essas configurações, a tabela "Controle" apresentará as seguintes informações:

Nome da tarefa	Iníc. real	Térm. real	% concl.	% física planejada	% física concluída	Dur. real	Dur. rest.	COTE	COTA
▲ Projeto	02/12/14	ND	87%	56	52%	8,7 dias	1,3 dias	R$ 108.000,00	R$ 117.485,71
Atividade 1	02/12/14	15/12/14	100%	40	100%	10 dias	0 dias	R$ 4.000,00	R$ 1.600,00
Atividade 2	02/12/14	15/12/14	100%	40	100%	10 dias	0 dias	R$ 4.000,00	R$ 1.600,00
Atividade 3	02/12/14	ND	50%	57	50%	3,5 dias	3,5 dias	R$ 100.000,00	R$ 114.285,71

Para obter a informação sobre a porcentagem física planejada de um projeto em uma determinada data, basta selecionar a data de status desejada no MS-Project e extrair a informação da coluna "% física planejada".

Para obter a informação sobre a porcentagem física concluída de um projeto, é necessário preencher as informações de porcentagem física concluída de cada atividade do projeto na coluna "% física concluída" e obter o total na linha totalizadora da mesma coluna, que estará ponderada pelo custo da linha de base do projeto.

No exemplo anterior, as colunas "% física planejada" e "% física concluída" indicam, respectivamente, que deveriam ter sido realizados 56% do projeto e foram realizados apenas 52%. Por outro lado, a porcentagem concluída da duração das atividades é de 87%.

Outro elemento utilizado na técnica de gerenciamento do valor agregado é o custo real das atividades e do projeto em determinada data de status. O MS-Project possui uma coluna de dados com o título "CR". Estes são "Custos Reais" calculados pelo MS-Project. Nessa coluna o sistema assume que os custos de hora trabalhada e os custos originais de materiais não se alteraram. Assim, se não houver atrasos, esses "Custos Reais" calculados pelo MS-Project serão sempre iguais aos orçados. Porém, se houver atrasos nas atividades, o MS-Project calcula os custos a mais proporcionalmente. Esse método de cálculo automático de custos reais não é o ideal para a maioria dos projetos. Sendo assim, para que o MS-Project não calcule automaticamente os custos reais do projeto, a seguinte configuração deve ser realizada no menu Arquivo/Opções/Cronograma.

Desmarque a opção de cálculo dos custos reais

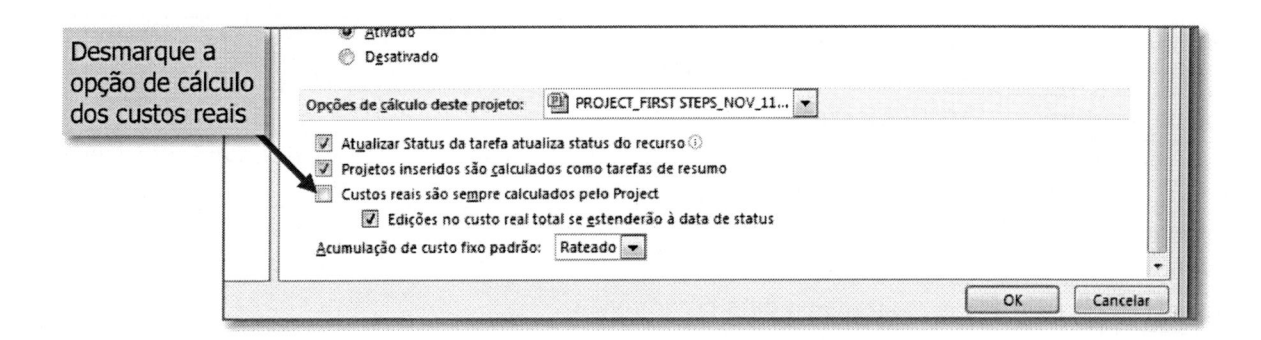

[Caixa de diálogo: Opções de cálculo deste projeto: PROJECT_FIRST STEPS_NOV_11...
☑ Atualizar Status da tarefa atualiza status do recurso
☑ Projetos inseridos são calculados como tarefas de resumo
☐ Custos reais são sempre calculados pelo Project
☑ Edições no custo real total se estenderão à data de status
Acumulação de custo fixo padrão: Rateado]

A apuração correta dos custos reais deve ser feita pela equipe de gerenciamento do projeto considerando os custos e quantitativos reais dos recursos materiais (insumos ou serviços), os custos unitários reais da mão de obra e eventuais atrasos em atividades que tenham gerado aumento na quantidade de horas de alocação de recursos ao projeto. Os custos reais devem ser registrados diretamente na coluna "Custo Real".

Nesse ponto, podemos considerar concluída a preparação para que se possa registrar o progresso e coletar informações de desempenho do projeto. Vale ressaltar que essa preparação precisará ser feita uma única vez no projeto, no momento do primeiro ponto de controle, quando for necessário realizar pela primeira vez o registro do progresso.

→ Registrar o progresso do projeto

O objetivo do registro do progresso do projeto é prover informações que permitam a correta determinação do status do projeto. O registro do progresso do projeto permitirá obter, em cada data de status, os seguintes indicadores:

1) Porcentagem planejada e real de conclusão do projeto
2) Valor Planejado, Valor Agregado, Custo Real, Variações e Índices de Desempenho de Prazo e de Custo
3) Previsões atualizadas de término do projeto e de seu orçamento no término

Dados de execução do projeto e reagendamento de atividades não realizadas

Consideremos os dados das tabelas seguintes sobre o desempenho de prazo e de custo das atividades do Projeto de Treinamento dos Novos Projetistas da Quality Project até o final do dia 16/01/2015 (data de status). Não houve alterações nos custos unitários originais de horas de trabalho nem de materiais.

Atividade	Progresso físico, durações, datas reais e informações para reagendamento de atividades não realizadas
Termo de abertura	100% concluído.
Desenvolver plano do projeto	Começou em 07/01/2015 (um dia após a data programada), porém terminou na data originalmente programada.
Aprovar plano do projeto	O plano foi aprovado na data programada (09/01/2015).
Medição 1	Foi realizada na data programada.
Definir data do evento	Teve uma duração real de quatro dias, quando a programada era de três dias.
Prospectar local	Não começou. Deveria ter começado logo após o término da atividade "definir data do evento". Seu início deve ser reagendado para 19/01/2015.
Prospectar equipamentos	Começou logo após o término de sua predecessora (definir data do evento) e tem 20% de seu progresso físico concluído. Sua duração restante é de quatro dias.
Receber Word	O arquivo em texto ainda não foi recebido. A atividade não começou. Seu início deve ser reagendado para 19/01/2015.

Atividade	Apuração dos custos reais
Termo de abertura	Custo Real igual ao Valor Agregado.
Desenvolver plano do projeto	Custo Real = R$ 1.160,00. Houve menos esforço de trabalho do que originalmente planejado.
Aprovar plano do projeto	Custo Real igual ao Valor Agregado.
Medição 1	Custo Real igual ao Valor Agregado.
Definir data do evento	Custo Real = R$ 1.120,00. Houve mais esforço de trabalho do que originalmente planejado.
Prospectar local	A atividade não começou.
Prospectar equipamentos	Custo Real igual ao Valor Agregado.
Receber Word	A atividade não começou.

Recomendações para realização do processo de registrar o progresso do projeto:

a) Ao atualizar o progresso das atividades utilizando o campo "% concluída", procure fazê-lo seguindo a sequência de realização das atividades. Se esta sequência não for observada, o atraso ocorrido em uma atividade predecessora pode não ser transmitido para a sucessora, causando uma inconsistência no cronograma.

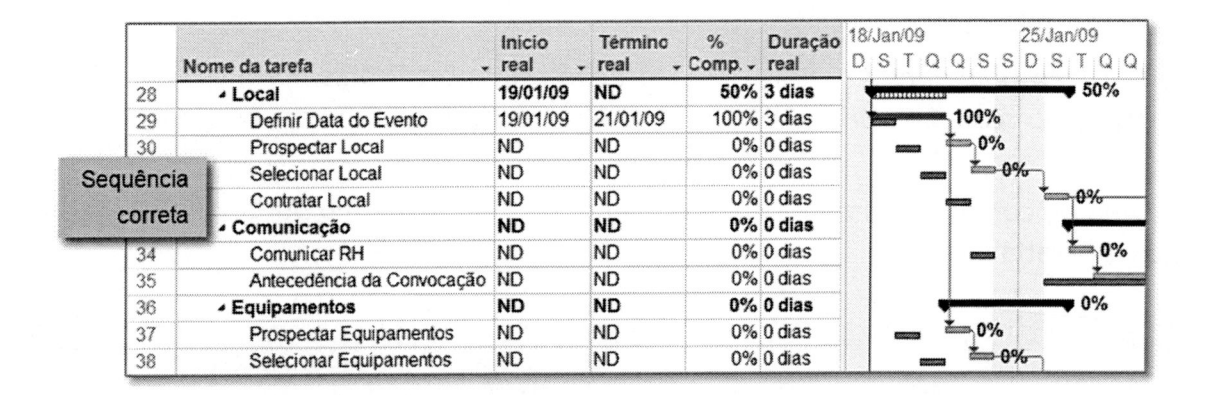

Sequência correta

	Nome da tarefa	Início real	Término real	% Comp.	Duração real
28	▲ Local	19/01/09	ND	50%	3 dias
29	Definir Data do Evento	19/01/09	21/01/09	100%	3 dias
30	Prospectar Local	ND	ND	0%	0 dias
	Selecionar Local	ND	ND	0%	0 dias
	Contratar Local	ND	ND	0%	0 dias
	▲ Comunicação	ND	ND	0%	0 dias
34	Comunicar RH	ND	ND	0%	0 dias
35	Antecedência da Convocação	ND	ND	0%	0 dias
36	▲ Equipamentos	ND	ND	0%	0 dias
37	Prospectar Equipamentos	ND	ND	0%	0 dias
38	Selecionar Equipamentos	ND	ND	0%	0 dias

Sequência incorreta

	Nome da tarefa	Início real	Término real	% Comp.	Duração real
28	▲ Local	19/01/09	ND	67%	2,67 dias
29	Definir Data do Evento	19/01/09	21/01/09	100%	3 dias
30	Prospectar Local	20/01/09	20/01/09	100%	1 dia
	Selecionar Local	ND	ND	0%	0 dias
	Contratar Local	ND	ND	0%	0 dias
	▲ Comunicação	ND	ND	0%	0 dias
34	Comunicar RH	ND	ND	0%	0 dias
35	Antecedência da Convocação	ND	ND	0%	0 dias
36	▲ Equipamentos	ND	ND	0%	0 dias
37	Prospectar Equipamentos	ND	ND	0%	0 dias
38	Selecionar Equipamentos	ND	ND	0%	0 dias

b) Caso uma atividade tenha sido 100% concluída com variação de prazo, informe as datas de início e término real.

c) Caso uma atividade esteja parcialmente concluída e com previsão de variação de duração, atualize primeiro a nova duração prevista para a atividade e posteriormente informe o percentual de conclusão.

d) Caso a carga de trabalho dos recursos executores da atividade não tenha sido proporcional ao percentual concluído da duração – por exemplo, se a atividade tem 42% da duração concluída, mas gastou apenas 30% do trabalho planejado total – siga os passos ilustrados no exemplo a seguir. Esse registro precisa ser feito no modo de exibição "**Uso da tarefa**".

→ Planejado (linha de base):
- Duração prevista: 10 dias
- Trabalho previsto: 80 horas

Nome da tarefa	Duração	Início	Término	Trabalho	Nomes dos recursos
Atividade	10 dias	Sex 21/03/14	Qui 03/04/14	80 hrs	José

→ Dados de realização:

- Duração real: 5 dias
- Trabalho real: 24 horas

Duração restante: 7 dias
Trabalho restante: 56 horas

→ Posicione o cursor em cima da coluna "Detalhes", clique com o botão direito do mouse e escolha "Trabalho real".

Nome da tarefa	Trabalho	Duração	% concluída	Duração real	Duração restante	Detalhes	Q	S	S	D
⊟ Atividade	80 hrs	10 dias	0%	0 dias	10 dias	Trab.		8h		
José	80 hrs					Trab.				
						Trab.				
						Trab.				
						Trab.				
						Trab.				
						Trab.				
						Trab.				
						Trab.				
						Trab.				

Menu contextual exibido:
- Estilos de Detalhe...
- ✓ Trabalho
- Trabalho real
- Trabalho acumulado
- Trabalho da linha de base
- Custo
- Custo real
- ✓ Mostrar Linha do Tempo
- Mostrar Divisão

Nome da tarefa	Trabalho	Duração	% concluída	Duração real	Duração restante	Detalhes	Q	S
⊟ Atividade	80 hrs	10 dias	0%	0 dias	10 dias	Trab.		8h
						Trab. real		
José	80 hrs					Trab.		8h
						Trab. real		

→ Na coluna "Duração real", registre os cinco dias reais de duração.

Nome da tarefa	Trabalho	Duração	% concluída	Duração real	Duração restante	Detalhes	Q	S
⊟ Atividade	80 hrs	10 dias	50%	5 dias	5 dias	Trab.		8h
						Trab. real		8h
José	80 hrs					Trab.		8h
						Trab. real		8h

→ Na coluna "Duração restante", registre os sete dias de duração estimados como restantes.

Nome da tarefa	Trabalho	Duração	% concluída	Duração real	Duração restante	Início	Detalhes	Q	S
⊟ Atividade	96 hrs	12 dias	42%	5 dias	7 dias	Sex 2	Trab.		8h
							Trab. real		8h
José	96 hrs					Sex 2	Trab.		8h
							Trab. real		8h

→ Na linha de "Trabalho real", é necessário registrar as cargas específicas de trabalho real de cada dia, totalizando o somatório desejado – nesse caso, totalizando 24 horas de trabalho. Na linha "Trabalho", é necessário registrar a carga de trabalho prevista até o final da atividade – nesse caso, totalizando 56 horas.

Nome da tarefa	Trabalho	Duração	% concluída	Duração real	Duração restante	Início	Detalhes	23/Mar/14							
								Q	S	S	D	S	T	Q	Q
Atividade	96 hrs	12 dias	42%	5 dias	7 dias	Sex 2	Trab.		8h			8h	8h	8h	8h
							Trab. real		8h			8h	8h	8h	8h
José	96 hrs					Sex 2	Trab.		8h			8h	8h	8h	8h
							Trab. real		5			8h	8h	8h	8h
							Trab								

Resultado final:

Nome da tarefa	% concluída	Trabalho	Trabalho real	Trabalho restante	Duração	Duração real	Duração restante	Detalhes					
									S	T	Q	Q	S
Atividade	42%	80 hrs	24 hrs	56 hrs	12 dias	5 dias	7 dias	Trab.	5h	5h	5h	4h	8h
								Trab. real	5h	5h	5h	4h	
José		80 hrs	24 hrs	56 hrs				Trab.	5h	5h	5h	4h	8h
								Trab. real	5h	5h	5h	4h	

→ Voltando ao modo de exibição "Gantt de Controle" verifica-se o resultado final do registro:

Nome da tarefa	Duração	Início	Término	Trabalho	Nomes dos recursos	23/Mar/14	30/Mar/14	06/Abr/14
Atividade	12 dias	Sex 21/03/14	Seg 07/04/14	80 hrs	José			42%

→ Coletar informações de desempenho

1) Porcentagem planejada e real de conclusão do projeto

Informações de datas, durações e porcentagens de conclusão no cronograma do projeto:

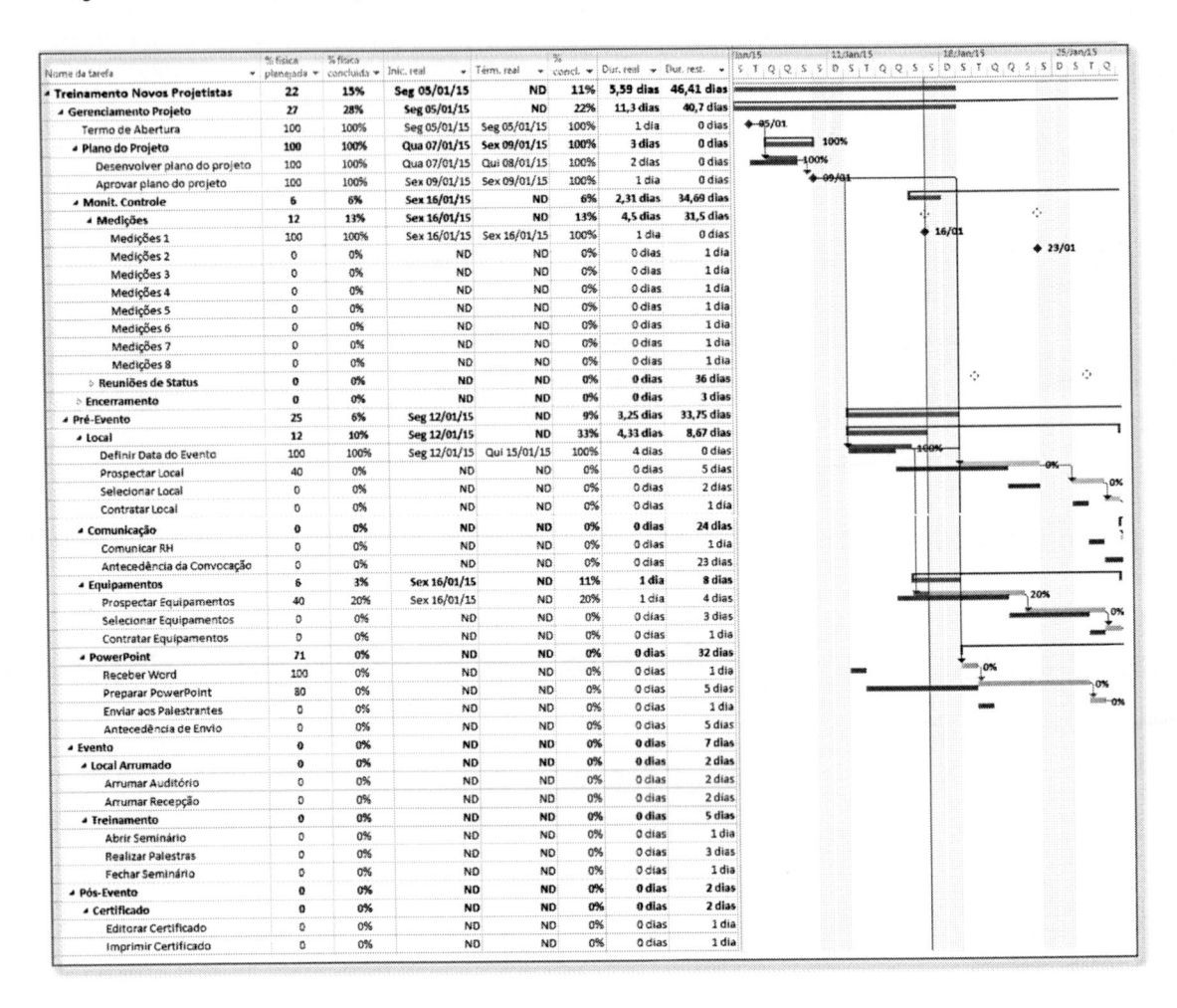

Nome da tarefa	% física planejada	% física concluída	Iníc. real	Térm. real	% concl.	Dur. real	Dur. rest.
▲ **Treinamento Novos Projetistas**	22	15%	Seg 05/01/15	ND	11%	5,59 dias	46,41 dias
▲ **Gerenciamento Projeto**	27	28%	Seg 05/01/15	ND	22%	11,3 dias	40,7 dias
Termo de Abertura	100	100%	Seg 05/01/15	Seg 05/01/15	100%	1 dia	0 dias
▲ Plano do Projeto	100	100%	Qua 07/01/15	Sex 09/01/15	100%	3 dias	0 dias
Desenvolver plano do projeto	100	100%	Qua 07/01/15	Qui 08/01/15	100%	2 dias	0 dias
Aprovar plano do projeto	100	100%	Sex 09/01/15	Sex 09/01/15	100%	1 dia	0 dias
▲ **Monit. Controle**	6	6%	Sex 16/01/15	ND	6%	2,31 dias	34,69 dias
▲ Medições	12	13%	Sex 16/01/15	ND	13%	4,5 dias	31,5 dias
Medições 1	100	100%	Sex 16/01/15	Sex 16/01/15	100%	1 dia	0 dias
Medições 2	0	0%	ND	ND	0%	0 dias	1 dia
Medições 3	0	0%	ND	ND	0%	0 dias	1 dia
Medições 4	0	0%	ND	ND	0%	0 dias	1 dia
Medições 5	0	0%	ND	ND	0%	0 dias	1 dia
Medições 6	0	0%	ND	ND	0%	0 dias	1 dia
Medições 7	0	0%	ND	ND	0%	0 dias	1 dia
Medições 8	0	0%	ND	ND	0%	0 dias	1 dia
▷ Reuniões de Status	0	0%	ND	ND	0%	0 dias	36 dias
▷ Encerramento	0	0%	ND	ND	0%	0 dias	3 dias
▲ **Pré-Evento**	25	6%	Seg 12/01/15	ND	9%	3,25 dias	33,75 dias
▲ Local	12	10%	Seg 12/01/15	ND	33%	4,33 dias	8,67 dias
Definir Data do Evento	100	100%	Seg 12/01/15	Qui 15/01/15	100%	4 dias	0 dias
Prospectar Local	40	0%	ND	ND	0%	0 dias	5 dias
Selecionar Local	0	0%	ND	ND	0%	0 dias	2 dias
Contratar Local	0	0%	ND	ND	0%	0 dias	1 dia
▲ Comunicação	0	0%	ND	ND	0%	0 dias	24 dias
Comunicar RH	0	0%	ND	ND	0%	0 dias	1 dia
Antecedência da Convocação	0	0%	ND	ND	0%	0 dias	23 dias
▲ Equipamentos	6	3%	Sex 16/01/15	ND	11%	1 dia	8 dias
Prospectar Equipamentos	40	20%	Sex 16/01/15	ND	20%	1 dia	4 dias
Selecionar Equipamentos	0	0%	ND	ND	0%	0 dias	3 dias
Contratar Equipamentos	0	0%	ND	ND	0%	0 dias	1 dia
▲ PowerPoint	71	0%	ND	ND	0%	0 dias	32 dias
Receber Word	100	0%	ND	ND	0%	0 dias	1 dia
Preparar PowerPoint	80	0%	ND	ND	0%	0 dias	5 dias
Enviar aos Palestrantes	0	0%	ND	ND	0%	0 dias	1 dia
Antecedência de Envio	0	0%	ND	ND	0%	0 dias	5 dias
▲ **Evento**	0	0%	ND	ND	0%	0 dias	7 dias
▲ Local Arrumado	0	0%	ND	ND	0%	0 dias	2 dias
Arrumar Auditório	0	0%	ND	ND	0%	0 dias	2 dias
Arrumar Recepção	0	0%	ND	ND	0%	0 dias	2 dias
▲ Treinamento	0	0%	ND	ND	0%	0 dias	5 dias
Abrir Seminário	0	0%	ND	ND	0%	0 dias	1 dia
Realizar Palestras	0	0%	ND	ND	0%	0 dias	3 dias
Fechar Seminário	0	0%	ND	ND	0%	0 dias	1 dia
▲ **Pós-Evento**	0	0%	ND	ND	0%	0 dias	2 dias
▲ Certificado	0	0%	ND	ND	0%	0 dias	2 dias
Editorar Certificado	0	0%	ND	ND	0%	0 dias	1 dia
Imprimir Certificado	0	0%	ND	ND	0%	0 dias	1 dia

Detalhe dos indicadores totais de porcentagem de conclusão:

Nome da tarefa	% física planejada	% física concluída	Iníc. real	Térm. real	% concl.
▲ **Treinamento Novos Projetistas**	22	15%	Seg 05/01/15	ND	11%
▲ **Gerenciamento Projeto**	27	28%	Seg 05/01/15	ND	22%
Termo de Abertura	100	100%	Seg 05/01/15	Seg 05/01/15	100%
▲ Plano do Projeto	100	100%	Qua 07/01/15	Sex 09/01/15	100%
Desenvolver plano do projeto	100	100%	Qua 07/01/15	Qui 08/01/15	100%
Aprovar plano do projeto	100	100%	Sex 09/01/15	Sex 09/01/15	100%

- % física planejada = 22%
- % física concluída = 15%
- % concluída (baseada nas durações das atividades) = 11%

2) Valor planejado, valor agregado, custo real do projeto, variações e índices de desempenho de prazo e custo

Informações de Valor Planejado (COTA), Valor Agregado (COTE) e Custo Real no MS-Project:

Nome da tarefa	COTA	COTE	Custo real
⊿ **Treinamento Novos Projetistas**	**R$ 7.240,00**	**R$ 5.000,00**	**R$ 4.080,00**
⊿ **Gerenciamento Projeto**	**R$ 4.360,00**	**R$ 4.360,00**	**R$ 2.880,00**
Termo de Abertura	R$ 560,00	R$ 560,00	R$ 560,00
⊿ **Plano do Projeto**	**R$ 3.200,00**	**R$ 3.200,00**	**R$ 1.720,00**
Desenvolver plano do projeto	R$ 2.640,00	R$ 2.640,00	R$ 1.160,00
Aprovar plano do projeto	R$ 560,00	R$ 560,00	R$ 560,00
⊿ **Monit. Controle**	**R$ 600,00**	**R$ 600,00**	**R$ 600,00**
⊿ **Medições**	**R$ 600,00**	**R$ 600,00**	**R$ 600,00**
Medições 1	R$ 600,00	R$ 600,00	R$ 600,00
Medições 2	R$ 0,00	R$ 0,00	R$ 0,00
Medições 3	R$ 0,00	R$ 0,00	R$ 0,00
Medições 4	R$ 0,00	R$ 0,00	R$ 0,00
Medições 5	R$ 0,00	R$ 0,00	R$ 0,00
Medições 6	R$ 0,00	R$ 0,00	R$ 0,00
Medições 7	R$ 0,00	R$ 0,00	R$ 0,00
Medições 8	R$ 0,00	R$ 0,00	R$ 0,00
▷ **Reuniões de Status**	R$ 0,00	R$ 0,00	R$ 0,00
▷ **Encerramento**	R$ 0,00	R$ 0,00	R$ 0,00
⊿ **Pré-Evento**	**R$ 2.880,00**	**R$ 640,00**	**R$ 1.200,00**
⊿ **Local**	**R$ 720,00**	**R$ 560,00**	**R$ 1.120,00**
Definir Data do Evento	R$ 560,00	R$ 560,00	R$ 1.120,00
Prospectar Local	R$ 160,00	R$ 0,00	R$ 0,00
Selecionar Local	R$ 0,00	R$ 0,00	R$ 0,00
Contratar Local	R$ 0,00	R$ 0,00	R$ 0,00
▷ **Comunicação**	R$ 0,00	R$ 0,00	R$ 0,00
⊿ **Equipamentos**	**R$ 160,00**	**R$ 80,00**	**R$ 80,00**
Prospectar Equipamentos	R$ 160,00	R$ 80,00	R$ 80,00
Selecionar Equipamentos	R$ 0,00	R$ 0,00	R$ 0,00
Contratar Equipamentos	R$ 0,00	R$ 0,00	R$ 0,00
⊿ **PowerPoint**	**R$ 2.000,00**	**R$ 0,00**	**R$ 0,00**
Receber Word	R$ 400,00	R$ 0,00	R$ 0,00
Preparar PowerPoint	R$ 1.600,00	R$ 0,00	R$ 0,00
Enviar aos Palestrantes	R$ 0,00	R$ 0,00	R$ 0,00
Antecedência de Envio	R$ 0,00	R$ 0,00	R$ 0,00
⊿ **Evento**	**R$ 0,00**	**R$ 0,00**	**R$ 0,00**
⊿ **Local Arrumado**	**R$ 0,00**	**R$ 0,00**	**R$ 0,00**
Arrumar Auditório	R$ 0,00	R$ 0,00	R$ 0,00
Arrumar Recepção	R$ 0,00	R$ 0,00	R$ 0,00
⊿ **Treinamento**	**R$ 0,00**	**R$ 0,00**	**R$ 0,00**
Abrir Seminário	R$ 0,00	R$ 0,00	R$ 0,00
Realizar Palestras	R$ 0,00	R$ 0,00	R$ 0,00
Fechar Seminário	R$ 0,00	R$ 0,00	R$ 0,00
⊿ **Pós-Evento**	**R$ 0,00**	**R$ 0,00**	**R$ 0,00**
▷ **Certificado**	R$ 0,00	R$ 0,00	R$ 0,00
▷ **Relatório**	R$ 0,00	R$ 0,00	R$ 0,00

As informações totais de Valor Planejado, Valor Agregado e Custo Real podem ser consolidadas em uma planilha Excel que as exiba graficamente, e onde as variações e índices de desempenho possam ser calculados.

	I	C1
Planejado (VP)	0	7.240
Custo Real (CR)	0	4.080
Valor Agregado (VA)	0	5.000
	05/jan	16/jan
VC (Variação de Custo)		920
VPR (Variação de Prazo)		-2.240
IDC (Performance de Custo)		1,23
IDP (Performance de Prazo)		0,69
EPT (Estimativa para Terminar)		27.560,00
ENT (Estimativa no Término)		31.640,00
ONT (Orçamento no Término)		32.560,00

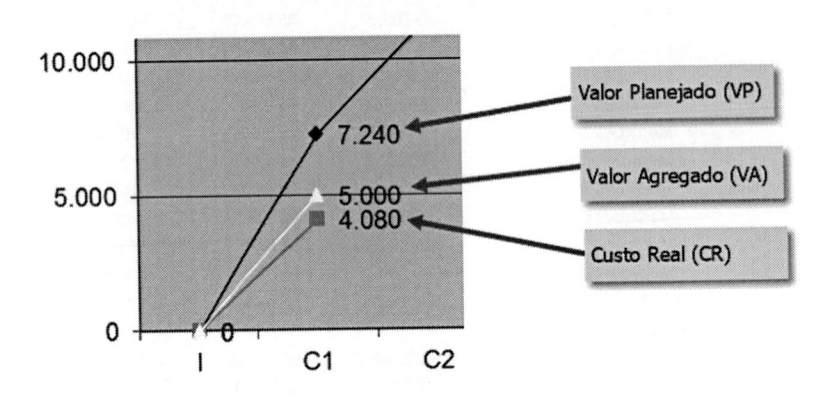

3) Previsões atualizadas de término do projeto e de seu orçamento no término

Estimativa para Terminar – EPT

Estimativa do valor que falta agregar para terminar o projeto.

EPT = ONT – VA   EPT = 32.560 – 5.000 = **27.560**

Estimativa no Término – ENT

Previsão de orçamento do projeto ao seu término.

ENT = CR + EPT   ENT = 4.080 + 27.560 = **31.640**

Estimativa de Término do Projeto

Uma vez que as informações de execução e de reagendamento tenham sido registradas no MS-Project, é possível identificar facilmente o novo término do projeto se nenhuma ação corretiva for adotada.

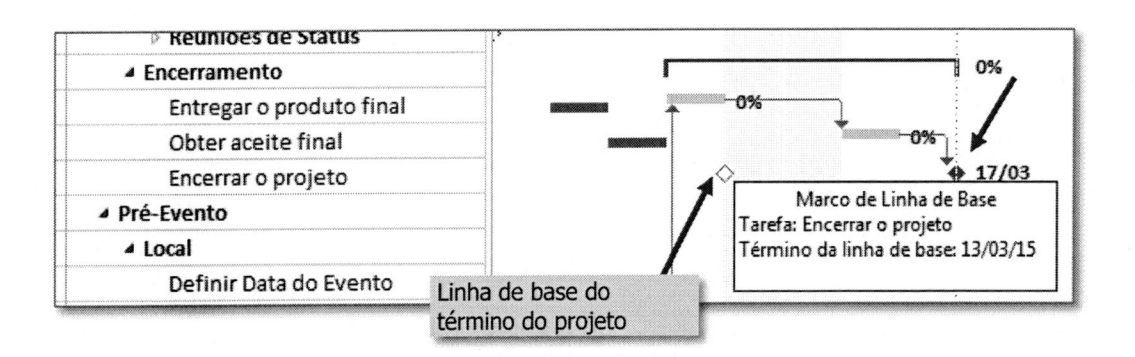

A indicação das variações em qualquer ponto do cronograma, inclusive em seu término, só é possível porque foi adotado o método de modelagem dinâmica na elaboração do cronograma.

Além da visualização gráfica, é possível verificar a variação na Guia "Projeto", "Informações sobre o projeto...", clicando no botão "Estatísticas", que apresenta um resumo de indicadores do projeto.

→ **Preparar o relatório de desempenho do projeto**

As informações coletadas precisam ser consolidadas em um relatório de desempenho.

Organização das informações coletadas e propostas de ações corretivas

Antes de preparar o relatório de desempenho, que será apresentado para a governança do projeto, é recomendável que a equipe analise e discuta a melhor proposta de ação corretiva, caso haja desvio.

Para organizar os dados e as informações de desempenho das atividades do projeto, a equipe pode utilizar o modelo apresentado a seguir.

DADOS DE STATUS DO PROJETO			
Projeto	Data		Número
Treinamento dos Novos Projetistas	16/01/15		001
Principais entregas realizadas			
- Plano do projeto	% completo do projeto PLANEJADO		22%
	% completo do projeto REALIZADO		15%
	Valor Planejado (VP)		7.240,00
	Custo Real (CR)		4.080,00
	Valor Agregado (VA)		5.000,00
	Orçamento do Projeto (ONT)		32.560,00
	Data de término prevista		13/03/15
Indicadores	Status anterior	Status atual	Sinalizador
Variação de Custo (VC)	–	920	OK
Variação de Prazo (VPR)	–	(2.240)	Crise
Índice de Desempenho de Custo (IDC)	–	1,23	OK
Índice de Desempenho de Prazo (IDP)	–	0,69	Crise
Estimativa de Custo no Término (ONT)	–	31.640,00	OK
Previsão de Término	-	17/03/15	Crise
Resumo do Status			
1- A atividade de "Desenvolver o plano do projeto" começou um dia após a data programada, porém foi concluída na data programada. Portanto, a duração desta atividade foi de um dia a menos. 2- A atividade "Definir data do evento" durou quatro dias em vez de três dias, como programado. 3- A atividade "Prospectar local" não começou. 4- O atraso na atividade "Definir data do evento" e a atividade "Prospectar local" não ter iniciado, por fazerem parte do caminho crítico, causaram atraso ao início do evento, deslocando-o do dia 02/03 para o dia 04/03. E o término do projeto do dia 13/03 para 17/04. 5- Esse deslocamento precisa ser resolvido, pois há uma restrição de que o seminário ocorra de segunda a sexta-feira, 6- As atividades da entrega do arquivo do Word e preparar PowerPoint não começaram nas datas programadas, mas por não pertencerem ao caminho crítico não transmitiram atrasos ao projeto.			
Ações corretivas			
1- Negociar com o RH um menor prazo de confirmação para os participantes a fim de recuperar os dois dias de atraso.			

Neste modelo foram utilizados sinalizadores, do tipo sinais de trânsito, indicando a situação dos indicadores de custo e prazo. Esse é um bom recurso visual, porém, para adotá-lo, é necessário estabelecer critérios que determinem os limites entre cada estado que será assumido pelo sinalizador. Pode ser algo como:

- **Sinalizador verde (OK)** – Indicador igual ou melhor do que o planejado.
- **Sinalizador amarelo (alerta)** – Indicador com qualquer valor acima do planejado e até um determinado limite, que pode ser:
  - **Para custo:** até um valor específico de "X reais acima do custo", ou em termos percentuais "X% acima do custo".
  - **Para prazo:** até "X dias além do prazo planejado" ou em termos percentuais "X% além do prazo".
- **Sinalizador vermelho (crise)** – Uma vez definidos os critérios e limites do sinalizador amarelo ou alerta, o sinalizador vermelho ou crise representará valores com desvios além do anterior.

Relatório de status do projeto

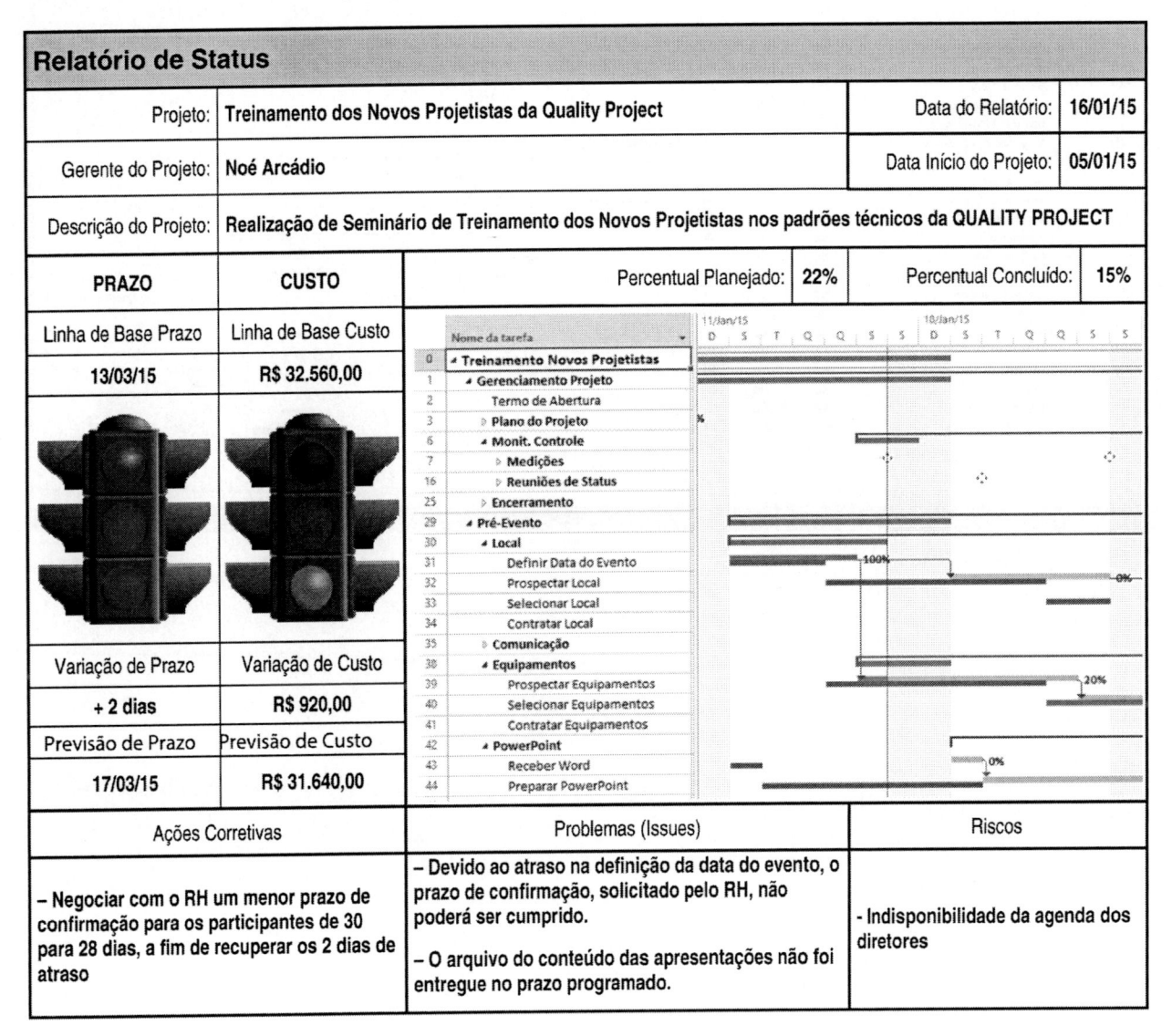

Relatório de Status				
Projeto:	Treinamento dos Novos Projetistas da Quality Project		Data do Relatório:	16/01/15
Gerente do Projeto:	Noé Arcádio		Data Início do Projeto:	05/01/15
Descrição do Projeto:	Realização de Seminário de Treinamento dos Novos Projetistas nos padrões técnicos da QUALITY PROJECT			
PRAZO	CUSTO	Percentual Planejado: 22%		Percentual Concluído: 15%
Linha de Base Prazo	Linha de Base Custo	(Gráfico de Gantt)		
13/03/15	R$ 32.560,00			
Variação de Prazo	Variação de Custo			
+ 2 dias	R$ 920,00			
Previsão de Prazo	Previsão de Custo			
17/03/15	R$ 31.640,00			
Ações Corretivas		Problemas (Issues)		Riscos
- Negociar com o RH um menor prazo de confirmação para os participantes de 30 para 28 dias, a fim de recuperar os 2 dias de atraso		– Devido ao atraso na definição da data do evento, o prazo de confirmação, solicitado pelo RH, não poderá ser cumprido. – O arquivo do conteúdo das apresentações não foi entregue no prazo programado.		- Indisponibilidade da agenda dos diretores

→ Aprovar ações corretivas

As ações corretivas propostas no relatório devem ser aprovadas pela governança do projeto para só então serem incorporadas ao projeto.

Plano com desvio causado pelo atraso na atividade de "Definir local" no início da rede de atividades:

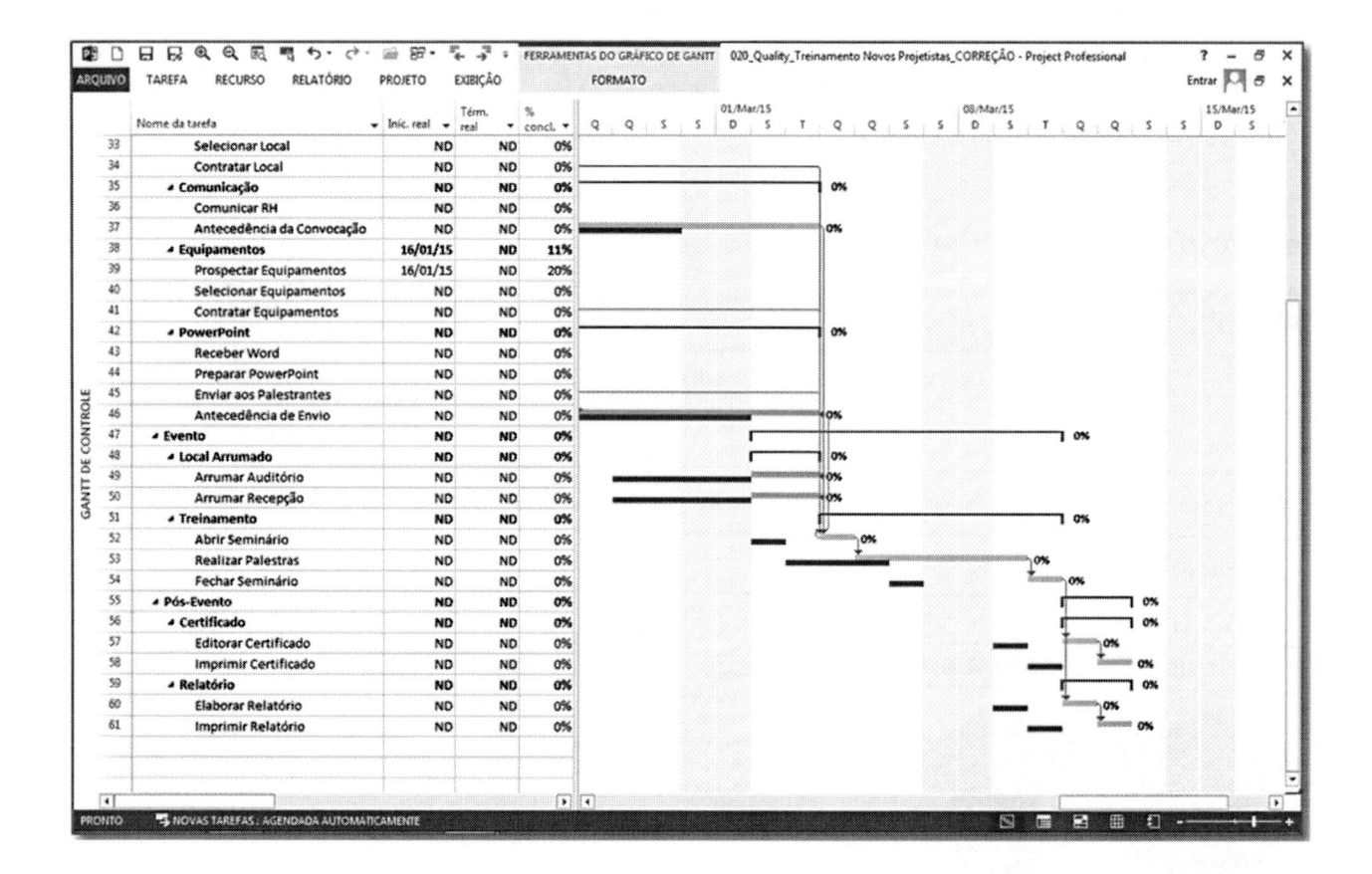

Plano com ações corretivas aprovadas e incorporadas:

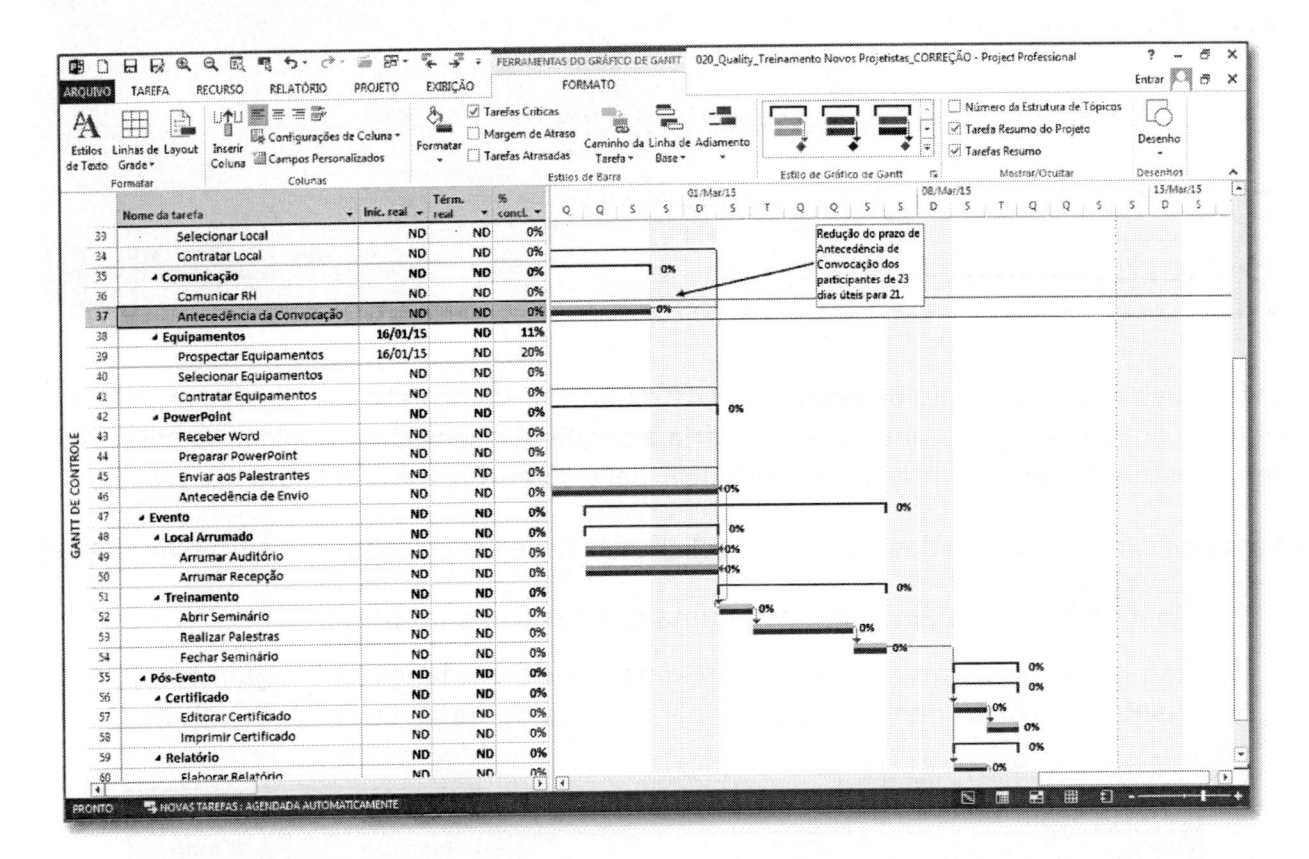

APLICAÇÃO 12

→ **Registrar mudanças solicitadas**

→ **Analisar impactos no projeto**

→ **Aprovar mudanças**

Após receber a informação de solicitação de mudança em projeto, que deve ser feita por meio de documentação, como no formulário a seguir, é necessário analisar os potenciais impactos no projeto gerados pela mudança, para só então submetê-la à aprovação.

A avaliação dos impactos das mudanças solicitadas deve ser tratada em dois movimentos:

1. Quantificar os impactos em cada uma das variáveis do projeto.
2. Identificar ações de mitigação dos impactos da mudança que sejam capazes de manter o projeto dentro dos seus parâmetros de base, se for possível.

FORMULÁRIO DE SOLICITAÇÃO DE MUDANÇA NO PROJETO		
Projeto	Data da Solicitação	Número
Treinamento dos Novos Projetistas	30/01/15	001
Solicitante			
Sócrates de Atenas - Diretor de RH			
Descrição da Mudança			
Aumento do número de projetistas que serão contratados de 50 para 80.			
Justificava para a Mudança			
1- Houve uma reavaliação da taxa de crescimento da demanda da empresa que indicou uma maior necessidade de profissionais da área de projetos; 2- Concentrar a contratação para economia de escala do esforço de contratação e mobilização da estrutura organizacional.			
Impactos no projeto e medidas para mitigação dos impactos			
1. Escopo			
2. Tempo			
3. Custo			
4. Qualidade			
5. Riscos do projeto			
Aprovador		Data da Aprovação	

Parte da análise dos impactos deve ser feita simulando a incorporação das mudanças como se fossem aprovadas. Uma vez aprovada a mudança, as modificações realizadas na análise dos impactos passam a valer.

A simulação para análise dos impactos das mudanças deve seguir o procedimento a seguir:

1. Salvar o arquivo MS-Project com outro nome

Isso vai permitir que se retorne ao arquivo anterior, caso a mudança não seja aprovada.

2. Inserir ponto de referência da mudança

Assim como o termo de abertura do projeto serviu como ponto de partida para o sequenciamento das atividades quando se elaborou o cronograma original, é necessário estabelecer um ponto de partida para o sequenciamento das atividades que serão incluídas se a mudança for aprovada.

3. Incluir entregas e atividades

    3.1. Para entregas concluídas e que tenham que ser refeitas, incluir uma nova entrega com nome diferente. No exemplo, a entrega "Local" já foi concluída e terá de ser refeita. Logo, será necessário criar outra entrega: "Novo local".

    3.2. Para entregas parcialmente concluídas, isto é, com atividades ainda não concluídas, novas atividades são acrescidas, decorrentes da mudança "dentro" da entrega ainda em andamento.

    3.3. Novas entregas devem ser incluídas no "ramo" da EAP mais apropriado.

4. Sequenciar atividades

As novas atividades devem ser sequenciadas tendo como ponto de partida a linha que identifica o marco da mudança.

5. Estimar recursos das atividades incluídas

6. Estimar durações das atividades incluídas

	❶	Nome da tarefa	Duraçã	Início	Término	Predec	Sucesso
3	✓	▷ Plano do Projeto	3 dias	07/01/15	09/01/15		
6		▲ Monit. Controle	37 dias	16/01/15	09/03/15		
7	○	▷ Medições	36 dias	16/01/15	06/03/15		
16	○	▲ Reuniões de Status	36 dias	19/01/15	09/03/15		
17	✓	Reuniões de Status 1	1 dia	19/01/15	19/01/15		
18	✓	Reuniões de Status 2	1 dia	26/01/15	26/01/15		
19		MUDANÇA 001	0 dias	03/02/15	03/02/15	37	
20		Reuniões de Status 3	1 dia	02/02/15	02/02/15		
21		Reuniões de Status 4	1 dia	09/02/15	09/02/15		
22		Reuniões de Status 5	1 dia	16/02/15	16/02/15		
23		Reuniões de Status 6	1 dia	23/02/15	23/02/15		
24		Reuniões de Status 7	1 dia	02/03/15	02/03/15		
25		Reuniões de Status 8	1 dia	09/03/15	09/03/15		
26		▷ Encerramento	3 dias	27/03/15	31/03/15		
30		▲ Pré-Evento	47 dias	12/01/15	18/03/15		
31	✓	▲ Local	13 dias	12/01/15	28/01/15		
32	✓	Definir Data do Evento	4 dias	12/01/15	15/01/15	5	33;44
33	✓	Prospectar Local	5 dias	19/01/15	23/01/15	32	34
34	✓	Selecionar Local	2 dias	26/01/15	27/01/15	33	35
35	✓	Contratar Local	1 dia	28/01/15	28/01/15	34	
36		▲ NOVO LOCAL	8 dias	04/02/15	13/02/15		
37		Prospectar NOVO Local	5 dias	04/02/15	10/02/15	19	38
38		Selecionar NOVO Local	2 dias	11/02/15	12/02/15	37	39
39		Contratar NOVO Local	1 dia	13/02/15	13/02/15	38	41;57
40		▲ Comunicação	22 dias	16/02/15	17/03/15		
41		Comunicar RH	1 dia	16/02/15	16/02/15	39	42
42		Antecedência da Convocação	21 dias	17/02/15	17/03/15	41	57

7. Propor medidas de mitigação dos impactos

No exemplo, a medida de mitigação sugerida será a redução do tempo de antecedência para convocar os participantes do treinamento.

Com a incorporação da mudança e a atualização das atividades em atraso e não iniciadas até o ponto, o projeto sofrerá um desvio que pode ser verificado graficamente, contando-se os dias, ou no quadro de estatísticas do projeto:

Guia Prático **353**

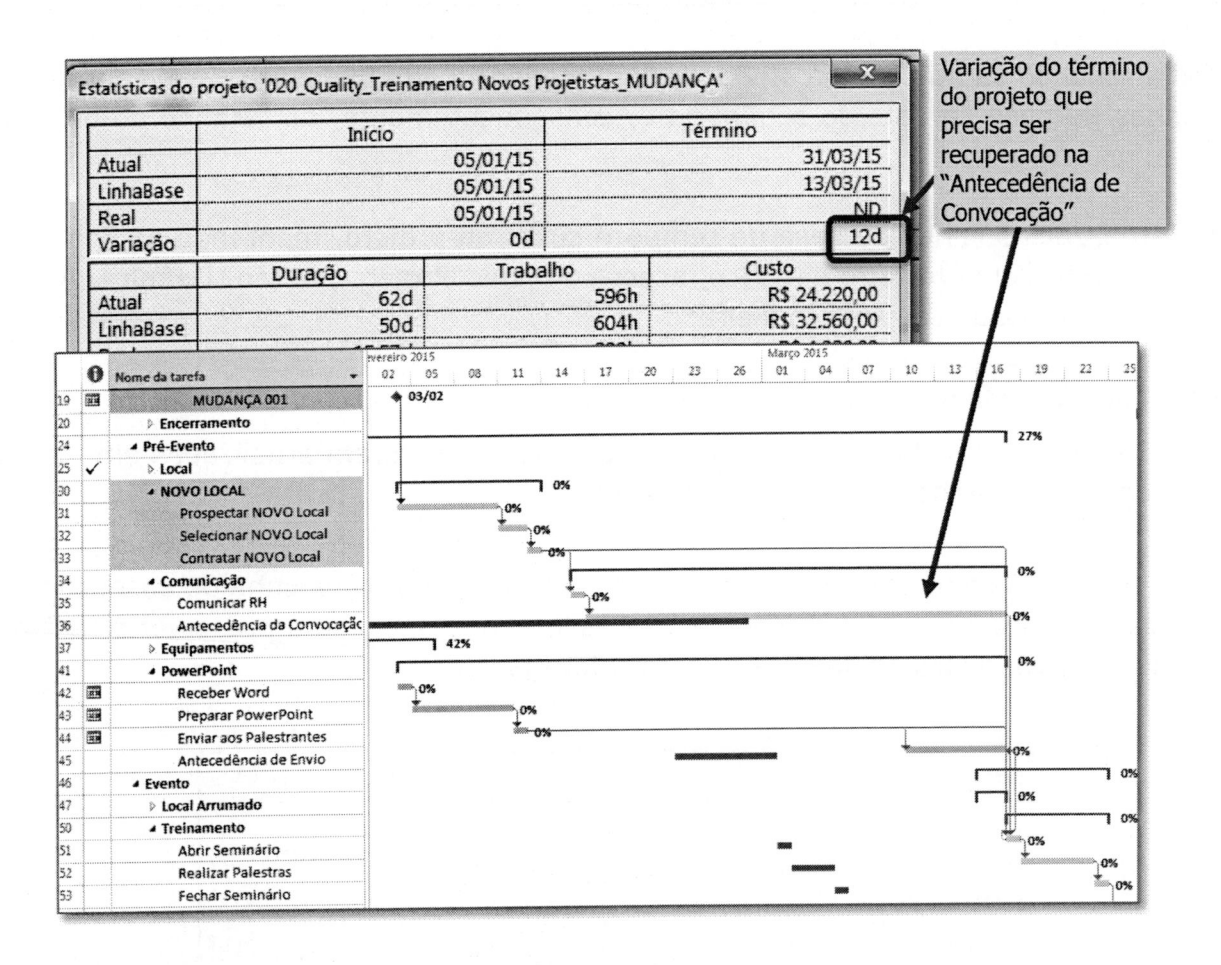

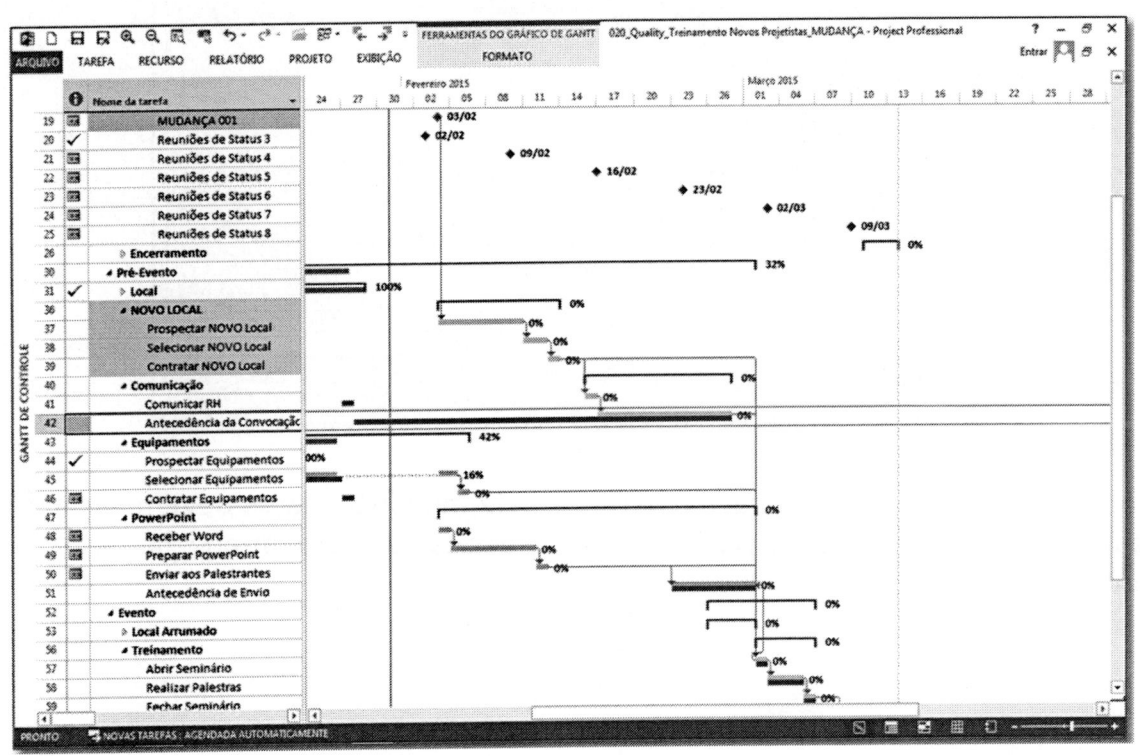

Variação do término do projeto que precisa ser recuperado na "Antecedência de Convocação"

Caso a redução da duração da atividade "Antecedência da Convocação" seja aprovada, as linhas de base da data do seminário e, consequentemente, do término do projeto, ficarão preservadas.

Para atualizar as linhas de base de tempo e custo do projeto, mantendo as linhas de base originais como registro histórico, acesse o menu "Projeto", botão "Definir Linha de Base", e proceda da seguinte maneira:

- Copie a linha de base atual em "Linha de base 1".
- Salve a nova linha de base para as atividades que foram atualizadas em função da solicitação de mudança em questão.

Se, no futuro do projeto, houver necessidade de salvar uma nova linha de base, copie a linha de base atual em "Linha de base 2" e assim por diante, para preservar o registro histórico das várias linhas de base que o projeto já teve.

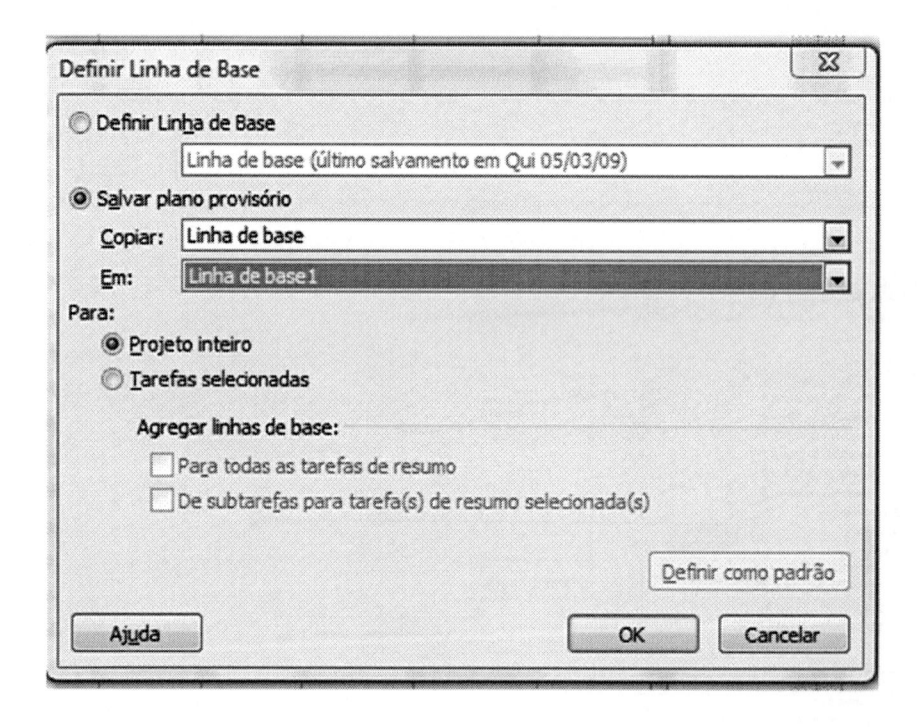

Depois de quantificados os impactos gerados pela mudança, estes devem ser apresentados à governança do projeto para subsidiar a decisão de aprovar ou rejeitar a mudança proposta.

FORMULÁRIO DE SOLICITAÇÃO DE MUDANÇA NO PROJETO		
Projeto	Data da Solicitação	Número
Treinamento dos Novos Projetistas	30/01/15	001
Solicitante		
Sócrates de Atenas - Diretor de RH		
Descrição da Mudança		
Aumento do número de projetistas que serão contratados de 50 para 80.		
Justificava para a Mudança		
1- Houve uma reavaliação da taxa de crescimento da demanda da empresa que indicou uma maior necessidade de profissionais da área de projetos; 2- Concentrar a contratação para economia de escala do esforço de contratação e mobilização da estrutura organizacional.		
Impactos no projeto e medidas para mitigação dos impactos		
1. Escopo		
1.1- Aumento da capacidade do local do evento de 50 para 80 1.2- Entrega: Local já realizada - necessidade de redefinição do Local - rescindir o contrato realizado - medida de mitigação: verificar se o local comporta a nova capacidade ou o mesmo fornecedor possui outra instalação para que seja feita apenas uma alteração contratual.		
2. Tempo		
2.1- A nova definição do local gera novas atividades de rescindir contrato anterior, prospectar novo local, selecionar novo local e contratar novo local - aumento de 4 dias. Medida de mitigação: reduzir a antecedência de convocação do RH.		
3. Custo		
3.1- Aumento do custo do local - maior capacidade 50 para 80 - R$ 2.500,00 para R$ 4.000,00. 3.2- Novas atividades de Local: R$ 5.940,00. 3.3- Aumento total dos custos: R$ 5.940,00 + R$ 1.500,00 = R$ 7.440,00.		
4. Qualidade		
Devido ao aumento do número de participantes haverá perda da possibilidade de participação individual para fazer perguntas e tirar dúvidas.		
5. Riscos do projeto		
5.1- Devido à redução do prazo de antecedência para a convocação dos participantes poderão ocorrer ausências de participantes o que levaria ao não cumprimento do escopo. 5.2- Devido à redução do prazo de antecedência para a convocação dos participantes poderá ocorrer um aumento do custo do local maior do que o estimado (foi utilizada uma proporção direta para a estimativa) o que levaria ao aumento dos custos do projeto.		
Aprovador		Data da Aprovação

Se a mudança for aprovada, o arquivo do cronograma salvo com outro nome, utilizado para fazer a simulação e avaliação dos impactos da mudança solicitada, passará a ser o novo cronograma válido a partir da data de aprovação. Se, ao contrário, a mudança não for aprovada, o cronograma original continuará valendo como cronograma do projeto.

APLICAÇÃO 13

→ Análise e documentação de lições aprendidas

Recomenda-se fazer sessões de lições aprendidas ao longo de todo o ciclo de vida do projeto, a fim de aproveitar as lições para o próprio projeto, contar com a contribuição de membros da equipe que participarão apenas em algumas fases do projeto e melhorar a qualidade da memória das informações em função de uma menor distância dos fatos.

Para a prática das sessões de lições aprendidas é recomendável estabelecer um roteiro que guie as discussões do grupo, com questões semelhantes às seguintes:

1. Os requisitos foram coletados adequadamente? Algum requisito que não tenha sido coletado foi apresentado depois?
2. Requisitos não coletados causaram solicitações de mudanças?
3. O escopo do projeto foi claramente definido? O que poderia ter sido mais bem definido?
4. O que pode ser melhorado no processo de coletar os requisitos?
5. Houve mudanças de escopo geradas por falhas na definição do escopo?
6. O sequenciamento das atividades se mostrou adequado?
7. As estimativas de durações das atividades se confirmaram? Se não, qual o nível de diferenças?
8. O cronograma foi mantido e atualizado ao longo do projeto?
9. As partes interessadas do projeto foram identificadas e analisadas satisfatoriamente?
10. Toda a equipe estava ciente dos objetivos do projeto e de como o sucesso seria medido? O que pode ser feito para manter o foco nos objetivos de um projeto durante a sua execução?
11. A equipe conseguiu propor ações corretivas para as variações observadas entre a execução e o plano? Quais foram as dificuldades encontradas para propor ações corretivas?
12. Como a equipe se comportou diante das mudanças no projeto? Liste aspectos positivos e negativos em relação ao comportamento diante de mudanças.
13. Houve conflitos durante as reuniões da equipe? O que pode ser feito em outros projetos para ajudar na resolução de conflitos na equipe?
14. As reuniões da equipe foram bem gerenciadas? Que recomendações podem ser feitas para reuniões em projetos futuros?

15. Os riscos que se materializaram durante o projeto haviam sido identificados? Seus parâmetros de probabilidade e impacto haviam sido avaliados adequadamente? Havia respostas planejadas para eles? As respostas aos riscos foram eficazes?

Modelo de registro de lições aprendidas:

Registro de Lições Aprendidas				
ID	Descrição da Dificuldade (Problema) ou Oportunidade (Situação favorável) apresentada	Lição Aprendida (Recomendação)	Data de Inclusão	Área de Conhecimento
1				
2				
3				
4				
5				
6				
7				
8				
9				
10				

Planilha "Registro de Lições Aprendidas"	
Campo	Instrução de preenchimento
ID	Número da lição aprendida
Descrição da dificuldade (problema) ou oportunidade (situação favorável) apresentada	A ocorrência que levou à lição aprendida. Fato constatado.
Lição aprendida (recomendação)	Descrição da forma como foi tratada a ocorrência, como poderia ter sido tratada e do que pode ser melhorado.
Data da inclusão	Data em que a lição aprendida foi registrada
Área de conhecimento	Área de conhecimento (ref. *PMBOK® Guide*) à qual se refere a lição aprendida.

Registro de lições aprendidas do Projeto de Treinamento dos Novos Projetistas da Quality Project

Registro de Lições Aprendidas				
ID	Descrição da Dificuldade (Problema) ou Oportunidade (Situação favorável) apresentada	Lição Aprendida (Recomendação)	Data de Inclusão	Área de Conhecimento
1	A atividade: "Definir a Data do Evento" levou mais tempo do que o estimado.	A estimativa não considerou validações que precisaram ser feitas com outros diretores além dos diretores de projetos (Patrocinador) e de RH (Cliente do Projeto). Melhorar o processo de estimativa de duração. Considerar potenciais validações.	16/01/15	Cronograma
2	Uma mudança solicitando o aumento do número de participantes de 50 para 80 foi feita.	Durante o processo de coleta de requisitos a equipe do projeto deve questionar por eventuais acréscimos. Havia informações sobre o crescimento da empresa que poderia levar a essa solicitação. No pedido do projeto (case):" ... a Quality vem crescendo a taxas expressivas..."	31/01/15	Escopo
		Esse risco não foi identificado, apesar de haver informações sobre o potencial aumento em função do crescimento da empresa. Melhorar o processo de identificação dos riscos do projeto.	30/01/15	Risco

* * *

Referências Bibliográficas

Gerenciamento de Projetos (geral)

DINSMORE, Paul C.; CABANIS-BREWIN, J. (orgs.). **The AMA Handbook of Project Management.** New York: Amacom, 2009.

HAMILTON, Albert. **Management by Projects:** achieving success in a changing world. London: Thomas Telford, 2003.

KERZNER, Harold. **Gestão de Projetos:** as melhores práticas. São Paulo: Bookman, 2005.

KERZNER, Harold. **Project Management:** a systems approach to planning, scheduling and controlling. New York: John Wiley & Sons, 2009.

MEREDITH, Jack R. **Project Management:** a managerial approach. New York: John Wiley, 2002.

PROJECT MANAGEMENT INSTITUTE. **The Standard for Portfolio Management.** 3rd. ed. Newtown Square: PMI, 2013.

PROJECT MANAGEMENT INSTITUTE. **The Standard for Program Management.** 3rd. ed. Newtown Square: PMI, 2013.

PROJECT MANAGEMENT INSTITUTE. **Um Guia do Conjunto de Conhecimentos em Gerenciamento de Projetos:** Guia PMBOK®. 5th. ed. Newtown Square: PMI, 2013.

SHTUB, Avraham. **Project Management:** engineering, technology, and implementation. New Jersey: Prentice-Hall, 1994.

Gerenciamento do Escopo

HAUGAN, Gregory T. **Effective Work Breakdown Structures.** Vienna: Management Concepts, 2002.

PROJECT MANAGEMENT INSTITUTE. **Practice Standard for Work Breakdown Structures.** 2nd. ed. Newtown Square: PMI, 2006.

Cronograma e Custos de Projetos

AMBRIZ, Rodolfo. **Dynamic Scheduling with Microsoft Office Project 2010.** Florida: J. Ross Publishing, 2010.

GOLDRATT, Eliyahu M. **Corrente Crítica.** São Paulo: Nobel, 1998.

PROJECT MANAGEMENT INSTITUTE. **Practice Standard for Earned Value Management.** 2nd. ed. Newtown Square: PMI, 2011.

PROJECT MANAGEMENT INSTITUTE. **Practice Standard for Project Estimating.** Newtown Square: PMI, 2010.

PROJECT MANAGEMENT INSTITUTE. **Practice Standard for Scheduling.** 2nd. ed. Newtown Square: PMI, 2011.

Qualidade em projetos

ALBRECHT, K. **Revolução nos Serviços:** como as empresas podem revolucionar a maneira de tratar os seus clientes. São Paulo: Pioneira, 1991.

ALBRECHT, K. **Total Quality Service:** executive excellence. New York: Harper Business, 1991.

BLANCHARD, Ken. **Liderança de Alto Nível.** São Paulo: Bookman, 2007.

Equipes de projeto, competências e liderança

JURAN, J. M. **Juran on Quality by Design:** the new steps for planning quality into goods and services. New York: The Free Press, 1992.

LE BOTERF, G. **L'ingénierie des competences.** Paris: Editions d' Organization, 1998.

MERLI, G. **Comakership.** Rio de Janeiro: Qualitymark, 1994.

PERRENOUD, Philippe. **Construir competências desde a escola.** Porto Alegre: Artmed, 1999.

PMI RIO. **PMCD Framework: estrutura de desenvolvimento da competência de gerente de projetos**. Tradução da segunda edição. Rio de Janeiro: Brasport, 2012.

RABECHINI JR., Roque. **Competências e Maturidade em Gestão de Projetos.** São Paulo: Annablume, 2005.

TURNER, J. Rodney; MULLER, Ralf. **Choosing Appropriate Project Managers.** Newtown Square: PMI, 2006.

Gerenciamento de riscos

BRASSARD, Michael; RITTER, Diane. **The Memory Jogger II:** a pocket guide of tools for continuous improvement and effective planning. New Hampshire: GOAL/QPC, 1994.

CHAPMAN, Chris. **Project Risk Management.** New York: John Wiley, 1997.

PROJECT MANAGEMENT INSTITUTE. **Practice Standard for Project Risk Management.** Newtown Square: PMI, 2009.

WIDEMAN, R. Max. **Project and Program Risk Management:** a guide to managing project risks and opportunities. Newtown Square: PMI, 1992.

Índice Remissivo

A

Ações Corretivas 210, 345
Ações Preventivas 211
Análise PERT 98
Aquisições
    Gerenciamento das 21
Áreas de conhecimento 3, 20
Árvore de decisão 6
Auditoria
    da qualidade 302, 304
    de riscos 218

C

Certificações do PMI 3
Comunicações
    Aplicação prática 310
    Gerenciamento das 21
Cronograma
    Como fator prioritário do projeto 7, 8
    Compressão – Crashing 98
    Gerenciamento do Tempo 20
Custo
    Aplicação prática 296
    Como fator prioritário do projeto 7
    Gerenciamento dos Custos 20

E

Elaboração Progressiva 6
Escopo
    Aplicação prática 240
    Como fator prioritário do projeto 7
    Documentação 240
    Exclusões do 241
    Gerenciamento do 20
    Mudanças no 209

F

Fluxo de Caixa 7

G

Gerenciamento de Projetos
    Conceito 7
    Profissionais especialistas 13
Gerente do Projeto
    Atribuições do 12
    Autoridade do 13
    Perfil e competências do 13

I

Inspeção
    da qualidade 302, 304
    para aceitação de entregas 219
Integração, Gerenciamento da 21

L

Linha de Base
    Conceito 16
    Definir nova – procedimento 354

M

Mudanças
    Controle Integrado de 208
    Formulário de solicitação 213
    Processo de análise e aprovação 212
    Tipos de 209

O

Organização executora 11, 303

P

Partes Interessadas
    Aplicação prática 234
    Gerenciamento das 20
Processos de Gerenciamento de Projetos 14, 17, 22

Project Management Institute – PMI 2
Projeto
  Ciclo de Vida 16, 17
  Conceito 4
  Driver do 7, 210
  Fases do 15

Q

Qualidade
  Aplicação prática 300
  Conceito da qualidade em projetos 9
  Diferença entre qualidade e escopo 10
  Equação da qualidade do serviço 8
  Gerenciamento 20
  Reparos de defeitos 212
  Responsabilidades no projeto 304

R

Recursos
  Característica limitada 6
Recursos Humanos
  Gerenciamento dos 20

Requisitos
  Aplicação prática 238
  Conceito 302
  Documentação 238
  Mudanças nos 209
  Necessidades do projeto 7
Reuniões
  de Status 216
  do projeto 214
  práticas de coordenação de reuniões 214
Riscos
  Aplicação prática 313
  Como fator característico de projetos 5
  Gerenciamento dos 20

S

Sucesso do Projeto
  Driver do projeto 7
  Eficiência e Eficácia 11
  Estatística sobre 2
  Fator Crítico 5, 7, 98, 210
  Perspectivas do processo e do produto 10